Deutschdidaktik aktuell
Hrsg. von Günter Lange · Werner Ziesenis

Band 12

Das Lesetagebuch:
intensiv lesen, produktiv schreiben, frei arbeiten

Bestandsaufnahme und Neubestimmung
einer Methode zur Auseinandersetzung mit
Kinder- und Jugendbüchern im Deutschunterricht

4. korrigierte Auflage

von

Ingrid Hintz

Schneider Verlag Hohengehren GmbH

Deutschdidaktik aktuell

Herausgegeben von Günter Lange und Werner Ziesenis

Gedruckt auf umweltfreundlichem Papier (chlor- und säurefrei hergestellt).

Bibliografische Information der Deutschen Nationalbibliothek

Die Deutsche Nationalbibliothek verzeichnet diese Publikation in der Deutschen Nationalbibliografie; detaillierte bibliografische Daten sind im Internet über ›http://dnb.d-nb.de‹ abrufbar.

ISBN 978-3-8340-0871-8

Schneider Verlag Hohengehren, Wilhelmstr. 13, 73666 Baltmannsweiler

Homepage: www.paedagogik.de

Das Werk und seine Teile sind urheberrechtlich geschützt. Jede Verwertung in anderen als den gesetzlich zugelassenen Fällen bedarf der vorherigen schriftlichen Einwilligung des Verlages. Hinweis zu § 52a UrhG: Weder das Werk noch seine Teile dürfen ohne vorherige schriftliche Einwilligung des Verlages öffentlich zugänglich gemacht werden. Dies gilt auch bei einer entsprechenden Nutzung für Unterrichtszwecke.

© Schneider Verlag Hohengehren, 73666 Baltmannsweiler 2011.
  Printed in Germany – Druck: Djurcic, Schorndorf

Inhaltsverzeichnis

Vorwort der Reihenherausgeber VII

Vorwort X

Vorwort zur 3. Auflage XI

Einleitung 1

1   Lesen im Deutschunterricht 8

1.1   Lesen – eine erkundungsbedürftige und förderungswürdige Tätigkeit 8
1.1.1 Lesevorgang und Lesebedeutung 11
1.1.2 Lesen – Sinn entnehmen oder konstituieren? 15
1.1.3 Lesesozialisation – privates und schulisches Lesen 18

1.2   Kinder- und Jugendliteratur im Unterricht 23
1.2.1 Was ist Kinder- und Jugendliteratur? 24
1.2.2 Wirkungsweisen und Bedeutung von Kinder- und Jugendliteratur 27

1.3   Didaktisch-methodische Aspekte des Lesens 32
1.3.1 Lese- und literaturdidaktische Überlegungen zur Kinder- und Jugendliteratur 34
1.3.2 Geöffneter Unterricht als Rahmenbedingung 42
1.3.3 Produktiver Umgang mit Literatur als methodisches Konzept 47
1.3.4 Schreibdidaktische Implikationen 51
1.3.5 Integrative Verbindung von Lesen und Schreiben 56

1.4   Zusammenfassung 60

2	**Das Lesetagebuch –** **vom Untersuchungsmittel zur Unterrichtsmethode** . .	62
2.1	Vorläufer des Lesetagebuchs in der Jungleserforschung . . .	62
2.2	Forschungen mit Hilfe des Lesetagebuchs	64
2.3	Lesetagebücher im Deutschunterricht	67
2.3.1	Das Lesetagebuch als Mittel zur Dokumentation gelesener Bücher und zur Auseinandersetzung mit ihnen	68
2.3.1.1	Erfahrungen mit dem Lesetagebuch im Rahmen der literarischen Erziehung	68
2.3.1.2	Förderung und Intensivierung des privaten und schulischen Lesens mit Hilfe des Lesetagebuchs	70
2.3.2	Das Lesetagebuch als Methode im Umgang mit Kinder- und Jugendliteratur im Deutschunterricht	74
2.3.2.1	Lesetagebuch und Bücher-Lesen	76
2.3.2.2	Das Lesetagebuch als Schreibanlass	78
2.3.2.3	Das Lesetagebuch im 'offenen' Unterricht	79
2.4	Der gegenwärtige Diskussionsstand	83
3	**Zum Begriff 'Lesetagebuch'**	86
3.1	Tagebuch – Begriff und Bedeutung	86
3.2	Tagebuchschreiben bei Schriftstellern	88
3.3	Warum Lese*tagebuch*?	90

4 Lesetagebücher – Analyse und Interpretation 93

4.1	Methodologische Überlegungen	93
4.1.1	Zum erkenntnisleitenden Interesse der Untersuchung	93
4.1.2	Zur Methode der Untersuchung: Inhaltsanalyse als Forschungsansatz	96
4.1.3	Beschreibung und Begründung des methodischen Vorgehens	100
4.2	Quantitative Erfassung ausgewählter Lesetagebücher	103
4.2.1	Angaben zu den untersuchten Lesetagebüchern	103
4.2.2	Quantitative Erfassung der Inhalte ausgewählter Lesetagebücher	108
4.2.2.1	Erläuterung der Anregungen auf dem Handzettel	111
4.2.2.2	Quantitative Erfassung der Inhalte	118
4.2.2.2.1	Aufgreifen der Anregungen	118
4.2.2.2.2	Umsetzung eigener Ideen	122
4.2.2.3	Ermittlung des 'Mischungsverhältnisses' der Inhalte	130
4.2.3	Erste Kategorisierung von Auseinandersetzungsweisen	135
4.3	Qualitative Inhaltsanalyse ausgewählter Lesetagebücher	139
4.3.1	Hinweise zur Analyse von Auseinandersetzungsweisen	140
4.3.2	Lesetagebücher mit 'freier' Aufgabenstellung	142
4.3.2.1	Vanessas Lesetagebuch (Klasse 5 / LT 33)	146
4.3.2.2	Kevins Lesetagebuch (Klasse 6 / LT 44)	158
4.3.2.3	Amels Lesetagebuch (Klasse 7 / LT 159)	168
4.3.2.4	Kays Lesetagebuch (Klasse 7 / LT 165)	185
4.3.3	Beispiele aus weiteren Lesetagebüchern (Klasse 5 bis 10)	197
4.3.3.1	Fehldeutungen und Unstimmigkeiten	198
4.3.3.2	Reflexionen und Bewertungen	204
4.3.3.3	Imaginationen und Identifikationen	216
4.3.3.4	Kommunikation und Metakognition	226

4.3.4	Lesetagebücher mit 'vorstrukturierter' Aufgabenstellung	235
4.3.4.1	Beispiele mit Pflichtteil und Extras (Klasse 8)	235
4.3.4.2	Beispiele mit buchbezogenen Aufgabenkarten (Klasse 9)	242
4.4	Zusammenfassung und Kategorisierung von Auseinandersetzungsweisen	253
5	**Didaktische Perspektiven**	268
5.1	Organisationsrahmen und Unterrichtsgestaltung	269
5.2	Beraten – Begleiten – Beurteilen	271
5.3	Neuformulierung von Anregungen und Tipps	278
	Skizze: Varianten der Lesetagebucharbeit	281

Verzeichnis der Übersichten und Tabellen 282

Literaturverzeichnis 283

Vorwort der Reihenherausgeber

Deutschdidaktik aktuell ist eine neue Studienreihe, in der möglichst viele relevante Themen des Faches Deutsch in grundlegenden Monographien behandelt werden.

Alle Bände dieser Reihe besitzen in der Regel eine vergleichbare Struktur. In einem ersten Teil werden jeweils die theoretischen Grundlagen eines Themas dargestellt, und zwar sowohl die fachwissenschaftlichen Voraussetzungen als auch die entsprechende didaktische Diskussion. In einem zweiten Teil werden Fragen der Unterrichtspraxis behandelt und, wenn möglich, konkrete Unterrichtsmodelle vorgestellt.

Deutschdidaktik aktuell plant und bietet Einzelbände:
- zu den Grundfragen der Deutschdidaktik
  (z. B. Schriftspracherwerb, handlungs- und produktionsorientierter Literaturunterricht, projektorientierter Deutschunterricht)
- zur Sprachdidaktik
  (z. B. Grammatikunterricht, mündlicher Sprachgebrauch, schriftlicher Sprachgebrauch, Didaktik des Rechtschreibens)
- zur Literatur- und Mediendidaktik
  (z. B. Drama, Roman, epische Kurzformen, Kinder- und Jugendliteratur, Theater, Zeitung und Zeitschrift, Film und Fernsehspiel im Unterricht)

Dabei können die einzelnen Themen mit Stufenschwerpunkt oder schulstufenübergreifend behandelt werden.

Deutschdidaktik aktuell richtet sich an ein breites Lesepublikum, also nicht vorrangig an Hochschullehrerinnen und -lehrer, sondern vielmehr an Studentinnen und Studenten, Referendarinnen und Referendare, Lehrerinnen und Lehrer.

Die Ergebnisse der PISA-Studie haben gezeigt, dass die Schülerinnen und Schüler in Deutschland Schwierigkeiten haben mit dem Lesen und Verstehen von Texten. Die Schulen – und hier nicht nur die Grundschulen, sondern auch und vor allem die weiterführenden Schulen – haben die Aufgabe, sich dieses Problems in allem Ernst und mit großer Intensität anzunehmen. Es geht dabei nicht in erster Linie um Veränderungen in der Schulstruktur, um ein Zentralabitur oder vergleichende Tests auf verschiedenen Schulstufen, sondern es geht vielmehr um grundlegende Hilfen und Verfahren, die dem Lehrer vor Ort konkrete Orientierung bieten und die langfristig auf Erfolg angelegt sind.

Mit Sicherheit muss das Training der Muttersprache in Wort und Schrift intensiviert werden, und das über die Grundschulzeit hinaus in allen weiterführenden Schulen, auch in der Realschule und im Gymnasium. Dass in den finnischen Grundschulen (Finnland nimmt in der PISA-Studie den 1. Rang ein) sieben Unterrichtsstunden der Muttersprache gewidmet sind, könnte ein Vorbild für

Deutschland sein. Dass die Klassengröße dort 20 Schülerinnen und Schüler nicht übersteigt, ist ein weiterer wichtiger Hinweis. Und dass es außerdem eine intensive Einzelbetreuung vor allem schwächerer Schülerinnen und Schüler gibt, müsste nicht nur die Kultusminister, sondern vor allem die Finanzminister nachdenklich machen.

Hinsichtlich dieser grundlegenden Rahmenbedingungen kann die Didaktik lediglich auf Probleme und Defizite aufmerksam machen und mit Nachdruck – auch und vor allem in der Öffentlichkeit – Forderungen stellen. Ihre Hauptaufgabe ist es aber, innerhalb des gesteckten Rahmens neue Wege zu suchen und auszuprobieren, um z. B. die Lese- und Verstehensleistungen von Schülerinnen und Schülern zu verbessern. So ist z. B. darauf aufmerksam zu machen, dass die Vermittlung und das Training von Lesen und Verstehen nicht nur die Aufgabe des Deutschunterrichts ist, sondern aller Fächer. Es ist z. B. darauf hinzuweisen, dass Lesen und Verstehen systematisch und viel intensiver als bisher in allen Schulstufen trainiert werden müssen. Wenn in der PISA-Studie 54,5 % der befragten deutschen Jungen angeben, dass sie **nicht** zum Vergnügen lesen, muss in ihrer familialen und schulischen Sozialisation etwas falsch gelaufen sein.

Wie auf die PISA-Studie reagiert werden kann und welche Vorschläge für den Deutschunterricht in der Schule weiterführend und hilfreich sein können, dieser Frage nimmt sich der vorliegende Band der Reihe „Deutschdidaktik aktuell" an. Ingrid Hintz, die über viele Jahre an verschiedenen Schulen unterrichtet, in der Lehrerfortbildung gearbeitet hat und gegenwärtig an der Universität Hildesheim Deutschdidaktik lehrt, setzt sich in ihrer Dissertation mit dem **Lesetagebuch** auseinander, und zwar nicht nur theoretisch, sondern ganz konkret und praktisch. Der Untertitel ihres Buches macht deutlich, worauf es ihr ankommt: „Intensiv lesen, produktiv schreiben, frei arbeiten". Damit sind drei zentrale Aspekte der gegenwärtigen Deutschdidaktik aufgegriffen und zum Leitfaden für ihre Untersuchung gemacht worden. Das Lesetagebuch hat zwar des Öfteren in der Literaturdidaktik Erwähnung gefunden, aber bisher fehlte eine systematische Untersuchung und eine empirische Überprüfung seiner didaktisch-methodischen Möglichkeiten. Das leistet nun auf beispielhafte Weise diese Arbeit von Ingrid Hintz. Ihr Schwergewicht liegt auf den Klassen 5–10, wobei die Klassen 5–7 im Vordergrund stehen. Die Möglichkeiten des Lesetagebuchs werden am Beispiel von Kinder- und Jugendliteratur erprobt, da sie allein altersadäquat und adressatengerecht ist. Sie hat zudem seit den 90er Jahren einen deutlichen Literarisierungsschub erfahren, so dass sie für die literarische Erziehung besonders geeignet ist.

Die Auswertung der zahlreichen Lesetagebücher erfolgt sowohl quantitativ wie qualitativ; die Ergebnisse werden am Schluss gebündelt und kategorisiert, so dass die didaktischen Folgerungen eine konkrete Hilfe für die Lehrerinnen und Lehrer darstellen.

Der Leser kann aber nicht nur diesen praktischen Nutzen aus der Untersuchung von Ingrid Hintz ziehen, vielmehr ist die Arbeit so angelegt, dass die einzelnen Kapitel auch für sich rezipiert werden können. So stellt das 1. Kapitel „Lesen im Deutschunterricht" eine fundierte Einführung in die gegenwärtige Deutsch- und Lesedidaktik dar, die gedanklich präzise und mit großer Sachkenntnis entwickelt worden ist. Das 2. und 3. Kapitel setzen sich mit gleicher Souveränität und sprachlichem Geschick mit den Forschungen zum Lesetagebuch auseinander.

Das Lesetagebuch kann – so lässt sich zusammenfassend sagen – ein ganz konkretes didaktisch-methodisches Mittel sein, um auf die PISA-Studie zu reagieren.

Braunschweig und Göttingen, im Juli 2002   Günter Lange
                                                                                         Werner Ziesenis

Vorwort

Von der Bedeutung des Bücherlesens im Unterricht war ich schon während meiner vielen Jahre als Deutschlehrerin überzeugt; umso dringender war mein Wunsch, im Rahmen meiner Tätigkeit an der Universität Hildesheim methodische Möglichkeiten zu erproben und zu erforschen, die für Lehrerinnen und Lehrer hilfreich sind und den Schülerinnen und Schüler motivierende und individuelle Zugänge zu Büchern eröffnen. Das Lesetagebuch hat sich dabei als eine geeignete Methode erwiesen, um das Lesen von Büchern im Unterricht zu unterstützen und zu begleiten und zur produktiven Auseinandersetzung mit ihnen anzuregen.

Die vorliegende Arbeit wurde im Wintersemester 2001/2002 vom Fachbereich II der Universität Hildesheim – Kulturwissenschaften und Ästhetische Kommunikation – als Dissertation angenommen. Sie erläutert die Methode 'Lesetagebuch', entfaltet im Anschluss an die Analyse und Interpretation konkreter Beispiele die Wirkungsweisen dieses Verfahrens beim Umgang mit Büchern im Deutschunterricht und versucht praxisnahe Tipps für die Umsetzung zu geben.

Viele Freunde, Kolleginnen und Kollegen haben mich mit ihrem Rat und ihrer konstruktiven Kritik auf meinem Weg zur Promotion begleitet; allen bin ich zu Dank verpflichtet. Denen, die mich bei der Planung und Durchführung der Dissertation unterstützt haben, danke ich an dieser Stelle besonders herzlich, vor allem Herrn Prof. Dr. Wolfgang Menzel, meinem immer kollegialen Berater und Gesprächspartner. Ebenso danke ich den Lehrerinnen und Lehrern sowie den Schülerinnen und Schülern, die mir die im Unterricht entstandenen Lesetagebücher für meine Untersuchung zur Verfügung gestellt haben. Ausdrücklich erwähnen möchte ich die sehr kooperativen Kolleginnen und Kollegen der Don-Bosco-Schule und der Geschwister-Scholl-Schule in Hildesheim.

Die bereitwillige Aufnahme meiner Arbeit in die Reihe 'Deutschdidaktik aktuell' ermöglichten der Verlag und die Herausgeber dieser Reihe. Ihnen gilt ebenfalls mein Dank.

Bad Salzdetfurth, im Mai 2002   Ingrid Hintz

Vorwort zur 4. Auflage

Seit dem ersten Erscheinen meiner Studie zum Lesetagebuch sind inzwischen mehrere Jahre vergangen. Die grundlegenden Überlegungen zu dieser Methode zum Umgang mit Büchern in allen Schulformen sind nach wie vor aktuell; ja, man kann feststellen, dass das Lesetagebuch in immer stärkerem Maße im Unterricht eingesetzt wird. Ein wichtiger Grund hierfür ist sicher darin zu sehen, dass durch diese Methode sowohl die individuelle als auch die gemeinsame Auseinandersetzung mit dem jeweiligen Buch ermöglicht wird. Vor dem Hintergrund der Diskussion um **Bildungsstandards und Kompetenzorientierung** liegt ein weiterer Grund wohl darin, dass mithilfe der Lesetagebucharbeit eine Fülle der in den curricularen Vorgaben geforderten Kompetenzen erreicht werden kann. Dass die Förderung der Lesekompetenz hierbei auf eine Weise ermöglicht wird, die zugleich die Bedeutung des literarischen Lernens angemessen berücksichtigt, hat die Wertschätzung dieser handlungs- und produktionsorientierten Methode mit ihren vielfältigen Ausgestaltungsmöglichkeiten (siehe die überarbeitete und aktualisierte Übersicht auf S. 281) bei zahlreichen Lehrerinnen und Lehrern nicht unwesentlich gesteigert.

Neuere Untersuchungen bestätigen die Erfahrungen der Lehrkräfte, dass sich **Jungen und Mädchen** sowohl in der Lesequantität und -intensität als auch in Bezug auf Lesestoffe, Leseweisen, Lesefreude und Leseneigung stark unterscheiden (vgl. Garbe 2003, 71; vgl. auch Garbe 2002, Bischof/Heidtmann 2002 und Kliewer/Schilcher 2004). Hier ermöglichen das Einbeziehen von entsprechend ausgewählten Kinder- und Jugendbüchern in den Deutschunterricht *(vgl. Kap. 1.2.2 und 1.3.1), die integrative Verbindung von Lesen und Schreiben beim Einsatz des Lesetagebuchs (vgl. Kap. 1.3.5)* und die Wahlmöglichkeiten in einem geöffneten Unterrichtskonzept *(vgl. Kap. 1.3.2)* eine motivierte und (geschlechter-)differenzierte Auseinandersetzung mit dem Gelesenen. So kann die Lesetagebucharbeit als wichtiger Baustein einer „Didaktik selbstgesteuerten und zielbewussten Umgangs mit Texten" (Abraham 2003, 204) gelten.

Der Bedeutung des Lesetagebuchs für die Förderung der *Lesekompetenz* im Sinne einer **Verbindung von Lesenkönnen und Lesenwollen** entspricht der Grundsatz „Lesetagebücher von Anfang an" (Bertschi-Kaufmann 2002, 13). Das heißt, dass bereits in der Grundschule der Einsatz von Lesetagebüchern möglich und wünschenswert ist. Auch für die lesenden und schreibenden Grundschüler „ist das Lesetagebuch der Ort, wo sie ihre Lektüren und Leseeindrücke aufbewahren, wo sie Erzählformen und -muster aus ihren Büchern selber schreibend ausprobieren und damit ihre eigenen Sprachmöglichkeiten erweitern können" (a. a. O., 12-, vgl. auch Block 2004 und Waldt 2003).

Als Folge der internationalen Studien zur Lesekompetenz ist die Bedeutung des Lesenkönnens auch weltweit immer stärker ins Bewusstsein der Fachdidaktiker und der Lehrkräfte in den Schulen gerückt. Die kalifornische Förderinitiative *Reading Apprenticeship* ist beispielsweise ein beachtenswertes Projekt, in dem „Leselehrlinge" durch eine motivierend gestaltete „Leseausbildung" zu „Lesemeistern" werden sollen. Im Rahmen von freien Lesezeiten ist das Lesetagebuch hierbei als bewährte Methode integriert. (Vgl. Ruth Schoenbach u. a.: Lesen macht schlau. Neue Lesepraxis für weiterführende Schulen. Berlin 2006)

Die positive Entwicklung und Wertschätzung der Lesetagebucharbeit soll durch die vierte, überarbeitete Auflage meiner Lesetagebuch-Studie unterstützt werden. Besonders erfreulich ist in diesem Zusammenhang die in vielen Rückmeldungen hervorgehobene Praxistauglichkeit der Untersuchungsergebnisse. (Einen ausführlichen Forschungsbericht zum „Lesetagebuch als Methode des Lese- und Literaturunterrichts" hat Daniel Nix in der im Schneider-Verlag Hohengehren herausgegebenen Zeitschrift Didaktik Deutsch, Heft 23/2007, S. 67-94, erstellt. Hier findet sich auch ein aktuelles Literaturverzeichnis zum Thema.)

In der konkreten Lesetagebucharbeit in den unterschiedlichen Jahrgangsstufen aller Schulformen hat sich allerdings herausgestellt, dass neben dem Erstellen freier Lesetagebücher der Wunsch nach der **Verfügbarkeit vorstrukturierter Lesetagebücher zu bestimmten Kinder- und Jugendbüchern** (vgl. dazu Kap. 4.3.4, S. 235-252) in der letzten Zeit erheblich zugenommen hat. Solche Lesetagebücher mit vorstrukturierter Aufgabenstellung bieten zu bestimmten Büchern Auseinandersetzungsweisen an, die sich an der ausgewählten Lektüre orientieren und die Schülerinnen und Schüler an Schlüsselstellen durch handlungs- und produktionsorientierte Aufgaben zum Nachdenken, Schreiben, Gestalten und Handeln anregen. Gerade auch für leseschwache und leseungeübte Schülerinnen und Schüler, deren Zahl immer mehr zunimmt – aber nicht nur für sie –, sind solche vorstrukturierte Lesetagebücher eine Hilfe, um sich zu einem gelesenen Buch äußern zu können. Ich selbst habe diesen Wünschen Rechnung getragen und gebe nun im Schroedel-Verlag Braunschweig in der Reihe „**Texte.Medien**" Lizenzausgaben von empfehlenswerten Jugendbüchern mit eigens dazu erstellten Lesetagebüchern heraus. Die Bücher werden jeweils durch einen themenbezogenen Materialanhang ergänzt und – außer mit den zugehörigen Lesetagebüchern – noch mit entsprechenden Lehrermaterialien angeboten. (Ausführliche Informationen zur Reihe und ihrem Buchangebot sind im Internet unter www.schroedel.de/textemedien abzurufen.)

Auch wenn hier – streng genommen – Begriffe wie „Leseheft" oder „Lesebegleitheft" eher angebracht sind als „Lesetagebuch", so werden doch in der Ausgestaltung der Aufgabenblätter die unterschiedlichen Auseinandersetzungsweisen, die sonst in Form von Einlegezetteln zur Wahl angeboten werden (siehe dazu S. 105 und 280), hinreichend berücksichtigt. Motivationale, emotionale und metakognitive Auseinandersetzungsweisen werden dabei eher angeboten als rein inhaltsbezogene und reproduktive. Dadurch soll erreicht werden, dass nicht das in der Nachwirkung der PISA-, IGLU- und TIMMS-Studien allzu sehr favorisierte und geförderte informationsentnehmende Lesen im Vordergrund steht, sondern vor allem **Aspekte des literarischen Lesens**. Insofern ist die Bezeichnung „Lesetagebuch" gerechtfertigt, weil die Vorstrukturierung durchaus eine individuelle Auseinandersetzung mit dem Gelesenen ermöglicht und fördert. Insofern begünstigen diese Lesetagebücher das Schreiben in einem integrativen, prozessorientierten Literaturunterricht und bieten Inszenierungsmuster für den Leseunterricht im Rahmen „einer kulturellen Praxis Literatur" (vgl. dazu Abraham, Ulf, und Matthis Kepser (2005): Literaturdidaktik Deutsch. Eine Einführung. Berlin: Erich Schmidt, S. 118 und 180). Zugleich trägt die Lesetagebucharbeit dazu bei, den bei PISA vernachlässigten Zieldimensionen „Identitätsbildung und ästhetische Sensibilität" (Spinner 2003, 247) gerecht zu werden.

Weil die **Passung zwischen Buch und Leser** ein wichtiger Aspekt der Leseförderung ist, ist es nicht verwunderlich, dass Jugendliche die Schullektüre als vorrangig belehrend und langweilig bezeichnen, wenn die Buchauswahl sich an einem heimlichen, über viele Jahre tradierten Literaturkanon für Klassenlektüren orientiert und die unterrichtliche „Behandlung" sich methodisch auf Textanalyse und Interpretationen beschränkt. Von daher ist es bedeutsam, dass – möglicherweise neben sogenannten „Klassikern" – vorrangig neuere, aktuelle und lebensweltbezogene Kinder- und Jugendbücher mit adressatenspezifischen Inhalten und Erzählweisen herangezogen werden. Die Reihe „Texte.Medien" berücksichtigt dieses Anliegen. Für die sogenannten **Ungern- und Wenigleser in allen Schulformen** gibt es in dieser Reihe ein weiteres Angebot: die *Kurzstreckenleser*. Dabei handelt es sich um altersangemessene Bücher mit literarischer Qualität und einer überschaubaren Seitenzahl. Aufgabenanregungen, die in einem selbst zu erstellenden Lesetagebuch bearbeitet werden können, sind hier direkt in den Buchtext integriert. Außerdem sind im Texte.Medien-Programm vorstrukturierte Lesetagebücher zu weiteren bekannten Kinder- und Jugendbüchern enthalten, die begleitend im Unterricht eingesetzt werden können, wenn die entsprechenden Bücher gelesen werden.

<u>Die Bevorzugung vorstrukturierter Lesetagebücher durch viele Lehrkräfte schmälert allerdings nicht die **Bedeutung freier Lesetagebücher**, die eine ganz individuelle Erstellung und Gestaltung ermöglichen.</u> Im Unterrichtsalltag können dabei durchaus auch Mischformen der Lesetagebucharbeit auftreten. Lehrkräfte, die keine vorstrukturierten Lesetagebücher einsetzen, sondern selbstständig und schülerorientiert ein Angebot an Pflichtaufgaben und zusätzlichen fakultativen Aufgaben zur Auswahl und zur freien Entscheidung erstellen möchten, finden hierzu umfangreiche Anregungen in dem – von mir ebenfalls für die Reihe „Texte.Medien" erarbeiteten – Heft „Freies Lesetagbuch. Kopiervorla-

gen zum differenzierten Umgang mit Jugendbüchern". Dieses Heft ist eine Weiterentwicklung der in der Untersuchung erwähnten „Lesekartei" (vgl. dazu die Anmerkung 96 auf S. 82).

Der Einsatz von freien und vorstrukturierten Lesetagebüchern im Unterricht hilft, ein gleichschrittiges Durchnehmen und Besprechen einer Klassenlektüre zu vermeiden und eine **differenzierte und zugleich differenzierende** (d.h. letztlich: individualisierte) **Auseinandersetzung** mit (Kinder- und Jugend-)Literatur zu ermöglichen. Die Lesetagebucharbeit hilft zudem, diejenigen methodischen Herausforderungen angemessen und leserorientiert zu bewältigen, die sich bei einem **offenen Buchangebot** ergeben, das sowohl unterschiedliche Lesekompetenzen und Leseinteressen als auch eine **Geschlechterdifferenzierung** berücksichtigt. Deshalb ist es erfreulich, dass die vielfältigen motivierenden und kompetenzerweiternden Möglichkeiten der Lesetagebucharbeit immer stärker genutzt werden. Welche Form der Lesetagebucharbeit im Einzelfall gewählt wird, hängt sicherlich von den Schwerpunktsetzungen der Lehrkräfte und den jeweiligen Lerngruppen ab. Die unterschiedlichen Auswirkungen von freien und vorstrukturierten Lesetagebüchern auf die Lesemotivation, die Lesekompetenz und das literarische Lernen müssten im Rahmen der empirischen Unterrichtsforschung noch genauer untersucht werden.

Bad Salzdetfurth, im März 2011   Ingrid Hintz

Einleitung

> *„In den Büchern trat mir das Leben entgegen, das die Schule vor mir verborgen hatte. In den Büchern zeigte sich mir eine andere Realität des Lebens als die, in die meine Eltern und Lehrer mich pressen wollten. Die Stimmen der Bücher forderten mein Mittun, die Stimmen der Bücher forderten, dass ich mich öffnete und auf mich selbst besann."* (Peter Weiss)[1]

In der fachdidaktischen Diskussion über den Deutschunterricht herrscht trotz unterschiedlicher Positionen weitgehend Einigkeit darüber, dass die Förderung des Lesens – auch des Lesens von Büchern – und die Befähigung zur Auseinandersetzung mit Gelesenem wichtige Zielsetzungen seien, deren Erreichung wesentlich von den Inhalten des Unterrichts und (mehr noch) von den gewählten Methoden abhängig sei. Dennoch wird immer wieder festgestellt, dass im Unterricht zu selten und wenn, dann in wenig förderlicher Weise, gelesen werde (vgl. Bonfadelli u. a. 1993, 250 ff.). Obwohl die Lesefähigkeit und -bereitschaft von Schülerinnen und Schülern in jeder Altersstufe entfaltungs- und ausbaufähig seien, sehe es eher so aus, als ob der Deutschunterricht vielen die Lust am Lesen austreibe, anstatt ihnen Freude an Literatur zu vermitteln.[2] Oft scheine geradezu das Gegenteil dessen bewirkt zu werden, was eigentlich erreicht werden solle: statt die Heranwachsenden zu Lesern zu machen, schaffe oder vergrößere der Unterricht die Antipathie gegenüber dem geschriebenen Wort und versäume es, eine tragfähige und belastbare Grundlage für eine dauerhafte Lesemotivation zu legen (vgl. Haas / Menzel / Spinner 1994, 17 f.).

Das eigentliche Lesen ereignet sich – wenn es denn überhaupt stattfindet – bei den meisten im außerschulischen privaten Bereich. Hier wird es als angenehm, frei und selbstbestimmt, als lustvoll und gewinnbringend, oft sogar als lebenswichtige Beschäftigung empfunden. Die offensichtliche Diskrepanz zwischen dem privaten Freizeitlesen und dem geplant-verordneten schulischen Lesen äußert sich auf der Inhaltsebene in den jeweils bevorzugten Literaturgattungen. Die private Lektüre erstreckt sich im Wesentlichen auf Kinder-, Jugend- und Sachbücher, während im Literaturunterricht eher kürzere Texte, die u.a. im Lesebuch enthalten sind, eine dominante Rolle spielen. Die unterrichtliche

---

[1] Alle wörtlichen Zitate werden in dieser Arbeit der neuen Rechtschreibung angeglichen.
[2] Viele Erwachsene, am vehementesten Schriftsteller, kritisieren im Rückblick auf ihre Schulzeit und im Hinblick auf den gegenwärtigen Unterricht sowohl die Unterrichtsinhalte als auch die ausschließlich auf Textanalyse ausgerichtete methodische Monostruktur. Karin Struck sagt dazu: „Mein größtes Lese-Erlebnis war ursprünglich das Nicht-Lesen. [...] Ich wusste nicht, was Lesen ist. Niemand lehrte mich die Kunst des Lesens" (Struck 1979). Andere empfinden die von der Schule verordnete Lektüre als lästig und langweilig und stellen die analytische Arbeit mit Texten als „Interpretationssucht" dar, die schon in einem sehr frühen Alter die Lust am Lesen abtötet und die Freude am Lesen erstickt (Grass 1980).

Lektüre von ganzen Büchern wird allzu häufig zugunsten der 'epischen Kleinformen', gelegentlich mit einer 'Prise Lyrik' angereichert, vernachlässigt. Wenn sich die Textauswahl zudem an einem Literaturkanon orientiert, der sich ausschließlich oder vorrangig durch das Prinzip der so genannten 'literarischen Bildung' legitimiert, dann werden bei den Schülerinnen und Schülern häufig zusätzliche Lesebarrieren geschaffen, anstatt dass Lesemotivation aufgebaut und Leselust gefördert wird.

Lehrerinnen und Lehrer geben als Begründung für die Wahl kurzer Texte an, dass diese in den fast noch überall vorherrschenden 45-Minuten Stunden und den – immer zu knappen – Wochenstunden des Faches Deutsch leicht zu handhaben seien und aufgrund ihres geringen zeitlichen und methodischen Aufwands für eine unterrichtliche Behandlung gut geeignet erschienen. Außerdem spiele es eine wichtige Rolle, dass die im Deutschunterricht verwendeten Schulbücher meistens ein Lesebuch und ein Sprachbuch seien, wobei das Lesebuch mit seiner Sammlung von mehr oder weniger kurzen Texten 'nur' den Literaturunterricht bediene, das Sprachbuch aber für die grundlegenden Dinge wie Rechtschreiben, Schreiben, Sprechen, Sprachreflexion und Arbeitstechniken da sei und die Arbeit mit ihm einen Großteil der Unterrichtszeit benötige. Hinzu komme die Unsicherheit, was man denn in der relativ langen Zeit, die man für ein Buch brauche, eigentlich außer 'Lesen und Drüberreden' methodisch noch tun könne.

Die Folge ist, dass das „Lesen *für* die Schule" (Haas 1995, 217) die Normalform bleibt, sodass bei Schülerinnen und Schülern, die ihren Deutschunterricht unter solchen Voraussetzungen erleben und dennoch zu Leserinnen und Lesern werden, der Prozess ihrer Leseentwicklung häufig nur außerhalb der Schule verläuft und geradezu als ein „Lesen *gegen* die Schule" (ebd., 218) bezeichnet werden kann. Viele aber – vor allem solche, die aus lesefernen Elternhäusern kommen – erhalten gar keinen Zugang zum Lesen und zu Büchern. Da es aber trotz allem einen Zusammenhang von 'privater' und 'öffentlicher' Lektüre gibt (vgl. Eggert 1997, 47), darf der schulische Deutschunterricht nicht darauf verzichten, beim Aufbau einer – evtl. erneuerten – Lesemotivation mitzuwirken und fehlende Anregungen aus dem privaten Umfeld durch eigene zu ersetzen bzw. vorhandene private Anregungen durch schulische zu unterstützen (vgl. Hurrelmann u. a. 1993, 204 ff., und 1994 a).

Die Hinwendung zu einem „Lesen *in* der Schule" (Haas 1995, 220), bei dem der Ausgangspunkt der unterrichtlichen (Lese-)Prozesse nicht nur der Unterrichtsstoff, sondern vor allem der Schüler ist, könnte den Gegensatz von Lesen *für* und *gegen* die Schule aufheben helfen. Inhaltlich könnte der notwendige Paradigmenwechsel z. B. in der Einbeziehung von Werken der Kinder- und Jugendliteratur, die in besonderer Weise Anknüpfungsmöglichkeiten an die lebensweltlichen Erfahrungen der Schülerinnen und Schüler ermöglichen, zum Ausdruck kommen. Weil die dadurch angestoßenen Leseprozesse den üblicherweise vorgegebenen Rahmen einer 45-Minuten-Stunde sprengen und zugleich beson-

Einleitung

dere methodische Überlegungen erfordern, ist darüber hinaus eine veränderte Einstellung zur Lese*zeit* und Lese*methodik* gefordert. Das bedeutet, dass der Deutschunterricht so geöffnet werden muss, dass er Zeit gibt und Zeit lässt für ruhiges und intensives Lesen, das von der Lehrerin bzw. vom Lehrer nicht nur zugelassen, sondern beratend, impulssetzend und helfend begleitet wird.

Im Hinblick auf eine angemessene lesedidaktische Realisierung eines so veränderten und geöffneten Unterrichts wird in der fachdidaktischen Diskussion immer wieder auf handlungs- und produktionsorientierte sowie auf individualisierende Verfahren hingewiesen, durch die die Schülerinnen und Schüler nicht nur in ihren kognitiv-analytischen Fähigkeiten, sondern vor allem „in ihrer Sinnlichkeit, ihren Gefühlen, ihrer Phantasie, ihrem Tätigkeitsdrang angesprochen werden" (Haas / Menzel / Spinner 1994, 17). Je individueller das Lesen in der Schule bzw. in der Schulklasse gestaltet werden soll, desto notwendiger brauchen Lehrerinnen und Lehrer methodische Möglichkeiten für ein sinnvolles unterrichtliches Umsetzen dieser Zielsetzung. In dem Zusammenhang wird immer häufiger die Empfehlung gegeben, von den Schülerinnen und Schülern ein Lesetagebuch (bzw. Leseheft, Lesejournal) erstellen zu lassen. Ein solches Lesetagebuch, das begleitend zum Lesen geschrieben und gestaltet wird, sei eine Methode, um den individuellen Leseprozess der Schülerinnen und Schüler zu unterstützen und abzubilden. Es könne helfen, über das Gelesene nachzudenken und es besser zu verstehen, sich eine eigene Meinung zu bilden, sich vertieft mit dem Inhalt und den Handlungsträgern des Buches auseinander zu setzen und sich später daran zu erinnern.

Die Wirkungsaspekte des Lesetagebuchs und die mögliche Bedeutung dieses Verfahrens für die Unterrichtspraxis sind allerdings bisher noch nicht ausdrücklich untersucht worden. Hieraus ergibt sich für die vorliegende Arbeit folgende Leitfrage:

Ist das Lesetagebuch eine geeignete methodische Möglichkeit, um die Auseinandersetzung mit Gelesenem (z. B. mit Kinder- und Jugendliteratur) im Unterricht anzuregen und zu unterstützen?

Vordergründig scheint das Lesetagebuch im Kontext handlungs- und produktionsorientierter Verfahren ein durchaus geeignetes Mittel zu sein, um Leseerlebnisse zu intensivieren, das Textverständnis zu vertiefen und die beim Lesen sich ereignenden kognitiven und emotionalen Prozesse in schriftlicher und bildlicher Form sichtbar zu machen. Denn wenn Schülerinnen und Schüler begleitend zum Lesen bzw. nach dem Lesen über das Gelesene schreiben und zum Gelesenen etwas gestalten sollen, dann müsste ein aufmerksames Lesen die Voraussetzung und ein intensives Textverständnis die Folge sein. Zudem werden die Schülerinnen und Schüler durch die Arbeit am Lesetagebuch häufig zu einer Mehrfachlektüre des Textes bzw. einzelner Textstellen veranlasst, die als Voraussetzung dafür gesehen wird, Leserinnen und Leser zu einem vertieften Verständnis des Gelesenen zu befähigen (vgl. Witte u. a. 2000, 4ff.).

Die Auseinandersetzung mit dem Gelesenen im Lesetagebuch soll den Schülerinnen und Schülern Raum für primäre, subjektive Textzugänge, für ihre persönliche Auslegung, ihre Zustimmung und/oder Ablehnung im Hinblick auf Inhalte, Personen, Problemstellungen und Sprache des Gelesenen geben. Dies kann bewusstseinserhellend und -erweiternd wirken, denn die beim Schreiben und/oder Gestalten sich vollziehende Verarbeitung von Leseerlebnissen und -eindrücken kann ein reflexives Beobachten der individuellen Textrezeption und des eigenen Lese- und Schreibprozesses ermöglichen und zugleich eine Grundlage für anschließende kommunikative Prozesse in der Lerngruppe bieten. Wenn das Erstellen eines Lesetagebuchs eine aktive Auseinandersetzung mit dem Gelesenen fördert, zu einer (Re-)Konstruktion der Textbedeutung auffordert und die Leserin bzw. den Leser anregt, das Gelesene mit dem jeweils individuellen Vorwissen und den eigenen Erfahrungen, Interessen und Wertorientierungen zu verknüpfen, dann wären zugleich entscheidende Möglichkeitsbedingungen für eine Erweiterung der Lese- und Verstehenskompetenz sowie für das Erlernen und die Festigung von Lesestrategien erfüllt.[3]

Für Außenstehende ist der Verstehensprozess, den ein Leser beim Lesen vollzieht, ebenso wenig sichtbar wie die Eindrücke, Emotionen, Identifikations- oder Distanzierungsprozesse des Lesers. Dieser 'Black-Box'-Charakter des Lesens (vgl. Aust, 1983, 235) bringt Probleme mit sich, sobald das Lesen von Texten oder Büchern im Rahmen von Unterricht und Schule stattfindet, wo es also nicht nur um das 'Lesen an sich' geht, sondern immer auch um seine pädagogische Begleitung und um die Auseinandersetzung mit Aufgaben, deren Bearbeitung am Ende im Hinblick auf Prozess und Ergebnis zu würdigen und zu beurteilen ist.

Im eher kognitiv-analytisch arbeitenden Literaturunterricht geschieht das Sichtbarmachen von Auseinandersetzungsprozessen mit Gelesenem meistens durch das literarische Gespräch oder durch Interpretationsaufgaben, die wechselnd

---

[3] In der PISA-Studie, in der Basiskompetenzen deutscher Schülerinnen und Schüler im internationalen Vergleich untersucht worden sind, wird Lesekompetenz beschrieben als Fähigkeit, „geschriebene Texte unterschiedlicher Art in ihren Aussagen, ihren Absichten und ihrer formalen Struktur zu verstehen und sie in einen größeren sinnstiftenden Zusammenhang einzuordnen, sowie in der Lage zu sein, Texte für verschiedene Zwecke sachgerecht zu nutzen" (Deutsches PISA-Konsortium 2001, 22), und verstanden „im Sinne eines ausgewogenen Zusammenspiels von kognitiven Komponenten, Werthaltungen, Strategien, Routinen und Wissen aus Seiten des Lesers" (ebd., 76).
Für die Förderung von Lesekompetenz ergeben sich nach Meinung der Autoren zwei wesentliche Anhaltspunkte: „Zum einen geht es um die Verbesserung der Informationsverarbeitungskompetenz (Textverstehen), zum anderen um die Entwicklung einer dem Lesen gegenüber aufgeschlossenen motivationalen Grundhaltung und Werteinstellung." (Ebd., 131)
Eine umfassende Darstellung empirisch nachweisbarer Lesestrategien beim Lesen von Romanen findet sich bei Corinna Pette (vgl. Pette 2001, 308ff.).
Eine fundierte konzeptuelle Ausarbeitung der Lesekompetenz mit ihren kognitiven, emotional-motivationalen und kommunikativen Dimensionen, die für alle Leseprozesse konstitutiv sind, legen Norbert Groeben und Bettina Hurrelmann in ihrem Band „Lesekompetenz" vor (Groeben/Hurrelmann 2002).

Einleitung 5

mündlich oder schriftlich bearbeitet werden. Beim Führen eines Lesetagebuchs soll dies auf eine bewusst individualisierende und dokumentierende Weise geschehen, sodass die einzelne Leserin bzw. der Leser zum Reflektieren und Dokumentieren der individuellen Leseerlebnisse und Lesehandlungen sowie des Textverständnisses angehalten werden und die Lehrerin bzw. der Lehrer Einblicke in die Leseprozesse der einzelnen Schülerinnen und Schüler und in das lesebegleitende Denken und Empfinden erhalten können.

Allerdings muss man sich hier mit dem Vorwurf auseinander setzen, dieses Verfahren hätte mit 'natürlichem' Lesen wenig zu tun, sei eine typische Veranstaltung von Unterricht, würde den Leseprozess nur stören und sei wegen der zu erwartenden Beurteilung zudem einer Verfremdungsgefahr ausgesetzt. Darüber hinaus sei zu beachten, dass das Schreiben und Gestalten eines Lesetagebuchs für die Schülerinnen und Schüler anstrengender und mühsamer sei als das Lesen allein und weitere Qualifikationen erfordere. Von daher könnte die Verbindung von Schreiben und Lesen gerade bei leseungewohnten und leseunwilligen Schülerinnen und Schülern auch das Gegenteil von Motivation und Förderung bewirken, sodass durch die Aufgabe, ein Lesetagebuch zu führen, die damit verbundene Intention in ihr Gegenteil verkehrt würde und neue Lesehemmungen und Lesebarrieren aufgebaut würden. Hieraus ergibt sich für die vorliegende Arbeit eine weitere Frage:

Welcher Art müssen die 'Rahmenbedingungen' für den Einsatz des Lesetagebuchs im Deutschunterricht sein, damit es den intendierten Zielsetzungen tatsächlich dienlich ist?

Die Frage, ob das begleitend erstellte Lesetagebuch sich förderlich oder hinderlich auf den Lese- und Verstehensprozess auswirkt, könnte sich vor allem daran entscheiden, auf welche Weise die Schülerinnen und Schüler zum Führen eines Lesetagebuchs angeleitet und beim Erstellen beratend begleitet werden. Eine wichtige Bedingung für eine lesefördernde Wirkung könnte z. B. sein, dass die Subjektivität des Schreibens ausdrücklich gewünscht wird und das Anfertigen des Lesetagebuchs nicht zu einer versteckten Interpretationsform verkürzt wird, bei der die Schülerinnen und Schüler nur die beurteilende Lehrkraft als Leser im Blick haben. Wenn die Bezeichnung Lese*tagebuch* gerechtfertigt sein soll, müsste der Schwerpunkt eher auf dem Schreib*prozess* als auf dem Schreib*ergebnis* liegen.[4] Hieran wird deutlich, dass das Erreichen der beabsichtigten Wirkung des Lesetagebuchs letztlich auch damit zusammenhängt, welchen Grundsätzen die methodische Gestaltung des Deutschunterrichts insgesamt folgt.

Die Auseinandersetzung mit den hier skizzierten Fragen und Hypothesen sowie der Versuch, sie einzeln und in ihrem Zusammenhang zu untersuchen, sind in der

---

[4] Um sich an einen Ausspruch Heinrich von Kleists anzulehnen und ihn entsprechend abzuwandeln: Es muss in erster Linie um 'die allmähliche Verfertigung der Gedanken beim Schreiben' gehen und nicht darum, die bereits vorher gemachten Gedanken nur noch perfekt zu verbalisieren (vgl. Antos 1988, 37 ff.).

gegenwärtigen Fachdidaktik Deutsch ein Desiderat. Sie können als wichtige Aspekte eines zu entwickelnden lesedidaktischen Konzepts angesehen werden und auch schreibdidaktische Impulse setzen.

Die vorliegende Arbeit umfasst fünf Teile. Im ersten Teil geht es um grundlegende Aspekte des Lesens im Deutschunterricht. Hier wird gefragt und entfaltet, wie das Lesen als Prozess vonstatten geht, was eigentlich beim Lesen mit den Leserinnen und Lesern geschieht bzw. was in ihnen vorgeht, welche Bedeutung das Lesen hat und wie sich privates und schulisches Lesen unterscheiden bzw. zusammengebracht werden können. Außerdem wird dargelegt, dass vor dem Hintergrund einer fortschreitenden Dominanz audio-visueller Medien der Einbeziehung von Kinder- und Jugendliteratur sowie handlungs- und produktionsorientierter Verfahren in einem entsprechend 'geöffneten' Deutschunterricht eine immer größere Bedeutung zukommt.

Im zweiten Teil geht es um einen problemgeschichtlichen Überblick zum Thema 'Lesetagebuch'. Es wird zum einen aufgezeigt, wie sich das Lesetagebuch, angefangen bei seinen Vorläufern in der Jungleserforschung, vom Untersuchungsmittel für Lesegewohnheiten und autobiographische Forschungen bis zur Unterrichtsmethode im Umgang mit Kinder- und Jugendliteratur im Deutschunterricht entwickelt hat; zum anderen geht es um eine Beschreibung des aktuellen Diskussionsstandes.

Der dritte Teil beschäftigt sich mit dem Begriff Lesetagebuch. Hier wird zunächst entfaltet, was allgemein unter 'Tagebuch' verstanden wird und welche Bedeutung das Tagebuchschreiben für die Schreiberinnen und Schreiber hat bzw. haben kann, vor allem für Jugendliche, aber auch als literarische Form für Schriftsteller. Danach wird auf das Tagebuch als Lernmethode und Mitteilungsmedium im schulischen Unterricht eingegangen und die Frage gestellt, ob dieser Begriff für die untersuchte Methode gerechtfertigt ist.

Gegenstand des vierten Teils sind zunächst methodologische Überlegungen zu Verfahren, mit deren Hilfe sich sprachliches Material – hier die Lesetagebuchtexte der Schülerinnen und Schüler – systematisch analysieren lässt: zur quantitativen Erfassung und qualitativen Inhaltsanalyse des Textmaterials (vgl. Mayring 1995 und 1996) unter Einbeziehung der Hermeneutik (vgl. Lamnek 1993 und 1995). Dann folgt die Darstellung der Ergebnisse einer Untersuchung von 375 konkreten Lesetagebüchern aus 24 verschiedenen Schulklassen. Die analysierten Lesetagebücher sind im Deutschunterricht von niedersächsischen Schülerinnen und Schülern der Klassen 5 bis 10 der Orientierungsstufe, Hauptschule und Realschule begleitend zum Lesen von Jugendbüchern angefertigt worden und als Zeugnisse der jeweils individuellen Auseinandersetzung mit dem gelesenen Buch anzusehen. Die Erstellung der Lesetagebücher erfolgte unter unterschiedlichen Bedingungen: in den meisten Fällen war sie 'frei' und ohne verpflichtende Vorgaben, nur durch allgemeine Anregungen und Tipps auf einem Handzettel angeleitet; in einzelnen Klassen wurden dagegen Lesetagebücher angefertigt, bei denen die Aufgabenstellung von der Lehrerin bzw. dem Lehrer 'vorstrukturiert' worden ist, sodass ein stärker normiertes Arbeiten verlangt war. Die verschiedenen Varianten des Einsatzes von Lesetagebüchern sollen dargestellt und auf ihre Funktion und Wirkungsweise hin kritisch untersucht werden. Leitfragen der Untersuchung sind:

Welche Auseinandersetzungsweisen der Schülerinnen und Schüler mit dem Gelesenen sind in konkreten Lesetagebüchern erkennbar und unterscheidbar dokumentiert? Wie lassen sich diese Auseinandersetzungsweisen kategorisieren?

Im fünften und letzten Teil führt das gewählte mehrperspektivische Untersuchungsdesign zu begrenzt verallgemeinerbaren Aussagen darüber, ob das Lesetagebuch eine geeignete Methode zur Auseinandersetzung mit Kinder- und Jugendbüchern im Deutschunterricht ist, und zur Entfaltung von Perspektiven für den Einsatz von Lesetagebüchern im Unterricht, die in der Neuformulierung eines Handzettels mit Anregungen für Schülerinnen und Schüler konkretisiert werden.

1 Lesen im Deutschunterricht

1.1 Lesen – eine erkundungsbedürftige und förderungswürdige Tätigkeit

„Und jetzt ist die Zeit des Lesens also vorbei?" (Peter Handke)

Die Ausgangslage, vor deren Hintergrund das Lesen im Deutschunterricht der Schule gesehen werden muss, ist als durchaus ambivalent zu bezeichnen und wird widersprüchlich beschrieben. Zum einen wird beklagt, dass immer weniger gelesen werde, zum anderen wird behauptet, dass noch niemals so viel gelesen worden sei wie in der gegenwärtigen Zeit, wofür auch die ständig steigende Zahl der Neuerscheinungen auf dem Buchmarkt ein Zeichen sei.

Die Vertreter der erstgenannten Richtung machen als Hauptschuldige häufig das Fernsehen und andere audio-visuelle bzw. elektronische Medien aus und betonen, dass diese heute die wichtigsten Mittel zur Befriedigung von Freizeitbedürfnissen seien. Oft handele es sich um eine automatisierte, wenig reflektierte Nutzung, die im Vergleich zum Lesen als weniger anstrengend und eher entspannend und unterhaltsam empfunden werde, Alltagsärger kompensieren helfe und von eigenen Sorgen und Problemen ablenke. Das Fernsehen fördere darüber hinaus bestimmte Konsumformen und Wahrnehmungsmuster sowie eine auf- und hinnehmende Rezeptionshaltung. Immer mehr Darbietungen von angeblicher Realität begrenzten den eigenen Erfahrungsraum, sodass die individuellen Einstellungen und Verhaltensweisen oft nur noch Nachahmungen von gesehenen und internalisierten Verhaltensmustern seien. So sei die Freizeit oft nichts anderes als eine Leer-Zeit, die mit Langeweile gefüllt sei statt – angeregt durch das Lesen – mit der Chance, neue Erfahrungen zu machen und über sich und die Mitwelt nachzudenken.

Computer und Spielekonsolen seien erfolgreiche Mitbewerber der Bücher um das Interesse von Benutzern, die in ihrer Freizeit nicht Passivität, sondern den Eindruck von Interaktion wünschten. Computer und Internet seien zudem schnellere Wissensvermittler bzw. geeignetere Informationsspeicher als das Buch, sodass Bedürfnisse, die früher das Buch befriedigt habe, heute online zweckmäßiger bedient würden. Das Buch habe angesichts dieser 'Reizüberflutung' notwendigerweise einen Funktionsverlust zu verkraften.[5]

---

[5] Es wird immer wieder eingewendet, dass zum einen diese Auffassungen von den Wirkungen des Fernsehens sehr pauschalisierend und undifferenziert seien, zum anderen häufig auf einer Überbewertung der literalen Schriftkultur und der sinnlich-unmittelbaren Erfahrung gegenüber der medial vermittelten und eher auf visuellen Erkenntnissen basierenden beruhe. So sei es unbestritten, dass die gegenwärtige mediale Sozialisation von Kindern und Jugendlichen die Möglichkeiten

Die Rezeptionsforschung ist im Zusammenhang mit der Untersuchung des Medienverhaltens von Kindern und Jugendlichen der Frage nachgegangen, ob das Lesen von Büchern tatsächlich durch die vermehrte Nutzung der sogenannten 'neuen' Medien verdrängt wird. Zahlreiche Untersuchungen zeigen jedoch, dass zwar mit zunehmendem Alter ein Rückgang des Gesamtumfangs der Lesezeit und Lesemenge zu verzeichnen sei, dass dies aber keineswegs so dramatisch sei, wie oft behauptet werde (vgl. Schön 1995, 99). Auch ein Konkurrenz- und Ausschließlichkeitsverhältnis zwischen Büchern und audio-visuellen Medien könne nicht bestätigt werden, weil Vielleser häufig auch andere Medien nutzen und wegen ihrer Mediennutzung das Lesen keineswegs aufgäben (vgl. Christmann / Groeben 1999, 205).

Friederike Harmgardt führt als Ergebnis einer neueren Untersuchung aus, dass bei den 8- bis 10-Jährigen noch mehr als die Hälfte zu den Intensivlesern gezählt werden können, bei den 11- bis 17-Jährigen aber nur noch ein Drittel. Der so genannte *Leseknick nach dem 12. Lebensjahr* lasse sich vor allem bei Haupt- und Realschülern feststellen, außerdem gebe es Unterschiede im Leseverhalten von Mädchen und Jungen, die in den ersten beiden Schuljahren noch relativ gering seien, später aber stetig zunähmen; bei den Jungen sei die Zahl der Wenig- oder Ungernleser ungleich höher als bei den Mädchen (vgl. Harmgardt 1999, 18 ff.). Als Gründe für die abnehmende Lesebereitschaft im privaten Bereich werden Zeitknappheit aufgrund von anderen Prioritätensetzungen, mangelnde Ruhe, hohe Anforderungen der Schule und fehlender Überblick über das Buchangebot genannt (vgl. ebd., 28).[6]

Auch Peter Vorderer sieht bei Jungen der Klassen 7 – 10 einen deutlichen Rückgang im Leseeifer, der mit einer steigenden Begeisterung für neue Bildschirmmedien – vor allem Computer und Internet – zusammenfalle; Häufigkeit und

---

ihrer interaktiven Handlungen um ein Vielfaches erweitere. Wichtig sei dabei letztlich, sie zu aktiver Rezeption im Mediengebrauch zu führen und zu qualifizieren. Die moderne Medien*nutzungs*forschung geht deshalb im Unterschied zur Medien*wirkungs*forschung vom Rezipienten als Subjekt aus, nicht mehr vom passiven Rezipienten; die wichtigste Forschungsfrage sei von daher, was der Mensch mit dem Medium mache, nicht was das Medium mit dem Menschen mache. Dass z. B. Fernsehsendungen, über die man bei und nach der Rezeption mit anderen spreche, zu einem Zugewinn in der Sprachfähigkeit, insbesondere im semantischen Bereich, beitragen könnten und eine gute Möglichkeit zur Sprachförderung böten, sei inzwischen mehrfach nachgewiesen worden (vgl. z. B. Böhme-Dürr 1990 und 1995; Gornik 1999).

[6] Schon 1997 hat Harmgardt einen sprunghaften Rückgang der Beliebtheit des Lesens ab der 7. Klasse festgestellt: „Die Abnahme der Leseintensität mit zunehmendem Alter korrespondiert mit einem Auseinandergehen der Lesewelten in der Freizeit und in der Schule. Während in den unteren Klassenstufen keine bedeutsamen Unterschiede zwischen den Leseneigung in der Freizeit und im schulischen Umfeld bestehen, wird das Lesen in der Schule in den höheren Klassenstufen als immer uninteressanter bewertet. – Dieses Ergebnis konfrontiert die schulische Leseförderung mit zwei unterschiedlichen Zielgruppen: einerseits mit einem in den höheren Klassen steigenden Schüleranteil, die sich privat nicht (mehr) für das Lesen interessieren, andererseits mit Viel-Lesern, die jedoch das Lesen in der Schule langweilig finden" (Harmgardt 1997, 13 f.; vgl. auch Schön 1996 a u. b).

Intensität der Buchlektüre hänge jedoch vorrangig von Geschlecht und Bildungsniveau der Jugendlichen ab. Außerdem lasse es sich nicht belegen, dass die Nutzung von Bildschirmmedien unterhaltsamer oder der kognitive Aufwand geringer sei als beim Lesen. Wohl aber werde z. B. das Fernsehen von den meisten Zuschauern subjektiv als 'einfacher' eingeschätzt, während die Nutzung des Computers und der Spielekonsolen – abhängig von der jeweiligen Software – ein hohes Maß an Konzentrationsfähigkeit, Ausdauer und kognitiver Verarbeitungsgeschwindigkeit voraussetze und fördere (vgl. Vorderer 1998, 182 ff.).[7]

Vor allem aber sei die *Nutzung der neuen Medien ohne ausreichende Lesekompetenz gar nicht möglich*, sodass die Ergebnisse bzw. Forderungen der Leseforschung ('Text-Leser-Interaktion') und der Rezeptionsästhetik ('Vollendung des Werkes durch den Leser') sich hier wiederfänden, weil der Medienrezipient zugleich als möglicher Mitproduzent herausgefordert sei (vgl. ebd.). Wie das Lesen Auswirkungen auf die Nutzung anderer Medien habe und die Orientierung in der immer mehr expandierenden Medienlandschaft erleichtere, könne sich umgekehrt auch eine frühe Erziehung zu bewusstem und kompetentem Nutzen audiovisueller Medien positiv auf das Leseverhalten und Leseverständnis der Kinder auswirken.

Einzelne Untersuchungen kommen in Bezug auf das Leseverhalten heutiger Menschen zu dem positiv bewerteten Schluss, dass das Lesen noch niemals so verbreitet war und noch nie so häufig stattfand wie heute. Lesen sei bei vielen Menschen geradezu 'in', wenn auch häufig nicht als dauernd und vielfältig praktizierte Tätigkeit, so doch wenigstens als (Reiz-)Thema problemorientierter Veröffentlichungen und als bewusst oder unbewusst ausgeübte Alltagstätigkeit (vgl. Härter 1991, 6 ff.). Die „Ubiquität der Zeichen" (ebd., 11) sei die Normalität unseres Alltags. Die Klagen über Reizüberflutung und Leseschwund dürften sich von daher lediglich auf eine Verschiebung innerhalb des Lesens beziehen. Während eine bestimmte Weise des Lesens, nämlich das bewusste Lesen von Büchern um der Leseerfahrung und der Unterhaltung oder Auseinandersetzung willen, tatsächlich weniger geworden sei, habe ein anderer Bereich des Lesens, nämlich das 'Lesen nebenher' – vorrangig zum Zweck der Informationsentnahme – zugenommen.[8]

---

[7] Vorderer entkräftet besonders zwei Argumente, die diejenigen, die die Buchkultur von den neuen Bildschirmmedien bedroht sehen, vor allem anführen: dass es 1. eine zeitliche Konkurrenz zwischen der Nutzung des Buches und der von neuen Medien gebe (je mehr Zeit Menschen mit neuen Medien verbringen (dürften, müssten etc.), desto weniger Zeit bleibe ihnen für die Lektüre eines Buches) und dass es 2. eine Konkurrenz im Hinblick auf die Attraktivität der Medien gebe (die neuen Medien würden für die Nutzer immer attraktiver, entsprechend sinke die Attraktivität des Buches) (vgl. Vorderer 1998, 181).

[8] Im Hinblick auf die Beschreibung unterschiedlicher Leseweisen schlägt Andreas Härter mehrere Unterscheidungen vor. Das *entschiedene* Lesen, bei dem sich der Leser bewusst für das Lesen entscheide, stellt er dem *widerfahrenden* Lesen gegenüber, mit dem ein Lesen gemeint ist, das nicht selbst gewollt ist, sondern einem im Alltag einfach widerfährt. Das *zweckdienliche* Lesen, das auf

Lesen als Kulturtätigkeit stehe von daher heute „im Spannungsfeld zwischen der Selbstverständlichkeit einer alltäglichen Verrichtung und der Problematik einer schwindenden kulturellen Chance. Die Abnahme der Wahrnehmung und Realisierung seiner kreativen Möglichkeiten stellt sich als Gefahr einer Sinnverarmung dar, während die Verstärkung seiner funktionalen Indienstnahme es zum bloßen Instrument verkürzt. In diesem Zwischenzustand wird das Lesen förderungswürdig, zunächst aber erkundungsbedürftig" (Wermke 1996, 133).

1.1.1 Lesevorgang und Lesebedeutung

> *„Ich verspüre beim intensiven Lesen ein leichtes Abheben vom Boden, das sich steigern kann bis zum Gefühl der Schwerelosigkeit; ich komme in einen Rauschzustand, den ich genieße."* (Peter Bichsel)

Aus lesepsychologischer Sicht lässt sich das Lesen in unterscheidbare, miteinander verknüpfte Prozesse untergliedern, für deren Vollzug jeweils entsprechende Fähigkeiten und Fertigkeiten erforderlich sind. Im Einzelnen handelt es sich um Dekodierungsprozesse (Buchstaben- und Worterkennung), semantisch-syntaktische Prozesse (Satzverstehen) und inferentielle Prozesse (elaborative bzw. reduktive Verarbeitung der Textinformationen). Alle drei Teilfähigkeiten sind beim Lesen von Texten gleichzeitig beteiligt (vgl. Ballstaedt / Mandl 1985, 165 ff.). Um das Gelesene zu verstehen, muss es in einer aktiven Auseinandersetzung weiter ausgearbeitet, zum Vorwissen in Beziehung gesetzt und in Zusammenhänge eingeordnet werden (vgl. Klicpera 1995, 133). Der Umfang und die Ausprägung der einzelnen Fähigkeiten hängen u. a. vom Entwicklungs- und Bildungsstand des Lesers, von der individuellen Lesesozialisation und von der jeweils konkreten Lesesituation ab (vgl. Grzesik 1990, 9).

Beim Lesen und Verstehen von Texten legt der Leser in seinem Gedächtnis nicht nur eine Repräsentation des Textes, d. h. des Wortlautes des Textes und seiner Bedeutungsstruktur, an, sondern zusätzlich eine Repräsentation der vom Text geschilderten Situation. Auf dieser Repräsentationsebene werden die im Text gegebenen Informationen mit dem Vorwissen des Lesers verknüpft und um zahlreiche Informationen, die so genannten Inferenzen, ergänzt, sodass das entstehende Situationsmodell viel reichhaltiger ist als das, was im Text beschrieben wird. Aufgrund der Polyvalenz literarischer Texte schafft die Repräsentation hier

---

bestimmte Zwecke und Absichten ausgerichtet sei, unterscheidet er vom *zweckfreien* Lesen, bei dem es um die Leseerfahrung als solche gehe. Außerdem benennt er das *dekodierende* Lesen (z. B. die Informationsentnahme aus einer Zeitung), das *identifizierende* Lesen (z. B. das Eintreten in die fiktive Wirklichkeit eines Romans und die Identifikation mit den Figuren), das *spielende* Lesen (z. B. das Lesen von Krimis, bei denen man um die Vorgespieltheit des Inhalts weiß und die man 'just for fun' liest) und das *interpretierende* Lesen, z. B. bei Büchern, die als 'schwere' Literatur gelten würden und nach einer Deutung verlangten, weil der Text sich einem einfachen Ablesen entziehe (vgl. Härter 1991, 17 ff. u. 30 ff.).

viel individuellen Spielraum und Gestaltungsfreiraum, dessen Ausfüllung von den persönlichen Relevanzsetzungen des einzelnen Lesers abhängt und Bedingung für ein vertieftes Verstehen eines Textes ist. So können verschiedene Leser zu unterschiedlichen Bedeutungskonstruktionen kommen, wobei textuelle Merkmale einerseits Offenheit ermöglichen, andererseits aber auch beschränken können (vgl. Charlton / Pette 1999, 107 ff.; Rinck 2000, 115 ff.).

Insgesamt bedeutet Lesen „die Teilnahme an einem indirekten, über das Medium 'Text' vermittelten Kommunikationsprozess" (Ballstaedt / Mandl 1985, 161). Unter dem Aspekt der Zielsetzung kann es als *Lern- oder Orientierungshandlung* gesehen werden, die auf die Aneignung von Wissen, den Erwerb von Kompetenzen und die Ausbildung bzw. Veränderung von Einstellungen ausgerichtet sein kann. Ebenso ist es als *Entlastungshandlung* im Alltag zu betrachten, d. h. als Entspannung, Erregung, ästhetischer Genuss oder Flucht vor dem Realitätsdruck zu verstehen. Solche unterschiedlichen Leseziele sind beim Leseprozess als Regulative wirksam, die die Auswahl und Auseinandersetzung beeinflussen. Es lässt sich allerdings nicht voraussagen, ob die ursprünglich angestrebte oder vorgegebene Zielsetzung auch erreicht oder durch nicht beabsichtigte bzw. nicht vorauszusehende 'Nebenwirkungen' überlagert wird (vgl. ebd., 161 ff.). Die allgemeine Bedeutung des Lesens „wird bestimmt durch die Art und das Maß der Schriftlichkeit einer Kultur" (Grzesik 1990, 10).[9]

Ein weiterer Aspekt des Lesens kommt in den Blick, wenn von *Glückserlebnissen* die Rede ist, die sich einstellen können, wenn das Lesen von Büchern als intensive Gefühlserfahrung empfunden wird. Lesen kann dann zu einem Genuss „wie Süßigkeiten lutschen" und zu einem 'blauen Gefühl' werden, das sich einstellt, wenn man „Süßes für die Seele" zu sich nimmt (vgl. Graf 1996, 188).[10] Die damit verbundene 'Entrücktheit in eine andere Welt' – von der Leseforschung oft

---

[9] In letzter Zeit wird vor dem Hintergrund einer zunehmenden Computerisierung der Lebenswelt immer häufiger darauf hingewiesen, dass die Bedeutung des Lesens und der Leseförderung auch darin zu sehen seien, dass Lesekompetenz eine unverzichtbare Voraussetzung für die Nutzung der neuen Medien sei, denn wer nicht lesen könne, also nicht in der Lage sei, sich Texte zu eigen zu machen, sie zu verstehen und mit Wissen und Erfahrung in Verbindung zu setzen, sei in der heutigen Zeit nicht mehr ausbildungs- und weiterbildungsfähig (vgl. Schmoll 2001) und zugleich zu einem kompetenten und selbstbestimmten Gebrauch aller Medien nur eingeschränkt in der Lage (vgl. Hippler 2001, Oerter 1999). Deshalb müssten sich „die Rezeptionsmuster des Lesens – je nach Mediengrundlage – von der Verarbeitung linearer Schrifttexte bis hin zum interaktiven Umgang mit verzweigten multimedialen Texten weiter ausdifferenzieren" (Hurrelmann 1998b, 188).

[10] Jakob Muth zählt folgende Bedingungen auf, die erfüllt sein sollten, damit Leseglück erlebbar, d. h. Lesen zum 'flow-Erlebnis' (Glückserlebnis) werden kann: Bücherlesen muss sich in einer aufwärtsstrebenden, dynamischen Balance zwischen Fähigkeit und Herausforderung vollziehen sowie als störungsfreies Zusammenspiel höchst komplexer Zielsetzungen und Rückmeldungen erlebt werden, sich konzentriert und hingebungsvoll abspielen, ohne Blick auf Zweck und Nutzen geschehen, den Leser in eine andere Zeitebene versetzen und ihn aus der sorgenvollen Enge seines Ichs befreien sowie ein Gefühl der Selbstbestimmung wecken (vgl. Muth 1996, 77; vgl. auch Schiefele 1996, 55 f.).

als evasorisch, eskapistisch oder kompensatorisch kritisiert – kann zur Grundlage für ein anhaltendes Lesebedürfnis und eine dauerhafte Lesemotivation werden.

Der Zugang zu solchen Glückserfahrungen in der Kindheit, der rauschähnliche Zustand der Lesesucht in der Jugendzeit mit dem Verschlingen von Büchern, vielleicht sogar mit dem Reiz des Verbotenen und des Heimlichen, hat allerdings in den meisten Fällen wenig mit dem literarischen Wert eines Buches zu tun bzw. mit dem, was Pädagogen, Literaturkritiker oder Deutschlehrer als solchen ansehen (vgl. Schön 1996a, 171ff.). Der schulische Unterricht muss unter dieser Rücksicht häufig als kontraproduktiv eingestuft werden und kann – wenn auch oft ohne Absicht – dazu beitragen, den Schülerinnen und Schülern die Leselust und die Möglichkeit des Empfindens von Leseglück auszutreiben.[11] Umso mehr muss heute nach Bedingungen gefragt werden, unter denen auch in der Schule Leselust angebahnt und Leseglück für den Einzelnen erlebbar gemacht werden kann.

Außerdem ist festzuhalten, dass gerade von literarischen Texten entscheidende *Impulse für Bildungsprozesse* ausgehen können, und zwar in Bezug auf Veränderungen im Selbstbild und in der Fremdwahrnehmung sowie auf sprachliches Ausdrucks- und Verstehensvermögen (vgl. Abraham 1998, 218f.).[12] Der Leser macht in der Begegnung mit dem literarischen Text individuelle Erfahrungen, baut emotionale Beziehungen zum Gelesenen auf und geht eine Interaktion mit dem Text ein, die durchaus vergleichbar ist mit sozialen Interaktionsformen (vgl. Schön 1995, 101 ff.). So kann das Lesen zur Identitätsfindung und zur Sensibilisierung der Wahrnehmungsfähigkeit beitragen, bei der Auseinandersetzung mit Problemen, Normen und Lebensweisen helfen und eine große Bedeutung für die Entfaltung von *Perspektivenübernahme, Fremdverstehen und Empathie* bekommen (vgl. Kap. 1.2.2). Für Kaspar H. Spinner ist dies das grundlegende Bildungsziel und damit eine der zentralen Aufgaben des Literaturunterrichts (vgl. Spinner 1994a, 206).

---

[11] Der französische Schriftsteller und Deutschlehrer Daniel Pennac schildert dies zutreffend: „Als Lehrer stehe ich regelmäßig vor Schülern, die behaupten, dass sie nicht gerne lesen. Das muss man ernst nehmen und der Sache auf den Grund gehen. Das Kind will mir nämlich damit sagen: 'Ich habe Angst vor Büchern. Ich habe Angst vor Fragen, die man mir hinterher stellen wird.' Und dann stelle ich mir vor, wie mir zumute wäre, wenn mir beim Lesen ständig jemand über die Schulter schauen und mich dauernd fragen würde: 'Hast du das verstanden?' oder 'Wie viele Metaphern gibt es in diesem Satz oder welche Stilformen benutzt der Autor?' Das schüchtert ein. So kann Lesen wirklich zum Martyrium werden" (Pennac 1997, 18; vgl. auch die Ausführungen in seinem Buch 'Wie ein Roman', 1994).

[12] Kaspar H. Spinner führt dazu aus: „Es gehört zur anthropologischen Funktion von Literatur, dass sie ausdifferenzierte, genaue Empfindungen und Gefühle zeigt und dafür eine Sprache schafft und dass sie durch Imagination und Einfühlung dem Menschen erlaubt, seine Subjektivität zu erkennen und im Fremdverstehen zu übersteigen" (Spinner 1995, 8).

Gerade in fiktiven, literarischen Texten gibt es viele Anknüpfungspunkte für Perspektivenübernahme und Fremdverstehensprozesse, weil über diese Texte die Innensicht von Personen und fremde Erfahrungsperspektiven vermittelbar sind. Darstellungen von Erlebnis-, Denk- und Handlungsweisen der Protagonisten werden aufgeblättert, zwar nicht als objektives Wissen, sondern oft eher über komplexe Verstehensvorgänge und -leistungen. Das wird beim Lesen in die eigenen Erfahrungen integriert, oft auch bewertet, und ist wichtig für Selbsterkennungsprozesse ebenso wie für die Bereitschaft, Fremdes wahrzunehmen, das vertraute Denken und die gewohnte Sichtweise zu durchbrechen und zu überschreiten, sich für neue Deutungen und Sichtweisen zu öffnen. Dass in fiktiven Texten subjektive Authentizität sichtbar und nachvollziehbar wird, oft sogar eine schonungslose Innensicht fremder Sichtweisen und innerpsychischer Vorgänge deutlich wird, ist zugleich das empathiefördernde Wirkungspotential von Literatur.

Damit dies zum Tragen kommt, muss die Vorstellungskraft der Leser aktiviert werden, d. h. die 'Imagination' oder 'Einbildungskraft' als Fähigkeit, sich etwas vor sein inneres Auge zu führen und dabei sinnliche Eindrücke, Gefühle und Denken miteinander zu verbinden. Die Entwicklung dieser Fähigkeit bedarf gerade in einer Mediengesellschaft einer kontinuierlichen Förderung (vgl. Spinner 1995, 8f.). Ein Unterricht, der der geistigen Eigenaktivität Raum gibt, misst zugleich der Imaginationsfähigkeit eine zentrale Bedeutung zu und trägt so zur Erfüllung dieser Aufgabe bei (vgl. Spinner 1999a, 8). Im Hinblick auf die Schülerinnen und Schüler erscheint dies leistbar, weil sie sich in der Regel gern auf Texte einlassen, die zur *Imagination und Identifikation* einladen, z. B. durch sympathiebindende Handlungsträger, die als Identifikationsmodelle geeignet sind, durch Buchfiguren, die so beschrieben und geschildert werden, dass sie die Vorstellungskraft beflügeln, und bestimmte Eigenschaften oder Fähigkeiten haben, die den Lesern wichtig sind, z. B. 'Richtiges' und 'Gutes' gegen Widerstände durchzusetzen versuchen.

Möglich ist auch eine Faszination durch Figuren, die eher ganz anders sind als man selbst, die erschrocken machen oder Erstaunen erregen aufgrund bestimmter Denk- und Handlungsweisen, die oder deren Schicksal Mitgefühl oder Mitleid erregen, die Abenteuer erleben, Entdeckungen machen, sich über Normen hinweg setzen, Irrtümer erleben oder Irrwege gehen, in Situationen sind, die entweder eine große Nähe schaffen oder gerade eine gewisse Fremdheit mit sich bringen und durch diese verdichtete Erfahrung eine punktuelle Aktualität für das eigene Leben gewinnen. Durch das 'Eintauchen' in eine solche fremde Lebenswelt, zu der man die Erfahrungen der eigenen Lebenswelt in Beziehung setzen kann, ist man als Leser 'Teilnehmer' an der fiktiven und der realen Welt zugleich, kann versuchsweise Deutungsmöglichkeiten beider Welten durchspielen und miteinander verbinden und so zu einer fortschreitenden Selbstverständigung und Weiterentwicklung der Ich-Identität gelangen.[13]

Dies kann angeregt und ermöglicht werden durch Texte, die Anlass geben, eigene Erfahrungen zu artikulieren und neue zu gewinnen, Einsichten zu verdeutlichen oder zu verschärfen, Wahrnehmungsmuster zu erweitern oder zu durchbrechen, Texte, die auf irgendeine Weise an- oder aufregen, zur Welterschließung, Weltaneignung, Selbsterkenntnis und Selbstreflexion verhelfen und die Identitätsgewinnung fördern.

Cornelia Rosebrock fasst die Bedeutung des Lesens folgendermaßen zusammen: „*kognitiv*, so könnte man annehmen, fördert die Lektüre sprachliche Intelligenz auf allen Ebenen, indem sie Wissensbestände rekapituliert, neu verknüpft und erweitert; in *emotionaler* Hinsicht inszeniert, produziert und differenziert Lesen nicht nur die Affekte, sondern setzt sie auch zueinander in Beziehung und integriert sie in 'Sprachspiele'; die *soziale* Einfühlung in die Perspektive anderer und die probeweise Übernahme fremder Befindlichkeiten sind Fähigkeiten, für deren Einübung insbesondere fiktionale Lektüre ein privilegiertes Feld zu sein scheint; und in *medialer* Hinsicht reflektieren Lektüreprozesse immanent ihren Abstand zum Faktischen und eröffnen so Distanzierungsspielräume" (Rosebrock 1995a, 11).

1.1.2 Lesen – Sinn entnehmen oder konstituieren?

> *„Der Schriftsteller verwandelt Vorstellungen in Worte. Der Leser verwandelt Worte in Vorstellungen. Inwieweit diese und jene Vorstellungen einander ähneln, ist unkontrollierbar. Das mag bedauerlich sein, kann aber auch ein Glück sein."* (Erich Kästner)

Im Alltagsverständnis wird das Lesen als „eine eher passive Rezeption dessen, was im jeweiligen Text an Bedeutung, Information oder Botschaft enthalten ist", angesehen (Christmann / Groeben 1999, 145). Diese so genannte 'Sinnentnahme' sei der Kernbereich jedes auf Verstehen ausgerichteten Lesens. Der Leser soll dem Gelesenen jenen Sinn entnehmen, den der Autor bzw. die Autorin im Text enkodiert haben und der als Textgehalt auf seine Entnahme hin angelegt ist (vgl. Aust 1983, 50 ff.). Diesem aus heutiger Sicht naiven Verständnis liegt ein deterministisches Kommunikationsmodell „aus der lerntheoretisch dominierten

---

[13] Nach Bettina Hurrelmann verbindet der Leser „notwendig seine Produktivität in der Konkretisierung der Geschichte mit einem reflexiven Moment der Erprobung eigener Konzepte und der Beziehbarkeiten des Textes" (Hurrelmann 1982, 127). Sie nennt dies „Kommunikationsspiel", weil der Leser zwei kommunikative Rollen miteinander verbindet: „die des Teilnehmers an der Textwelt [...] und die des Angehörigen der realen, nicht fiktiven Welt [...]. Beide Bezüge sind eng miteinander verbunden: die Aktivierung der einen geschieht immer auf der Folie der anderen Empfängerrolle" (ebd.).

Phase der behavioristischen Psychologie zugrunde" (Christmann / Groeben, ebd., 145), das in der Folgezeit „sukzessive und immer eindeutiger überführt worden ist in das der kognitiv-aktiven Konstruktivität des Leseprozesses" (ebd., 147).

Von daher ist festzuhalten, dass sich das Lesen nicht in passiver Rezeptionsarbeit erschöpft, sondern dass die Leserinnen und Leser aktiv-produktiv tätig sind, und zwar mit einer Produktivität, durch die der Sinn dem Gelesenen nicht entnommen, sondern erst konstituiert wird. Dies gilt insbesondere für literarische Texte, die polyvalent sind und im Leseprozess konstruktiv bearbeitet werden müssen, um so etwas wie 'Sinn' freizugeben bzw. dessen Konstituierung zu ermöglichen. Im Verstehensprozess modelliert der Leser für sich die Bedeutungsgewinnung bzw. die Sinnkonstitution immer wieder neu. Nicht-Verstandenes oder Noch-nicht-Verstandenes kann als Ergebnis des Verstehensprozesses zum Verstandenen oder Besser-Verstandenen werden.

Die Bedeutungen literarischer – und z. T. auch nicht-literarischer – Texte werden demnach erst im Lesevorgang hervorgebracht; sie sind keine im Text versteckten Größen, die in der Interpretation schlichtweg aufgespürt werden können, sondern als *Produkt der Interaktion von Leser und Text* zu verstehen, sodass sie nicht von vornherein feststehen, sondern in einer je individuellen Gestalt erscheinen (vgl. Iser 1976, 7ff.). Alle im Text enthaltenen Problemlagen, Perspektiven, Ansichten, Bewertungen, Handlungsfelder und Ereignisfolgen müssen vom Leser miteinander verbunden und auf das Konstituieren eines möglichen Sinns hin befragt werden. Die im Text enthaltenen 'Leerstellen' haben von daher „imperativen Charakter" (Aust 1983, 103), d. h. sie fordern den Leser zur Ausfüllung und notwendigen Deutung auf.[14]

Der Leser nimmt demnach beim Lesen nicht nur das Gelesene zur Kenntnis, sondern er begibt sich durch einen imaginativen Nachvollzug von Zusammenhängen und die Zuwendung zu diesen Vorstellungen in eine von ihm selbst mitgeschaffene Scheinwelt, sodass der Leseprozess als „Bewegung des Lesers im Text" (Behnken u. a. 1997, 46) interpretiert werden kann.[15]

---

[14] Die verschiedenen Probleme, die sich im Hinblick auf die Frage der Bedeutungsgewinnung beim Lesen ergeben, sollen hier allerdings nicht weiter erörtert werden. Eine abschließende Beantwortung der Frage nach den unterschiedlichen Verstehensprozessen beim Lesen kann auch nicht gegeben werden; es gibt in der Fachliteratur zwar viele Einsichten in den Prozess des Lesens und Ansichten über ihn, aber keinen Versuch einer modellorientierten Erfassung des Lesevorgangs. Statt dessen werden immer wieder die verschiedenen Formen des Lesens beschrieben und analysiert.

[15] Die aktive, konstruktive Rolle, die jedem Individuum bei der Konstruktion seiner Wirklichkeit und somit auch dem rezipierenden Leser bei der Auseinandersetzung mit Texten zukommt, wird besonders im Konstruktivismus betont (vgl. Siebert 1999, 5ff.; Reich 2000, 118ff. und 256ff.; Grzesik 1990, 41ff.; Ruf / Gallin 1999). Das „Postulat einer kognitiv konstruktiven Aktivität des Lesers", in dem unterstellt wird, „dass das Verstehen von Texten immer als eine Interaktion, d. h. als ein Prozess des Austausches, der Wechselwirkung zwischen Leser und Text anzusehen ist", wird

In diesem Verständnis ist der Leser Produzent, mindestens aber Koproduzent des Textsinns und Lesen ist nur dann sinn*verstehend*, wenn es sinn*konstituierend* ist. Jemand, der liest, aktiviert sein eigenes Sinnsystem mit seinen Wahrnehmungs-, Vorstellungs-, Deutungs- und Wertungsmustern und setzt es zu dem zu verstehenden Text konstruktiv in Beziehung (vgl. Waldmann 1998b, 15). Diese Aktivierung des Sinnsystems ermöglicht dem Leser eine kontinuierliche *Teilnahme an der Entstehung von Sinnzusammenhängen* und trägt deshalb in beinahe idealer Weise zur Identitätsgewinnung und Ichbildung bei (vgl. Ortheil 1998, 148).[16]

Wenn es Deutungsvorgaben für das Gelesene gibt, die als 'objektiv' ausgegeben werden, so werden sie vom einzelnen Leser doch individuell aufgenommen oder abgewandelt, weil unterschiedliche Persönlichkeitsstrukturen und entwicklungsspezifische Bedingungen verschiedene Sinnkonstruktionen und Deutungsmuster bedingen. Jeder Leser kann mit dem Bedeutungsrepertoire des Textes spielerisch umgehen, weil eine bestimmte, 'richtige' Sinnzuweisung sozusagen nicht einklagbar ist (vgl. Hurrelmann 1982, 86ff.). Bei den Verstehens-, Deutungs- und Sinnkonstituierungsvorgängen wird der Leser aber nicht nur vom Text – d.h. vom Textinhalt und von der Textstruktur – angeregt und von seiner Persönlichkeitsstruktur geleitet, sondern auch von der jeweiligen Rezeptionssituation und von seinen Rezeptionsgewohnheiten, die aus Lernprozessen stammen und durch solche auch beeinflusst werden können. Im Hinblick auf methodische Überlegungen, vor allem auf das Lesetagebuch, ist darüber hinaus bedeutsam, dass ein Leser durch einen gelesenen Text und eine anregende Rezeptionssituation derart zu eigenen Produktionen angeregt werden kann, dass er in der Auseinandersetzung – genauer: *als* Auseinandersetzung – mit dem Gelesenen einen neuen Text entstehen lässt.

---

auch von Norbert Groeben hervorgehoben (Groeben 1982, 8f., vgl. auch ebd., 25ff.). Er entwickelt ein „Konzept der Selbststeuerung der Textaufbereitung durch den Leser als eines maximalen Ausdrucks seiner kognitiven Konstruktivität" (ebd., 279). Dieser Ansatz ist seiner Meinung nach am Beispiel von Informationstexten schon ansatzweise thematisiert und erforscht worden. „Für die literarischen Texte ist aufgrund ihrer Charakteristika das Problem der selbstgesteuerten Textaufbereitung eigentlich noch viel dringlicher als bei Informationstexten, gleichzeitig aber ist deren (empirische) Erforschung noch völlig unzureichend, d.h. es können praktisch nur offene Probleme benannt werden" (ebd., 280).

[16] Hingewiesen sei hier auf Ausführungen zur Konzeption eines 'identitätsorientierten Deutschunterrichts', die sowohl sprach- als auch literaturdidaktische Konzepte umfasst (z.B. Spinner 1980; Frederking 2000). Frederking führt aus: „Identitätsorientierter Literaturunterricht setzt keine Literatur voraus, in der die Identitätsproblematik im Mittelpunkt steht. Jede Art von Literatur und jede darin enthaltene Thematik kann in einer identitätsfördernden Weise behandelt werden und die Schüler(innen) zu einer Arbeit an ihrem eigenen Selbst- und Weltverhältnis herausfordern. Dennoch eröffnen literarische Texte, in denen die Identitätsproblematik thematisch eine zentrale Rolle spielt, für kindliche bzw. jugendliche Rezipient(inn)en natürlich Herausforderungen einer besonderen Qualität, weil die personale Applikation, d.h. der Rückbezug der Thematik auf das eigene Selbst- und Weltverhältnis, in sehr viel unmittelbarerer Weise möglich ist" (Frederking 2000, 57).

Dies heißt letztlich, dass der Leser sich als Rezeptions*subjekt* mit dem Text als Rezeptions*objekt* auseinandersetzt und als „der erweiterte Autor" (Novalis) die Rezeption und Sinngebung in Prozess und Ergebnis bestimmt.[17] Für die Schule lassen sich hieraus die Konsequenzen ziehen, dass die Unterrichtsgestaltung sich vorrangig an den Schülerinnen und Schülern als Rezeptionssubjekten statt am zu rezipierenden, 'wirkenden' Text orientieren muss (vgl. Schön 1987, 23 f.) und dass Rezeptionsvorgänge in diesem Verständnis immer dann gelingen können, wenn der einzelne Leser eine Beziehung zwischen sich und dem Buch herstellen kann und wenn es als selbstverständlich gilt bzw. herausgefordert wird, dass unterschiedliche Leser einem Buch auch Unterschiedliches und Widersprüchliches entnehmen können. Bücher bzw. Lesetexte sind für die Schülerinnen und Schüler Anlässe für Selbsterfahrungen, Angebote zur Erweiterung und Veränderung des Bewusstseins und „besondere Möglichkeiten für die Selbststeuerung der eigenen Adoleszenzentwicklung" (Behnken u. a. 1997, 11).

1.1.3 Lesesozialisation – privates und schulisches Lesen

> *„Lesen ist in jedem Fall eine Bereicherung für diejenigen, die es tun. Aber das ist schwierig zu vermitteln."*
> *(Hilmar Hoffmann)*

Der Begriff 'Lesesozialisation' bezieht sich in der Regel auf alle Gelegenheiten, bei denen Kinder und Jugendliche lesend mit pragmatischen und fiktionalen Texten bzw. Büchern in Berührung kommen, und zwar unter der Perspektive von Lesefähigkeit und Lesegewohnheiten (vgl. Abraham 1998, 2).[18] Darin einge-

---

[17] In diesem Zusammenhang können auch die Erkenntnisse der Rezeptionsästhetik einbezogen werden, die didaktischem Denken und Handeln insofern sehr nahe stehen, als sie den Leser, der im Akt des Lesens den Text neu konstituiert, mit seinem Erfahrungs-, Wissens- und Bewusstseinshorizont gleichrangig neben Text und Autor stellen. Der so genannte 'bildende Gehalt' kann demnach nicht – wie in der Literaturwissenschaft häufig behauptet bzw. vermutet wird – bestimmten Textsorten oder Inhalten zugesprochen werden. Vielmehr beschreibt die Rezeptionsästhetik als ein Wesensmerkmal des Lesens, „dass beim Lesen aktiv die Subjektivierung von Bedeutungen vollzogen werden muss, d. h. dass die Erfahrungen, die lesend gemacht werden, durch das Subjekt 'mit Haut und Haaren', d. h. durch Intellekt, Emotion und die sedimentierte Lebensgeschichte, hindurchgehen müssen und so gleichsam von innen heraus angeeignet werden" (Rosebrock 1995 a, 12). Damit soll allerdings nicht subjektiver Beliebigkeit im Umgang mit Texten Tür und Tor geöffnet werden, denn der Text behält als Anregungspotential des Rezeptionsprozesses sein entsprechendes Gewicht. Bildungswirksam sind die „Reibungswiderstände fiktionaler Texte", die deshalb spürbar werden, weil solche Texte sowohl die Realität als auch die Erfahrungen des Lesers übersteigen (vgl. ebd., 159).
[18] Der Begriff 'Lesesozialisation' wird hier in Abgrenzung zur 'literarischen Sozialisation' verwendet, da mit dem Begriff 'literarische Sozialisation' überwiegend die Entwicklung einer 'literarischen' Rezeptionskompetenz benannt wird, die vor allem auf literarästhetische Texte und andere Erscheinungsformen von Literatur in unterschiedlichen Medien ausgerichtet ist, während sich 'Lesesozialisation' auf das Lesen und Verarbeiten geschriebener Texte bezieht und einen weiter gefassten Textbegriff zugrundelegt (vgl. dazu Garbe 1998, 14 ff.). Vor allem von Vertretern der

schlossen ist heute auch die Beantwortung der Frage, „wie jemand im Zeitalter von Computer und Fernsehen dauerhafte Lesegewohnheiten ausbildet" (Eggert / Garbe 1995, 1).[19]

Wichtig für die Herausbildung und Erhaltung dauerhafter Lesegewohnheiten ist die Bereitschaft, mit literarischen und anderen Texten in eine kontinuierliche, möglichst lebenslange Korrespondenz einzutreten und das Fiktionale neben dem Realen, das Poetische neben dem Pragmatischen als selbstverständlichen Teil des eigenen Lebensentwurfs anzunehmen. Leser, die mit fiktiven Buchfiguren mitfühlen, fühlen sich selbst, sodass man die Intensität der emotionalen Beteiligung am Gelesenen mit den Empfindungen vergleichen kann, die im wirklichen Leben ausgelöst werden (vgl. Graf 1996, 190). Die sich auf diese Weise entfaltende Leselust kann allerdings durch gegenteilige Erfahrungen auch traumatisch zerstört werden, wodurch die Lesemotivation insgesamt nachhaltig beschädigt wird (vgl. ebd., 209).

Lesegewohnheiten bilden sich normalerweise in der Kindheit und Jugend aus, und zwar unter dem prägenden *Einfluss von Elternhaus, Freundeskreis und Schule*, wobei die Aufgabe der Schule umso wichtiger wird, je leseferner die Familien und je leseabgewandter die Freundeskreise sind. Im Elternhaus können die Lesepraxis und der Medienkonsum der Eltern, das selbstverständliche Vorlesen und Mitlesen, das Interesse für die Lektüre der Kinder und Jugendlichen und das Bekanntmachen mit Buchhandlungen und Büchereien als lese-

---

psychologischen und sozialwissenschaftlichen Leseforschung und von Text- und Rezeptionsforschern wird immer wieder darauf hingewiesen, dass auch das Lesen von Informations- oder pragmatischen Texten wie Sach-/Fachbüchern, Zeitungen, Zeitschriften usw. oder auch das Lesen im Zusammenhang mit dem Gebrauch elektronischer Medien (z.B. Computer, Internet, Hyperbook) heute eine enorme Lese- und Rezeptionskompetenz verlange, die es in der Schule auszubilden gelte. Ganz besonders Hypertexte bzw. Hypermedien implizierten häufig einen fließenden Übergang zwischen Rezeption und Produktion, zwischen Informations- und literarischen Texten. Das Lesen und Verarbeiten habe hierbei durchaus auch eine ästhetische Dimension, verlange Selbsterfahrung und Fremdbeobachtung, ermögliche den Genuss von immer neuen, oft auch zufälligen assoziativen und strukturellen Informationsverbindungen, lasse die Funktionen von Fiktion und Non-Fiktion zum Teil ineinander übergehen und mache deutlich, dass „das Lesen und Verstehen von Informationstexten heute und in Zukunft als Teil der Lesekultur anzusehen und zu konzipieren" und „als kulturelle Kompetenz zu verstehen und zu akzeptieren" sei (Groeben / Christmann 1995, 194). Vor diesem Hintergrund ist der Begriff 'Lesesozialisation' hier umfassender und treffender als 'literarische Sozialisation'. Die Kontroverse um die Priorität des einen oder des anderen Konzepts soll hier nicht ausführlich entfaltet werden, weil die Fragen nach dem Zielkonflikt zwischen Lese- und Literaturdidaktik (vgl. dazu Kämper-van den Boogaart 2000) und nach der Unterscheidung von Literatur und Nicht-Literatur (einschließlich der Frage nach der Einordnung der Kinder- und Jugendliteratur), von wertvollen und trivialen Texten sowie adäquater und nicht-adäquater Rezeption im Zusammenhang dieser Arbeit nicht im Vordergrund stehen.

[19] Die grundlegende Frage „Warum soll jemand überhaupt Lesegewohnheiten ausbilden in der Mediengesellschaft?" (Abraham 1998, 11) ist in Kapitel 1.1.1 bereits ansatzweise beantwortet worden und wird in Kapitel 1.2.2 noch einmal aufgegriffen.

fördernde Aspekte benannt werden. Untersuchungen haben ergeben, dass diese Faktoren alle eng mit dem Bildungsniveau der Eltern verbunden sind (vgl. Hurrelmann u. a. 1993, 69 f.).

Über die Beziehung zwischen privatem und schulischem Lesen – auch im Sinne einer Beeinflussung des privaten Lesens durch schulische Leseerfahrungen – gibt es unterschiedliche Positionen. Entweder wird eine solche Beziehung gar nicht erst thematisiert oder sie wird nicht auf ihre Bedeutsamkeit hin reflektiert. Eine Untersuchung über die Gründe für den Abbruch von Lesekarrieren sowie über die Chancen, dass ein ehemaliger Leser zum Lesen zurückfindet, kommt z. B. zu dem als extrem einzustufenden Ergebnis, dass die Entwicklung von Lesekarrieren vor allem von den Einflüssen des sozialen Umfeldes und der Entwicklung der gesamten Lebenssituation abhängig sei (vgl. Bonfadelli u. a. 1993, 216). Die schulische Pflichtlektüre trage zum Abbruch von Lesekarrieren nichts bei, auch dann nicht, wenn mit ihr vorwiegend Frustrationserlebnisse verbunden seien. Auch für die Rückkehr zum Lesen tendiere der Einfluss der Schullektüre gegen Null; statt dessen seien zwei andere Gründe als wesentlich anzusehen, nämlich ein Rückgewinn an frei verfügbarer Zeit und die Attraktivität interessanter Bücher; vorwiegend bei Leser*innen* werde die Hilfe von Büchern bei der Auseinandersetzung mit der eigenen Person und den eigenen Lebenszielen als dritter Grund hinzugefügt (vgl. ebd.).

Obwohl es danach den Anschein hat, dass das freiwillige private Lesen und das geplante literarische Lesen in der Schule zwei unterschiedliche Dinge sind, die auseinander gehalten werden müssen und nicht zusammenzubringen sind, bleibt dennoch zu fragen, ob und warum das Lesen in der Schule mit so vielen negativen Erfahrungen verbunden und ohne Beziehung zum privaten Lesen sein muss. Der Einfluss der Schule auf die Lesemotivation und Lesepraxis der Schülerinnen und Schüler darf – auch wenn er faktisch oft nicht vorhanden zu sein scheint oder nicht zugegeben bzw. nicht als solcher wahrgenommen wird – auf jeden Fall nicht einfach aufgegeben werden; ob er allerdings zum Tragen kommt, hängt u. a. von den jeweiligen schulischen Rahmenbedingungen und von der Art des Unterrichts ab (vgl. Hurrelmann u. a. 1993).[20]

Zur Definition des privaten Lesens wird häufig „der intensive, tendenziell distanzlos-verschlingende Modus des Lesens und der Umstand, dass es in deutlich vom Alltag abgegrenzten 'Nischen' wie der Eigenwelt des Träumens und Wiederholens installiert wird und funktioniert" (Behnken u. a. 1997, 11), herangezogen.

---

[20] Der Unterschied zwischen privatem und schulischen Handeln ist im Deutschunterricht allerdings nicht anders als in anderen Schulfächern. „Das Verhältnis von privat und exzessiv Schreibenden und Lesenden und Deutschunterricht ist keinesfalls günstiger als das zwischen Schulfach Musik und jugendlicher Musikleidenschaft oder das zwischen Sportunterricht auf der einen und Skateboardern und Hooligans auf der anderen Seite. Das erlebnisbezogene Lernen, das im jugendkulturellen Kult sich organisiert, ist – bei punktueller Berührung – ein anderes Programm als das des staatlich organisierten Lehrplans" (Behnken u. a. 1997, 141).

Damit steht das private Lesen allerdings sowohl vom Lesemodus als auch von den gelesenen Inhalten her im Gegensatz zur gewohnten schulischen Lektüre, denn selbst, „wenn die in der Schule praktizierte Form des Umgangs mit Texten der subjektiven Leseerfahrung Raum zu geben versucht, so steht die Schule doch, was die Anforderungen an den Leseakt und seine Verarbeitung angeht, unerschütterlich auf der Seite der kulturellen Sublimierung. Sie fordert in der Regel, Texte nicht zur Erfüllung regressiver Wünsche zu 'missbrauchen', sondern für die symbolische Aneignung von Kulturforderungen fruchtbar zu machen" (ebd., 56).

Bis Anfang der 70er Jahre war eine solche *Diskrepanz zwischen schulischem Lesen und Freizeitlesen* sowohl im Hinblick auf das Gelesene als auch auf die Art und Weise des Lesens besonders groß. Während im Literaturunterricht nahezu ausschließlich die so genannte 'hohe' bzw. Dichtungsliteratur bevorzugt wurde, lasen die Schülerinnen und Schüler aller Schultypen außerhalb der Schule vorwiegend Unterhaltungs- und Spannungsliteratur, häufig als 'Trivialliteratur' abqualifiziert (vgl. Dahrendorf 1973, 46; Groeben / Vorderer 1988, 173). Diese Diskrepanz hing „mit dem Widerspruch von schulischem Bildungsauftrag und Organisation seiner Verwirklichung einerseits und dem realen Lebenszusammenhang der Schüler andererseits" (Gerlach 1976, 157) zusammen. Wenn in der Schule die Aufmerksamkeit vor allem auf die Erreichung personunabhängig gesetzter Ziele ausgerichtet ist, bedeutet dies zugleich, dass das schulische Lesen in erster Linie für alle in gleicher Weise verordnet ist, „und das gleich mehrfach: Der Lehrer ordnet an, was, wann und wie gelesen wird" (Härter 1991, 73).

Wenn aber unter diesen Voraussetzungen die Erfahrung vielfältiger Leseanregungen und selbstvergessenen Lesens ohne sich durch Raum und Zeit begrenzt zu fühlen, die viele Kinder aus lesefördernden Elternhäusern schon mitbringen, in der Schule keine Fortsetzung findet, obwohl es hier doch die systematische Unterstützung für die Ausbildung, Ausdifferenzierung und Entfaltung der Lesemotivation und Lesekompetenz durch den Spezialisten, den Lehrer, geben könnte (vgl. Grzesik 1990, 11)[21], dann ist es nicht verwunderlich, wenn immer wieder festgestellt wird, dass speziell der Deutschunterricht wenig Einfluss auf den Lesealltag der Schülerinnen und Schüler ausübt (vgl. Groeben / Vorderer 1988, 174).

In letzter Zeit hat sich an der Auffassung, dass Unterricht vorrangig als 'Unterrichtung' aufgefasst wird, viel geändert, sodass man nicht mehr uneingeschränkt behaupten kann, dass normiertes und gemeinsames Lesen in der Klasse mit der Verpflichtung, sich anschließend zum Gelesenen 'richtig' zu äußern, der

---

[21] Allerdings muss Jürgen Grzesik aus heutiger Sicht widersprochen werden, wenn er hinzufügt: „Andererseits hat natürlich auch die Effizienz des Schulunterrichts ihre Grenzen. So ist die Schule z. B. nicht der richtige Ort dafür, mit den Schülern während der Unterrichtszeit ein komplettes Fachbuch oder einen Roman zu lesen" (ebd.).

Normalfall schulischen Lesens sei. Es mag zwar sein, dass vor dem Hintergrund einer Verselbstständigung der institutionellen, auf Qualifikation, Selektion und Integration ausgerichteten Verfasstheit der Schule gerade die ästhetische Qualität literarischer Texte, die dem Leser einen großen Handlungsspielraum für die aktive Rezeption und Sinnkonstitution eröffnet, dazu geführt hat, dass in unserem Schulsystem die Selbststeuerung bei der Verarbeitung literarischer Texte eine viel zu kleine Rolle spielt (vgl. Groeben 1982, 301), aber zumindest im letzten Jahrzehnt haben sowohl neuere didaktische Theorien, die den *Schüler als Subjekt seines Lernens* in den Mittelpunkt stellen (vgl. Hintz / Pöppel / Rekus 1993, 51 ff. u. 246 ff.)[22], als auch die Ergebnisse der Leseforschung und Rezeptionsästhetik sowie produktive Verfahren im Umgang mit Texten zur Veränderung des Deutschunterrichts in Bezug auf Inhalte und Methoden beigetragen.

Seitdem werden *Erwerb und Förderung von Lesemotivation und Lesekompetenz* und die *Anbahnung fester Lesegewohnheiten* als Aufgaben der Schule bzw. des Deutschunterrichts ernst genommen und die Erfüllung dieser Aufgaben für unverzichtbar gehalten.[23] Die Einbeziehung der privat von den Schülerinnen und Schülern rezipierten Lesestoffe, also vornehmlich der Kinder- und Jugendliteratur, wie auch der Methoden, die eine aktive Auseinandersetzung mit dem Gelesenen anregen und fördern – hierzu zählt auch das Lesetagebuch –, sind ein Zeichen für diesen Wandel. Zugleich werden Inhalte, Formen und Funktionen des in diesem Lernbereich bisher am meisten verwendeten Schulbuchs, des Lesebuchs, kritischen Analysen unterzogen, deren Ergebnisse sich bei neueren Lesebuchkonzeptionen in der Einbeziehung schülerorientierter und lesefördernder Inhalte und Methoden positiv auswirkt.

---

[22] Jürgen Kreft stellt hierzu eine Verbindung zum sich verändernden Selbstverständnis der Literaturwissenschaft fest: „Die rezeptionsorientierte Literaturwissenschaft ist für die Literaturdidaktik in besonderer Weise bedeutsam; nicht, wie bislang Literaturwissenschaft, weil ihre Methoden und Ergebnisse einem Literaturunterricht, der sich als literaturwissenschaftliche Propädeutik missversteht, als etwas gilt, was er schleunigst zu übernehmen habe, sondern weil sie auf dem Weg ist, in Literaturdidaktik überzugehen. Denn wenn die Literaturwissenschaft den Rezipienten und die Probleme des Rezipierens als Forschungsgegenstand entdeckt und akzeptiert hat, dann fällt darunter auch der Schüler als Rezipient. Um seine Rezeption angemessen zu erforschen, muss die Literaturwissenschaft die Bedingungen einbeziehen, unter denen sie stattfindet: die Institution Schule mit ihren Lehrplänen usw., die Sozialisation und Entwicklung der Heranwachsenden, also all das, womit die Didaktik, allgemeiner: die Erziehungswissenschaft sich befasst" (Kreft 1982, 215).

[23] Schon 1965 forderte Richard Bamberger, der Unterschied zwischen Schul- und Privatlektüre müsse schwinden, weil es gelte, nicht nur die Technik des Lesens zu übermitteln, sondern auch zum richtigen Leseerlebnis zu führen. Dazu genügten aber die Texte des Lesebuches nicht, die höchstens Auszüge oder Kurzlesestücke umfassten und deshalb als 'Häppchenliteratur' oder 'literarisches Kleingut' bezeichnet werden könnten. Der richtige Umgang mit dem Lesebuch müsse sinngemäß zur Lektüre von Ganzschriften führen; außerdem sei Individualisierung das Erfolgsgeheimnis der literarischen Erziehung (vgl. Bamberger 1965, 20 ff. u. 631 ff.).

1.2 Kinder- und Jugendliteratur im Unterricht

> *„Die Bücher, die ich meine, sollen nicht beschwichtigen, sie sollen beunruhigen und wecken. Neugierig sollen sie machen auf Menschen und Dinge, auf das Unbekannte im Bekannten, sogar auf das Unmögliche. Bücher können zu neuen Gedanken herausfordern. Denk weiter, rede weiter, erzähl weiter. Trau deiner Phantasie, aber lasse sie die Wirklichkeit nicht vergessen."*
> (Peter Härtling)

Für die Kinder- und Jugendliteratur [24] war es ein langer Weg, bis sie vor etwa 30 Jahren zum festen Bestandteil des Deutschunterrichts geworden ist. Ein Blick in die Geschichte zeigt, dass es schon seit dem 16. Jahrhundert Schriften gibt, die speziell für junge Leser geschrieben werden, meist in belehrender oder erzieherischer Absicht, z. B. moralische und religiöse Erbauungsschriften, ABC-Büchlein und Sittenlehren, seit dem 18. Jahrhundert dann auch Erzählungen, Bilderbücher und Zeitschriften (vgl. Haas 1998a, 721).[25] Die Inanspruchnahme der Kinder- und Jugendliteratur für erzieherische Ziele und für die Durchsetzung gesellschaftlich erwünschter Verhaltensnormen hat sich bis heute fortgesetzt.

Was den Deutschunterricht betrifft, so sind als Streitpunkte in der Literaturwissenschaft und -didaktik *zum einen* die Frage zu nennen, ob die in den Büchern angestrebte Kind- und Jugendgemäßheit der Inhalte und der Schreibweise mit dem für den Unterricht geforderten literarischen Anspruch zu vereinbaren sei. Erst seit Anfang der 60er Jahre öffnen sich, im Zuge und als Folge der Auseinandersetzungen um einen erweiterten Literaturbegriff, die Literaturwissenschaft und -didaktik und damit auch der Deutschunterricht der für Kinder und Jugendliche geschriebenen Literatur und es gibt erste Ausschnitte aus Jugendbüchern sowie Originalbeiträge von Jugendschriftstellern in Lesebüchern (vgl. Lange 2000a, 942). Neben dem Lesebuch werden auch 'Einzelschriften' (d. h. kleine Anthologien von Texten mit bestimmten stofflich-motivischen Gemeinsamkeiten oder Textsammlungen, die Auszüge aus Werken ausgewählter Schriftsteller enthalten bzw. eine literarische Gattung repräsentieren) und so genannte 'Ganzschriften' (d. h. geschlossene dichterische Texte, etwa Romane, oder Sachbücher zu bestimmten Themenbereichen) in den Unterricht einbezogen (vgl. Baumgärtner 1973, 495). In den seither vergangenen Jahren ist die Bedeutung der Kinder- und Jugendliteratur im Zusammenhang mit veränderten lese- und literaturdidaktischen Zielsetzungen und aufgrund einer beeindruckenden Themen- und

---

[24] Wenn hier und im Folgenden der Begriff 'Kinder- und Jugendliteratur' verwendet wird, so ist damit immer die Kinder- und Jugend*buch*literatur gemeint.
[25] 1779 erscheint Joachim Heinrich Campes 'Robinson der Jüngere', 1775 Christian Felix Weißes 'Kinderfreund' (vgl. Pleticha / Launer 1999, 58 ff. u. 72 ff.).

Formenvielfalt und literarischer Qualität immer mehr ins Bewusstsein gerückt (vgl. Ewers 1994a, 1994b, 1995a; Daubert 1999, 45).[26]

Zum anderen ist die Frage nach der angemessenen Methode im Umgang mit Literatur im Unterricht als Streitpunkt zu nennen. Hier stehen sich textorientierte und leser- bzw. rezeptionsorientierte Didaktiker gegenüber. Den einen geht es darum, das 'textnahe Lesen' und eine der Spezifik des jeweiligen Textes adäquate Interpretation zu gewährleisten (vgl. Belgrad / Fingerhut 1998); die anderen stellen das Wechselspiel zwischen Leser und Text und den Aufbau einer dauerhaften Lesemotivation in den Mittelpunkt (vgl. Lange 2000a, 944 ff.). In der rezeptionsorientierten Literaturdidaktik haben auch produktive Formen der Textverarbeitung ihre Wurzeln, die sich heute in unterschiedlichen Ausformungen und Schwerpunktsetzungen in der Deutschdidaktik und in der Unterrichtspraxis durchgesetzt haben.

Die Erkenntnis, dass die Kinder- und Jugendliteratur immer noch als ein nicht hinreichend genutztes Anregungspotential anzusehen ist, lässt es sinnvoll erscheinen, sich im Zusammenhang mit der Erörterung von Bedeutung und Einsatzmöglichkeiten des Lesetagebuchs mit dem Begriff der Kinder- und Jugendliteratur sowie ihren Wirkungsweisen und ihrer Bedeutung auseinander zu setzen und über ihre didaktisch-methodische Einbindung in den Deutschunterricht nachzudenken.

1.2.1 Was ist Kinder- und Jugendliteratur?

> *"Kinderliteratur ist nicht nur die kleine Schwester der 'großen' Literatur; sie ist Spiegel, manchmal sogar amüsantes Vexierbild unserer Kulturgeschichte."*
> (Heinrich Pleticha)

Nach Carsten Gansel kann bei dem Begriff 'Kinder- und Jugendliteratur' unterschieden werden zwischen der für Kinder und Jugendliche *als geeignet empfundenen* Literatur, der für Kinder und Jugendliche *geschriebenen* Literatur, der von Kindern und Jugendlichen *gelesenen* Literatur und der Bezeichnung für ein *Teilsystem* der allgemeinen Literatur (vgl. Gansel 1999, 8; vgl. auch Ewers 2000a, 2 ff.). Die im letztgenannten Aspekt angesprochene Frage nach der Eigenständigkeit und Abgrenzung von der Erwachsenenliteratur wird von Literaturdidaktikern unterschiedlich beantwortet. So bezeichnet z. B. Malte Dahrendorf die Kinder- und Jugendliteratur als *„Zielgruppenliteratur"*, die entweder speziell für Kinder und Jugendliche verfasst oder durch eine adressatenspezifische Bearbeitung aus anderer Literatur entstanden sei (vgl. Dahrendorf 1995b,

---

[26] In einzelnen fachdidaktischen Veröffentlichungen wird darauf hingewiesen, dass sich inzwischen auch hier ein gewisser 'Kanon' von immer wieder herangezogenen Titeln herausgebildet hat; zumeist handele es sich um kritisch-realistische Bücher und Problemliteratur aus den 70er und 80er Jahren (vgl. Oskamp 1996; Runge 1997b).

37 f.). Was Kinder- und Jugendliteratur nach seiner Ansicht vor allem charakterisiert, ist der schon im Begriff festgehaltene „Von-vornherein-Bezug auf Leser, die ihre Ersterfahrungen mit Literatur machen" (Dahrendorf 1990, 63), weil sie durch Momente wie Spannung, Komik, geeignete Eingänge, Aktionalität und Identifikationsmöglichkeiten genügend Leseanreiz biete, an die Erfahrungen und Interessen der jungen Leserschaft anknüpfe und den Schwierigkeitsgrad und Anspruch der Texte entsprechend dosiere, trotz dieser Leseerleichterung aber neue Erfahrungen und Lernen ermögliche und zur moralischen Entwicklung der Leserinnen und Leser sowie zu ihrer Identitätsbildung beitrage (vgl. Dahrendorf 1998, 15)

Diese Charakterisierung muss nach Gerhard Haas aber nicht dazu führen, der Kinder- und Jugendliteratur eine Eigenständigkeit zu bescheinigen, durch die sie von der übrigen Literatur abgegrenzt, als 'minderwertig' eingestuft und einer „Nutzungsdidaktik" (Haas 1993 b, 23) preisgegeben wird. In Anlehnung an Hans-Heino Ewers führt er aus, dass Kindheit – real und in Büchern thematisiert – „eine unverzichtbare Qualität für den Lebensentwurf der Erwachsenen" sei (ebd., 22). In den besten Beispielen der Kinder- und Jugendliteratur seien „die Träume der Erwachsenen von der Kindheit als eine Art utopischen Entwurfs von Menschsein aufbewahrt", aber auch „sein Verlust und sein Scheitern dargestellt" (ebd., 23); zugleich böten sie „dem jungen Leser Projektions- und Simulationsräume für die Einübung in das Erwachsenwerden" an (ebd.). Insofern löse sich „im Spiel der Kunst die Grenze zwischen Erwachsenheit und Kindheit, zwischen Kinderliteratur und Erwachsenenliteratur fast unmerklich auf" und es gehe „eine übergreifende Form von Didaktik im freien ästhetischen Entwurf" auf (vgl. ebd.).[27]

Ausdruck für die in der Kinder- und Jugendliteratur festzustellende Anknüpfung an die lebensweltliche Erfahrung der Kinder und Jugendlichen ist die *Thematisierung unmittelbarer Lebensprobleme der jeweiligen Altersgruppe*: Probleme in der Familie, in der Schule, in der Peer-Group, Fragen der Freundschaft und ersten Liebe, Chancen und Bedrohungen in der Welt von gestern, heute und morgen, Konfliktsituationen und Lebensentwürfe. Zumeist stehen gleichaltrige Protagonisten im Mittelpunkt, die sich als Identifikationsfiguren eignen. Oft konzentriert sich die Handlung sogar auf eine einzige Figur, sodass die Identifikation erleichtert wird; hin und wieder findet sich aber auch eine Figurendarstellung, die beim Leser eine Mischung aus Identifikation und Ablehnung hervorruft und auf diese Weise die Ambivalenz des menschlichen Charakters abbildet

---

[27] Die Kontroverse über die Eigenständigkeit oder Eingebundenheit der Kinder- und Jugendliteratur soll hier nicht ausführlich referiert werden (vgl. dazu Dahrendorf 1989; Kliewer 1997 u. 1998; Merkelbach 1989; Grenz 1990). Geht man von einem weiten Literaturbegriff aus, dann sind die Grenzen eher fließend und die literaturdidaktische Zielsetzung des 'mündigen Lesers' gilt für den Literaturunterricht insgesamt, unabhängig davon, was im Unterricht gelesen wird (vgl. Lange 2000 a, 954 ff., u. 2000 b, 32 ff.).

und einen 'Wiedererkennungseffekt' erzeugt. Unterstützt wird dies häufig durch eine personale Erzählweise oder Ich-Erzählung, durch die psychische Prozesse und Innenwelten der Figuren besonders anschaulich dargeboten werden können. Neben dieser am realen Leben orientierten Literatur gibt es noch die eher märchenhaft-fantastischen Themen, die Alternativwelten und -lebensformen entfalten und die tatsächliche Erfahrungswelt übersteigen, konterkarieren und evtl. auch kompensieren helfen.

Hinter der Tendenz, komplizierte Sachverhalte und Problemlagen in einer einfachen Schreibweise wiederzugeben, die eine große Nähe zu gesprochener Sprache hat, steckt die Absicht, die Inhalte sprachlich so zu gestalten, dass sie für Kinder und Jugendliche 'passend', d. h. ohne große Verständnisschwierigkeiten rezipierbar sind. Außerdem soll eine lesbare, verständliche Sprache und eine altersgemäße Aufbereitung der Inhalte lesemotivierend wirken. Um die Chance einer individuellen Beteiligung und eines subjektiven Berührtseins zu ermöglichen, schließt sie sich häufig möglichst dicht an die alltägliche Kommunikation der Adressaten an und ist darauf angelegt, als nicht zu komplex und zu sperrig zu erscheinen (vgl. Hurrelmann 1992, 10f.).[28]

Gerade hieran aber entzündet sich der Streit um die Vereinbarkeit oder Unvereinbarkeit von Kindgemäßheit und literarischem Anspruch, von Verständlichkeit und erwünschtem Komplexitätsgrad der verwendeten sprachlichen Mittel. Von zahlreichen Autoren wird vor diesem Hintergrund auf das in letzter Zeit sowohl inhaltlich wie auch sprachlich gestiegene Anspuchsniveau vieler kinder- und jugendliterarischer Texte hingewiesen. Viele zeigen auf, dass die moderne Kinder- und Jugendliteratur eine zunehmende 'Literarisierung' erfahre, weshalb sie viel mehr als bisher erkennbar ein Thema der Literaturwissenschaft sein müsse (vgl. Ewers 1990, 84ff.; Wild 1997a, 27f.; Kliewer 1998).

Zudem lässt sich feststellen, dass es sich bei der heutigen Kinder- und Jugendliteratur nicht mehr um eine Ratgeber-Literatur handelt, die für einen lebenspraktischen Nutzen nachahmenswerte Beispiele für erwünschtes Verhalten liefert und angepasste Problemlösungen für Krisensituationen anbietet, sondern um eine *Angebotsliteratur mit kommunikativem Charakter*, die zur Identifikation einlädt und Entscheidungsmöglichkeiten offen lässt. Die Instrumentalisierung für den Transport von jeweils bestehenden aktuellen Erziehungsidealen und die Reduzierung auf eine pädagogisch-didaktische Dimension, die auf die Vermittlung von ethischen und sozialen 'Werten' und die Anpassung der jugendlichen Leser an gesellschaftliche Normierungen zielt, wird abgelöst durch ein variantenreiches, breit gefächertes Angebot an Themen und Verhaltensmustern, das

---

[28] Hans-Heino Ewers betont, dass neben den Geschichten erzählenden inzwischen der psychologische Roman getreten sei, der auch „abgründigen Erfahrungen" zur Sprache verhelfe. Diesem Anspruch könne die Kinder- und Jugendliteratur aber nur dann entsprechen, wenn sie nicht mehr Einstiegsliteratur zu sein brauche (Ewers 1991, 114).

zur Auseinandersetzung und Meinungsbildung auffordert und für Erwachsene gleichermaßen lesenswert ist. Wünschenswert ist von daher, dass bei der Einbeziehung von Kinder- und Jugendbüchern in den Unterricht das von Haas bereits 1988 beklagte „Elend der didaktisch ausgebeuteten Kinder- und Jugendliteratur" (Haas 1988; vgl. auch Schneider 1999, 22 f.) durch die Anwendung geeigneter Methoden endgültig beendet wird. Hierbei kann das Lesetagebuch eine wichtige Rolle spielen.

1.2.2 Wirkungsweisen und Bedeutung von Kinder- und Jugendliteratur

> *„Jeder Leser eines Buches ist eigentlich ein Leser seiner selbst. Das Werk des Schriftstellers ist dabei lediglich eine Art von optischem Instrument, das der Autor dem Leser reicht, damit er erkennen möge, was er in sich selbst vielleicht sonst nicht hätte erschauen können."*
> (Marcel Proust)

Die Begründungen für den Einsatz von Kinder- und Jugendliteratur im Deutschunterricht ergeben sich aus der Bedeutung der Kinder- und Jugendbücher, die eng mit ihren tatsächlichen und vermuteten Wirkungsweisen verbunden sind. Wirkungsweisen und Bedeutung der Kinder- und Jugendliteratur werden in fachwissenschaftlichen und -didaktischen Veröffentlichungen allerdings unterschiedlich beschrieben, sowohl aus der Sicht der Unterrichtenden als auch im Hinblick auf die Schülerinnen und Schüler; in der Vielfalt der Beschreibungen ergibt sich aber ein informatives Gesamtbild.

Cornelia Rosebrock spricht – aus der Sicht der Unterrichtenden – z. B. von drei Funktionen der Kinder- und Jugendliteratur in Schule und Unterricht (vgl. Rosebrock 1997, 11 ff.). Zunächst fungiere sie als *Themenlieferant* und erfülle ihre themensetzende Funktion dadurch, dass sie die Möglichkeit biete, ein beabsichtigtes Unterrichtsthema ganzheitlich zu verlebendigen und anschaulich zu machen. Anders als die sogenannte 'kanonische' Schulliteratur greife die Kinder- und Jugendliteratur nämlich vergleichsweise aktuelle, für Heranwachsende potentiell wichtige Fragestellungen auf und verarbeite sie sehr nah an der Lebenswelt der Rezipienten und ihrem Verstehenshorizont. Deshalb sei sie geeignet, als Pool von wichtigen lebensbedeutsamen Problem- und Konfliktthemen didaktisch in Dienst genommen zu werden.

Die hierbei vernachlässigte literarästhetische Ebene der Texte kommt eher in der zweitgenannten Funktion zum Tragen, in der die Kinder- und Jugendliteratur zum *Medium der literarästhetischen Bildung* wird und eine Einführungsfunktion in das komplexe Regelsystem der poetischen Sprache übernimmt. In der dritten Funktion wird die Kinder- und Jugendliteratur als schulischer *Beitrag zur Lesesozialisation von Mediennutzern* gesehen. Sie soll helfen, bei Kindern und Jugendlichen die Motivation zum Lesen zu wecken und zu erhalten, damit durch das Lesen Orientierungskompetenzen in der Medienumwelt und die Fähigkeit zur Nutzung unterschiedlicher Lektüreformen gemäß der eigenen Bedürfnisse erworben werden können. In Bezug auf diese Funktion sei die Pubertät, schulisch gesehen also die Sekundarstufe I, besonders anfällig für ein Scheitern einer freiwilligen Lesepraxis.[29]

Malte Dahrendorf attestiert der Kinder- und Jugendliteratur eine Qualität der 'Selbstvermittlung'; für ihn ist Kinder- und Jugendliteratur eine „literaturpädagogische Unternehmung" mit den Zielen: „Interesse am Lesen wecken, darüber hinaus die Fähigkeit entwickeln, ganze Bücher zu lesen, d. h. die entsprechenden, auch temporären Anforderungen auszuhalten; auf literarischem Wege unterhalten; informieren darüber, wie es in der Welt so zugeht; schließlich in einen Diskurs über Werte und Normen verwickeln und so zur Selbstfindung beitragen" (Dahrendorf 1998, 16).

In Anlehnung an Wolfgang Meißner, der die Schlüsselbegriffe Assimilation und Akkomodation[30] der Entwicklungspsychologie Piagets auf Leseprozesse übertragen hat (vgl. Meißner 1989), bescheinigt Dahrendorf der Kinder- und Jugendliteratur eine „immanente Didaktik und Pädagogik" und führt aus: „'Assimilierendes' Lesen hieße: das Gelesene so mit bereits Bekanntem in Verbindung zu bringen, dass dieses mehr oder weniger bestärkt und bestätigt wird. So kommt eine Wirkung zustande, die man am besten mit Entlastung und Erholung umschreiben könnte. Anders ist es mit der 'Akkomodation' beim Lesen: Hier werden die LeserInnen mit Vorgängen und Erfahrungen konfrontiert, die dem Bekannten widersprechen oder mit ihm nicht so ohne Weiteres vereinbar sind. Entweder kann nun der Leser / die Leserin diese neue Erfahrung umdeuten, um sich nicht der Mühe des Zu- und Umlernens unterziehen zu müssen – oder er/sie macht sich die Information zunutze und lernt (etwas) zu, d. h. ändert sich, entwickelt sich weiter" (Dahrendorf 1998, 17). Bücher, die darauf angelegt sind, nur assimilierend gelesen zu werden, bezeichnet man gemeinhin als 'Trivialliteratur' (vgl. Dahrendorf 1996, 21), was lange Zeit als Argument gegen ihre Einbeziehung in den Unterricht galt.[31]

---

[29] Auch Hannelore Daubert unterscheidet zwischen Kinder- und Jugendliteratur als Themenlieferant, als Mittel zur Leseförderung und zum literarischen Lernen (vgl. Daubert 1999, 49ff.).

[30] Vgl. dazu auch die Ausführungen und Akzentsetzungen zu diesen beiden Begriffen bei Ewers 2000b, 203ff.

[31] Michael Sahr setzt sich mit Recht kritisch mit beiden Rezeptionsweisen auseinander: „Ein nur assimilierender Leser passt den Text ausschließlich seiner personalen Realität an; ein nur akkomodierender Leser passt sich ausschließlich an die sachliche Realität des Textes an. Pädagogisch gesehen, sind beides Fehlformen von Lesewirkung. Wenn die Assimilation dominiert, geht das zu Lasten einer textgerechten Rezeption. Wenn die Akkomodation vorherrscht, geht dies zu Lasten der individuellen Bedürfnisse des Lesers. Dort, wo der Leser einen Text rezipiert, ohne sich ihm zu unterwerfen, aber auch ohne sich über dessen spezifische Widerstände hinwegzusetzen, zeigt sich die pädagogische Idealform von Lesewirkung" (Sahr 1993, 26).

Fragwürdig muss es erscheinen, wenn das entscheidende Kriterium für das Zustandekommen der einen oder der anderen Leseweise vorrangig den *Büchern* zugeschrieben wird anstatt auch die *Leserinnen und Leser* angemessen zu berücksichtigen; denn das Zustandekommen von assimilierendem oder akkomodierendem Lesen hängt nicht nur von den Büchern ab, sondern zugleich vom individuellen Leseprozess und den Intentionen der Leserinnen und Leser. Kritisch ist zudem anzumerken, dass schon in der verwendeten Begrifflichkeit ('Funktionen', 'immanente Didaktik') eine mehr oder weniger beabsichtigte Funktionalisierung bzw. Indienstnahme der Kinder- und Jugendliteratur für andere Zwecke deutlich wird. Angemessener erscheint es, von 'Bedeutung' und möglichen 'Wirkungsweisen' zu sprechen.

Bettina Hurrelmann geht der Frage nach, wie Kinder- und Jugendbücher qualitativ auszuzeichnen sind; dabei gewinnt für sie die Berücksichtigung der Erfahrungen der Leserinnen und Leser als Bedingung für die Aktualisierbarkeit der Texte ein besonderes Gewicht (vgl. Hurrelmann 1992, 10). Diese Bedingung nennt Hurrelmann 'Lebensweltbezug'. Die angestrebte lebensweltliche Aktualität gewinnt Literatur ihrer Ansicht nach nicht aus sich heraus, z. B. durch das Aufgreifen bestimmter Themen oder durch eine vermeintliche Nähe zur Realität, „sondern allein durch die Berücksichtigung der sich individuell und historisch verändernden Wirklichkeitsauffassungen und Erfahrungsstrukturen der Leser" (ebd.).

In jedem Fall gibt – im Hinblick auf die Schülerinnen und Schüler – das Lesen von Kinder- und Jugendliteratur den Lesern Anlass zur Auseinandersetzung mit den jeweiligen Handlungsträgern und ihrem Verhalten in bestimmten Lebenssituationen, mit vielfältigen Kommunikations- und Interaktionsmustern und mit Möglichkeiten der Lebensgestaltung und -bewältigung. Dadurch kann es zur Selbstfindung und zur Entwicklung und Entfaltung von Identität beitragen, wenn die Bücher wirklich Situationen, Handlungen, Figuren, Probleme, zum Teil auch Lösungen präsentieren, die auf das eigene Leben bezogen werden können, und „Denkbilder" (Müller-Michaels 1997, 121) enthalten, die sowohl zur kognitiv-analytischen Durchdringung als auch zur eher emotional-empathischen Identifikation einladen.

Eine besonders wichtige Bedeutung der Kinder- und Jugendliteratur – genauer gesagt: von fiktiven, literarischen Texten überhaupt –, in der viele der bereits genannten Aspekte gebündelt sind, ist darin zu sehen, dass sie durch die Ermöglichung von Perspektivenübernahme, Imagination und Identifikation den Entwicklungs- und Bildungsprozess der Leserinnen und Leser unterstützen kann (vgl. Kap. 1.1.1). Mit *Perspektivenübernahme* ist die Fähigkeit gemeint, sich in die Wahrnehmungs-, Denk- und Empfindungsweisen anderer Menschen hineinzuversetzen und fremde Erlebniswelten kognitiv nachzuvollziehen, obwohl man eigentlich in seinem eigenen Bewusstseinsablauf und in Subjektivität befangen ist (vgl. Spinner 1993a, 60f.). Ein solcher Wechsel der Perspektiven ist zur Erlangung einer fundierten Wert- und Urteilskompetenz und für Fremdverstehen unverzichtbar.[32] *Imagination* bedeutet, dass der Leser sich mit Hilfe der Fantasie in die Situation und die literarisch-differenziert ausgestalteten Empfindungen und Gefühle von Buchfiguren hineindenkt, um Entwürfe möglicher Handlungsweisen, zukünftiger Wirklichkeiten und alternativer Problemlösungen zu erfinden (vgl. Spinner 1995, 9). Der Leser ist herausgefordert, seine Fantasie in Gang zu bringen, sich bildlich vorzustellen, was geschildert oder erzählt wird, Leerstellen im Text zu füllen und auf diese Weise seine jeweils eigene Erfahrungswelt einzubringen und zugleich zu übersteigen und sich ohne Realitätsdruck immer neue Denk- und Handlungsmöglichkeiten zu erschließen.[33]

Wenn die Leserinnen und Leser die Figuren der Kinder- und Jugendliteratur als Modelle für die eigene Lebenspraxis annehmen, spricht man von *Identifikation*, die insofern für die Beziehung zwischen Leser und Text grundlegend ist, weil das Lesen von fiktionaler Literatur überhaupt kaum denkbar ist ohne identifikatorische Anteile. Dennoch ist der Begriff der Identifikation nicht eindeutig und es bleibt häufig unklar, was damit gemeint ist.[34] Erich Schön unterscheidet bei der Identifikation – aufbauend auf der grundlegenden Kompetenz, fiktionale Ereignisse, Handlungsverläufe und Handlungsträger als 'quasi-real' wahrzunehmen, eine Beziehung zu ihnen aufzunehmen und dabei auch emotional 'betroffen' zu sein – drei verschiedene Stufen bzw. Rezeptionsmuster: Substitution, Projektion und Empathie (vgl. Schön 1990, 255ff.).

Substitution bedeutet, dass man sich als Leser imaginativ in die gelesene Welt hineinversetzt, sie sich als wirkliche Welt vorstellt und im fiktiven Buchgeschehen als zusätzliche Buchfigur mitspielt. Man tut so, als wäre man selbst 'im Buch' und bleibt dabei 'man selbst', nimmt aber eine affektive Beziehung zu den 'anderen' literarischen Figuren auf, freundet sich mit ihnen an, fühlt, leidet oder

---

[32] Spinner führt aus: „Die Förderung der Empathiefähigkeit und der Perspektivenübernahme (dieser Begriff akzentuiert stärker den kognitiven Aspekt des Fremdverstehens) bildet ein Korrelat zum Recht auf Individualität und Subjektivität, das bürgerliche Gesellschaften ihren Mitgliedern zugestehen. Wo keine Rollenvorgaben den Menschen mehr vorschreiben, was sie zu denken, zu empfinden haben, kann nur über die Fähigkeit, fremdes Denken und Empfinden nachzuvollziehen, ein gesellschaftlicher Zusammenhang gewahrt bleiben" (Spinner 1994a, 206). Dabei ist der Hinweis wichtig, dass es immer darum geht, „einen Menschen, dessen Verhalten uns fremd, erschreckend erscheint, verstehen zu lernen", nicht darum, „dass man durch das Verstehen die Handlungsweise der Figuren auch billigen muss" (ebd.).

[33] Wolfgang Iser hat Mitte der 70er Jahre die Formulierung gebraucht, dass Literatur die Chance biete, „durch Formulierung von Unformuliertem uns selbst zu formulieren" (Iser 1976, 255).

[34] In der Lernpsychologie wird Identifikation als eine grundlegende Bedingung gesehen, die Lernen, Sozialisation und Rollenübernahme überhaupt erst ermöglicht (vgl. Fend 1971, 187). Dahrendorf beschreibt Identifikation als: „Sympathie zu einer Figur oder zu bestimmten Verhaltensaspekten einer Figur, sich in sie 'einfühlen' können, sich an ihre Stelle setzen, an ihrer Stelle erleben, sie imitieren, sich in sie hineinversetzen können, Verständnis für sie haben, sich selber auf irgend eine Art in die Lektüre einbringen können usw." (Dahrendorf 1980, 234).

kämpft mit ihnen und tauscht sozusagen die eigene Welt für die Dauer des Leseprozesses oder auch darüber hinaus mit der Welt der Buchfiguren bzw. holt die Buchfiguren in seine eigene Welt hinein. Dies alles geschieht in der Fantasie, d. h. ohne Veränderung des eigenen Selbst. Das fiktive Buchgeschehen wird sozusagen von einer imaginierten Position innerhalb der fiktiven Buchwelt aus wahrgenommen und zu beeinflussen versucht (vgl. Schön 1995, 105).

Bei der *Projektion* denkt und fühlt man sich dagegen in die Rolle einer bestimmten literarischen Figur hinein, indem man eigene Eigenschaften, Wünsche, Bedürfnisse und Einstellungen auf sie überträgt. Der Leser benutzt die Buchfiguren als „Hohlform für sein Selbst" (Schön 1990, 258) und kann im Schutz der Figuren seine kognitive und emotionale Befindlichkeit realisieren und mit den Handlungsmöglichkeiten der Protagonisten ausleben.[35] Dabei kann man auch nachempfinden, was man selbst an Stelle bzw. in der Situation der Buchfigur denken, sagen, fühlen und tun würde und wie man die Welt aus ihrer Sicht sehen würde.

Empathie wird bei Schön als kompetenteste Form der Identifikation bezeichnet und genauer als „Fähigkeit zu einem kontrolliert gehandhabten flexiblen Umgang mit den Grenzen eigener und fremder Identität" beschrieben (ebd., 261). Empathie setzt Wahrnehmung und Anerkennung der Fremdheit eines anderen und seiner psychischen Verfasstheit voraus, woraufhin die kognitiven Strukturen und emotionalen Erfahrungen des fremden Ich in die eigene Selbstwahrnehmung und Identität aufgenommen werden können. Im Unterschied zur Projektion, bei der man nachempfindet, wie es einem *selbst* an Stelle des anderen gehen würde, besteht Empathie darin, dass man nach- und mitzuempfinden versucht, was *der andere* in seiner Situation denkt und fühlt. Damit ist gemeint, dass man sich – hier: in besonderer Bindung an den Buchtext – sein eigenes Bild vom inneren Zustand des anderen macht, indem man sich hineindenkt und -fühlt. Dadurch wird die Imagination von Empfindungen, die für den Leser bis dahin unbekannt waren, möglich. Schön nennt diesen Vorgang „Konstruktionsaktivität des Empathie-Subjekts" (ebd., 262).[36]

Zusammenfassend lässt sich feststellen, dass durch Kinder- und Jugendliteratur immer dann der Aufbau einer stabilen Lesemotivation bewirkt werden kann, wenn die Leserinnen und Leser sich durch die entsprechenden Bücher nicht nur gut unterhalten, sondern vor allem in ihrer Fantasie angeregt, in ihrem eigenen Selbstverständnis und im Verständnis der Mitmenschen und der Welt gefördert, in ihrem Erfahrungsraum erweitert, bei der je eigenen Klärung bedrängender

---

[35] Dies Rezeptionsmuster der Projektion wird häufig mit 'Identifikation' gleichgesetzt. Es gilt als typisches Rezeptionsmuster der Pubertät und Nachpubertät (vgl. Schön 1990, 258).
[36] Für Schön ist das empathische Rezipieren ein eher weibliches Rezeptionsmuster; kompetente Leser/innen verfügten allerdings über alle drei Rezeptionsmuster und wählten sie je nach Bedürfnis und Situation aus (vgl. ebd., 263).

Fragen und Probleme unterstützt und bei ihrer Suche nach Identität und nach dem 'richtigen' Weg durch das Leben orientierend begleitet fühlen können. Verständnis und darauf aufbauendes Handeln beginnt damit, dass man sich eine 'Vorstellung' davon macht, die durch Auseinandersetzung zur Orientierung werden kann. Kinder- und Jugendliteratur kann emotionale Entfaltungsmuster bereit halten, aus denen heraus solche Vorstellungen gebildet werden können. Sie lädt ein, eine emotionale Beziehung zum Buchgeschehen und zu den Buchfiguren aufzunehmen und ist von daher Anlass für Imagination und Identifikation.

Voraussetzung dafür, dass dies auch in der Schule zum Tragen kommt, ist, dass im Unterricht auf die Inanspruchnahme der Kinder- und Jugendliteratur für andere Zwecke verzichtet wird und Methoden der individuellen und produktiven Auseinandersetzung angeboten werden, die die Schülerinnen und Schüler selbst ihren Weg finden und die bereits erwähnte 'didaktische Ausbeutung' (vgl. Haas 1988) nicht zum Zuge kommen lassen. Eine dies berücksichtigende Literaturdidaktik „öffnet vor den Augen der Schüler die Welt der Literatur so weit als möglich, macht Angebote, verlockt zum Lesen und leistet Hilfe, wo sich junge Menschen motivationsmäßig oder technisch schwer tun" (Haas 1993b, 24).[37]

1.3 Didaktisch-methodische Aspekte des Lesens

> *„Es bedarf nicht der vereinzelnden Subjektivität des gleichsam alle anderen Subjekte auf sich ziehenden Dichters, um Literatur zu machen, sondern, dass die Methode etwas bereitstellt, das jeder benutzen kann, der in die Methode einspringt."* (Helmut Heißenbüttel)

Ein Blick in die Geschichte der Literaturdidaktik zeigt zum einen, dass sich von Beginn an die didaktisch-methodischen Konzeptionen entsprechend den jeweils favorisierten Schwerpunkten und Zielsetzungen des Literaturunterrichts wandeln und die Empfehlungen für die methodische Anleitung und Begleitung der Schülerinnen und Schüler während des Rezeptionsvorgangs infolgedessen ganz unterschiedlich ausfallen. Zum anderen gab es immer schon Kontroversen

---

[37] Eine notwendige Begleitmaßnahme wäre, dass die Kinder- und Jugendliteratur zum festen Bestandteil der Lehrerbildung wird. Bisher sitzt sie an den meisten Hochschulen „in der Regel am wissenschaftlichen Katzentisch. Dass sich das zu ändern scheint, liegt wohl kaum an Argumenten, sondern vielmehr an der Medienrevolution, die gegenwärtig die gesellschaftliche Lesekultur mitsamt ihren literarischen Teilen elementar umorganisiert und dabei die soziale Norm 'Hochliteratur' praktisch mindestens relativiert, wenn nicht durch neue Paradigmen der Intellektualität ablöst" (Rosebrock 1997, 8). Ohne die Eigenerfahrung intensiver Lektüre, Analyse und Kritik von Kinder- und Jugendbüchern kann aber „von künftigen Lehrern nicht erwartet werden, dass sie sich auf dem expandierenden kinderliterarischen Markt orientieren können, wichtige Autoren und Titel kennen, Neuerscheinungen kritisch einschätzen und im Unterricht einsetzen und die kindliche Leseneugier wecken und erhalten. Kinderliteratur als Studienanteil fördert überdies die pädagogische Beobachtungsfähigkeit und das Vertrautwerden mit kindlichen Lebens-, Denk- und Empfindungsweisen" (Mattenklott 1997, 125f.).

zwischen werk- und leserorientierten Richtungen sowie zwischen Verfechtern von rationaler, moralisierender oder eher emotionaler Textbegegnung.[38] Heute steht besonders die Frage im Vordergrund, wie inhaltliche und methodische Rahmenbedingungen geschaffen werden können, mit denen ein motivierend lesefördernder und zugleich die Lesekompetenz steigernder Unterricht gelingen kann.

Schon Ende der 70er Jahre wird gelegentlich auf die Notwendigkeit eines differenzierten Lese- und Literaturunterrichts hingewiesen, in dem die Schülerinnen und Schüler als Subjekte ihres Lernens und Lesens ernst genommen werden (vgl. z. B. Giehrl 1977, 139). Die Lese*fähigkeit* soll zunächst durch eine Förderung der 'Technik des Still-Lesens' und die Lese*bereitschaft* durch die Einbeziehung von Kinderliteratur als Klassenlektüre gesteigert werden (vgl. Krüger 1973, 42). Dadurch soll zugleich ein positiver Zusammenhang zwischen Schul- und Freizeitlektüre hergestellt werden, verbunden mit der Hoffnung auf Rückwirkungen des schulischen Lesens auf das Leseverhalten in der Freizeit. Wichtig genommen wird auch, in einer Zeit der schneller werdenden, multimedialen Informationen Zeit zu finden für eine individuelle und sinnenhafte Begegnung mit Literatur.

---

[38] Robert Heinrich Hiecke und Philipp Wackernagel, deren Verdienst es ist, die deutsche Literatur Mitte des 19. Jahrhunderts zum Gegenstand von Schulunterricht gemacht zu haben, weichen z. B. – trotz aller Einigkeit in der Überzeugung, die Literatur in den Schulunterricht holen zu müssen – in ihren Zielsetzungen und unterrichtlichen Methoden stark voneinander ab. Während Hiecke mehr das jeweilige Werk in den Mittelpunkt stellt, einen intellektuell-kognitiven Zugang betont und vor allem Interpretationsstunden zum richtigen Verstehen fordert, kann man Wackernagel eher als Verfechter eines emotionalen Literaturunterrichts bezeichnen, dem es weniger um Textanalysen geht, sondern eher darum, die Wirkung von Literatur zu erleben und den Zauber der Dichtung nicht durch langweilende Erklärungen zu zerstören, selbst wenn es auf Kosten des kognitiven Verstehens geht.
Friedrich A. W. Diesterweg, dessen Interesse weniger den Texten selbst, sondern mehr der Schulung des logischen Denkens gilt, vertritt die Auffassung, Texte (Dichtung und Sachschriften) müssten so lange in ihre Bestandteile zerlegt werden, bis der innere Zusammenhang deutlich werde. Dagegen benutzt der Literaturunterricht der Volksschule, der sich an der Pädagogik Herbarts orientiert, die Literatur als Mittel der Charaktererziehung in einem Gesinnungsunterricht; die Methode der Behandlung von Literatur ist auf das Schema Vorbereitung – Darbietung – Vertiefung – Anwendung festgelegt.
Das immer wieder aufkommende Unbehagen an diesem entweder rationalisierenden und oder moralisierenden Literaturunterricht entlädt sich besonders bei Vertretern der Kunsterziehungsbewegung, die Anfang des 20. Jahrhunderts mit dem gefühlshaften Rezipieren das Genießen und Sich-Versenken in den Mittelpunkt des Umgangs mit Literatur stellen. Aufgabe des Lehrers ist dann nicht die Planung einer rationalen Auseinandersetzung und Analyse des Gelesenen, sondern vor allem die Einstimmung der Schülerinnen und Schüler auf das kommende Erlebnis, das Wecken innerer Bereitschaft, wenngleich in der zweiten Phase der Kunsterziehungsbewegung das Ziel des Literaturunterrichts eher in der planmäßigen Erziehung zum verstehenden und genießenden Lesen gesehen wird, wobei das Unterrichtsgespräch und Arbeitsanregungen durch den Lehrer als notwendig erachtet wurden. Das unmittelbare Erleben von Literatur wird auch von den von Dilthey beeinflussten Literaturdidaktikern in den Mittelpunkt gestellt, wobei hier das einfühlende Erleben und das verstehende Begreifen als Einheit gesehen werden (vgl. Baumgärtner 1973, 375 ff.).

Beklagt wird, dass die bis dahin dominierenden literaturdidaktischen Konzeptionen aufgrund ihrer praxisfernen theoretischen Befangenheit keine Impulse für dauerhafte, lebenslange Lesehaltungen zu geben vermögen (vgl. Giehrl 1977, 138).[39] Von daher ist es das Anliegen zahlreicher Forschungen und Veröffentlichungen, vor allem den *Stellenwert der Methode* im Lese- und Literaturunterricht neu zu bestimmen, und zwar unter der Fragestellung, „in welcher Weise methodische Überlegungen eine aktive Teilhabe am Text zu begünstigen vermögen, wie persönliche Betroffenheit oder der Wunsch nach Sinnfindung bei jugendlichen Lesern wirkungsvoll gestützt werden können" (Baurmann 1980, 55).

Wenn neben dem Umgang mit den gewohnten kürzeren Texten auch die Möglichkeit zum Lesen ganzer Kinder- und Jugendbücher gegeben werden soll, dann stellen sich neue Fragen nach der Buchauswahl und nach einer angemessenen methodischen Vorgehensweise. Die Verschiedenheit der Schülerinnen und Schüler im Hinblick auf ihre Lese*neigungen* sind hier ebenso zu beachten wie die individuellen Lese*weisen* und Lese*fähigkeiten*. Dies führt zu neuen lesedidaktischen Konzeptionen, die die genannten Zielsetzungen und Voraussetzungen durch die Anwendung produktiver Verfahren in einem geöffneten Unterricht und durch die integrative Verbindung von Lesen und Schreiben zu berücksichtigen versuchen. Hierbei rückt auch das Lesetagebuch als Methode für den Umgang mit (Kinder- und Jugend-)Literatur stärker ins Blickfeld.

1.3.1 Lese- und literaturdidaktische Überlegungen zur Kinder- und Jugendliteratur

> *„Eine strenge und unumstößliche Regel, was man lesen sollte und was nicht, ist albern. Mehr als die Hälfte unserer heutigen Bildung verdanken wir dem, was man nicht lesen sollte."* (Oscar Wilde)

Im Hinblick auf die Fragen, welche *Zielrichtung* das Lesen im Deutschunterricht haben soll und *was* die Schülerinnen und Schüler infolgedessen lesen sollen, gibt es in der fachdidaktischen Diskussion zwei Richtungen. Den einen geht es vor allem um die *Leseförderung* als Aufgabe der Schule, also um Aufbau und Stärkung der Lesemotivation und Lesefreude der Schülerinnen und Schüler, um

---

[39] Hans Giehrl führt aus: „Ob man Lesestücke formal-ästhetisch, pädagogisch, gesellschaftskritisch, kommunikationstheoretisch oder textlinguistisch analysiert, bleibt – bei allem punktuellen Gewinn – für die literarische Bildung so lange folgenlos, als es nicht gelingt, über methodologische und punktuelle Einsichten hinaus eine Lesehaltung zu bewirken, die durch sachliches Interesse, Vergnügen, Betroffensein oder Begeisterung personale Grundbedürfnisse anspricht und befriedigt. Nicht irgendeine Indoktrination, nicht die Kenntnis einiger poetologischer oder linguistischer Begriffe, sondern allein die Befriedigung individueller Interessen, Gefühle, Wünsche und Erwartungen der jungen Leser begründen ein dauerndes Verhältnis zur Literatur, das zu schaffen erste Aufgabe und wichtigstes Ziel des literarischen Unterrichts sein muss" (Giehrl 1977, 138).

Leseanreize in der Schule und im Klassenzimmer, um die Ermöglichung von befriedigenden oder sogar lustvollen Leseerfahrungen auch für leseferne oder leseschwache Kinder und Jugendliche, um die Erweiterung von Lesekompetenz und Textverständnis[40] im Sinne des 'learning by doing'. Die anderen richten ihre Aufmerksamkeit mehr auf die *literarische Bildung* der Schülerinnen und Schüler, also auf Möglichkeiten, im Unterricht die literarische Rezeptionskompetenz zu steigern; erörtert werden hier sowohl die so genannte 'Kanonfrage' als auch das veränderte Rezeptionsverhalten junger Leserinnen und Leser im Zeichen der Mediatisierung und einer veränderten Kindheit sowie die unterrichtlichen Möglichkeiten des Umgangs mit literarästhetischen Texten nach den Erkenntnissen der Rezeptionsästhetik.

Der Streit dreht sich letztlich um die Frage, ob das Lesen *an sich* bereits eine 'wertvolle' kulturelle Leistung darstellt, die von der Schule so viel wie möglich gefördert werden muss, und zwar als Selbstwert und als Schlüsselqualifikation für eine allgemeine Medienkompetenz, oder ob das Lesen nur in Abhängigkeit von 'wertvollen' Inhalten und Strukturen seine bildenden und qualifizierenden Kräfte entfalten kann. Daraus ergibt sich dann die weitere Frage, ob Kinder und Jugendliche in der Schule und in ihrer Freizeit an jeden beliebigen Lesestoff herangeführt oder ob ihnen im Unterricht vorrangig Zugänge zu einer überlieferten literarischen 'Hochkultur' eröffnet werden sollten (vgl. Garbe 1998, 16).

Weil von den *Literatur*didaktikern der Umgang mit Texten im *Literatur*unterricht eher als intellektuelle Herausforderung gesehen wird, bei der es vor allem um eine möglichst textnahe Analyse und Deutung geht, werfen sie den *Lese*didaktikern vor, sie favorisierten lediglich einen auf Stimulanz und easy-reading ausgelegten *Lese*unterricht. Umgekehrt wird der Vorwurf erhoben, dass beim Anstreben der so genannten literarischen Bildung vergessen werde, dass der Zugang zu schwierigen und sperrigen Texten oft nur auf der Basis einer bereits vorhandenen Lesekompetenz erfolgen könne, die bei den meisten Schülerinnen und Schülern des Sekundarbereichs I, zumindest in der Haupt- und Realschule, nicht vorauszusetzen sei, sondern erst entwickelt werden müsse.[41]

Ein Kompromissvorschlag sieht vor, die strittigen Fragen dadurch zu relativieren, dass man sie schulformbezogen denke. Damit ist gemeint, dass im gymnasialen Bereich ganz andere Aspekte zu beachten seien als in der Haupt- oder Realschule, z. B. die sehr unterschiedlichen Ausgangslagen im Hinblick auf familiäre Lesesozialisation und private Entwicklung von Lesekompetenz. Deshalb sei im Gymnasium eher eine literarische Bildung mit anspruchsvollen Texten anzustreben, während in der Haupt- und Realschule die Bemühungen um eine motivierende Leseförderung, auch mit Hilfe von 'trivialen' Texten, durchaus notwendig und legitim seien.

---

[40] Zu möglichen Kompetenzstufen vgl. Deutsches PISA-Konsortium 2001, 88 ff.
[41] Zur Ausbildung des Leseverständnisses vgl. die Untersuchungsergebnisse von Lehmann (Lehmann u. a. 1995) und besonders der PISA-Studie (Deutsches PISA-Konsortium 2001, 105 ff.).

Es ist jedoch offensichtlich, dass dies nicht als wirklicher Kompromiss gelten kann, u.a. auch deshalb, weil mit literarischer Bildung, die im gymnasialen Bereich noch erreichbar scheint, eher formale Kenntnisse über literarische Formen, Strukturmerkmale, Gattungen, Erzählweisen usw. gemeint sind und der Aspekt der Motivation zu lebenslangem Lesen als nebensächlich vernachlässigt wird. Andererseits kann auch ein zum Lesen motivierender und die Lesebereitschaft unterstützender Unterricht nicht von vornherein auf die Einbeziehung von Werken der 'kanonischen Schulliteratur' verzichten, trotz des immer wieder gehörten Hinweises auf die 'tiefer' anzusetzende Bildungsstufe der betreffenden Schülerinnen und Schüler. Zudem wäre auch der jeweils hinter den Positionen erkennbare Bildungsbegriff noch kritisch auf seinen Geltungsanspruch zu befragen.

Nach Rosebrock scheint es denn auch wenig sinnvoll zu sein, nur die Differenzen zwischen literarischer Kompetenz und Lesekompetenz zu betonen und die beiden Begriffe in eine hierarchisch gemeinte Konkurrenz zueinander zu bringen (vgl. Rosebrock 1999, 67).[42] Auch Ulf Abraham differenziert zwar unterschiedliche Sichtweisen von Lesedidaktik und Literaturdidaktik, versucht aber einen Konsens herzustellen, indem er begrifflich die literarische Kompetenz auf die Buchkultur und die Lesekompetenz auf die Schriftkultur bezieht. Von daher stelle die Lesedidaktik die Kanonfrage nicht, sondern beurteile Texte vom lesenden Subjekt her, unabhängig von dem ihnen zugeschriebenen 'kulturellen Wert'. Die Literaturdidaktik denke dagegen vom zu erwerbenden Literaturbegriff her und müsse deshalb die Kanonfrage stellen, weil es ihr um die Erarbeitung von Wertmaßstäben und um die Interpretationsfähigkeit der Leser gehe. Das eine sei eher pädagogisch orientiert, das andere ästhetisch. Wichtig sei es, ohne Unterscheidung der Schulformen eine Balance herzustellen zwischen Lesevergnügen auf der einen und Entwicklung von literarischer Rezeptionskompetenz auf der anderen Seite (vgl. Abraham 1998, 185f.).

---

[42] Ihrer Meinung nach kann die Lesesozialisationsforschung weiterhelfen, um zwischen beiden Denkweisen zu vermitteln. Unter entwicklungspsychologischen Gesichtspunkten sei es nämlich auffällig, „dass Lesekompetenz keinesfalls die lebensgeschichtliche Voraussetzung von literarischer Kompetenz ist"; eher „scheinen poetische Sprache und Fiktionalität in der Ontogenese des Subjekts sogar einen primären Status einzunehmen", was erklärbar ist durch die „fundamentale Bedeutung, die das Imaginäre erhält bei der Bildung der personalen Identität, also bei der sprachlichen, der wahrnehmungsmäßigen und der emotionalen Konstitution eines Zentrums eigener Initiative und Wahrnehmung" (ebd., 63f.). Außerdem sind „ästhetisch konstituierte und informatorisch zentrierte Rezeptionsmodalitäten während der Kindheit nicht wirklich zu trennen" (ebd., 64). Dazu passt, „dass das zentrale Medium der kindlichen literarischen Sozialisation, die Kinderliteratur, die elementare Trennung in ästhetische und Gebrauchsliteratur nicht mit vollzogen hat" (ebd., 65). Wer vielmehr „differenzierte Lesefähigkeiten ausgebildet hat, verfügt auch über eine höhere Lesemotivation, über größere Frustrationstoleranz und über höhere Bereitschaft, die eigenen literarischen Aktivitäten zu intensivieren" (ebd., 66).

Kinder- und Jugendbücher wurden selbst in der Lesedidaktik lange Zeit gar nicht ausdrücklich beachtet, weil die Ansicht vorherrschte, es reiche, Kinder in der Schule richtig lesen zu lehren und darüber hinaus Möglichkeiten der Bereitstellung von Kinder- und Jugendbüchern zu nutzen sowie Kindern bei der Beschaffung solcher Bücher für die häusliche Lektüre zu helfen, um sie zu Lesern zu machen. Die Haupteinwände gegen eine Einbeziehung von Kinder- und Jugendbüchern in den Deutschunterricht waren, dass zum einen die kostbare Unterrichtszeit – wenn sie denn schon zum Lesen genutzt werde – der 'richtigen' Literatur, meist in Form von Lesebuchhäppchen, vorbehalten sein sollte, und dass zum anderen eine 'Verschulung' der Lektüre den Kindern und Jugendlichen möglicherweise die Freude am Lesen zerstören könnte. Die Schule hat das vorwiegend lust- und bedürfnisbestimmte private Lesen der Kinder kaum genutzt und ihm im Unterricht keinen Platz eingeräumt, sondern ihm die 'eigentliche' Literatur entgegengesetzt, ohne für eine Wechselwirkung zwischen beiden zu sorgen. Natürliche Leseantriebe wie Spaß, Neugier, Spannung wurden weniger berücksichtigt als das Ziel, über Lesen literarästhetische Bildung zu betreiben bzw. zur Dichtung zu führen.[43]

Erst langsam erkennt man die Notwendigkeit, Kinder zum Lesen anzuregen, indem man sie beim Lesen 'ihrer' Bücher beratend begleitet und den Wenig-Lesern Möglichkeiten eröffnet zu lernen, wie man ein ganzes Buch liest. Seit Anna Krüger, die in den 60er Jahren methodische Modelle für die Hineinnahme von Kinder- und Jugendbuchlektüre in den Deutschunterricht geliefert hat (vgl. Krüger 1973, 42), entwickelt sich der Konsens, *Kinder- und Jugendliteratur als selbstverständlichen Bestandteil des schulischen Stoffkanons* ernst zu nehmen.[44]

---

[43] Ein Rückblick in die Geschichte zeigt, dass bereits 1896 Heinrich Wolgasts Buch 'Das Elend unserer Jugendkultur' erschienen ist, welches die Diskussion um Kinder- und Jugendliteratur außerordentlich anregte. Wolgast stellt darin fest, dass die bis dato erschienene Kinder- und Jugendliteratur ästhetisch minderwertig sei, da sie eine sehr stark erzieherische und belehrende Tendenz habe. Er formuliert von daher die These, dass eine spezifische Kinder- und Jugendliteratur überflüssig, ja sogar schädlich sei; Kinder und Jugendliche seien auf die Literatur Erwachsener zu verweisen. Wenn es aber schon Kinder- und Jugendliteratur gebe, dann müsse sie die Gesetze der Kunst und Ästhetik beachten und sich von aufdringlicher Moral, Kenntnisvermittlung, religiöser und vaterländischer Gesinnung freihalten (vgl. Wolgast 1896).

[44] Nicht abreißende Diskussionen um das Lesebuch und Kritik an nicht ausreichend vorhandenen und veralteten Ganzschriften veranlassten Krüger unter der Vielzahl von Kinder- und Jugendbüchern nach geeigneter Lektüre zu suchen. Mit dem Erscheinen ihres Buches „Kinder- und Jugendbücher als Klassenlektüre" (1963) brachte sie erste Überlegungen und praktische Erfahrungen im Umgang mit Jugendbüchern im Deutschunterricht in die Öffentlichkeit, heißt doch der Untertitel ihres Beitrags: „Analysen und Schulversuche. Ein Beitrag zur Reform des Leseunterrichts". Für die schulpraktische Arbeit schlägt sie hauptsächlich die methodischen Schritte Hinführung, Lesen, Vertiefung durch Unterrichtsgespräche und Gestaltungsversuche vor (vgl. Krüger 1963). Dabei findet das eigentliche Lesen (bis auf die Phase der Hinführung) fast ausschließlich außerhalb des Deutschunterrichts im häuslichen Bereich statt. Die so genannten Gestaltungsversuche sind im Wesentlichen Aufgaben zum akustischen, szenischen und bildnerischen Gestalten und zur

Kinder- und Jugendbücher werden in der Folgezeit verstärkt in den Unterricht einbezogen und als Klassenlektüren gelesen.

Die Frage, in welchem Verhältnis „Kinder- und Jugendliteratur zu den Möglichkeiten, Bedürfnissen und Interessen der Schüler steht und unter welchen leitenden Gesichtspunkten sie von da aus unterrichtlich vermittelbar ist" (Haas 1998b, 36), bleibt zunächst noch offen. Aufgrund der vorherrschenden instrumentalen Betrachtungsweise der Schule, in der alle Unterrichtsstoffe unter dem Aspekt eines zu erreichenden Bildungsziels bewertet werden, passiert es nämlich, „dass sich im Fall der Lektüre von Kinder- und Jugendliteratur grundsätzlich der Bildungs- und Erziehungswille der Erwachsenen zwischen die Figuren der Handlung, zwischen die Handlung selbst und zwischen die wie auch immer gearteten Botschaften des jeweiligen Textes einerseits und den jungen Leser andererseits schiebt, d. h. der Erziehungswille der Erwachsenen präfiguriert immer und überall, wo didaktische Vermittlung stattfindet, das im Text entworfene Bild von Welt und Wirklichkeit und nutzt es für seine erziehlichen Zwecke" (ebd., 37). Haas plädiert für eine gewissermaßen 'offene' Didaktik, „die sich nicht formal, nicht strikt thematisch, sondern auf die bunteste Weise inhaltlich begründet, die das zunächst unreflektierte Leben mit Geschichten, Handlungen, Geschehnissen und eben nicht zuletzt mit Figuren der Handlung zur Grundlage der Lektüre macht, erst von dieser Grundlage aus gelegentlich, wo es sich anbietet, auch Türen in Fragestellungen, Probleme und Lebensentwürfe hinein öffnet" (ebd., 40).[45]

---

schriftlichen Auseinandersetzung mit dem jeweiligen Buch, mit einzelnen Personen, Szenen oder Fragestellungen, was durchaus schon als eine kleine Sammlung handlungs- und produktionsorientierter Aufgabenstellungen angesehen werden kann. In ihrem Nachwort schreibt Krüger: „Eindringlich warne ich vor zu lang ausgedehnten, sich mühsam hinschleppenden Besprechungen alten Stils. Wie wir alle wissen, töten wir mit ihnen die Freude und Liebe zum Einzelwerk ab" (Krüger 1963, 299).

Noch im Jahre 1973 schreibt Alfred Baumgärtner dazu: „Die praktische Auswirkung dieses theoretisch dem Ansatz nach epochemachenden Vorstoßes scheint, wenigstens zur Zeit, ausgesprochen gering zu sein. Gründe dafür sind Zeitmangel, Kostenfrage, Unerfahrenheit der Lehrer in dieser Sache und nicht zuletzt die trotz aller scharfen Auswahl nur relativ selten gegebene volle sprachliche Qualifiziertheit und die fast immer festzustellende sehr geringe stoffliche und auch 'gehaltliche' Ergiebigkeit der Kinder- und Jugendbücher. Und lesen, bloß um zu lesen, das erscheint doch auch heutzutage noch kaum einem Lehrer als für den Unterricht vertretbar" (Baumgärtner 1973, 497f.). Heute sind viele Kinder- und Jugendbücher erfreulicherweise als Taschenbücher relativ preiswert, was eine Milderung der lange Zeit wichtigen ökonomischen Barriere für einen Einsatz in den Schulen bedeutet. Außerdem hat die Ausweitung des Literaturbegriffs einerseits Anstöße zur Einbeziehung von Kinder- und Jugendbüchern in den Unterricht gebracht und andererseits an der Veränderung der Kinder- und Jugendliteratur hinsichtlich literarästhetischer Gesichtspunkte mitgewirkt.

[45] Haas stellt die Frage, sich mit den Buchfiguren „vorstellungsmäßig und emotional auf die Dauer der Lektüre zu verbinden, mit ihnen die Sehnsucht nach Wärme, Nähe, Geborgenheit, Sicherheit, Sinn und Liebe zu teilen – das sollte kein unterrichtliches Ziel sein? Die Ausbildung von Empathie, Mitgefühl, mitmenschlicher Sensibilität, Mitleidensfähigkeit, aber auch von Vorstellungskraft und Phantasie – das sollte kein vollgültiges Bildungsziel darstellen, sollte weniger gelten als die großgeschriebene 'Literarische Bildung' und die einschüchternde 'Autorität der Literatur'?" (ebd., 42).

Auf diese Weise kann den Schülerinnen und Schülern als Leserinnen und Lesern eine Rolle zukommen, in der sie als Subjekte ihres Lernens und Lesens, als aktive und selbstständige Rezipienten, als Sinnkonstituierende für die gelesenen Texte und als Mitverantwortliche für ihren Weg zur Lesemündigkeit anerkannt werden. Der schulische Lese- und Literaturunterricht aber muss von daher nicht nur die gesamte Breite der jugendliterarischen Wirklichkeit, sondern auch altersbedingte Lesemotive sowie Bücher einbeziehen, deren Inhalte, Themen und Handlungsträger Interesse und damit gleichzeitig Lesemotivation erzeugen. So können Wege eröffnet werden, durch die die Schülerinnen und Schüler in die literarische Imagination hineinkommen (vgl. Spinner 1995, 9) und beim Umgang mit Gelesenem nicht nur affirmative Haltungen einnehmen, sondern im Auseinandersetzungsprozess ein kritisches Verhältnis zur Literatur und damit letztlich zu sich selbst, zu anderen Menschen und zu ihrer Lebenswelt entwickeln.

Vor diesem Hintergrund muss die *Frage nach dem Was und dem Wie des Lesens in der Schule* immer neu gestellt werden. Zumindest muss in der lese- und literaturdidaktischen Diskussion über den schulischen Umgang mit Büchern das bestehende Spannungsverhältnis zwischen dem Anspruch, literarisches Lernen, Wissenszuwachs, Erweiterung von Kenntnissen und Fertigkeiten zu fördern, und der Absicht, zweckfreies, erfahrungs- und lustbetontes Lesen zu ermöglichen, überwunden werden.[46]

Rosebrock weist hier darauf hin, dass sich seit den 70er Jahren eine thematisch und sprachlich anspruchsvolle Literatur für Kinder und Jugendliche herausgebildet hat, „die sich im Grad ihrer Komplexität und Elaboriertheit den literarischen Standards der Nicht-Kinderliteratur annähert. Das ist sozusagen eine Hochliteratur der Kinderliteratur, eine interne Avantgarde" (Rosebrock 1997, 8), die zunehmend mehr den Eindruck erweckt, als sei sie von den Autoren nicht so sehr für die Freizeitlektüre, sondern speziell mit dem Blick auf professionelle Litera-

---

[46] Steffens spricht von prodesse (= nützen) einerseits und delectare (= erfreuen, vergnügen) andererseits. Er verweist darauf, dass diese 'Antinomie' die Literaturdidaktik seit der Aufklärungsepoche durchziehe, d. h. dass es immer Schwankungen gegeben habe zwischen Phasen, in denen besonders die Lernansprüche (Kanon, literarische Bildung usw.) im Vordergrund standen, und solchen offener literarischer Horizonte und zweckfreier literarischer Angebote sowie schließlich denjenigen, die sich durch Vermittlungsversuche zwischen beiden auszeichnen (vgl. Steffens 1997, 66). Schardt plädiert dafür, dass prodesse und delectare in einem vernünftigen Verhältnis zueinander stehen müssen, und führt in Anlehnung an Horaz das „simul" ein (= zugleich, zusammen, sowohl als auch); den letzten Bezugspunkt für die Arbeit mit literarischen Gegenständen bilde dabei nicht die Schule oder die Fachwissenschaft, sondern immer die Lebenspraxis des Lesers (vgl. Schardt 1998, 10).

turvermittler – wie z. B. die Schule – konzipiert.[47] Ewers bemerkt deshalb mit Recht, dass die in diesen Werken vollzogene Literarisierung der Kinder- und Jugendliteratur zwar ein höheres kulturelles Ansehen verschaffe, dass sie jedoch in entsprechend geringerem Maße im Interesse der kindlichen und jugendlichen Rezipienten liege (vgl. Ewers 1990, 89 ff.).

Ein möglicher Ausweg ist darin zu sehen, dass die Frage der Buchauswahl mitverantwortlich an die Schülerinnen und Schüler delegiert und der Lese- und Literaturunterricht weitgehend individualisiert wird – mit einem angemessen differenzierten Lektüreangebot sowohl für lesebegeisterte als auch für Schülerinnen und Schülern mit einer geringen Lesekompetenz. Besonders anerkennenswert sind hier die Bestrebungen, gerade leseungeübte Kinder und Jugendliche, die sogenannten 'Kurzstreckenleser'[48], an inhaltlich interessanten und leicht rezipierbaren, aber zugleich anspruchsvollen und in keiner Weise trivialen Lesestoff heranzuführen, dessen Figuren zur Imagination und Identifikation einladen.[49]

Die beiden Aspekte bzw. literaturdidaktischen Positionen in der Unterrichtspraxis miteinander zu verbinden, heißt einerseits, den Schülerinnen und Schülern nicht durch eine rigide Vermittlungsmethodik des verschulten Lesens, Analysierens und Interpretierens mögliche Chancen auf Lesefreuden und eigenständige Sinnkonstitutionen zu verbauen; andererseits heißt es, das Bücherlesen im Unterricht nicht der völligen Beliebigkeit auszuliefern und dadurch den Schülerinnen und Schülern wichtige Lernchancen vorzuenthalten. Das Lesen von Büchern im Deutschunterricht muss individuelle Lesefreude und zugleich eine zielgerichtete Auseinandersetzung mit dem Gelesenen im Blick haben, ermöglichen und fördern.

---

[47] Kliewer vermutet, dass die Schülerinnen und Schüler denjenigen Kinder- und Jugendbüchern gegenüber, „die den enormen Zeitaufwand rechtfertigen, als Klassenlektüre gleichrangig neben die Klassiker der Hochliteratur zu treten, … den gleichen Widerstand entgegensetzen wie denen, an denen sie bisher ihre Fähigkeiten entwickeln sollten, mit Texten umzugehen. Wo dies nicht der Fall ist, wo es entweder keine Verständnishürden gibt, die womöglich erst durch Präzisierung des Kontextes bewusst gemacht werden müssen, oder wo Anlässe zu Missverständnissen nicht zu erwarten sind, wo das klärende Gespräch in der Klasse sich erübrigt, wo auch das Ziel einer reflektierenden Auseinandersetzung fehlt über die Funktion des Lesens als Selbstbestätigung oder Flucht aus der Realität, selbst wenn momentan auch mit einer solchen Lesehaltung erzieherische Absichten verbunden sein können, wo mit einem Wort der Weg von der Lust zur Last aus dem Blick gerät, dort bleibt Literaturunterricht hinter seinen Bildungsaufgaben zurück" (Kliewer 1998, 29).

[48] Vgl. z. B. die Reihe „Ravensburger Taschenbücher für Kurzstreckenleser".

[49] Gabriele Runge fordert in diesem Sinne „eine veränderte Lektüreauswahl vor allem in der Sekundarstufe. Gerade den Zwölf- bis Siebzehnjährigen müssen viele unterschiedliche Leseerfahrungen in der Schule ermöglicht werden, wenn sie eine konstante Lesehaltung entwickeln sollen. In der Zeit der Pubertät, in der Emotionen so sehr im Vordergrund stehen, müssen emotionale Leseerfahrungen auch im Unterricht gemacht werden. Man muss sich beim Lesen hineinversetzen, verwandeln, abtauchen und abheben dürfen" (Runge 1997b, 8).

Gerhard Haas tritt dafür ein, dass den Schülerinnen und Schülern ermöglicht wird, nicht nur rezipierend an die Texte heranzugehen, sondern zugleich auch produzierend. Er plädiert für einen entsprechenden *Paradigmenwechsel*, der u. a. zur Voraussetzung habe, dass das aktive Tun betont werde und die inhaltlichen Zielvorstellungen dem Leitgedanken der 'Teilhabe' untergeordnet würden. Denn nicht wegen der dem Text vorab zugeschriebenen ästhetischen Wertigkeit ergebe sich ein subjektiv-aktueller Bezug zwischen Text und Leser, sondern vielmehr „im aktionalen Geschehen, in der Möglichkeit des Aufbaus von Projektions-Träumen und der Füllung von Projektions-Räumen. Im Bereich der Sachliteratur ist es in entsprechender Weise die Befriedigung je individueller Interessen, die Lesen wichtig und angenehm macht" (Haas 1995, 221).

Der Kern des Paradigmenwechsels bestehe von daher darin, dass nicht mehr nur der Stoff, sondern auch der *Schüler*, der sich aus Anlass des Lesens und durch die Auseinandersetzung mit dem Gelesenen ein 'Mehr an (Selbst-)Bildung' erwirbt, Ausgangs- und Zielpunkt der unterrichtlich geplanten und ermöglichten Prozesse ist. Nach Haas kann die Schule nur, wenn sie dies berücksichtigt, an dem zentralen Ziel der „Ermunterung und Befähigung – in dieser Reihenfolge – zur lebenslangen Teilnahme am literarischen Leben" (Haas 1998b, 43) mitwirken.

In dieselbe Richtung geht die neuere Akzentuierung des Lernens durch die Erkenntnisse der kognitiven Lernpsychologie, die als 'kognitive Wende' auch die Deutschdidaktik beeinflusst hat (vgl. Spinner 1994b). Hier steht die Ermöglichung und Unterstützung des eigenaktiven Lernens im Mittelpunkt des didaktischen Handelns. Nicht zuerst das Lern*ergebnis*, sondern der Lern*prozess* ist von vorrangiger Bedeutung, denn das Lernen wird als „selbstgesteuerte, konstruktive innere Tätigkeit" gesehen (ebd., 147), wodurch „die Wege wichtiger werden als die Ziele" (ebd., 154). Demnach schafft sich der Lernende aktiv ein inneres Modell seiner Umwelt bzw. des Lerngegenstands, anstatt Informationen und Verhaltensweisen einfach zu übernehmen. Im Unterricht müssen deshalb die Lehrenden „von Instruktoren zu Begleitern von Lernprozessen werden" (ebd., 152), die bei den individuellen Erfahrungen der Schülerinnen und Schüler ansetzen und Anregungen für die konstruktive innere (Lern-)Tätigkeit jedes Einzelnen bieten sowie jedem seinen individuellen Lernweg zugestehen (vgl. ebd., 148 u. 153). Für den Literaturunterricht bedeutet dies u. a., dass „das Nachdenken über die eigenen Empfindungen und Gedanken, die man zu einem Text entwickelt, zu einem Hauptbestandteil des Unterrichts wird" und dass sich das Denken der Lernenden bei der Auseinandersetzung mit dem Gelesenen „reflexiv auf die eigenen Imaginationen, Emotionen und Gedanken" beziehen soll (ebd. 151).

Unter dem Einfluss der 'kognitiven Wende' nähert sich die entsprechend veränderte Lese- und Literaturdidaktik einem *Bildungsbegriff* an, der zum einen den Prozess bezeichnet, durch den ein Mensch fähig wird, sein Leben in zunehmender Selbstbestimmung und wachsender Eigenverantwortung zu gestalten, und zum anderen zugleich das jeweils erreichte (Zwischen-)Ergebnis dieses Prozesses benennt. In diesem Verständnis ist Bildung nur als Selbstbildung des Individuums denkbar, die allerdings der Unterstützung und Hilfestellung durch andere bedarf (vgl. Hintz / Pöppel / Rekus 2001, 44 ff.). Von daher müssen auch die Ziele und Wege aller *sprachlich-literarischen* Bildung im selbstverantwortlichen Individuum gesucht werden, für das das Lesen ein Teil seiner Selbstbildung und seiner im weitesten Sinne verstandenen kulturellen Identität ist. In der Schule können solche Bildungsprozesse angeregt und helfend begleitet werden, nachdem die notwendigen lese- und literaturdidaktischen Weichen entsprechend gestellt worden sind (vgl. auch Haas 1995, 216).

1.3.2 Geöffneter Unterricht als Rahmenbedingung

> *„Das wahre Vergnügen des Romans liegt in der Entdeckung jener paradoxen Intimität: der Autor und ich. Die Einsamkeit jenes Schreibens, die die Auferstehung des Textes durch meine eigene stumme und einsame Stimme erfordert. Der Lehrer ist hier nur der Ehestifter. Die Zeit ist gekommen, dass er sich auf Zehenspitzen davonmacht."* (Daniel Pennac)

Die Entdeckung der Kinder- und Jugendliteratur als Unterrichtsgegenstand bedeutet zugleich einen Fortschritt in Richtung auf eine stärkere Schülerorientierung des Unterrichts. Bettina Hurrelmann plädiert in diesem Zusammenhang für eine diskursive, methodisch vielfältige Auseinandersetzung mit Literatur, die offen ist für die „Entfaltung einer individuellen Perspektive auf den Text" (Hurrelmann 1982, 359). Sie kritisiert, dass es beim Umgang mit Literatur in der Schule immer noch vorwiegend um eine korrekte Aufordnung und Speicherung der Textinhalte und eine Übernahme vorgegebener Deutungsmuster gehe, während subjektiv-erfahrungsbezogene und kreative Auseinandersetzungsformen allenfalls in der Hinführungsphase des Unterrichts eine Rolle spielten (vgl. ebd., 165). Dass die Schülerinnen und Schüler einen literarischen Text schulgerecht verstanden haben, müssten sie vor allem dadurch zeigen, dass sie das inhaltliche Geschehen rekapitulieren und die Handlungen der Protagonisten normgerecht beurteilen können (vgl. ebd., 344 f.).

Die Fragen, welche Sinnmöglichkeiten die Schülerinnen und Schüler *selbst* für den Text konstituieren könnten und wie der Unterricht so gestaltet werden kann, dass eine möglichst selbsttätige und produktive Auseinandersetzung mit Literatur gelingt, die zugleich einen Beitrag zur Identitätsentwicklung leistet, bleiben in einem zu eng geführten Unterricht unbeantwortet bzw. werden gar nicht erst gestellt. Deshalb gehört im Hinblick auf einen veränderten Umgang mit Literatur im Raum der Schule zum notwendigen Paradigmenwechsel auch ein 'geöffneter' Unterricht als Rahmenbedingung.[50]

Schon in den 70er Jahren hat Haas einen solchen 'offenen' Leseunterricht gefordert, und zwar im Sinne eines Plädoyers für die Einbeziehung der affektiven Dimension, die in der kritischen Literaturdidaktik zu sehr zurückgedrängt werde, und für einen individualisierenden Unterricht als Gegenmodell zu einem lehrerzentrierten und stofforientierten Unterricht, durch den die Leselust der Schülerinnen und Schüler nicht gefördert, sondern zerstört werde (vgl. Haas 1976). Dabei ist ihm wichtig, dass die Schülerinnen und Schüler sowohl bei der Text- bzw. Buchauswahl als auch bei der Wahl der Arbeitsformen mitbestimmen, damit alle entsprechend ihren individuellen Bedürfnissen, Möglichkeiten oder Fähigkeiten ihre eigene Form des Umgangs mit Literatur suchen und finden können (vgl. ebd., 590).[51] Unterrichtserfahrungen zeigen nach Haas, dass sich in einem *zu den Schülern hin* geöffneten Unterricht „kognitive und emotive, produktive und reproduktive, sinnliche und gedankliche, aktive und passive Phasen und Momente" mischen (Haas 1984c, 134).

Im Hinblick auf die veränderten Lese- und Freizeitaktivitäten bei Kindern und Jugendlichen, auf den Wandel im Medienverhalten und auf das immer wieder betonte Abnehmen der Lesefähigkeit und Schwinden des Leseinteresses erscheint es heute umso dringlicher, nicht mehr das Entweder-Oder des Bücher-Lesens im Deutschunterricht zu diskutieren, sondern die Möglichkeiten einer

---

[50] Insgesamt erscheint es sinnvoll, statt von 'offenem' Unterricht besser von 'geöffnetem' Unterricht zu sprechen, um anzudeuten, dass gerade der Respekt vor dem (Selbst-)Bildungsanspruch der Schülerinnen und Schüler es gebietet, auch die kultursichernde Funktion der Schule zu berücksichtigen und das jeweils konkret zu erreichende Bildungsniveau nicht durch überzogene Öffnungen leichtfertig zu gefährden (vgl. Hintz / Pöppel / Rekus 2001, 246ff.).

[51] Ein Jahr später hat Haas seine Konzeption an Unterrichtsbeispielen zu Jugendbüchern konkretisiert (vgl. Haas / Burann 1977). Angemerkt sei hier noch, dass schon 1929 Karl Linke forderte: „Eigentlich brauchen wir Individuallesepläne" (vgl. Linke 1929, 99). Und Wolgast stellte vor mehr als hundert Jahren fest: „Zu lange ist übersehen worden, dass der Geschmack der Kinder nicht weniger individuell als der der Erwachsenen ist"; er verlangte deshalb: „Der Mannigfaltigkeit der Lesertypen in der Jugend muss die Schülerbibliothek ... Rechnung tragen. Innerhalb der Grenzen des guten Geschmacks soll das Kind nach seiner Fasson selig werden. Das Recht des Kindes auf die ihm zusagende, seiner Natur entsprechende Lektüre sollte man mehr als je betonen in einer Zeit, wo alle Verhältnisse auf Massenkultur hindrängen" (Wolgast 1896, 287 u. 289). Wünsche stellte sich 1975 vor, dass die Schülerinnen und Schüler im Unterricht „lesen, ohne durch etwas anderes aufgefordert zu sein als durch die Bücher. ... Die räumliche Situation hätte dann so auszusehen: In der Klasse, möglichst zwischen den Tischgruppen, stehen Bücherregale mit antiquarischen Lexika, Sammelalben, Bilderbüchern, Romanen. ... Alles darf gelesen, durchgeblättert, angesehen oder als Spielrequisit benutzt werden. ... Was der Lehrer dabei machen sollte: auch lesen. Jedenfalls sich nicht einmischen in der Weise, wie das nach der üblichen Tiefenstruktur des Unterrichts geschieht. Er gibt sein Planungsmonopol ab, er befreit den Schüler vom Zwang zum öffentlichen Denkprogramm, er befreit sich selbst von der Not, Texte erklären zu sollen, denen er zumindest rhetorisch nicht gewachsen ist. Er erspart sich besonders bei Texten für Kinder die Peinlichkeit, sein Desinteresse zu kaschieren" (Wünsche 1975, 52).

Öffnung von Schule und Unterricht konsequent zu nutzen, um Raum für individuelle Leseerfahrungen und für lesefördernde und zugleich kompetenzerweiternde Methoden des Umgangs mit Büchern zu gewinnen.[52]

Ansätze eines geöffneten Unterrichtarrangements werden in der Schulpraxis vieler Schulen bereits verwirklicht, z. B. freie Lesezeiten – mit der Einrichtung von Klassen- und Schulbüchereien sowie Leseecken in Klassenzimmern als Voraussetzung –, das Bücherlesen im Unterricht, in der Freien Arbeit oder in freien Lernzeiten, regelmäßige Buch- oder Leseprojekte, Wochenplanaufgaben mit Lesetipps und eine Lese-Werkstatt im Deutschunterricht. Als begleitende Maßnahmen gibt es darüber hinaus die Vorbereitung, Durchführung und Nachbereitung von Autorenlesungen, Lesenächten, Buchwochen und Vorlesewettbewerben.[53]

Wenn man davon ausgeht, dass das Lesen – wie das Lernen insgesamt – immer ein individueller Prozess ist, dann kann eine *Individualisierung des Lesens in der Schule* möglicherweise die Ursachen für die häufig entmutigenden schulischen Leseerfahrungen und die damit zusammenhängende Leseabstinenz im weiteren Leben beseitigen helfen. Auch die Einsicht, dass viele der sorgfältig geplanten, lehrer- und stoffzentrierten, im Hinblick auf Zielsetzung, Phasenfolge und Zeittakt normierten Stundenverläufe des geschlossenen Unterrichts gerade bei den langsam und mühsam oder einfach anders Lernenden zu Frustrationen und

---

[52] Für die Lese- und Literaturdidaktik werden hier die Grundsätze des so genannten 'Offenen Unterrichts' übernommen, der zu dieser Zeit in der schulpädagogischen Diskussion eine Rolle zu spielen beginnt (vgl. Eliade 1975; später: Wallrabenstein 1991 u. 1999; Regenbrecht / Pöppel 1995; Seitz 1999). Die Frage, was denn offener Unterricht im Unterschied zu geschlossenem ist, kann hier allerdings nicht umfassend entfaltet werden. Ein Zitat soll aber kurz klären, was gemeint ist: „Geschlossener Unterricht überträgt in seiner Extremform die Verantwortung in allen oder in wesentlichen Bereichen des Unterrichts vollständig dem Lehrer. Dieser legt nahezu sämtliche Aktivitäten in der Klasse im Voraus fest und bestimmt so das Unterrichtsgeschehen auf allen Ebenen. Er nimmt den Kindern die meisten Entscheidungen ab, hält sie in einer Situation weitestgehender Fremdbestimmung. ... Offener Unterricht als didaktisches und pädagogisches Prinzip bindet jedes einzelne Kind und die Lerngruppe in die Planung und Gestaltung des Unterrichts mit ein. Das Kind bestimmt sein Lernen im Idealfall vollkommen eigenverantwortlich" (Hauptmann 1999, 81). Hauptmann vergisst anschließend nicht zu erwähnen, dass offener Unterricht in der Institution Schule eigentlich „eine kontrafaktische Konstruktion" ist. „Er ist in Perfektion nur in einer entschulten Situation vorstellbar und kann innerhalb der Schule immer nur annäherungsweise realisiert werden" (ebd.).
[53] Jörg Knobloch, der das 'Projekt Rucksackbücherei' initiiert hat (vgl. Knobloch 1995), führt dazu aus: „Freies Lesen im Rahmen der Schule bedeutet, dass den Schülerinnen und Schülern sowohl ein offen zugängliches Angebot an Lektüre, aber immer wieder auch der Zeitrahmen zur Verfügung steht, um dieses Angebot zu nutzen" (Knobloch 1999, 21). Auch Wolfgang Schneider plädiert für das Lesen im offenen Unterricht; die Leser- und Leseförderung ist für ihn eine „kulturpolitische Forderung" (vgl. Schneider 1999).

Lesebarrieren führen, spricht für die Schaffung von Lernsituationen, in denen selbstgesteuertes, selbstverantwortetes und individuelles Arbeiten möglich wird.[54]

Wilhelm Steffens stellt hierzu die kritische Frage, inwieweit der individualisierende Umgang mit Kinder- und Jugendliteratur in einem geöffneten Unterricht auch Kernstück eines modernen Literaturunterrichts sein könne, der das Ziel einer literarischen Bildung, die u. a. durch wohldefinierte literarische Kenntnisse und entsprechende spezifische Lernakte getragen werde, nicht vernachlässigen wolle (vgl. Steffens 1995a, 157). Damit möchte er sich deutlich absetzen von Handlungs- und Spielformen, die vorrangig der Subjektivität der Schüler verpflichtet seien und weniger auf die zu lernende Sache zielten (vgl. Steffens 1997, 84). Außerdem ist er der Meinung, dass der hohe Grad von Literarizität und literarästhetischer Komplexität, durch den sich viele Kinder- und Jugendbücher auszeichnen, in einem offenen Umgang nur wenigen Schülerinnen und Schülern zugänglich und erschließbar sei (vgl. Steffens 1995a, 157). Seine Schlussfolgerung lautet: „Didaktisch und vor allem unterrichtspraktisch gewendet, heißt dies nichts anderes, als dass wir neben allen oben skizzierten offenen und kreativen Horizonten und der Verankerung im Lebens- und Erfahrungshorizont der Kinder im unterrichtlichen Prozess auch die Perspektivität der Erzählsituation, der Figurenkonstellation, der Handlungslinien, der Raum- und Zeitgefüge mit in Ansatz bringen müssen" (ebd., 160). Dies sei vor allem in „literarischen Projekten" angemessen umzusetzen (vgl. Steffens 1997, 66 ff.).

Bei dieser Position, mit der die im Unterricht behandelte Literatur vor der Gefahr einer offenen Rezeptionsbeliebigkeit bewahrt werden soll, baut Steffens einen Widerspruch auf, der gar keiner ist bzw. bei richtigem Verständnis eines geöffneten – d. h. eben auch: nicht beliebig offenen – Unterrichts keiner zu sein braucht; denn das *Zusammenspiel von Lehrer und Schülern bei der Auseinandersetzung mit den Unterrichtsaufgaben* ist so grundlegend für jede Unterrichtsform, dass es auch in einem geöffneten Unterricht keineswegs ausgeblendet oder gar außer Kraft gesetzt wird. Es wird aber ausdrücklich anerkannt, methodisch herausgefordert und den Schülerinnen und Schülern zugetraut, dass jeder Schüler Subjekt seines Lernens und Lesens und für seine eigene Bildung, auch für die

---

[54] Im Unterschied zu den Befürwortern eines stark geöffneten Unterrichtsmodells mit freier Wahl der Lektüre und der Methode zur Aneignung des Gelesenen, plädieren einzelne Autoren im Umgang mit Büchern eher zu projektartigen Vorgehensweisen, besonders, wenn Klassen- oder Gruppenlektüren vorgesehen sind. Hierbei ist das Verständnis dessen, was man z. B. unter Leseprojekten oder ähnlich überschriebenen Unterrichtsvorhaben versteht, allerdings sehr unterschiedlich; ebenso unterschiedlich sind die jeweils angestrebten Ziele, inhaltlichen Schwerpunkte und methodischen Vorgehensweisen.
Hingewiesen sei hier auch auf den Material-Boom begleitender Aufgaben zu den verschiedensten Büchern, z. B. Lesekarteien, Literaturkarteien, unterrichtsmethodische Tipps der einschlägigen Verlage. Die meisten davon sind für einen geöffneten Unterricht im weitesten Sinne konzipiert, wenn auch nicht immer uneingeschränkt empfehlenswert.

literarische, mitverantwortlich ist; zugleich aber ist jeder bei seinen Lernprozessen auf die Hilfe des Lehrers und der Mitschüler angewiesen. Diese Ambivalenz muss auch in einem geöffneten Unterricht beachtet und bei der Wahl geeigneter Methoden berücksichtigt werden.

Wenn Schülerinnen und Schüler im Unterricht also – ähnlich wie es beim Freizeitlesen geschieht – selbstständig und individuell Bücher lesen, darf nicht übersehen werden, dass sie auf gewisse Weise vor dem Text sich selbst überlassen bleiben und somit zunächst nur aufnehmen, was sie aufnehmen können, und auf sich beruhen lassen bzw. lassen müssen, was sich ihrem Aufnahmevermögen entzieht. Demnach wären die Lesekompetenz und die Sensibilität für Texte und ihre mögliche Bedeutung nicht nur *Ziel* eines geöffneten Unterrichts, sondern in gewisser Weise auch seine *Voraussetzung*. Spitz formuliert könnte dies bedeuten, dass die Lesegeübten, die auch in ihrer Freizeit viel lesen, ebenso wenig dazulernen wie diejenigen, die mit dem Bücherlesen und dem Textverständnis große Probleme haben. So könnte man versucht sein zu behaupten, dass letztlich bei den meisten Schülerinnen und Schülern überhaupt kein Lernzuwachs stattfindet, weil sie bei freier Buchauswahl diejenigen Bücher und Texte bevorzugen werden, bei denen sie keine Rezeptionsschwierigkeiten zu überwinden haben, bzw. beim eigenständigen Lesen eines Buches, das als Klassen- oder Gruppenlektüre gewählt wurde, in ihrem jeweiligen Lern- und Leistungsvermögen nicht weiter kommen.

Vor dem Hintergrund solcher Befürchtungen macht es Sinn, nicht die eine gegen die andere Unterrichtsform auszuspielen, sondern eine *Verzahnung und Abwechslung von geöffneten Phasen und angeleitetem Klassenunterricht* zu favorisieren. Festgelegte Inhalte und gezielte Anregungen, literarische Gespräche im Sinne einer Verständigung über das Textverstehen und gemeinsame analytische Vorgehensweisen können die freieren Arbeitsformen ergänzen und sie möglicherweise auch bereichern, indem sie die subjektive Verstehensperspektive erweitern, zur argumentativen Auseinandersetzung mit anderen Verstehensansätzen und Textaneignungen anhalten, Methoden für selbstständiges Arbeiten erlernen und festigen helfen und weiterführende Vorgehensweisen im Umgang mit Büchern erfahrbar werden lassen.[55]

In dieser Balance wird die grundsätzlich wichtige individuelle Leseweise nicht aufs Spiel gesetzt, weil es nicht um ein Zurückholen des uniform ausgerichteten Lesens und Lernens geht, sondern lediglich der Zufälligkeit, Willkür und Unverbindlichkeit der Auseinandersetzungsmöglichkeiten mit dem Gelesenen ein Riegel vorgeschoben werden soll. Beobachtete Defizite und potentielle Unzulänglichkeiten der einzelnen Schülerinnen und Schüler können dabei ebenso

---

[55] Zur Bedeutung und Durchführung von Unterrichtsgesprächen bzw. literarischen Gesprächen im Anschluss an die Lektüre vgl. z. B. Hurrelmann 1982, Wieler 1989, Bremerich-Vos 1996, Merkelbach 1995 und 1998a.

thematisiert werden wie neue Ideen und Anregungen. Ein flexibler Übergang von Phasen individueller Arbeit zu Klassenunterrichtsphasen – und umgekehrt – kann deshalb durchaus eine optimale Lernsituation im Umgang mit Kinder- und Jugendliteratur sein.

Das bedeutet, dass sowohl Individualität gefördert als auch gemeinsames Lernen ermöglicht wird und dass die Lehrerinnen und Lehrer ihre Schülerinnen und Schüler beim Initiieren, Durchhalten und erfolgreichen Beenden ihrer Lernprozesse beratend begleiten. Auch ein geöffneter Unterricht verlangt nach Planung und Organisation, aber unter Mitwirkung der Schülerinnen und Schüler. Die Unterrichtsinhalte, z. B. Kinder- und Jugendliteratur, werden angeboten und vorgestellt, Bedeutung und Zielsetzung des Unterrichts werden erklärt und erörtert, methodische Möglichkeiten werden angeregt und entfaltet. Das Lesetagebuch bietet hier die Möglichkeit, die individuelle Auseinandersetzung mit dem Gelesenen durch gemeinsam besprochene Anregungen, aus denen man dann frei wählen kann, Öffnung und Lenkung miteinander zu verbinden und jedem die Entscheidung dafür zu überlassen, wie viel Lenkung jeweils sinnvoll ist bzw. für notwendig gehalten wird. Entscheidend ist letztlich, dass sich im Unterrichtsalltag eine schüler- und rezeptionsbezogene Lesedidaktik gegenüber einem eher stoff- und lehrerbezogenen Literaturunterricht durchsetzt.

1.3.3 Produktiver Umgang mit Literatur als methodisches Konzept

> *Wenn ich, ein Leser, alles zur Kenntnis nehme, ohne etwas zu tun, was ist dann Lesen?" (Martin Walser)*

Im Zusammenhang mit der theoretischen Entfaltung und praktischen Umsetzung der Prinzipien eines geöffneten Unterrichts und der Entwicklung der rezeptionsorientierten Literaturdidaktik hat sich im Hinblick auf die methodische Gestaltung zunehmend mehr die Konzeption des handlungs- und produktionsorientierten Literaturunterrichts durchgesetzt. Im Unterschied zu den bis dahin vorherrschenden literaturdidaktischen Konzeptionen, die durch die Betonung der kognitiven Momente des Lesevorgangs sowie eine entsprechende Dominanz von Analyse und Interpretation gekennzeichnet sind, geht es hierbei besonders um handelnde, produktive, kreative und imaginative Formen der Begegnung mit Literatur.[56] Spricht man vorrangig von *Handlungs*orientierung, dann wird

---

[56] Der Begriff „handlungs- und produktionsorientierter Literaturunterricht" wird 1984 erstmals von Haas gebraucht und auch am Beispiel von Kinder- und Jugendbuchliteratur erläutert (vgl. Haas 1984c u. später 1997a). Haas knüpft damit an seine bereits 1976 erhobene Forderung nach einem offenen Leseunterricht an (vgl. Haas 1976). Im Jahr 1984 erscheint auch „Grundzüge von Theorie und Praxis eines produktionsorientierten Literaturunterrichts" von Günter Waldmann, der die Konzeption jedoch vorwiegend an Erwachsenenliteratur verdeutlicht (vgl. Waldmann 1984). Bereits 1973 hat Anna Krüger produktive Aufgaben vorgeschlagen; diese als Gestaltungsversuche beschriebenen Aufgaben haben bei ihr jedoch ihren Platz erst im Anschluss an die zuvor erfolgte Behandlung der Texte, die aus der Hinführung zum Buch, dem Lesen und der anschließenden Vertiefung durch Unterrichtsgespräche besteht (vgl. Krüger 1973, 299f.).

vor allem die sinnliche Seite des Lesens, d. h. der aktive Gebrauch der Sinne, hervorgehoben, was in graphisch-bildlicher, szenischer, musikalischer, körpersprachlicher, spielerischer, akustischer und darstellender Auseinandersetzung mit Texten zum Ausdruck kommt. Wird die *Produktions*orientierung besonders betont, dann sind vor allem schreibende Arbeits- und Auseinandersetzungsformen gemeint, bei denen es vorrangig um die Produktion von eigenen Texten geht (vgl. Haas / Menzel / Spinner 1994, 18).

Ihre theoretische Fundierung erhält diese Konzeption durch die Rezeptionsästhetik und -pragmatik mit ihrer rezeptionsästhetisch oder konstruktivistisch begründeten Aufwertung des Lesers zum sinnkonstituierenden Subjekt (vgl. Baurmann / Nündel 1980; Spinner 1999a, 5, u. 1999b, 34). Nach rezeptionsästhetischen Auffassungen wird der Lesevorgang als aktiv-produktive Auseinandersetzung des Lesers mit dem Text verstanden, wobei der Sinn des polyvalenten und Leerstellen enthaltenden Textes immer vom Leser konstituiert, d. h. mitgeschaffen und von seinen Erfahrungen und Wahrnehmungen mitbestimmt wird (vgl. Kap. 1.1.2). Die Tätigkeit des Lesers beim Lesevorgang erschöpft sich also nicht darin, dass der Leser dem Gelesenen nur reaktiv und rezeptiv-kognitiv Informationen entnimmt, sondern er vollbringt – bestimmt durch seine eigenen Erfahrungen, Wissensbestände, Einstellungen, Gefühle usw. – aktive und produktive Denk- und Vorstellungsleistungen.

Davon ausgehend ist es Hauptanliegen des handlungs- und produktionsorientierten Literaturunterrichts, diese aktiv-produktiven und imaginativen Momente aus Anlass des Lesens und beim Lesen zu aktivieren und zu fördern (vgl. Waldmann 1984, 100). Literarische Texte referieren nicht auf eine bestehende Wirklichkeit, sondern in ihnen wird eine fiktive, oft realitätsanaloge Wirklichkeit entworfen. Im Unterschied zu realen Gegebenheiten (Personen, Räumen, Handlungen, Ereignissen), die sich durch konkrete Merkmale bestimmen, haben literarische Wirklichkeiten viele Unbestimmtheitsstellen, die bei der Rezeption vom Leser auszufüllen sind (vgl. Waldmann 1998a, 493). Lesen und Verstehen literarischer Texte sind von daher produktive Vorgänge; deshalb (er)fordern literarische Texte produktive Formen des Umgangs mit ihnen, in denen der Leser aktiv, kreativ, produktiv handelt und so den literarischen Text realisiert, sinnaktualisiert und „ohne falsche Ehrfurcht, aber mit wachsender Sensibilität als etwas Gemachtes und damit zumindest versuchs- und probeweise Veränderbares" begreift (Haas 1997a, 40).

Gerade vor dem Hintergrund eines heute durch die ausgeweitete Mediennutzung erheblich veränderten Rezeptionsverhaltens von Kindern und Jugendlichen ist die Frage besonders dringlich, ob und wie man die vernachlässigten produktiven Fähigkeiten von Schülerinnen und Schülern (re)aktivieren, das Lesen von Büchern fördern und eine sinnvolle Auseinandersetzung mit Gelesenem ermöglichen kann.[57] Dies alles wird sicher nicht erreicht, indem man versucht, Schülern passives Wissen und theoretische Kenntnisse über Inhalte und Formen literarischer Texte zu vermitteln. Statt dessen sollen die Schülerinnen und Schüler zu aktiven, „entschiedeneren Einlassungen auf Texte" (Menzel 1994, 10) geführt werden, wobei auch ihre Wirklichkeitserfahrungen, die ja immer auf das Verstehen von Texten einwirken, hervorgelockt und explizit gemacht werden sollen. Der Unterricht muss so angelegt sein, „dass Leserinnen und Leser sich intensiver und 'verzögerter' mit einem Text befassen, dass sie durch Operationen zu einer Begegnung des in der Literatur vorgestellten 'Anderen' gelangen, um sich selbst, andere Menschen und die Welt besser erkennen zu können" (ebd., 11).

Die Schülerinnen und Schüler sollen also im handlungs- und produktionsorientierten Literaturunterricht – entweder als Ergänzung zum analytischen Unterricht oder als Überwindung von einengenden kognitiven Interpretationsritualen – aktiv-produktiv tätig werden, wobei *die literarischen Texte als Ausgangs- und/ oder Zielpunkt der produktiven Schüleraktivität* anzusehen sind und meistens zugleich eingeschlossen ist, dass in der diskursiven Reflexion über die Schülerprodukte ein Zurückkommen auf den literarischen Ausgangstext sowie eine Vertiefung und Erweiterung des Textverstehens angestrebt wird.[58]

Ausgangspunkt und Zielperspektive aller didaktischen und methodischen Implikationen sollte in jedem Fall der *Schüler* sein, der durch den produktiven Umgang mit Literatur seine Lese*fertigkeit* erhöht, seine Lese*bereitschaft* ausbildet und seine Lese*kompetenz* erweitert. Wichtig ist deshalb, dass die einseitige Fixierung auf textanalytische Verfahren überwunden und die interpretierend-analysierende Arbeit mit Texten um einen schreibenden, malenden, spielenden Umgang erweitert wird, um so auch einen affektiven und subjektiv-imaginativen

---

[57] Mit 'verändertem Rezeptionsverhalten' ist auch gemeint, dass Kinder und Jugendliche, die in einer audiovisuell orientierten Medienkultur aufwachsen, häufig ein anderes Tempo und einen anderen Rhythmus internalisieren als beim Lesen von Büchern erforderlich. Bei entsprechendem Training mit Computer- und Videospielen werden Rezeptionsgeschwindigkeiten eingeübt, deren Unterbietung im Unterricht Unterforderung und Langeweile oder auch Stress verursachen kann (vgl. Wermke 1998, 201 ff.). Die Schülerinnen und Schüler sind jedenfalls Medienrezipienten, die (im Hinblick auf Bücher) entweder lesen oder nicht lesen, weshalb ihre Medienerfahrung nicht ignoriert werden darf, sondern akzeptiert und einbezogen werden muss (vgl. Graf 1989, 7 ff.; Eggert 1989, 21 ff.; Hopster 1985). Die Nicht-Leser unter diesen Medienrezipienten sind keineswegs wie Analphabeten zu behandeln, sondern als Kinder und Jugendliche, die keine Gelegenheit oder keinen Willen zum Aufbau einer Lesemotivation hatten. Im Unterricht müsste von daher durch die Ermöglichung eines produktiven Umgangs mit Gelesenem eine solche Lesemotivation und ein Interesse an Büchern aufgebaut und gefördert werden (vgl. Wermke 1996, 92).

[58] Für den „Einsatz handelnd-produktiver Formen und Prinzipien im Rahmen von Lehr- und Lernprozessen im Lehramtsstudium des Faches Deutsch" plädiert überzeugend Volker Frederking (vgl. Frederking 1998a, 62 ff.).

Zugang zu Gelesenem zu ermöglichen. Nach Spinner entspricht dies „der rezeptionsästhetischen Erkenntnis, dass Lesen zuallererst heißt: sich selbst eine Vorstellung des Gelesenen zu schaffen" (Spinner 2000, 983).
Beim produktiven Umgang mit Literatur geht es also darum,
- das Textverstehen nicht nur auf analytisch-interpretatorische Weise erreichen zu wollen, sondern vor allem durch handelnden Umgang, d. h. mit operativen bzw. produktionsorientierten Verfahren,
- die literarischen Texte nicht als etwas Fertiges, Unveränderbares und auf bestimmte Interpretationen Festgelegtes zu betrachten, sondern als Kommunikationsangebot an den Leser und als Anlass für eine sinnkonstituierende und mitgestaltende Auseinandersetzung,
- den Prozess des Lesens entscheidend zu fördern, Lesemotivation aufzubauen, Lesefreude erfahren zu lassen und Lesebereitschaft zu wecken,
- die Individualität der Schülerinnen und Schüler stärker zu berücksichtigen und auch denjenigen, die andere Lernwege haben als die meistens in der Schule geforderten (z. B. eher bildhaft-analoge statt begrifflich-abstrakte), Lern- und Verstehenschancen zu geben und sprachlich benachteiligten Kindern und Jugendlichen angemessene Möglichkeiten zu eröffnen, ihr Textverständnis einzubringen,
- den Leseprozess zu verlangsamen und zu verzögern, Zeit zu geben, sich allein, zu zweit oder in Gruppen mit dem Text zu beschäftigen, ihn sich anzueignen, indem man ihm produktiv begegnet, Raum zu geben für individuelle ästhetische Erfahrungen,
- die kognitive Dominanz, die in normierter Interpretation und Textanalyse und im fragend-entwickelnden Unterrichtsgespräch ihren Ausdruck findet, zu überwinden und nicht nur Abstraktionsfähigkeit und Distanzierungsprozesse zu fordern, sondern auch Imagination und Identifikation als Rezeptionswege zu fördern,
- Ich-Beteiligung herauszufordern, subjektive Sichtweisen, Emotionalität und eigene Vorstellungsweisen zuzulassen und persönliche Umgangs- und Verstehensweisen ernst zu nehmen,
- die Selbstständigkeit der Schüler bei der Auseinandersetzung mit Aufgaben in einem geöffneten Unterricht zu fördern sowie alle Schüler gemeinsam tätig sein und doch jedem eine eigene Begegnung mit dem Text durchmachen zu lassen,[59]

---

[59] Spinner macht in diesem Zusammenhang zu Recht folgende Einschränkung, die auch für die Lesetagebucharbeit von Bedeutung ist: „Der Anspruch, die Selbstständigkeit der Schülerinnen und Schüler zu fördern, wird allerdings nicht erfüllt, wenn die produktiven Aufgaben ausschließlich vom Lehrer (Lehrerin) gestellt werden; wünschbares Ziel ist es, dass die Schülerinnen und Schüler mit der Zeit über ein Repertoire von Möglichkeiten verfügen und dann auch die Gelegenheit erhalten, selbst zu entscheiden, welche Art von Verfahren sie bei einem Text anwenden wollen" (Spinner 1999c, 34).

- die Lernbereiche Lesen und Schreiben (und Sprechen) miteinander zu verbinden,
- insgesamt eine erhöhte Motivation, ein fruchtbareres Arbeitsklima, eine stärkere Selbsttätigkeit und ein vertieftes Lernen und Verstehen zu erreichen.

Zusammenfassend sind als zentrale Zielkategorien des produktiven Umgangs mit (Kinder- und Jugend-)Literatur im Unterricht die Entwicklung und Förderung emotiver, imaginativer, poetisch-ästhetischer, kommunikativer, kreativer, kritischer und emanzipatorischer Kompetenzen zu nennen (vgl. Haas 1997a, 35 ff.), und zwar vor allem auf Grund von Erfahrungen, für die in einem diesem Konzept nachgehenden, erfahrungsoffenen und erfahrungsbezogenen Lese- und Literaturunterricht Gelegenheiten geschaffen werden.[60] Auf diese Weise trägt der Unterricht auch zu einer Bildung bei, die nicht nur als Verfügung über angeeignete Wissensbestände, sondern auch als Verstehenskompetenz gemeint ist und aus produktiven Handlungserfahrungen erwächst. Viele der genannten Zielsetzungen und Methodenaspekte werden bei der Lesetagebucharbeit aufgegriffen.

1.3.4 Schreibdidaktische Implikationen

> *„Das alles, der naive Spieltrieb und die Lust an der Fiktion und der Drang, Vergänglichkeit aufzuheben durch Darstellung, und das Bedürfnis nach Selbsterfahrung, was verbunden ist mit Trauerarbeit, und das Bedürfnis nach Kommunikation, das alles sind Motivationen für das Schreiben."* (Max Frisch)

Beim Erstellen eines Lesetagebuchs stehen vor allem schriftsprachliche Auseinandersetzungen mit gelesenen Texten im Mittelpunkt. Deshalb sind in diesem Zusammenhang auch schreibdidaktische Implikationen zu bedenken.

Im Hinblick auf das Schreiben im schulischen Unterricht besteht im Rahmen der Schreibdidaktik Konsens, dass der traditionelle, im Schulalltag noch häufig praktizierte Aufsatzunterricht mit seinen rein aufsatzdidaktischen und curricular festgelegten Konzepten zu einem umfassenderen *Schreibunterricht* werden muss, in dem innovativ eine Ausweitung des Schreibens mit unterschiedlichen Akzentuierungen und Schwerpunkten erfolgen kann. Auf diese Weise soll das Schreiben aus der oft vorherrschenden schulischen Einengung herausgeführt und in einen schriftkulturellen sowie auch identitätsbildenden und/oder gesellschaftlichen Kontext gestellt werden. Als Alternative und Ergänzung zu schuli-

---

[60] Waldmann schreibt: „Erfahrung aber weiß man nicht, man hat sie. Und man lernt sie nicht, das ist schon sprachlich nicht möglich, sondern man macht sie: aktiv, produktiv" (Waldmann 1998a, 495). Spinner betont, dass durch den Einsatz produktiver Verfahren vor allem Identität, Perspektivenübernahme, Fremdverstehen, Imagination und Gestaltungskraft gut zu fördern seien (vgl. Spinner 1993b u. 1999b).

scher Aufsatz- und Stilformarbeit wird es für wichtig erachtet, Unterrichtskonzepte zu entfalten, in denen Schülerinnen und Schüler angeregt werden, ihre individuellen Schreib-Kompetenzen selbstständig zu erproben und auszubauen, sodass das Schreiben zu einem Vorgang wird, der sprachliche Fähigkeiten voraussetzt und zugleich die Weiterentwicklung dieser Kompetenzen zur Folge hat.

Zielsetzungen, die sich mit den Forderungen nach einer Veränderung des schulischen Schreibens verbinden, sind z. B.:

- den Prozesscharakter des Schreibens ernst zu nehmen und statt der Produktorientierung die Prozessorientierung zur Leitlinie des Unterricht zu machen;
- das Schreiben als interaktiven Aneignungsprozess zu begreifen und den Schülerinnen und Schülern Möglichkeiten zu eröffnen, sich schreibend eine Sache verfügbar zu machen und sie dadurch besser zu erkennen und zu überschauen;
- subjektbetontes, autobiographisches, personales und kreatives Schreiben anzuregen, um sich selbst begreiflicher zu machen, sich schreibend zu entlasten, eigene Emotionen und Erfahrungen zu verarbeiten und das Schreiben auch als Problemlösungsprozess zu nutzen;
- das Schreiben als Kommunikationssituation zu sehen, in der man sich aus unterschiedlichen Anlässen und mit wechselnden Intentionen an sich selbst, an einen fiktiven oder an einen realen Leser wenden kann.[61]

So möchte z. B. Ortwin Beisbart durch die Entwicklung der Schreibfähigkeit die Lernenden als Subjekte stärken und fordert deshalb das 'authentische' Schreiben, d. h. Schreiben als Mittel der Selbstdarstellung, der Reflexion, des Verstehens, der Bewusstmachung und der Stärkung der eigenen Person sowie als Möglichkeit, „im Wechsel der Gefühle, Eindrücke, Wörter, Regeln und Normen" einen festen Standpunkt anzusteuern (Beisbart 1990, 21). Das Ziel sei die „Stärkung des Einzelnen in seiner Sprachreflexivität und Sprachbewusstheit, die vornehmlich über Schreiben erreichbar erscheint" (ebd., 20). Für dieses 'authentische' Schreiben „erscheinen aber fixe Regelvorgaben, seien es solche für Textgattungsnormen, rhetorisch oder sprachlich-stilistische Normen oder Lesererwartungen wenn nicht falsch, so zumindest wenig geeignet" (ebd., 21 f.). Wenn auch der Einfluss des lehrplangesteuerten Aufsatzunterrichts immer noch eine Rolle spiele, sei es doch wichtiger, dass die Schülerinnen und Schüler eine subjektive Ausdrucksform finden „zwischen Nähe und Distanz, zwischen personenbezogener Kritik, aufklärender Verteidigung, reflexiver Vergewisserung und Rechtfertigung, die sich zugleich sensibel auf sinnlich Aufgefasstes – auf Außenwelt – bezieht" (ebd., 23).

---

[61] Zu diesen Aspekten bzw. Ausprägungen einer veränderten Schreibdidaktik vgl. z. B.: Hein / Koch / Liebs 1984; Koch / Pielow 1984; Boueke / Hopster 1985; Mattenklott 1979; Brenner 1990; Merkelbach 1993; Schuster 1995; Spinner 1993d und 2000b; Baurmann / Ludwig 1990 u. 1996; Baurmann / Weingarten 1995; Ott 2000.

Paul Portmann setzt sich dafür ein, in der Schreibdidaktik nicht nur den Paradigmenwechsel von der Produktorientierung zur Prozessorientierung zu vollziehen, sondern darüber hinaus eine offene Schreibdidaktik zu konturieren, in der es – im Unterschied zur 'Arbeit am Text' – wichtig sei, Schreibanlässe nicht nur durch die Moderation und Kontrolle ihrer internen Strukturen transparent und lernwirksam werden zu lassen, sondern auch „die äußeren Rahmenbedingungen so zu gestalten, dass Schreiben und Text unmittelbare persönliche und soziale Bedeutung bekommen" (Portmann 1996, 163).[62] Das Ziel des Schreibunterrichts sei nämlich nicht allein eine möglichst hohe Schreibkompetenz, sondern auch die Bewusstmachung und der Ausdruck von Erfahrungen, was wiederum andere Text- und Schreibformen erfordere (vgl. ebd.).[63] Außerdem werde den Schülerinnen und Schülern ausdrücklich das Vorhandensein von Kompetenz zugesprochen, indem man davon ausgehe, dass sie etwas zu sagen haben, und ihnen zutraue, dass sie es schreibend ausdrücken können (vgl. ebd., 164).

Damit sich diese Kompetenz entfalten kann, sei es wichtig, Schreibsituationen zu schaffen, die neue Felder von möglichen Ausdrucksformen eröffnen. Bei solchen Vorgehensweisen müsse man Abschied von der Vorstellung nehmen, dass text- und schreibbezogene Lernerfahrungen nur durch Schreibanlässe zu machen seien, in deren Folge möglichst optimale, normkonforme Texte zustande kommen; vielmehr seien dies Felder, in denen sich „andere, aber nicht weniger wichtige Formen des text- und schreibbezogenen Lernens ereignen" (ebd., 165).[64]

---

[62] In Anlehnung an die Ausführungen in Kapitel 1.3.2 kann es auch hier sinnvoll sein, nicht von *offener*, sondern von *geöffneter* Schreibdidaktik zu sprechen.

[63] Portmann schreibt: „Dies gilt auch, und vielleicht noch mehr, von Texten, die außerhalb der Schule geschrieben werden. [...] Tagebücher, poetische Versuche, Selbstvergewisserungen usw. – alle diese könnten subjektiv höchst wertbeladene Texte sein, sie können auch entscheidend zum Schreibenlernen beitragen" (Portmann 1996, 169).

[64] Zum Problem der Förderung der Schreibkompetenz durch Schreiben merkt Portmann an: „Als neutral möchte ich jeden Vorschlag bezeichnen, der auf Schreibförderung dadurch abzielt, dass die Lernenden zu kontinuierlichem Schreiben angehalten werden – etwa dadurch, dass im Unterricht selbst in großer Dichte Texte geschrieben werden, oder dadurch, dass die Lernenden Arbeitsjournale, Lerntagebücher, Lesebiographien usw. führen. Solche Texte und Journale haben oft keine ausschließlich schreibdidaktische Zweckbestimmung. Soweit es dabei aber um das Schreiben geht, steckt hinter dieser Anlage von Schreibaktivitäten die Hoffnung, dass in der regelmäßigen Schreibarbeit eine Art Selbstorganisation der Schreibkompetenz stattfindet, dass wesentliche Aspekte der Formung von Aussagen und der Steuerung des Schreibprozesses quasi automatisch, durch Versuch und wiederholte Versuche, gefunden und weiterentwickelt werden. Dies ist eine durchaus interessante und weiterführende Position; es ist anzunehmen, dass wir alle vieles von dem, was wir schreibend können, auf diese Weise gelernt haben. Eindrücke aus der Lektüre etwa von Lesebiographien oder Tagebüchern scheinen zu bestätigen, dass in der Arbeit an einem solchen Projekt im Verlaufe der Wochen Erinnerungen zusehends weniger einfach hingeschrieben werden, sondern dass sie zunehmend textuell durchgearbeitet und sprachlich gestaltet werden" (Portmann, 1993, 103).

Gegen solche Ansätze, die das schulische Schreiben aus der Einengung durch Normierung, Entfremdung, Fremdbestimmtheit und Instrumentalisierung herausführen wollen, werden immer wieder Einwände erhoben, bei denen die Befürchtung durchscheint, dass die bewährte und gut gemeinte, „caritativ motivierte, rational begründete und curricular abgesicherte Schreiberziehung" (Feilke 1995, 144) durch etwas Unwägbares und Ineffektives abgelöst werde. Als Argument wird z. B. angeführt, dass Schreiben ohne gezielte Anleitung schwierig sei, wenn „dem eigenaktiven Lernen der kognitive und soziale Nährboden schriftkultureller Basisorientierungen fehle" (ebd., 143); eine gezielte Instruktion könne hier sozial und individuell bedingte Benachteiligungen ausgleichen, „vor allem bei schriftfern sozialisierten LernerInnen" (ebd.). Ein weiteres Argument ist, dass das eigenaktive Lernen immer Gefahr laufe, „in eigenartigen, der Subjektivität verfallenden Aktivitäten aufzugehen und im Übrigen ohne Sinn und Form zu bleiben" (ebd., 144).[65]

Auch wenn solche Argumente ernst zu nehmen sind, kann doch – vor dem Hintergrund (bildungs)theoretischer Begründungen und entsprechender Erfahrungen – darauf vertraut werden, dass die Schülerinnen und Schüler im Laufe ihrer Schreibentwicklung selbst Lösungsstrategien für bestimmte Schreibprobleme entwickeln und dabei durchaus auch eigenaktiv Schreibmuster ausbilden, die ihnen jedoch möglicherweise als Muster kaum bewusst sind, aber als solche bewusst gemacht werden können. Es ist Aufgabe des Lehrers, die Schreibprozesse der Schülerinnen und Schüler zu überschauen und beratend zu begleiten sowie metakognitive Bewusstwerdungsprozesse anzubahnen, in die auch Veränderungs- und Verbesserungsvorschläge einbezogen werden können.[66] Das Schreiben bzw. die jeweilige Schreibaufgabe kann zunächst zwar Probleme schaffen, deren Lösung aber nicht zwingend durch die Vorgabe von entsprechenden normierenden Mustern erleichtert werden muss; vielmehr kann ein geöffneter Schreibunterricht zur Nutzung und Erprobung unterschiedlicher Wege anregen, auf denen sich klare Vorstellungen und Problemlösungen durch das Schreiben selbst ergeben und durch die auch Kreativität im Umgang mit Schwierigkeiten erfahrbar wird (vgl. ebd., 146).[67] Auch vorgegebene Schreibmuster, die vom Lehrer im situativen Zusammenhang als notwendige und sinnvolle Anregungen empfohlen werden, können „wichtige Möglichkeiten zu einer Entlastung im

---

[65] Feilke weist darauf hin, dass es Tradition in der Aufsatzdidaktik sei, das Eigengewicht des Schreibprozesses zu unterschlagen; „Schreiben wird im Wesentlichen als 'Aufschreiben' verstanden bzw. damit verwechselt" (Feilke 1995, 146).

[66] Mit dem Begriff *Metakognition* wird die Selbstreflexion der Lernenden über ihre eigenen Lernprozesse bezeichnet. Hier bedeutet dies, dass das Schreiben sozusagen von einer Metaebene aus noch einmal in den Blick genommen, aus dieser inneren Distanz heraus betrachtet und im Hinblick auf Gedanken, Empfindungen und Handlungen reflektierend beurteilt wird (vgl. Mandl 1993, 210 ff.). Diese Fähigkeit ist eine unverzichtbare Voraussetzung für selbstgesteuertes Lernen und für die Entwicklung zu einem eigenständig Lernenden (vgl. Beck u. a. 1991, 736 ff.).

[67] Portmann nennt dies „Schreiben-was-in-den-Sinn-kommt-Strategie" (Portmann 1993, 107).

Produktionsprozess sein, indem sie kreativ zu nutzende Schemata bereitstellen. Dies aber setzt voraus, dass sie dem eigentlichen Schreibprozess unter- und nicht vorgeordnet sind" (ebd., 147).[68]

Da in mehreren fachdidaktischen Veröffentlichungen vor allem der Einfluss von Literatur auf das Schreiben als bedeutsam aufgezeigt wird,[69] kann das *Lesetagebuch* in diesem Zusammenhang eine Methode sein, in der unterschiedliche Einzelaspekte der genannten Konzepte aufgegriffen und gebündelt, durch weitere Aspekte ergänzt und aus Anlass des Lesens für das Schreiben fruchtbar gemacht werden. Die literarischen Texte bzw. die Bücher sind Anlässe und zugleich Gegenstände der schreibenden Auseinandersetzung, wobei das Textverstehen – genauer: die Inhaltsaufnahme, die Vorstellungsbildung, die Perspektivenübernahme, das Fremd- und Selbstverstehen, die Metakognition[70] – sich sowohl *in* den produktiven Schreibprozessen vollziehen als auch *durch* sie bewirkt werden oder ihnen *voraus*gehen kann. Darüber hinaus kann das Lesetagebuch als Grundlage für gemeinsame diskursive Gespräche und weiteren Unterricht genutzt werden.

Da es beim Lesetagebuchschreiben um eine Überschreitung der bisher üblichen schulischen Schreibsituationen geht, kann es – neben der lesedidaktischen Bedeutung – als wichtiger *Baustein eines geöffneten Schreibunterrichts* angesehen werden. Dennoch ist es für Lehrkräfte wichtig zu wissen, wie die schriftsprachlichen Kompetenzen ihrer Schülerinnen und Schüler einzuordnen sind, damit im jeweiligen Unterricht situativ entschieden werden kann, wie weit der Grundsatz 'Förderung der Schreibkompetenz durch Schreiben' im Einzelfall trägt, was zu tun ist, wenn das Schreiben scheitert bzw. zu scheitern droht, und wie viel beratende oder eingreifende Lenkung nötig ist, damit die komplexe Tätigkeit des Texteschreibens im Sinne einer Förderung der Schreibkompetenz und einer Erweiterung des Repertoires an Schreibweisen und Schreibstrategien unterstützt, gefördert und optimiert wird.

---

[68] Nach Portmann spricht gegen diese Form der Schreibförderung eigentlich nur, „dass sie keinen eigentlichen Schreibunterricht darstellt" und dass vermutlich „vieles in einem explizit das Schreiben thematisierenden Unterricht leichter und effizienter gelernt werden könnte als allein durch Selbstaffektion"; deshalb sieht er dies auch eher als „zusätzliches Mittel der Schreibdidaktik" an, nicht als „Kernbereich" (Portmann, 1993, 103).

[69] Vgl. z. B. Dehn 1999; Bambach 1993², 1998 u. 1999; Bertschi-Kaufmann 1998a u. 2000.

[70] Zusammen mit der Perspektivenübernahme gehört die Metakognition zu den grundlegenden Fähigkeiten, die im Deutschunterricht im Umgang mit literarischen Texten entfaltet werden müssen (vgl. Spinner 1994b, 146).

1.3.5 Integrative Verbindung von Lesen und Schreiben

> „Der Lesende ist jederzeit bereit, ein Schreibender zu werden."
> (Walter Benjamin)

Von Fachdidaktikern wird immer wieder betont, dass die durch den Deutschunterricht und seine Didaktik selbst verursachte faktische und theoretische Trennung von Lese- und Schreibprozessen widersinnig und eine strikte Abgrenzung der Lernbereiche überholt und ineffektiv sei (vgl. Kreft 1982, 252).[71] Seitdem die rezeptionsästhetischen Theorien in die literaturdidaktische Diskussion eingeflossen sind, ist der Weg bereitet für den 'schreibenden Leser', der seine Imaginationen, seine Ideen für die Ausfüllung der Leerstellen im Text und seine Gedanken und Gefühle während des Lesens und zum Gelesenen schriftlich artikuliert. Dabei geht es nicht um eine Auflösung der Einzelbereiche im Sinne einer höheren Einheit, sondern um 'gleitende Übergänge' im Sinne einer inhaltlichen Verbindung von Lesen und Schreiben, Textverstehen und Textproduzieren, Rezeption und Produktion (vgl. Grésillon 1995, 8).

So betont z. B. Mechthild Dehn in ihrer Konzeption die enge *Verzahnung von rezeptiven und produktiven Prozessen*, wobei es nicht um Imitation, sondern um Adaption und Transformation gehe. Dadurch solle ein Verständnis vom Textschreiben als kultureller Tätigkeit begründet werden, bei dem das Schreiben immer in Korrespondenz mit Vorgefundenem – d. h. mit und zwischen anderen Texten – gesehen und als Umgang mit Mustern der Erfahrung und Deutung begriffen werde (vgl. Dehn 1999, 11). Die Schülerinnen und Schüler akzentuierten schreibend jeweils verschiedene inhaltliche Schwerpunkte, fassten ihre Gedanken in Worte, gebrauchten unterschiedliche Textmuster, die sie aus der Komplexität des vorangegangenen Unterrichts entnähmen, ohne dass solche Textmuster für den aktuellen Gebrauch eigens vermittelt würden. Die Verbindung von Lektüre und Schreibgelegenheit rege in den Kindern etwas an bzw. rufe etwas hervor, dass für sie inhaltlich bedeutsam sei und das sie zugleich auch als schon bekannte Form erinnerten (vgl. ebd., 16ff.). Deshalb seien keine spezifizierten Aufgaben notwendig und die Strukturierung und Formulierung könnten

---

[71] Imbke Behnken weist darauf hin, dass mit der Separierung im Schulalltag auch eine Trennung im Forschungsbereich, nämlich zwischen der Leseforschung und der Erforschung von literarischen Schreibprozessen, einhergehe (vgl. Behnken u. a. 1997, 17). Insofern stellt sie für die Verbindung von 'produzierendem Lesen' und 'rezipierendem Schreiben' fest, „dass dadurch zwei Modi der Aneignung und Nutzung von Schriftkultur zusammengefügt werden, die in der Fachliteratur gemeinhin kunstvoll getrennt gehalten werden" (ebd.). Deshalb sei eigentlich kein besonderer Verweis auf irgendwelche komplexe Theorien nötig, um zu erkennen und unterrichtlich umzusetzen, „dass im Lernen von, ebenso wie im praktischen Umgang mit Schriftkultur eine wechselseitige Verschränkung der produktiven und rezeptiven Momente wirksam wird" (ebd., 18). Für Behnken verspricht folgerichtig „eine Forschungsrichtung optimalen Erkenntnisertrag, die schriftkulturelle Rezeptions- und Produktionsprozesse und deren wechselseitige Verschränkung unter dem gemeinsamen Untersuchungsdach 'Literarische Sozialisation' belässt" (ebd., 20).

den Schülerinnen und Schülern selbst überlassen bleiben. Der gelesene Text sei zugleich der Kontext für das Schreiben des Einzelnen, sodass das *Schreiben in Korrespondenz zum Lesen* erfolge, „allgemeiner: in Korrespondenz zu dem, was das Subjekt bei der Rezeption von symbolisch vermittelten Inhalten in der Vorstellung konkretisiert" (ebd., 26).

Während dieser Zugang zum Schreiben sehr offen gestaltet ist, gibt es andere Zugänge, bei denen die Bindung an den Ausgangstext enger gesehen wird. So weist Wolfgang Menzel bereits 1984 darauf hin, dass schon seit dem 19. Jahrhundert *literarische Texte als Grundlagen für das Schreiben im Unterricht* genutzt wurden, weil sie den Schülerinnen und Schülern literarische Formen sowie Stoffe und Inhalte für ihre eigenen Textproduktionen lieferten. Heute sei besonders der Gedanke wichtig, das Schreiben über Texte in der Schule als operative Weise der Annäherung an Texte zu verstehen und „nach Texten, über Texte, zu Texten zu schreiben, um sich in erster Linie intensiver mit Texten auseinander zu setzen" (Menzel 1984, 13). Die Notwendigkeit des schriftlichen Formulierens zwinge die Schülerinnen und Schüler zudem in viel höherem Maße zum Fixieren ihrer Gedanken als das vergleichsweise spontane und unverbindliche mündliche Sprechen (vgl. ebd., 14). Die Texte könnten Gegenstand des Schreibens sein oder auch Ausgangsmaterial, Anlass, Anregungspotential und Folie für das Schreiben eigener Texte; auf jeden Fall gingen Textverstehen und Schreiben „ein sehr intensives Wechselverhältnis ein: über einen Text schreibend, lerne ich ihn zunehmend besser verstehen; und ich lerne, zunehmend angemessener und aspektreicher über einen Text zu schreiben, je besser ich ihn verstanden habe" (ebd.).[72]

Auch in Konzepten des kreativen – literarisch, expressiv oder biographisch akzentuierten – Schreibens[73] dienen literarische Texte häufig als Anregungen, die vielfältige Anlässe und Situationen bieten, die das Schreiben von eigenen Texten herausfordern und begünstigen können, wobei hier häufig das subjektbezogene, ich-stärkende und -befreiende Moment des Schreibens in den Vordergrund gestellt wird.[74] Außerdem wird das Zusammenbringen von literarischen

---

[72] Eine andere Position nimmt Elisabeth Paefgen ein, die literarisches Lesen und Schreiben ganz besonders als ästhetische Arbeitsform verstanden wissen will und ihre Unterrichtsbeispiele im Rahmen der gymnasialen Oberstufe in einen textbezogenen (sprach)analytischen Kontext einbindet, mit dem Ziel, die ästhetische Kompetenz der Schülerinnen und Schüler zu steigern (vgl. Paefgen 1996).

[73] An dieser Stelle wird nicht auf die jeweils unterschiedlichen Akzentuierungen bei der Auslegung des Begriffs 'Kreatives Schreiben' und den entsprechenden Schwerpunktsetzungen für den Deutschunterricht eingegangen, da dies hier von untergeordneter Bedeutung ist. (Zum 'Kreativen Schreiben' vgl. Spinner 1993 u. 2000; Merkelbach 1993.)

[74] Gerd Brenner führt dazu schulkritisch aus: „Was die Schule anbetrifft – den Deutschunterricht inbegriffen –, so überwiegt das entfremdete Schreiben das subjektiv-authentische bei weitem. Obwohl sie ihnen das Schreiben beibringt, ist die Schule andererseits an den persönlichen Schreibleistungen von Kindern und Jugendlichen fast nur desinteressiert. Was im Rahmen der Schule an

Texten und kreativem Schreiben vor allem in vielen Situationen und Aufgabenstellungen genutzt, die sich im Rahmen eines produktionsorientierten Literaturunterrichts ergeben (vgl. Kapitel 1.3.3).[75]

Trotz unterschiedlicher Akzentuierungen bei den Begründungszusammenhängen, Zielsetzungen und unterrichtspraktischen Ausformungen ist allen Konzepten gemeinsam, dass die lesenden Schülerinnen und Schüler immer zugleich zu schreibenden werden und dass die *Verbindung von Lesen und Schreiben* als sinnvolle Alternative, zumindest aber als notwendige Ergänzung des bisherigen Literatur- und Schreibunterrichts angesehen wird. Gelesenes dient als Anregung zum Schreiben, eröffnet umfangreiche Gestaltungsmöglichkeiten und ermöglicht einen leser- und schreiber-differenzierten Unterricht, der die vielfältigen Unterschiede der Schülerinnen und Schüler berücksichtigt, eine anregende Schreibumgebung schafft und Unterrichtssituationen entwickelt, die möglichst an den Interessen der Schreibenden anknüpfen, um auf diese Weise zu einem selbstbestimmten Schreiben führen zu können (vgl. Baurmann / Müller 1998, S. 16 ff.).

Einerseits ist also die Lektüre Ausgangspunkt für das Verfassen eigener Texte, andererseits soll das Schreiben den Weg zum Text und zur individuellen Aneignung des Gelesenen ebnen, sodass sich die *Erwartung einer sich wechselseitig bedingenden steigenden Motivation sowohl für das Lesen als auch für das Schreiben* ergibt (vgl. Haas 1993a, 199f.). Als entscheidend für das Gelingen ist herauszustellen, dass sowohl das Lesen als auch das Schreiben individuell und zunächst möglichst voraussetzungslos verlaufen müssen, damit die Schülerinnen und Schüler durch die vielfältigen produktiven Prozesse die Möglichkeit erhalten, „Literatur als etwas Gemachtes, Veränderliches, dem aktiven Zugang Offenes zu erfahren, als ein Spiel-Feld, zu dem sie nicht durch das analytische Ausschöpfen des 'tieferen' Sinns Zugang erhalten, sondern durch das Sich-Mitbeteiligen an den Bewegungen der Phantasie in der Handlungsführung und an dem Entwurf fiktiver Personen und ihrer Schicksale" (ebd., 200).

Texten von Jugendlichen zählt, ist gemeinhin die intersubjektiv nachprüfbare Korrektheit ihres sachlichen Gehalts, aber es sind kaum die Persönlichkeitsanteile, die sich im Geschriebenen ausdrücken, die stilistischen Experimente, die Lust an eigenständigen sprachlichen Entwicklungsprojekten. Die Formen schulischer Textproduktion sind gegenüber den Regungen jugendlicher Subjektivität weitgehend abgeschottet" (Brenner 1990, 7).

[75] Produktionsorientierter Literaturunterricht und kreatives Schreiben lassen sich nicht klar voneinander abgrenzen, weil es zwischen beiden fließende Übergänge gibt, wobei jedoch tendenziell der Schwerpunkt bei dem einen eher auf die Literatur und beim zweiten eher auf das Schreiben gelegt wird. In der Verbindung beider Ansätze können die Schülerinnen und Schüler auf unterschiedliche Weise lesend und schreibend literarisch produktiv werden (vgl. dazu den Überblick über die unterschiedlichen Akzentuierungen bei Merkelbach 1993a).

Durch die Verbindung des Schreibens mit dem Lesen kann auch die Vorstellungsbildung in Gang gebracht werden, sodass das Vorstellungsdenken sich entfalten, Selbst- und Fremdverstehen angebahnt, emotionale Intelligenz entwickelt und das Fremde im Eigenen sowie das Eigene im Fremden zur Sprache gebracht werden und Gestalt annehmen kann (vgl. Abraham 1998, 219), z. B. indem eine Textfigur in der Ich-Form vorgestellt, ein Text aus der Er-Form in die Ich-Form umgeschrieben, ein innerer Monolog, ein Brief oder eine Tagebuchnotiz entworfen oder eine Buchfigur aus der Sicht eines Anklägers oder eines Anwalts beurteilt wird.

Aus *schulischer* Sicht kann eine weitere Begründung für die enge Verzahnung von Lesen und Schreiben angeführt werden. Grundsätzlich spielt sich der Lese- und Verstehensprozess, den ein Leser vollzieht, im Innern des Lesers ab und ist deshalb für andere ebenso wenig sichtbar wie seine Eindrücke und Emotionen, seine Identifikations- oder Distanzierungsprozesse. Dies wird 'Black-Box-Charakter der Lesens' genannt (vgl. Kap. 1.1.1) und bringt Probleme mit sich, sobald das Lesen von Texten oder Büchern im Rahmen von Unterricht und Schule stattfindet, denn dort soll in der Regel 'sichtbar' gemacht werden, was sich durch die Lektüre und bei der Lektüre im Leser 'ereignet' hat, um weiteres Lernen anregen und planen zu können.[76] Das mit dem Lesen verknüpfte Schreiben – insbesondere das begleitend erstellte Lesetagebuch – kann als eine mögliche Lösung dieses Problems gelten.

In einem entsprechend geöffneten und produktiven Unterricht werden Leser zu Schreibern, Schreiber wieder zu Lesern usw., und zwar in einem kontinuierlichen, sich gegenseitig anregenden und befruchtenden Prozess, der auch die Elaboriertheit der Sprache und die Komplexität des Denkens fördert (vgl. Dahrendorf 1995c, 34). Das Schreiben wird zum Teil der Lesesozialisation und umgekehrt das Lesen zum Teil der Schreibsozialisation. Im konkreten Unterricht muss allerdings darauf geachtet werden, dass das Lesetagebuch vorrangig eine Methode zur Auseinandersetzung mit Büchern bleibt und dass diese Intention nicht dadurch verfälscht oder überlagert wird, dass das Schreiben die dominante Rolle einnimmt.

Für Ulf Abraham kann ein Unterricht, der Lesen und Schreiben integrativ verbindet, in mehr als einer Hinsicht zum Prüfstein einer innovativen Fachdidaktik werden:

„– schreibdidaktisch in dem Sinn, dass das inzwischen vielfach propagierte Umdenken (Prozess- statt Produktorientierung) sich hier zu beweisen hat;

---

[76] Im eher kognitiv-analytisch arbeitenden Literaturunterricht wird dies vorwiegend durch das literarische Unterrichtsgespräch oder durch Interpretationsaufgaben angestrebt, die wechselnd mündlich oder schriftlich bearbeitet werden.

- lesedidaktisch in dem Sinn, dass [...] Erstlese- und Schreibunterricht und weiterführende Leseförderung heute weniger als hintereinander schaltbare Phasen erscheinen denn als Kontinuum 'offenen Unterrichts', der literarisches Lernen von Anfang an im Blick hat;
- literaturdidaktisch in dem Sinn, dass es eine lange Zeit angestrebte Haltung des Sich-Distanzierens und Pseudo-Objektivierens überwindet, die sich für wissenschaftlich hält, aber im Grunde durch den Begriff der 'Interpretation' weder hermeneutisch noch kognitionspsychologisch gedeckt ist" (Abraham 1998, 231).[77]

1.4 Zusammenfassung

> „Das grenzenloseste aller Abenteuer, das war das Leseabenteuer. Als ich zum erstenmal ein eigenes Buch bekam, erwachte mein Lesehunger, und ein besseres Geschenk hat das Leben mir nicht beschert." (Astrid Lindgren)

Aus den unumstrittenen Gegebenheiten, dass immer mehr Schülerinnen und Schüler aus lesefernen Elternhäusern kommen, in denen keine Lesesozialisation mehr stattfindet, und dass das private Lesen der Schülerinnen und Schüler vor dem Hintergrund der stetig steigenden Medienkonkurrenz im Freizeitbereich häufig auf ein Minimum beschränkt ist, ergibt sich für die Schule im Rahmen ihres Bildungsauftrags, dass der Deutschunterricht neben der Steigerung der Lesekompetenz, der Entwicklung von Textverständnis und der Ermöglichung von literarischer Bildung auch den Aufbau einer dauerhaften Lesemotivation und die Erweiterung der Befähigung zum Bücherlesen als Aufgabe und Herausforderung erkennen und anerkennen muss. Das Lesen von Büchern kann nämlich nicht nur Unterhaltungswert als fantasieanregende und spaßmachende Tätigkeit haben, sondern auch entscheidende Impulse für individuelle Bildungsprozesse geben, z. B. im Hinblick auf Veränderungen im Selbstbild und in der Fremdwahrnehmung sowie auf sprachliches Ausdrucks- und Verstehensvermögen. Zudem gilt Lesekompetenz als Schlüsselqualifikation für den Umgang mit anderen Medien.

---

[77] Der Vollständigkeit halber sei angemerkt, dass einzelne kritische Stimmen darauf hinweisen, eine zu enge Verbindung von Lesen und Schreiben, z. B. in Richtung auf die Einheit eines rezeptiven / produktiven Lernhandelns mit Literatur, werde fast zwangsläufig zu einer Vernachlässigung der einen oder der anderen Tätigkeit führen, denn die Stationen der Rezeptionsdidaktik zeigten beispielsweise, „dass die Lesedidaktik in der Folge der rezeptionsästhetischen Leseraktivierung v. a. im Verlauf der achtziger Jahre mehr und mehr zu einer Schreibdidaktik (der umgekehrte Prozess ist selten) geworden ist. [...] Auffällig ist, dass die Person des Lesers in eine allgemeine Aufwertung des Schreibens übergeht und damit gleichzeitig – wegen der eigenständigen Dynamik der Schreibaktivität – eigentlich in eine Abwertung des Lesens mündet; denn die eigenmächtige Dominanz des Schreibens bewegt sich häufig vom gelesenen Text weg: Das eigene Geschriebene wird wichtiger als der gelesene Text. Insofern hat die Rezeptionsästhetik, die antrat, um dem Leser innerhalb der literarischen Kommunikation zu seinem Recht zu verhelfen, in der didaktischen Folge eher zu einem (freien, kreativen, produktiven) Schreiben als zu einem (genauen und exakten) Lesen geführt" (Paefgen 1996, 126).

Das Lesen fördert Perspektivenübernahme, Imagination und Identifikation. Auf diese Weise kann es Anlass sein, eigene Erfahrungen zu reflektieren und neue zu gewinnen, Einsichten und Wahrnehmungsweisen zu verdeutlichen oder zu verschärfen und an der Entstehung von Sinnzusammenhängen, auch im Sinne der Identitätsgewinnung und Ichbildung, teilzunehmen. Wenn das Lesen im Unterricht auf diese Weise als 'sinnvoll' empfunden wird, dann sind auch positive Auswirkungen auf das private Leseverhalten und eine anhaltende Lesebereitschaft zu erhoffen.

Die Ergebnisse der Leseforschung, der psychologischen Forschung zum Textverstehen und der rezeptionsorientierten Literaturdidaktik sowie das Konzept des handlungs- und produktionsorientierten Literaturunterrichts und die Erkenntnisse der Schreibdidaktik haben entscheidend zu einer inhaltlichen und methodischen Veränderung des Deutschunterrichts beigetragen, die die Erreichung der genannten Ziele möglich erscheinen lässt. Die Einbeziehung von Kinder- und Jugendliteratur in einen geöffneten Unterricht und Methoden, die eine individuelle und zugleich produktive, textangemessene und zugleich schülergerechte Auseinandersetzung mit dem Gelesenen anregen und fördern, sind die wesentlichen Kennzeichen des erfolgten Paradigmenwechsels. Die Schülerinnen und Schüler werden dabei als aktive Rezipienten und Subjekte ihres Lernens und Lesens ernst genommen und herausgefordert.

Das Lesetagebuch kann in diesem Zusammenhang als Methode angeboten werden, in der sich sowohl individuelles und gemeinsames Lesen als auch Lesen und Schreiben miteinander verbinden und die Aspekte der Öffnung und Lenkung des Lernens situativ angemessen mischen lassen. In der Bündelung von Aspekten lese- und literaturdidaktischer sowie schreibdidaktischer Konzeptionen ist das Lesetagebuch zudem als mögliches Bindeglied zwischen den entsprechenden Teilbereichen des Deutschunterrichts anzusehen. Zu beachten ist allerdings, dass die Verbindung von Lesen und Schreiben im Lesetagebuch ihre eigentliche Intention verfehlt, wenn die Eigendynamik des Schreibprozesses zu einer Dominanz des Schreibens gegenüber dem Lesen führt, sodass das Geschriebene wichtiger wird als das Gelesene.

2 Das Lesetagebuch –
vom Untersuchungsmittel zur Unterrichtsmethode

> *„Nichts gibt uns mehr Aufschluss über uns selbst, als wenn wir das, was vor einigen Jahren von uns ausgegangen ist, wieder vor uns sehen, sodass wir uns selbst nunmehr als Gegenstand betrachten können."*
> (Johann Wolfgang von Goethe)

Will man dem Lesetagebuch historisch auf die Spur kommen und darstellen, mit welchen Intentionen und in welchen Formen es zu welchen Zeiten im Rahmen der Leseforschung sowie der Lese- und Literaturdidaktik und -methodik eine Rolle gespielt hat, dann stellt sich heraus, dass das Lesetagebuch vom Beginn des 20. Jahrhunderts bis heute mit wechselnden Intentionen und infolgedessen auch in verschiedenartiger Weise eingesetzt worden ist. In der Jungleserforschung wird es als *Forschungsmethode* benutzt, im Deutschunterricht wird es im Hinblick auf literarische Erziehung als brauchbares *Mittel zum Aufbau erwünschter Lesegewohnheiten* und zur *Dokumentation der gelesenen Bücher* angesehen, außerdem wird ihm eine bleibende Wirkung bei der *Hinführung zum Lesen* und beim Verstehen von 'wertvoller' Literatur zugeschrieben; darüber hinaus soll das Schreiben eines solchen Tagebuchs die sprachliche Bildung, die Fähigkeit zur gezielten Informationsentnahme sowie die Rechtschreibung und Zeichensetzung fördern.

Bis heute ist diese – eher instrumentalisierende – Verwendung des Lesetagebuchs bisweilen immer noch festzustellen, obwohl in den 90er Jahren eine deutliche Verschiebung der Schwerpunktsetzung zu beobachten ist. Das Lesetagebuch wird heute zunehmend mehr als *Unterrichtsmethode* im Rahmen eines geöffneten, handlungs- und produktionsorientierte Verfahren einbeziehenden und auf Leseförderung ausgerichteten Deutschunterrichts eingesetzt.

2.1 Vorläufer des Lesetagebuchs in der Jungleserforschung

Zu Beginn des 20. Jahrhunderts gibt es im Zusammenhang mit älteren Konzeptualisierungen der Leseforschung durch Leserkunde und Jungleserforschung Versuche, Lesephasen- und/oder Lesealtertheorien zu entwickeln, in denen literarische Entwicklungsstufen unterschieden und beschrieben werden können, die an Ansätze einer vorwissenschaftlichen systematischen Darstellung von 'Entwicklungsstufen' und Typen jugendlicher Leser aus dem 18. und 19. Jahrhundert anknüpfen (vgl. Beinlich 1982, 52)[78]. Bei diesen Versuchen spielen auch Vorläufer des Lesetagebuchs eine Rolle.

---

[78] Besonders Campe und Wolgast unternehmen im 18. und 19 Jahrhundert erste Versuche, bestimmten Altersstufen entsprechende Leseinteressen und Textarten bzw. Buchgattungen zuzuordnen, und fordern eine entwicklungsgerechte Begleitung jugendlicher Leser durch eine adäquate Lektüre (vgl. Beinlich 1982, 53 ff).

Charlotte Bühler stützt sich z. B. in ihren Forschungen besonders auf biographische Quellen und begründet damit eine Theorie der Lesealter. Im Rahmen ihrer wissenschaftlichen Forschungen im Bereich der klassischen Entwicklungspsychologie ordnet sie bestimmten Phasen der kindlichen Entwicklung entsprechende literarische Interessen, Leseneigungen und Lesestoffe zu (vgl. Bühler 1929). Susanne Engelmann, eine Schülerin Charlotte Bühlers, greift diesen Ansatz auf und führt ihn weiter. Sie bezieht ebenfalls lesebiographisches Material, z. B. Tagebücher, mit ein, kennzeichnet aber die Lesealterstufen nicht mehr nach dem Lieblingsbuch der Kinder und Jugendlichen, sondern eher nach der bevorzugten literarischen Gattung (vgl. Beinlich 1982, 68f.).[79]

Elisabeth Lippert (später Schliebe-Lippert), eine weitere Schülerin Charlotte Bühlers, bezieht ihre Forschungsergebnisse vor allem aus autobiographischen Quellen. Sie lässt Jugendliche und Erwachsene ihre Lese- und Leserentwicklung beschreiben und gibt ihnen dazu Leitfragen an die Hand, die nicht nur auf die Dokumentation der gelesenen Bücher, sondern auch auf die Darstellung der jeweiligen Leseerlebnisse zielen (vgl. Lippert 1950, 52f.). Auf diese Weise entwickelt sie eine Stufen-Theorie, mit der sie versucht, den Entwicklungsverlauf der literarästhetischen Erlebnisfähigkeit als Teil der gesamten menschlichen Entwicklung zu betrachten (vgl. ebd., 56f.).

Interessant ist in diesem Zusammenhang der erfolgte wissenschaftsmethodische Wandel, der das menschliche Subjekt selbst, sozusagen den Menschen als Leser, in den Mittelpunkt der Forschung stellt, nachdem zuvor zumeist von erforschten Sachverhalten wie Lieblingsbüchern oder Lieblingsbuchgattungen Rückschlüsse auf die Leserinnen und Leser und ihre psychischen Dispositionen gezogen wurden (vgl. Wölfel 1961, 684).[80] Weil für das Feststellen des jeweiligen literarischen Entwicklungsstandes einer jungen Leserin oder eines jungen Lesers nicht mehr unbedingt die gelesenen Bücher einer bestimmten Buchgattung als aussagekräftig gelten, sondern die Art und Weise, *wie* das Gelesene individuell und alterstypisch erlebt wird, erhöht sich die Bedeutung des biographischen Materials, besonders derjenigen (Lese)Tagebücher, die entsprechende Eintragungen enthalten (vgl. Lippert 1950, 57).

---

[79] In späterer Zeit ist immer wieder darauf hingewiesen worden, dass diese Lesephasen, Lesestufen oder auch Lesealter sehr normativ verallgemeinerten, idealtypisch generalisierten, von einem sehr eingeengten Entwicklungs- und Literaturbegriff ausgingen sowie von einem bestimmten Kulturkreis und einer eng umrissenen historischen Epoche geprägt und deshalb in ihrer Gültigkeit stark zu relativieren seien (vgl. Beinlich 1961, 702; auch Beinlich 1982, 68ff; Groeben / Vorderer 1988, 60ff; Eggert / Garbe 1995, 27ff, Baumgärtner 1982a, 4f.; Klingberg 1973, 139).

[80] Ursula Wölfel nimmt eine Dreiteilung der bisherigen Forschungsarbeiten vor: 1. nach dem pädagogischen Aspekt (z. B. Wollgast, Otto, Weismantel), 2. nach den Ergebnissen der Jungleserstatistik (z. B. Rumpf, Linke, Bödecker), 3. nach der psychologischen Deutung der Leseerlebnisse (z. B. Bühler, Lippert, Bamberger) (vgl. Bamberger 1965², 26).

Nach 1960 werden vermehrt auch soziologisch orientierte Studien durchgeführt, die mit sozialwissenschaftlich-empirischen Forschungsmethoden auch soziale Faktoren (z. B. Familie, Bildungsniveau, Schichtzugehörigkeit, Buchbesitz usw.) in die Leserforschung einbeziehen.[81] Dadurch wird ein Problem der meisten auf entwicklungspsychologischen Ansätzen basierenden Konzeptualisierungen der Jungleserkunde relativiert, dass nämlich die Entwicklung der literarischen Rezeptionsfähigkeit als ein in der Natur des Menschen angelegter Prozess aufgefasst wird, der in bestimmten Phasen abläuft und von äußeren Faktoren allenfalls modifiziert werden kann (vgl. Baumgärtner 1982, 3). Das *Zusammenwirken verschiedener Wissenschaften* und die Auswertung sowohl diagnostischer, qualitativ orientierter Untersuchungen als auch statistischer, quantitativer Erhebungen kann die Aussicht auf stichhaltige Aussagen über das Leseverhalten und die beim Lesen ablaufenden Prozesse erhöhen (vgl. Baumgärtner, 1973, 176f.).[82]

2.2 Forschungen mit Hilfe des Lesetagebuchs

Neben vielen statistisch-quantitativen Untersuchungen zur Frage nach den Lieblingsbüchern von Kindern und Jugendlichen und nach dem Buchbesitz sowie verschiedenen 'Buchtiteltests' entwickeln sich in Weiterführung der Jungleserforschung Versuche, eine genauere Übersicht über die Leseentwicklung Heranwachsender zu erhalten und Lesestufen, Lesephasen, Entwicklungstendenzen, Leseantriebe verallgemeinernd zu beschreiben. Qualitative Untersuchungen und Analysen der Entwicklung einzelner junger Leser mit Hilfe systematischer und/oder gelegentlicher Leserbeobachtungen und Befragungen sowie der Analyse von Aufsätzen oder Tagebucheintragungen sollen über die Darstellung individueller Lesebahnen neue Erkenntnisse bringen (vgl. Beinlich 1961a, bes. 712f.).

Alexander Beinlich stellt in diesem Zusammenhang fest, dass es zwar sorgfältige statistisch-quantitative Untersuchungen über Lesewünsche und Lieblingsbücher aufgrund von direkten und indirekten Befragungen aus verschiedenen Altersstufen, Schulformen und Regionen gebe, dass aber auch ergänzende psychologisch-diagnostische Untersuchungen unerlässlich seien, wozu Tagebuchanalysen, Gespräche und die Dokumentation individueller Leseprozesse gehörten (vgl. ebd., 696). Alfred Clemens Baumgärtner erwähnt, dass die *Auswertung literarischer Selbstzeugnisse* für die Diagnose eine Menge hergebe, und nennt als mögliche Quellen Briefe, Tagebücher und autobiographische Darstellungen (vgl. Baumgärtner 1973, 179f.). Der Schwede Göte Klingberg hält ebenfalls Untersuchungen, die mittels der Anwendung der Lesetagebuch-Methode durchgeführt werden, für effektiv und aussagekräftig (vgl. Klingberg 1973, 143).

---

[81] Vgl. z. B. Rosenmayr u. a.1966, Hillmann 1974, Kirsch 1978 (zitiert auch bei Beinlich 1982, 82ff.).
[82] Zu den methodischen Fragen in der Jungleserforschung siehe u. a. Meier 1982.

Auch Richard Bamberger hat schon relativ früh die Einführung und Auswertung von Lesetagebüchern empfohlen (vgl. Bamberger u. a. 1977, 5f.). Er hat diese Methode erstmals in eigenen Schulklassen mit Erfolg angewendet und erprobt (vgl. Bamberger 1965, 29f.) und mit dem von ihm gegründeten Arbeitskreis für Untersuchungen ausgewertet (vgl. Bamberger o.J., 53). In diesem Zusammenhang geht er den Fragen nach: „Lassen sich Schüler durch Gespräche oder Selbstbeobachtung im 'Lesetagebuch' an das Nachdenken über die Lektüre gewöhnen? Macht ihnen diese Auseinandersetzung nach einiger Zeit Freude oder erweckt sie Unlust? Welche Unterschiede zeigen sich, wie lassen sie sich erklären?" (Bamberger 1965, 29). In den Lesetagebüchern werden über einen festgelegten Zeitraum alle Lesestoffe von den Lesern selbst festgehalten, darüber hinaus fertigen die Leser eine kurze Charakteristik des Buches an, schreiben charakteristische Stilproben heraus und notieren, wie ihnen das Buch gefallen hat. Jedes gelesene Buch wird mit Datum, Verfasser, Titel, Seitenzahl, Verlag und Erscheinungsjahr angeführt; weiter wird angegeben, woher man das Buch hat (z.B. eigenes Buch, Schulbibliothek usw.). Für die Angabe des subjektiv wertenden Eindrucks wird eine fünfstufige Notenskala vorgeschlagen (vgl. Bamberger o.J., 53, u. 1965, 29f.).[83]

Bamberger kommt zu dem Schluss, dass das Lesetagebuch, dessen äußere Anlage für ihn nicht entscheidend ist, wirklich an das Nachdenken und die Aussprache über das Buch gewöhnt. Er hofft, dass es in manchen Fällen gelingt, die Schüler zu veranlassen, das Lesetagebuch auch im späteren Leben weiterzuführen (vgl. Bamberger 1965, 30). Seiner Ansicht nach ist es „auch ein wirksames Mittel gegen die Lesesucht, die das Lesen zu einer Art Opiat, zu einem Ersatz für das eigene Denken macht. Leserkundlich wird es selbstverständlich erst im Verband mit anderen Methoden richtig ausgewertet werden können. Zunächst wird der interessierte Lehrer etwa jährlich eine statistische Übersicht machen, aus der sich folgende Einsicht ergibt: Gewisse Schüler geben gewissen Büchern annähernd die gleiche Note. Die Zusammenstellung ergibt Schülergruppen nach 'Lesertypen' oder auch ein 'Psychogramm' der Klasse. Dies kann dem Lehrer über das Lesen hinaus wertvolle Einblicke in die Ansprechbarkeit des Schülers geben" (ebd.).

Bamberger verbindet also seine Forschungsinteressen mit seiner Unterrichtstätigkeit. Er setzt das Lesetagebuch – so wie er es versteht – als Forschungsmethode ein, um Datenmaterial zur 'Leserkunde' zu sammeln und auszuwerten, und nutzt zugleich die motivationalen Möglichkeiten, die die Arbeit mit dem

---

[83] Bamberger fasst zusammen: „Ich hatte das Lesetagebuch durch viele Jahre in meinen Klassen eingeführt und habe gute Erfahrungen gemacht. Wenn die Schüler einmal daran gewöhnt sind, jedes gelesene Buch einzutragen, und wenn sie dann eine große Zahl von Büchern hier versammelt finden, so erwachsen geradezu Sammelleidenschaft und Wetteifer. Das Lesetagebuch regt also auch zum Lesen an. Ich wählte den Ausdruck 'Tagebuch', weil ich den Schülern sage, dass dies ihr eigenes Buch sei, in dem sie mit dem Schriftsteller Zwiesprache halten" (Bamberger 1965, 29).

Lesetagebuch für die Schülerinnen und Schüler bietet. Den Lehrerinnen und Lehrern empfiehlt er ebenso zu verfahren und beim Einsatz des Lesetagebuchs beide Intentionen zu verfolgen.[84] 1973 leitet Bamberger in Österreich das Forschungsprojekt 'Die Lesesituation der Zehnjährigen', in dem das Leseverhalten, die Leseleistung und die Leseinteressen von Kindern nach soziologischen, pädagogischen und psychologischen Gesichtspunkten untersucht werden (vgl. Bamberger 1977, 9). Neben Tests und Fragebögen wird der sog. 'Leserpass' eingeführt, in den die Kinder – ähnlich wie bei einem Lesetagebuch – ihre gesamte Lektüre während eines Jahres eintragen, d. h. sowohl die Freizeitlektüre als auch die Schullektüre; außerdem nehmen sie jeweils kurz Stellung zu den einzelnen gelesenen Texten, wobei die Bewertung wiederum mit einer Notenskala von 1–5 angedeutet wird. Dieser in Österreich entwickelte 'Leserpass' hat auch international Beachtung gefunden und wurde in zahlreichen Publikationen zur Nachahmung empfohlen (vgl. ebd., 19).

Der Auffassung, dass es zur Feststellung der individuellen Leseneigungen kaum ein besseres Mittel gebe, als die Lektüre eines Kindes zu verfolgen und herauszufinden, welche Bücher ihm besonders gefallen (vgl. ebd., 87f.), schließen sich später auch Norbert Groeben und Peter Vorderer an, wenn sie feststellen, dass allgemeine Tagebücher wegen der möglichen, im Nachhinein nicht mehr erkennbaren Verzerrungen und Selektionen keine sichere Quelle systematischer Selbstbeobachtung seien, dass die Systematik einer solchen Selbstbeobachtung aber deutlich heraufgesetzt werden könne, wenn man ein spezielles Lesetagebuch führen lasse (vgl. Groeben / Vorderer 1988, 22)[85]. Zur Auswertung der Lesetagebücher bzw. der Leserpässe müsse man sich einer Inhaltsanalyse bedienen, bei der zunächst Inhaltskategorien abgeleitet werden müssten, die eine Kategorisierung der unterschiedlichen Aussagen und eine verallgemeinerbare Auswertung erlauben. Im Blick auf gegenwärtige Forschungsrichtungen weisen sie im

---

[84] Aus heutiger Sicht ist allerdings sein Hinweis fragwürdig, das Lesetagebuch sei auch ein wirksames 'Mittel gegen die Lesesucht', weil es mit Hilfe von Selbstbeobachtung und Protokollierung der eigenen Lesegewohnheiten das gedankenlose Viellesen bewusst mache und verhindern helfe. Dies ist wohl aus der damaligen Zeit zu erklären, in der die Leseförderung nicht vorrangig als Motivierung zum Lesen überhaupt verstanden wird, sondern als Hinführung zum Lesen 'guter', 'wertvoller' Literatur und zum gleichzeitigen Verzicht auf 'minderwertige' Bücher. Mit anderen Worten: Es geht um „Bildungslesen" (ebd., 690) anhand eines entsprechenden persönlichen Leseplans mit dem Ziel einer „Geschmacksbildung durch Gewöhnung" (ebd., 240). Die Frage, ob es denn auch ein Süchtigsein nach 'wertvoller' Literatur gebe und wie dies zu bewerten sei, wird nicht gestellt. Hans Bödecker hat zusammen mit Studenten der Universität Hannover den Ansatz Bambergers aufgegriffen und modifiziert. Er lässt bereits Anfang der 60er Jahre Kinder Lesetagebücher führen, begleitet sie dabei länger als ein Jahr durch Interviews und erhält auf diese Weise nicht nur punktuelle, sondern auch Langzeitergebnisse. In die Lesetagebücher tragen die Schüler alle von ihnen gelesenen Bücher während eines vorgegebenen Zeitraums vollständig mit Datum, Buchtitel, Verfasser und Leseurteil, letzteres in einer Note ausgedrückt, ein. Über dieses Verfahren wird versucht, durch die intensive Beobachtung der Leseentwicklung einzelner Kinder differenzierte Angaben über ihre Leseantriebe und Leseerlebnisse zu erhalten (vgl. dazu Bödecker 1962).

[85] Vgl. dazu auch Lisch / Kriz 1978; Merten 1983; Vorderer / Groeben 1988.

Anschluss daran darauf hin, dass dies jedoch, wenn es in adäquater Form durchgeführt werde, eine relativ aufwändige Aufarbeitung der Daten bedeute, an die sich noch die übliche statistische Auswertung anschließen müsse. Wegen dieser erheblichen Arbeitsbelastung für die Forschenden und die Erforschten sei es nicht verwunderlich, dass Verfahren wie das Führen eines Lesetagebuchs oder Lesepasses in der Forschungspraxis heute leider nur selten angewandt würden (vgl. ebd., 23).[86]

Zusammenfassend lässt sich festhalten, dass das Lesetagebuch – vorwiegend als Protokollierung und Bewertung der gelesenen Bücher und als Sammlung der Leseeindrücke verstanden – zunächst als Forschungsmittel eingesetzt worden ist, um aussagekräftige Erkenntnisse über das Leseverhalten von Kindern und Jugendlichen zu erhalten. Die Anwender dieses Mittels sind überzeugt, dass mit Hilfe des Lesetagebuchs als einer Variante des allgemeinen Tagebuchs genaue und systematische Erkenntnisse über die Leseentwicklung und die Leseprozesse jugendlicher Leserinnen und Leser zu erhalten sind. Da die Schreiber von Lesetagebüchern eigens zur Erstellung dieser Tagebuchform angeregt und angeleitet werden, liefern sie der Forschung Material, das über die spontan geschriebenen allgemeinen Tagebücher hinausgeht und deshalb gezielteres Forschen ermöglicht. Die Ergebnisse dieser Grundlagenforschung der Leserkunde sollen sowohl eine Didaktik der literarischen Erziehung stützen als auch Lehrerinnen und Lehrern Kenntnisse über die Lesegewohnheiten ihrer Schülerinnen und Schüler vermitteln sowie für eine Zusammenstellung von Empfehlungslisten 'wertvoller' Bücher dienlich sein.

2.3 Lesetagebücher im Deutschunterricht

In den 60-er Jahren beginnt eine Entwicklung, in der das Lesetagebuch zunehmend für den Deutschunterricht entdeckt wird. Das Ziel, dem es zu- und untergeordnet wird, ist die literarische Erziehung der Schülerinnen und Schüler. Die auf dieses Ziel hingeordnete Funktion des Lesetagebuchs ist zunächst wiederum die Dokumentation der privat gelesenen Bücher, und zwar mit der Intention, das private Lesen zu initiieren und zu fördern, den Schülerinnen und Schülern das Interesse der Lehrkräfte für ihr Freizeitlesen zu signalisieren, die Auswahl geeigneter 'guter' Bücher zu lenken und die Anzahl der gelesenen Bücher zu steigern. Entsprechende Dokumentationen liegen aus dem Grundschulbereich und dem gymnasialen Bereich vor. Dies ist wohl nicht zufällig, da die literarische Erziehung als Ziel des Deutschunterrichts seinerzeit hauptsächlich an diesen beiden Schulformen ausgeprägt ist.

---

[86] Eine Studie, die diesen Aufwand nicht scheut, ist in der als Dissertation vorgelegten Arbeit von Andrea Bertschi-Kaufmann dokumentiert (Bertschi-Kaufmann 2000; vgl. Kap. 2.3.2.3). Auch in der Dissertation von Corinna Pette, in der es um die Untersuchung von Lesestrategien Erwachsener zur subjektiven Aneignung eines Romans geht, wird das Lesetagebuch – neben anderen Methoden – als Forschungsinstrument eingesetzt (vgl. Pette 2001).

Später, als das private Lesen abnimmt und das Bücherlesen nicht mehr zu den selbstverständlichen Freizeitbeschäftigungen gehört, verändern sich die auf das Lesen bezogenen Zielsetzungen des Deutschunterrichts und auch die dem Lesetagebuch zugewiesene Sinngebung. Es geht nicht mehr nur um die Auflistung gelesener Bücher, sondern vorrangig um die Hinführung zum Lesen überhaupt, um die Anbahnung einer Lesemotivation und um Leseförderung. Kinder- und Jugendbücher werden zunehmend mehr in den Unterricht einbezogen und das Lesetagebuch wird in allen Schulformen zur willkommenen Methode der Auseinandersetzung mit den gelesenen Büchern.

2.3.1 Das Lesetagebuch als Mittel zur Dokumentation gelesener Bücher und zur Auseinandersetzung mit ihnen

Bereits 1965 gibt es von Richard Bamberger im Zusammenhang mit seinen Forschungen zum Leseverhalten von Kindern und Jugendlichen den Hinweis, dass das Lesetagebuch nicht nur als Forschungsinstrument, sondern auch als wesentliches Hilfsmittel der Literaturerziehung in der Schule anzusehen sei (vgl. Bamberger 1965, 29). Schon der 1963 veröffentlichte, von Bamberger entscheidend mitgeprägte 'Neue österreichische Lehrplan zum Leseunterricht und zur Literaturerziehung' verweist mehrfach auf die Arbeit mit dem Lesetagebuch (vgl. ebd., 584 ff.). Diese Ansätze werden von anderen in unterschiedlicher Weise aufgegriffen.

2.3.1.1 Erfahrungen mit Lesetagebüchern im Rahmen der literarischen Erziehung

Im Jahre 1967 veröffentlicht Karl Heinz Klimmer in der Zeitschrift 'Das gute Jugendbuch' einen Aufsatz, in dem er unter dem Titel „Das Jugendbuch im Unterricht der Höheren Schule" (Klimmer 1967) seine Erfahrungen mit Lesetagebüchern beschreibt. Eingesetzt hat er das Lesetagebuch in einer siebten Gymnasialklasse, einer reinen Jungenklasse; die Arbeit mit Lesetagebüchern ist aber seiner Meinung nach ohne Schwierigkeiten auch im Deutschunterricht anderer Klassen und Schulformen zu verwirklichen.

In ihrem Lesetagebuch sollen die Schülerinnen und Schüler alle privat gelesenen Bücher dokumentieren. Weil sie wissen, dass eine Benotung der Tagebücher vorgesehen ist, kann er allerdings nicht ausschließen, dass es manchen bei der Dokumentation ihrer literarischen Interessen – vorrangig oder wenigstens zum Teil – um eine Verbesserung ihrer Deutschnote geht, wodurch die objektive Aussagekraft der Tagebücher relativiert wird (vgl. ebd., 4).

Bei der Einführung des Lesetagebuchs erarbeitet er mit den Schülerinnen und Schülern zunächst Gesichtspunkte dafür, was man im Lesetagebuch alles über ein Buch schreiben kann, die dann als 'Arbeitsgrundlagen' und 'Richtlinien' formuliert und verbindlich vorgegeben werden.

> „1. Tag der Eintragung, Datum der Lektüre, Verfasser, Verlag; 2. Eine kritische Stellungnahme zu dem Text (Handlung, Thema, Sprache; lehrhaft, alt oder modern; Fehler); 3. Die Aufmachung des Buches (Titelbild, Bebilderung, Druck); 4. Man kann eine Inhaltsangabe machen; 5. Man kann gute Stellen herausschreiben; 6. Ein Kapitel nacherzählen; 7. Man kann selbst Bilder zu dem Text malen; 8. Zu welchem Unterrichtsfach oder Thema kann das Buch beitragen?; 9. Würdest du dem Buch einen Preis geben, es empfehlen oder ablehnen?; 10. Manchmal genügt auch eine kurze Notiz" (ebd., 2).

Klimmer geht es – wie schon Bamberger – nicht darum, die Schülerinnen und Schüler auf ein formvollendetes Tagebuch hin zu trainieren[87]; vielmehr will er mit dem Lesetagebuch „ein brauchbares Mittel zur literarischen Erziehung sinnvoll und mit Erfolg gebrauchen" (ebd., 3). Anhand einzelner Schülerbeispiele begründet er seine Einschätzung, dass junge Leser ohne schriftliche Auseinandersetzung mit ihren Lektüren nicht zu scharfen Beobachtern und gründlichen Lesern werden und es kaum lernen könnten, ihre Gedanken über Bücher klar zu formulieren, ohne dies in einem Lesetagebuch geübt zu haben (vgl. ebd.).

Im Jahre 1974 veröffentlicht Klimmer erneut zwei Aufsätze zum Lesetagebuch und benennt die Ziele, deren Erreichung das Lesetagebuch ermöglicht und unterstützt, mit „Hinführung zum Buch", „aus Schülern Leser machen", „zum Lesen verlocken", „Ausbildung von ästhetischer Sensibilität" und „Fähigkeit zu reflektierter Rezeption von Literatur" (Klimmer 1974a, 12). Der Kriterienkatalog für die Arbeit mit dem Lesetagebuch wird erweitert, zum Beispiel mit dem Vorschlag, die Grenzen literarästhetischer Erziehung zu überschreiten und sprachliche Bildung, Rechtschreibung und Zeichensetzung einzubeziehen. Da die Schüler nicht zu allen gelesenen Büchern die entsprechenden Gesichtspunkte im Lesetagebuch bearbeiten können, schlägt Klimmer vor, etwa fünf ausführliche Buchbesprechungen pro Schuljahr zu verlangen und die anderen Bücher nur mit Kurzeintragungen zu notieren (vgl. ebd., 15).[88]

---

[87] Klimmer erläutert allerdings nicht, was er unter einem formvollendeten Tagebuch versteht.
[88] Klimmer setzt das Lesetagebuch auch in einer Gymnasialklasse ein, in der eine Wochenstunde Deutsch zu wenig erteilt wird und deshalb als Ersatz ein Lesetagebuch geführt werden soll. Die Schüler, zwölf Jungen und vierzehn Mädchen, sollen bis zum Ende des Schuljahres mindestens zehn Bücher gelesen haben, für deren Auswahl es als Anregung eine Leseliste gibt; alle darin enthaltenen Bücher sind in der Schülerbücherei erhältlich. Über fünf der gelesenen Bücher sollen die Schülerinnen und Schüler in einer sogenannten ausführlichen Haupteintragung im Lesetagebuch berichten. Darüber hinaus „sind möglichst viele Nebeneintragungen erwünscht, die den Charakter des Lesetagebuchs ausmachen und den Schüler an ständige Auseinandersetzungen mit dem Gelesenen gewöhnen" (Klimmer 1974b, 88f.). Außerdem wird „großer Wert ... auf Kurzeintragungen gelegt, in denen jeweils auf ein Problem, eine Person, eine sprachliche Erscheinung, auf

Klimmer resümiert, dass die obligatorischen Eintragungen von den meisten Schülern übertroffen werden, was für ihn den Erfolg des Lesetagebuchs bestätigt. Für viele sei das ständige Führen eines Lesetagebuchs aber auch eine Überforderung, denn es fehle ihnen die Zeit – und wohl auch die Lust – und einigen sei es „unbequem, beim Lesen schon ans Schreiben denken zu müssen, vor allem, wenn das Schreiben einem ohnehin verhasst ist, weil es einem schwer fällt" (Klimmer 1974b, 95). Die Konsequenz aus solchen Erfahrungen ist für ihn, dass das Lesetagebuch, wenn es seine Aufgabe auf dem Bildungsweg junger Menschen erfüllen solle, von den Schreibern bejaht werden müsse. Da jeder Leser von Jugendbüchern auch lernen solle, eine kritische Stellungnahme zum Gelesenen zu begründen, könne er sich im Lesetagebuch mit den Problemen seiner Lektüre auseinandersetzen und werde in die Lage versetzt, selber zu entscheiden, wo Ansätze zu kreativen Aufgaben gegeben sind (vgl. Klimmer 1977, 60).[89]

2.3.1.2 Förderung und Intensivierung des privaten und schulischen Lesens mit Hilfe des Lesetagebuchs

Ab Mitte der 70er Jahre, als die Lesebegeisterung der Kinder und Jugendlichen mehr und mehr zugunsten des Fernsehens und anderer elektronischer Medien nachzulassen beginnt, häufen sich die Empfehlungen zum Einsatz des Lesetagebuchs im Deutschunterricht aller Schulformen. Den Didaktikern geht es darum, die Schülerinnen und Schüler mit Hilfe dieser Methode zum Lesen zu motivieren und ihnen eine individuelle und altersgemäße Auseinandersetzung mit den gelesenen Büchern anzubieten. 1975 berichtet Hiltrud Priebe über ein fächerübergreifendes Projekt mit dem Titel „Planungsaufgabe 'Grundschulbibliothek'". Es geht darum, die Schulbibliothek bzw. Schülerbücherei in die Lehr- und Lernprozesse des Deutschunterrichts einzubeziehen, um bestimmte Zielsetzungen

---

einen Vergleich, eine besondere Stelle usw. eingegangen werden kann ('Was mir beim Lesen auffällt'). Dies soll ein Anstoß sein, das Lesetagebuch weniger als Berichtsheft zu benutzen, sondern es mehr und mehr zum ständigen Begleiter des Lesers zu machen" (ebd., 95).

[89] Eine Art Lesetagebuch wird von Klimmer später auch begleitend zum Lesen von Unterrichtslektüren eingesetzt. Er berichtet dazu: „Bei der Behandlung einer Ganzschrift wurde von den Schülern ein Begleitheft geführt. Es hat die Größe des Taschenbuches und kann in dieses eingelegt werden, ist immer zur Hand und bleibt auch nach der Unterrichtsbehandlung kommentierender Teil des Buches. Es enthält alle Aufgaben, Unterrichtsmethoden und -ergebnisse: Gliederungen, Statistiken, sprachliche Untersuchungen, Fragen über Formprobleme, (Gruppen-)Protokolle, Aufsatzübungen, Skizzen, kreative Arbeiten" (ebd., 65). Die Arbeit mit solchen Begleitheften ergab: „Mehr Übersicht, Einteilung, Gliederung, Gebrauch von Farben, besonders bei den Mädchen der Klasse. Sie brachten es zu einprägsamen Ergebnissen, die eine Beziehung vermuten lassen zwischen handwerklichen Fähigkeiten und besserem Verstehen von Literatur" (ebd., 65f.).
Bemerkenswert ist, dass hier im Zusammenhang mit dem Lesetagebuch als 'literarischer Übungsstätte' ein erweiterter Literaturbegriff angedeutet wird. Klimmer sieht nämlich das Buch nicht mehr als ausschließliches Medium an, sondern bezieht in seinen Hinweisen für Schülerinnen und Schüler auch andere mediale Aspekte (z.B. Radio- und Fernsehsendungen, Filme, Ausstellungen, Lesewettbewerbe, Autorenlesungen) ein.

der Rahmenrichtlinien und Lehrpläne stärker zu berücksichtigen, z. B. „Wecken und Steigern der Lesefreude und Hinführung zum guten Buch" und „Erwerb der Fähigkeiten zum selbstständigen Gebrauch von Klassen- und Schulbüchereien und zu einer intensiven Eigenlektüre" (vgl. Priebe 1975, 383). Eine entsprechende Leseerziehung, die nicht nur auf Lesefertigkeit, sondern vor allem und von Anfang an auf die Hinführung zum Buch abziele, müsse bereits im ersten Schuljahr beginnen. In diesem Zusammenhang stellt Priebe zum „Aufbau altersstufengemäßer Lesemotivation durch differenzierte literaturpädagogische Arbeit" einen Lektüreplan für „Bücherstunden in der Grundschule" auf und nennt als darauf hingeordnete, geeignete Methode die „Führung eines Lesetagebuchs oder eines Leseheftes" zur „Beobachtung der fortschreitenden Leseleistung" sowie zum „Festhalten individueller Leseinteressen" (ebd., 384f.).

1978 schreiben Kurt Franz und Bernhard Meier in ihrem Buch „Was Kinder alles lesen: Kinder- und Jugendliteratur im Unterricht" (Franz / Meier 1978) über didaktische und methodische Überlegungen zur Buchlektüre und nennen darin das Lesetagebuch „eine gehobene Möglichkeit, über die eigene Freizeitlektüre zu reflektieren" (ebd., 81). 1984 veröffentlicht Gerhard Haas ein Unterrichtsmodell in der Zeitschrift 'Praxis Deutsch' zum Thema „Texte nach Büchern verfassen" (Haas 1984b). Hier beschreibt er, wie Leser eine Lektüre zum Anlass nehmen können für eine Kommunikation mit sich selbst und wie es möglich ist, „den literarischen Text mit einem eigenen Text zu begleiten oder auf ihn mit einem kritischen Text zu antworten, um nicht in passivem Konsum und in Sprachlosigkeit zu versinken" (ebd., 49). Für beides schreibt er dem Lesetagebuch eine wichtige Funktion zu.

Für das Erstellen des Lesetagebuchs gibt Haas folgende Gliederung vor:

> „ Mein Buch trägt den Titel:
> Geschrieben hat es:
> Warum ich mir das Buch ausgesucht habe:
> Die Hauptfigur heißt:
> Sie ist mir sympathisch / nicht sympathisch, weil:
> Was in der Geschichte passiert:
> Das lustigste Ereignis / Das spannendste Ereignis / Das traurigste Ereignis:
> Das Buch hat mir gefallen / hat mir nicht gefallen, weil: …" (ebd.)

Den Einwand, dass diese zum Schreiben anregenden Formulierungen möglicherweise relativ stereotyp seien, entkräftet Haas mit dem Hinweis, dass leseungeübte Schüler solche Hilfestellungen benötigten, um sich überhaupt äußern zu können (vgl. ebd., 50).[90]

Alfred Clemens Baumgärtner und Oswald Watzke unterscheiden in einer „Reihe ausgewählter Verfahrensweisen zur Förderung und Intensivierung der Privatlektüre" von Schülern „Möglichkeiten unmittelbarer Leseförderung" und „Möglichkeiten mittelbarer Leseförderung" (Baumgärtner / Watzke 1985, 31). Zu den letzteren zählen sie neben dem Bücherschaukasten auch die so genannte Literaturmappe und das Lesetagebuch, das für sie „am besten aus einem umfangreicheren Heft oder einem Taschenbuch (besteht), in dem der Schüler gewissermaßen Buch über seine Lektüre führt, einschließlich seiner Reaktionen auf sie, positive wie negative. Dies kann eine wachsende Bewusstwerdung der Leseprozesse, ihrer Motivationen und Ergebnisse zur Folge haben und kann von der Reflexion des eigenen Leseverhaltens her einen Beitrag zur Selbstreflexion des Lesers leisten. Es versteht sich, dass weder die individuell gestaltete Literaturmappe, noch das Lesetagebuch Gegenstände des Kontrolliert- und Zensiertwerdens sind. Der Lehrer kann nur dazu anregen, kann zur Fortsetzung ermuntern und nimmt lediglich dann Einblick, wenn der Schüler es wünscht, was aber – jedenfalls auf manchen Altersstufen – häufiger geschieht, als gewöhnlich vermutet wird" (ebd., 33).

Helga Neumann stellt in ihrem Beitrag „Leseerziehung durch Individuallektüre – Beispiel ‚Lesetagebuch'" (Neumann 1988) dar, wie wichtig es ist, neben Klassen- und Gruppenlektüren mit freizeitbestimmtem Lesestoff das Hauptaugenmerk auf eine individuelle Leseerziehung der Schülerinnen und Schüler zu richten. Sie fragt nach den unterrichtlichen Umsetzungsmöglichkeiten des Vorschlags, die Schüler ein Lesetagebuch oder einen Lesepass führen zu lassen, und spricht sich nach eigenen Unterrichtserfahrungen dafür aus, das Lesetagebuch besonders bei zehn- bis zwölfjährigen Schülern einzusetzen, weil ihrer Meinung nach in dieser Altersstufe die Leseintensität besonders hoch sei und zudem die Grundlage für eine lebenslange Lesebereitschaft gelegt werde (vgl. ebd., 28).

Neben der Notwendigkeit, Schülern in regelmäßigen Abständen Gelegenheit zu geben, im Unterricht über ihre privaten Leseerlebnisse zu berichten, sich gegenseitig Spannungshöhepunkte vorzulesen und Buchkritiken zu begründen, hält Neumann es für sinnvoll, dass der Lehrer alle „Lesetagebücher einsammelt und

---

[90] Aus dem dargestellten Modell geht nicht eindeutig hervor, ob und inwieweit das Lesen und Tagebuchschreiben im Unterricht selbst oder zu Hause stattfinden soll. Eindeutig ist aber, dass es hier nicht mehr um das Sammeln der Privatlektüren geht, sondern um das angeleitete und vom Lesetagebuch begleitete Lesen eines im Unterricht von einem Büchertisch ausgewählten Buches. Bei Haas findet sich in anderem Zusammenhang der Hinweis, dass das Lesetagebuch nicht unbedingt von einzelnen Schülerinnen und Schülern angefertigt werden muss, sondern auch gemeinsam von einer ganzen Klasse in Form eines Arbeitsprotokolls erstellt werden kann (vgl. Haas 1998a, 730).

die Eintragungen der Schüler mit aufmunternden Kommentierungen versieht, die die Lesehaltung verstärken dürften. Es versteht sich von selbst, dass dafür ein Rotstift nicht benutzt wird, noch dürfen Rechtschreibe- oder gar Zeichensetzungsfehler angestrichen werden" (ebd., 31). Neben der Förderung des außerschulischen Lesens gestatte dieses Verfahren vor allem den zurückhaltenden und leistungsschwächeren Schülern sich zu artikulieren und darzustellen. Das Experiment 'Lesetagebuch' könne aber nur dann gelingen, wenn zwei Vorbedingungen erfüllt seien: „Der Lehrer muss von der Notwendigkeit einer freizeitorientierten Leseerziehung überzeugt und bereit sein, den Unterricht diesem Ziel zu öffnen" (ebd.).

Oswald Watzke und Hans Statt bezeichnen in ihren Überlegungen und Hinweisen zum Thema „Die Literaturmappe im Unterricht der Hauptschule" (Watzke / Statt 1989) diejenigen Medien, die die Schüler selbst herstellen können, als besonders wertvoll für den Literaturunterricht. Sie erwähnen als Beispiele Kartei- und Empfehlungskarten, Lese- und Literaturmappen, Gedichthefte sowie Lesetagebücher und Lesetagebuchkarten. Im Unterschied zum Leseheft, das im Wesentlichen im schulischen Leseunterricht entstehe, und zum Literaturheft, in das gesammelte und/oder gestaltete, d. h. mit zeichnerischen Ausschmückungen versehene Geschichten, Gedichte, Bilder aus Zeitungen und Zeitschriften, Autoreninformationen und selbst geschriebene Texte gehörten, schlage sich im Lesetagebuch die gesamte Privatlektüre der Schüler nieder. Die Schüler sollen Buch führen über ihre Freizeitlektüre, um sich der eigenen Leseprozesse bewusster zu werden und zu einem reflektierten Leseverhalten zu gelangen (vgl. ebd., 19).

Michael Sahr und Monika Born weisen darauf hin, dass mit Hilfe des Lesetagebuchs eine besonders intensive Verbindung zwischen dem Freizeitlesen und dem Lesen in der Schule geschaffen werden kann (vgl. Sahr / Born 1985 und 1998). Die überarbeitete Auflage ihres Buches aus dem Jahr 1998 unterscheidet sich dabei in einigen, aufgrund von Erfahrungen gekürzten, erweiterten oder veränderten Textstellen von der Erstausgabe aus dem Jahr 1985. Das Lesetagebuch „soll Kindern Gelegenheit geben, ihre Erfahrungen mit Büchern (1998 hinzugefügt: im Privatbereich) festzuhalten (1998 hinzugefügt: und anderen Kindern dadurch Anregungen zu geben)" (1985, 43 und 1998, 63f.). Zugleich sollen die Lehrer hoffen können, mit dem Lesetagebuch „zusätzliche Lesemotivationen zu schaffen, intensivere Leseerlebnisse zu ermöglichen, zu einem reflektierteren Lesen anzuleiten, zu argumentativer Beurteilung von Büchern hinzuführen" (1998, 64). 1985 ist außerdem noch das anspruchsvolle Ziel formuliert, „erste Fähigkeiten des Bibliographierens anzubahnen" (1985, 43).[91]

---
[91] Sicherlich geht es den Autoren vor allem um die Arbeit in der Grundschule, in der andere Notwendigkeiten zu beachten sind als in der Sekundarstufe, jedoch wird deutlich, dass hier auch der kommunikative Aspekt (die Mitschüler über gelesene Bücher zu informieren) betont wird. Es wird

Auch Malte Dahrendorf bezieht in sein Plädoyer für so genannte freie Lesestunden, die er in der Schule für wichtig hält, das Lesetagebuch ein und empfiehlt, es den Schülerinnen und Schülern zur freien Gestaltung zu überlassen, nachdem zuvor Möglichkeiten des sinnvollen Gebrauchs mit ihnen besprochen worden seien. Eine Kontrolle durch den Lehrer sei nur dann sinnvoll, wenn sie von den Schülerinnen und Schülern gewünscht werde. Seine Vorschläge für die Eintragungen im Lesetagebuch sind: „mindestens Datum (Zeitraum), Titel und Verfasser, Eindruck / Meinung in Form einer Note. Ausführlichere Form: Was hat gefallen, was nicht, was wurde schwierig, was als leicht empfunden. Wurde das Buch ganz durchgelesen, wurden Teile übersprungen oder die Lektüre abgebrochen und warum? Es kann ein Satz, der gefallen hat und/oder für das Buch wichtig war, eingetragen, ein Bildchen dazu gemalt werden" (Dahrendorf 1996, 32).

2.3.2 Das Lesetagebuch als Methode im Umgang mit Kinder- und Jugendliteratur im Deutschunterricht

Als Folge des fachdidaktischen Konsenses, dass die Hinführung zum Lesen von Kinder- und Jugendliteratur und die Auseinandersetzung mit ihr – vor allem unter Einbeziehung handlungs- und produktionsorientierter Verfahren – als wichtige Bestandteile in den Deutschunterricht zu integrieren seien, gibt es Ende der 80-er Jahre zahlreiche weiterführende Überlegungen im Hinblick auf eine mögliche methodische Realisierung dieser Zielsetzung. Die Schwierigkeiten, die das Lesen ganzer Bücher im Unterricht vielfach mit sich bringt, werden zwar erkannt, aber für überwindbar gehalten. Sie werden zum einen auf eher äußerlich-organisatorische Probleme zurückgeführt, die z. B. in der Buchbeschaffung und/oder -auswahl und in der vermeintlich fehlenden Unterrichtszeit liegen können, und zum anderen mit Defiziten im Hinblick auf die Möglichkeiten der unterrichtlichen Erschließung begründet, z. B. auf den Mangel an methodischen Ideen, die für eine befriedigende Beantwortung der Frage 'Was mache ich mit dem Buch außer Lesen?' erforderlich sind.

In zahlreichen Veröffentlichungen finden sich in der Folgezeit unterschiedliche unterrichtsmethodische Empfehlungen sowohl allgemeiner wie auch konkreter Art für den Umgang mit Kinder- und Jugendliteratur im Unterricht, in denen auch das Lesetagebuch als geeignete Methode entfaltet bzw. wenigstens erwähnt wird. Übereinstimmend wird empfohlen, Kinder- und Jugendbücher bewusst als

---

über die Begeisterung der Kinder berichtet, deren Lehrer die Anregung zum Führen eines Lesetagebuchs aufgenommen haben, und über Möglichkeiten der Differenzierung. Als günstig habe es sich erwiesen, dass die Kinder zwei Eintragungen pro Halbjahr in ihr Lesetagebuch machten und das Tagebuch in regelmäßigen Abständen mit in die Schule brächten und untereinander austauschten (vgl. 1985, 46 und 1998, 67). Im Hinblick auf die Rolle des Lehrers im Zusammenhang mit der Arbeit an Lesetagebüchern wird für richtig gehalten, dass dieser die „Eintragungen lesen und behutsam korrigieren, vielleicht einen Brief an das Kind dazulegen und zu den Leseaktivitäten und Eintragungen Stellung nehmen" sollte (1998, 67).

Unterrichtsgegenstand einzusetzen und das Lesetagebuch als Methode zur Auseinandersetzung mit den im Unterricht gelesenen Büchern bzw. 'Ganzschriften' zu nutzen.

Solche Hinweise finden sich ebenfalls in Lehrer-Informationen und Unterrichtsvorschlägen zu Kinder- und Jugendbüchern, die von einzelnen Verlagen zu den Umgangsmöglichkeiten mit Klassenlektüren herausgegeben werden.[92] Zunehmend häufiger gibt es seit dieser Zeit auch Anregungen zur Arbeit mit dem Lesetagebuch in verschiedenen Schulbüchern, fachdidaktischen Zeitschriften und Arbeitsmaterialien für den Deutschunterricht.[93]

---

[92] So ist beispielsweise in den „Informationen und Vorschlägen zur Unterrichtsgestaltung" zum Buch „E.T.A. Hoffmann: Klein Zaches genannt Zinnober" (rotfuchs 739) das Lesetagebuch im Sinne einer „Spurensuche" vorgeschlagen (vgl. Röbbelen 1995) oder zum Buch „Der Einsatz" von Harald Tondern als Form, die Lektüre zu begleiten mit verschiedenen Fragen und Aufgaben zu den einzelnen Kapiteln (vgl. Röbbelen 1996). Ebenso findet man den Vorschlag im Zusammenhang der Unterrichtsvorschläge zu „Die Fliegen des Beelzebub" von Ralf Thenior (vgl. Röbbelen 1999). Immer wieder erwähnt und angeregt wird die Arbeit mit dem Lesetagebuch auch in der vom Hamburger Amt für Schule herausgegebenen Broschüre „Hamburger Titel. Romane für den Unterricht". Einen weiteren Unterrichtsvorschlag, der sich sehr ausführlich mit der Lesetagebucharbeit befasst, gibt es zu dem dtv-Taschenbuch Nr. 70144 „Mit Jeans in die Steinzeit" von Wolfgang Kuhn (Linke / Tatz 1991). Hinzuweisen ist hier auch auf die neue Reihe „Freiraum Lesetagebuch" (Schroedel-Verlag 2001, hg. von Ingrid Hintz) mit Lesebegleitheften zu mehreren Jugendbüchern (z. B. zu „Und wenn ich zurückhaue" von Elisabeth Zöller, „Insel der blauen Delphine" von Scott O'Dell, „Mit Klara sind wir sechs" von Peter Härtling, „... und dann kam Joselle" von Kevin Henkes und „Vorstadtkrokodile" von Max von der Grün).

[93] Die Verfasser des integrativen Lehrwerks „wortstark", zu denen ich gehöre, empfehlen z. B. für die Sekundarstufe I das Lesetagebuch als Methode bei der Arbeit mit Kinder- und Jugendliteratur in einem geöffneten Unterricht. In den Bänden 5, 7 und 10 sind konkrete Ideen für Inhalt und Gestaltung enthalten (vgl. wortstark 5, 13; wortstark 7, 13; wortstark 10, 14 f. und die entsprechenden Lehrermaterialien, Schroedel-Verlag, Hannover 1996–2001). Auch in der Neubearbeitung des Lesebuchs „Treffpunkte", an der ich mitarbeite, wird das Lesetagebuch als Methode empfohlen und ausführlich, auch mit Beispielen, erläutert (vgl. z. B. Treffpunkte 5, Schroedel-Verlag, hg. von Wolfgang Menzel, Hannover 2000, 130 f.). Außerdem wird im Lesebuch „Unterwegs" (Klett-Verlag) in Band 6 angeregt, sich mit Hilfe eines Lesetagebuchs Gedanken zu machen über Leseabsichten, -strategien, -texte und -orte (vgl. Unterwegs 6, Stuttgart 1992, 138 f.); in Band 7 sollen die Schüler für das Lesen und Besprechen des Buches „Ein Schatten wie ein Leopard" von Myron Levoy ein Lesebegleitheft anlegen, das große Nähe zum Lesetagebuch hat (vgl. Unterwegs 7, Stuttgart 1993, 175 ff.). Auch im Lesebuch „Magazin" (Bd. 5 und 8, Cornelsen-Verlag) werden die Schüler zur Arbeit mit dem Lesetagebuch angeregt (vgl. Magazin 5, Berlin 1999, 32 f., und Magazin 8, Berlin 2000, 155), ebenso in „textnah" (Klett-Verlag), „Mittendrin" (Klett-Verlag), „deutsch.de" (Oldenbourg-Verlag), „Seitenwechsel" (Schroedel-Verlag). Als ungewöhnlich erscheint das in „Doppel-Klick 6" (Cornelsen-Verlag) ausgeführte „Interview mit dem Lesetagebuch", das dazu genutzt wird, die Stichworte 'Buch', 'Arbeitsaufträge', 'Inhaltsverzeichnis' und 'Einband' auszugliedern (vgl. Doppel-Klick 6, Berlin 2001, 164 f.).
Das Landesinstitut für Schule und Weiterbildung des Landes Nordrhein-Westfalen in Soest veröffentlicht 1993 in seiner Broschüre „Lesen in der Sekundarstufe I" ein „Projekt Lesetagebuch" von Bernhard König (S. 95 f.). In „Die Grundschulzeitschrift" (Heft 75/1994) wird in dem Aufsatz „Bücher von Anfang an" von Erika Brinkmann und Miriam Weiß das Lesetagebuch als Methode erwähnt (vgl. ebd., 19 ff.). In der Zeitschrift „Praxis Schule" (Heft 1/1995) findet sich ein Aufsatz mit dem Thema „Ein Lesetagebuch – was ist das?" (vgl. ebd., 39 f.).

2.3.2.1 Lesetagebuch und Bücher-Lesen

Liselotte Langemack veröffentlicht 1989 ihre Erfahrungen mit dem Einsatz eines Lesetagebuchs beim Lesen eines Buches innerhalb des Deutschunterrichts einer Sekundarstufenklasse. Der Ausgangspunkt ihrer Überlegungen, die zur Entscheidung für das Lesetagebuch führen, sind die Fragen nach Aufrechterhaltung der Lesemotivation der Schülerinnen und Schüler, nach Berücksichtigung des Leistungsgefälles in der Lerngruppe, nach der Ermöglichung von selbstständigem Lesen und Arbeiten und nach einer Individualisierung des Unterrichts im Hinblick auf die Förderung von produktivem und kreativem Handeln. Die Struktur, die für die Dauer von drei Wochen den Unterricht kennzeichnet, beschreibt sie als „Wechsel zwischen Lektüre, Arbeit am Lesetagebuch und gemeinsamen Gesprächen und Diskussionen zu bestimmten Kapiteln oder einzelnen Textstellen" (Langemack 1989, 16). Das Lesetagebuch ist für sie „in erster Linie ein Arbeitsmittel, das den Schülern helfen soll, individuelle Leseeindrücke festzuhalten und verfügbar zu machen" (ebd.). Die Vorteile dieser methodischen Variante im Literaturunterricht sieht sie darin, dass das Lesetempo individuell bestimmt werden könne, dass die Schülerinnen und Schüler zur Selbstbestimmung während der Arbeit mit der Lektüre herausgefordert seien und dass das Lesetagebuch eine innere Differenzierung ermögliche (vgl. ebd., 13). Allerdings gibt sie sehr dezidierte, allgemeine und buchbezogene Anregungen zur Erstellung vor. Für ältere Schülerinnen und Schüler empfiehlt sie, das Lesetagebuch weniger im Unterricht selbst einzusetzen, sondern eher als Ermöglichung einer selbstständigen Weiterarbeit an der Lektüre anzusehen (vgl. ebd., 18).

In dem von Bernhard Meier dokumentierten Buchprojekt zum Kinderbuch 'Latte Igel' von Sebastian Lybeck, das als Klassenlektüre in einem 3. Schuljahr gelesen wurde, wird eine wichtige Projektintention folgendermaßen beschrieben: „Die in der didaktischen Literatur genannten innovativen Verfahren und Techniken eines handlungs- und produktionsorientierten Literaturunterrichts wollten wir handelnd erproben (bcs. Lesetagebuch, literarisches Rollenspiel, literarische Phantasiereise usw.), und zwar in einem integrativen Deutschunterricht" (Meier 1998, 150f). Die zur Veranschaulichung abgedruckten Seiten aus Lesetagebüchern von Schülern enthalten jeweils das Datum der Eintragung, die Angabe der gelesenen Buchseiten sowie einzelne Bemerkungen zum Gelesenen (vgl. ebd. 153f).

Karl Schuster beschreibt in seiner „Einführung in die Fachdidaktik Deutsch" (Schuster 1996) das Lesetagebuch als eine „Möglichkeit, Spontanreaktionen bei einer Ganzschrift festzuhalten [...]. Und zwar sollten die Schüler ihre Gedanken, Gefühle, Deutungsansätze, Schwierigkeiten und Probleme nicht erst am Schluss niederschreiben, sondern jeweils nach einer Lesephase. Hier wird die

Subjektivität des Schülers voll genutzt" (ebd., 113). Die Eintragungen im Lesetagebuch sind Grundlage für den anschließenden Klassenunterricht, in dem Probleme im Umgang mit dem Roman im Unterrichtsgespräch thematisiert und behandelt werden (vgl. Schuster 1982, 485).

Albert Bremerich-Vos listet in seinen „Notizen zum eingreifenden Umgang mit Texten" (Bremerich-Vos 1987) eine Vielzahl von methodischen Möglichkeiten für den Literaturunterricht auf und betont die Zusammengehörigkeit von 'eingreifendem Umgang' und 'intensiver Auseinandersetzung mit dem Ausgangstext', wodurch Kreativität und analytische Einsichten gleichermaßen gefördert würden (vgl. ebd., 612). In diesem Zusammenhang nennt er auch das Lesetagebuch als möglichen 'eingreifenden Umgang' und beschreibt seine Funktion folgendermaßen: „Hier notieren die Schüler, was ihnen bei der Lektüre der Texte spontan eingefallen ist, was sie besonders gelungen, beeindruckend, langweilig, ärgerlich fanden" (ebd., 614; siehe auch Bremerich-Vos 1989, 245).

Valentin Merkelbach beschreibt im Rahmen seiner Ausführungen über Romane im Unterricht der Sekundarstufe I (1998b), Primarstufe (1999) und Sekundarstufe II (2000) auch die Arbeit mit dem Lesetagebuch, in dem die „Rezipienten von Literatur über einen längeren Zeitraum analog zu den Leseabschnitten einen inneren Dialog mit dem Text" führen sollen (Merkelbach 1998b, 32; 1999, 32; 2000, 37). Für ihn ist das Lesetagebuch „eine Möglichkeit zur individuellen und differenzierten Literaturrezeption" (ebd.); zur inneren Differenzierung stellt er Anregungen und Arbeitsvorschläge mit verschiedenen Schwierigkeitsgraden zusammen, die von den Schülern in der Auseinandersetzung mit einem Roman im Lesetagebuch realisiert und umgesetzt werden können. Wichtig ist ihm, dass die Schülerinnen und Schüler die Formen und Inhalte ihrer Eintragungen selbst bestimmen können und dass beim Schreiben alle Gedanken zugelassen sind. Bei jüngeren Klassen, die im Lesetagebuch-Schreiben noch ungeübt seien, könnten einige wenige Anregungen auch als verpflichtend vorgegeben oder eine bestimmte Mindestanzahl von Eintragungen festgelegt werden (vgl. ebd., 33, 33, 38).

Die immer wieder konstatierte Diskrepanz zwischen Schul- und Privatlektüre veranlasst Klaus Maiwald im Rahmen eines Dissertationsprojekts in einer über 15 Unterrichtsstunden dauernden Einheit in einer 10. Gymnasialklasse ein „literarisierendes" Unterrichtsmodell zu zwei Romanen zu entfalten, in dem „in Diskrepanzerfahrungen literarische Alterität angeeignet werden (soll), um so die Fähigkeit und die Bereitschaft zum Buchlesen generell und zur Lektüre komplexer literarischer Texte im Besonderen zu steigern" (Maiwald 1999, 392).[94] Die

---

[94] Literarisierender Unterricht = Unterricht, der auf die Förderung von Lesemotivation und spezifischen Lesekompetenzen ausgerichtet ist; literarische Diskrepanzerfahrungen = durch Literatur bewirkte Erfahrungen von motivational wirksamen Abweichungen vom Vertrauten; Alterität = Andersartigkeit, Fremdheit eines Textes, die den Leser im Hinblick auf seine bereits vorhandenen Wissens- und Erfahrungsbestände überfordert und ihn deshalb in eine (sprach-)bildende und zugleich realitätsorientierende Konfrontation zwingt.

methodische Inszenierung berücksichtigt, dass ein kognitiv-erschließender und ergebnisorientierter Textumgang „als wesentlicher Faktor der unproduktiven Kluft zwischen Schul- und Privatlektüre ausgemacht worden (ist)" und deshalb als „methodische Option" entfallen muss (ebd., 393). In Planung, Durchführung und Evaluation seiner Unterrichtseinheit spielt statt dessen das Lesetagebuch, in dem die Schüler „den unterrichtlichen Textumgang, v. a. aber ihre außerunterrichtlichen Textreaktionen" (ebd., 243) dokumentieren, eine besondere Rolle. Die Sichtung der Lesetagebücher durch den Lehrer ist nach Meinung des Verfassers „unabdingbar für eine Einschätzung der Wirksamkeit des bislang erfolgten und des noch geplanten Unterrichts", denn in den Tagebüchern werden „intra- wie interindividuelle Aneignungsleistungen und -defizite quantitativ wie qualitativ sichtbar" (ebd., 243).

Im Verlauf seiner Untersuchung benutzt Maiwald die Lesetagebücher als „Rezeptionsdokumente" (ebd., 332) und führt sie als Beispiel für „repräsentative alternative Konzeptionen des entschulten Lesens, der Handlungs- und Produktionsorientierung" (ebd., 393) an. In welcher Form in diesem Zusammenhang die konkrete methodische Arbeit mit dem Lesetagebuch stattgefunden hat, ist nicht direkt ersichtlich, da dies nicht thematisiert wird. Auf jeden Fall sind die Unterrichtsstunden in der Art eines eher angeleiteten Klassenunterrichts durchgeführt und viele Schreibprozesse und Textreaktionen vom Lehrer initiiert und angeregt worden. Es scheint, als sei das Lesetagebuch selbst von den Schülern besonders während der häuslichen Lektüre der vom Lehrer festgelegten Textabschnitte eingesetzt und für die aus der Unterrichtsarbeit entwickelten Schreibaufgaben genutzt worden. Bei Maiwald lassen sich demnach zwei Funktionen des Lesetagebuchs unterscheiden: zum einen ist es eine Methode zur zielgerichteten Anregung einer Auseinandersetzung der Leser mit den gelesenen Büchern, zum anderen wird es hier wiederum – in einem etwas gewandelten Verständnis – vom Lehrer als Forschungs- bzw. Informationsinstrument genutzt.

2.3.2.2 Das Lesetagebuch als Schreibanlass

Auffällig ist, dass das Lesetagebuch in einzelnen fachdidaktischen Veröffentlichungen nicht von vornherein dem Bereich 'Lesen', sondern zunehmend häufiger dem Lernbereich 'Schreiben' zugeordnet wird; aus schreibdidaktischer Sicht bekommt es allerdings eine andere Akzentuierung. Da die Schüler sich im Lesetagebuch vor allem schreibend mit ihrer Lektüre auseinander setzen, geraten die Möglichkeiten und Formen der Schreibaktivitäten stärker in den Blick. Auch die Bemühungen, die Lernbereiche zu integrieren, lernbereichsübergreifend zu arbeiten, die Zusammenhänge zwischen Textrezeption und Produktion, zwischen Lesen und Schreiben zu sehen und zu nutzen sowie die Überlegungen zu Textumgangsformen, zum Schreiben nach Texten, zu produktionsorientierten Verfahren bringen neue Akzente in die Diskussion ein.

Oswald Beck und Nikolaus Hofen charakterisieren z. B. in ihrem Handbuch „Aufsatzunterricht Grundschule" (Beck / Hofen 1990) im Zusammenhang mit Möglichkeiten der Verzahnung von Textrezeption und Textproduktion das Lesetagebuch als ein Beispiel für den methodischen Weg „Vom Lesen zum Schreiben über Kinderbücher" (ebd., 262). In Anlehnung an Gerhard Haas definieren sie als Zielsetzung das „Festhalten wesentlicher Ergebnisse bei der Lektüre eines (Kinder-)Buches zum Zwecke eines 'Lesetagebuches' für sich selbst wie als Grundlage für Besprechungen, für Informationen an andere, Buchvorstellungen usw." (ebd.; vgl. auch Haas 1984b, 49ff.). Die möglichen inhaltlichen Ausprägungen beschreiben sie folgendermaßen: „Nahezu alle Formen der Aussage über ein Buch sind möglich, von der knappen Registrierung des Titels, des Autors usw. bis hin zu persönlichen Leseeindrücken und wertenden Stellungnahmen" (ebd.).

Hans Göttler führt das Lesetagebuch unter dem Stichwort 'Textverständnis durch Schreiben' als methodische Möglichkeit an. Für ihn ist es ein Anlass, auf fremde Texte mit eigenen Texten zu antworten und damit die „Konkretisation" eines Textes zu leisten (vgl. Göttler 1993, 6). Berbeli Wanning beschäftigt sich ebenfalls mit den Funktionen, die das Lesetagebuch als Schreibanlass im Literaturunterricht einnehmen kann. Für sie ist die Arbeit mit dem Lesetagebuch „handelndes Lesen" und das Tagebuch selbst „ein didaktisches Mittel, um den Prozess des scheinbar wenig Anreize bietenden Lesens in den einer aktiven Auseinandersetzung mit dem Text zu verwandeln und diese dem Schüler sinnlich erfahrbar zu machen" (Wanning 1997, 119). Was hiermit gemeint ist, wird deutlich, wenn sie betont, dass das Lesetagebuch einen wichtigen Beitrag zur Aufsatzlehre leiste, weil die zu bearbeitenden Aufgaben „sich in der gängigen Fachterminologie des Lese- und Schreibunterrichts unter die Begriffe Nacherzählung, Inhaltsangabe, Beschreibung, Bericht, Charakteristik, Kommentar oder Erörterung usw. subsumieren lassen" (ebd., 121).

Auch in Veröffentlichungen von Andrea Bertschi-Kaufmann wird das Lesen u. a. als „Schreibhilfe" und das gelesene Buch als „Schreibvorlage" gesehen (Bertschi-Kaufmann 1998d, 36f.); die Lesetagebücher dokumentieren, „welche Schreibmöglichkeiten und welches Repertoire an Erzählweisen sie lesend gesammelt und schreibend erprobt haben" (ebd., 38). Die selbst gewählten Formen der Eintragungen sind: „Kommentare zum gelesenen Buch; Nacherzählungen von besonders spannenden oder wichtigen Stellen; Fortsetzungen mit neuen Elementen oder mit einem unerwarteten Verlauf usw." (ebd., 36).

2.3.2.3 Das Lesetagebuch im 'offenen' Unterricht

Die unterschiedlichen Lern- und Lesebiographien der Schülerinnen und Schüler, die Heterogenität der einzelnen Lerngruppen, der Wunsch nach Individualisierung und Differenzierung des Lesens führen dazu, dass in den 90er Jahren intensiv nach 'anderen' Formen der Unterrichtsorganisation für den Umgang mit Büchern im Schulalltag gesucht wird. Andrea Bertschi-Kaufmann u.a entwickeln und erproben in diesem Zusammenhang ein 'offenes' Unterrichtskonzept, das einen geeigneten Rahmen für die Entwicklung und Unterstützung interessegeleiteter Leseerfahrungen der Schülerinnen und Schüler bieten soll (vgl. Bertschi-Kaufmann 1998c, 200).

Bereits 1994 betont Bertschi-Kaufmann unter dem Thema „Jugendliteratur in der Lesewerkstatt" (Bertschi-Kaufmann 1994), dass Schülerinnen und Schüler ebenso wie Erwachsene ihre Lesestoffe selbst auswählen und selbst entscheiden möchten, welche Bücher sie sich zumuten und wie sie sie – allein mit einem Lesetagebuch oder in einer Gruppe mit vorgegebenen Anregungen – produktiv bearbeiten wollen (vgl. ebd., 52). Sie legt Wert auf die Feststellung, dass die Eintragungen von der Lehrkraft nicht in erster Linie an herkömmlichen Leistungsstandards gemessen werden sollten, sondern als Dokumente der individuellen Auseinandersetzung mit Gelesenem eher nach vorsichtigen und sorgfältigen Rückmeldungen verlangen (vgl. ebd., 54).

In ihrem von 1993 bis 1997 in der Schweiz durchgeführten Forschungsprojekt, in dem es um Leseförderung und Leseentwicklung geht, bilden Lesetagebücher die Grundlage für die Beobachtung der Wirksamkeit der durchgeführten Maßnahmen und zum Einblick in die Lese- und Schreibentwicklungen der einzelnen Kinder (vgl. Bertschi-Kaufmann 1997a). In einem offenen Leseunterricht, d. h. in freien Lesestunden, können Kinder im Grundschulalter aus einem großen Angebot Bücher ihrer Wahl lesen und führen dazu Lesetagebücher über mindestens ein Jahr, meistens über zwei Jahre. Über diese Methode versucht das Forschungsteam Einblicke in den Leseprozess der Kinder zu gewinnen und deren Leseweg und Leseerfahrung zu begleiten (vgl. Bertschi-Kaufmann 1998a) sowie Einsichten in die Lektüreerfahrungen der Kinder und in ihre Verstehensarbeit und Schreibprozesse zu gewinnen (vgl. Bertschi-Kaufmann, 1997b).

Die Lesetagebücher dokumentieren laut Bertschi-Kaufmann außerdem „ein Stück weit auch das Geschehen und Lernen in einem Lese- und Schreibunterricht, der sich weder an einem schulisch bewährten Lektürekanon (dem Lesebuch) noch an schulischen Schreibformen (dem traditionellen Aufsatz) orientiert, sondern dem eigenständigen Lesen und dem freien Schreiben Raum lässt und Aufmerksamkeit schenkt" (Bertschi-Kaufmann 1998, 38). Für die Kinder seien die Lesetagebücher „Begleiter auf den Wegen, die sie wählen, wenn sie sich für ein Buch, eine Aufgabe, eine Gruppenarbeit entscheiden. Ihrem Lesetagebuch teilen sie mit, was sie lesen, was sie dabei beeindruckt oder ärgert, vielleicht auch ratlos lässt. Sie halten für sich fest, womit sie sich – lesend – gerade beschäftigen und erhalten gestaltete Dokumente, in denen sie immer wieder zurückblättern und die eigenen Lernschritte beobachten können" (Bertschi-Kaufmann 1997b, 153).

Zur Rolle und Aufgabe der Lehrkräfte in diesem Prozess schreibt sie: „Die Lehrerinnen und Lehrer erhalten Einblick und Überblick darüber, wie die Kinder die verschiedenen Angebote im Klassenzimmer bzw. in der Klassenbibliothek nutzen. Mit kurzen Kommentaren geben sie ihnen zu verstehen, dass sie an ihren Leseerfahrungen teilnehmen, dass sie sich an sorgfältigen und einfallsreichen Darstellungen freuen, und sie ermuntern einzelne Kinder, genauer oder einfach auch einmal mehr zu schreiben" (ebd.). Insgesamt hätten die Lesetagebücher unterschiedliche Funktionen: für die Kinder seien sie Begleiter auf ihren Lern- und Lesewegen, für die Lehrerinnen und Lehrer seien sie Grundlage für Hilfe, Beratung und Austausch mit den Kindern, für das Forschungsprojekt dokumentierten sie die Lernfortschritte der Kinder und die Art und Weise, wie sie das offene literarische Angebot aufnehmen und verarbeiten; als Untersuchungsmethode seien sie zugleich Grundlage für die Beobachtung und Beurteilung der vom Kinderbuch angeregten Lese- und Schreibarbeit (vgl. Bertschi-Kaufmann 1998c, 201 ff.).

Ende 2000 legt Bertschi-Kaufmann im Rahmen eines breit angelegten Forschungsprojekts unter dem Thema „Lesen und Schreiben in einer Medienumgebung" (Bertschi- Kaufmann 2000) erneut die Ergebnisse einer Studie vor, die sich mit der Lese- und Schreibentwicklung von acht- bis zwölfjährigen Kindern aus der Schweiz befasst. Wieder konnten die Kinder in so genannten 'offenen' Unterrichtssituationen ein vielfältiges, bewusst heterogen zusammengestelltes, die verschiedenen Lesefertigkeiten und Lektüreinteressen berücksichtigendes kinderliterarisches Buchangebot in Klassenzimmerbibliotheken nutzen, vor allem in 'freien Lesestunden'. Dieses Angebot wurde in einem zweiten Beobachtungszeitraum durch Bildschirmmedien, z. B. Internet und elektronische Sach- und Erzählbücher auf CD-ROM, ergänzt. Die Ermittlung und Analyse der Lese- und Schreibaktivitäten der Kinder in dieser zunächst auf Printmedien beschränkten, dann auf multimediale Angebote erweiterten Unterrichtsanlage erfolgte anhand von Lesetagebüchern, die die Kinder kontinuierlich führten und in denen sie die Titel ihrer Lektüren, ihre Leseeindrücke und Leseerinnerungen in narrativen und kommentierenden Texten festhielten (vgl. ebd., 13 ff.).

Die Untersuchung führt zu der Feststellung, dass die Lesetagebücher aufschlussreiche Spuren der Lektüreerfahrung enthielten und teilweise auch deren nachhaltige Wirkung für die Schreibaktivität zeigten (vgl. ebd., 20). Außerdem sei das Lesetagebuch für die Beobachtung des Umgangs mit der Schrift in den verschiedenen Medienumgebungen ein zentrales Dokument, in dem „das Wechselspiel von literarischer und medialer Rezeption einerseits und der produktiven Gestaltungsarbeit der Kinder andererseits" (ebd., 22) in tagebuchtypischen Texten deutlich werde.

Gegen Ende der 90-er Jahre greifen auch fachdidaktische Lehrerhandbücher und -informationen verstärkt die Methode 'Lesetagebuch' auf, vor allem im Rahmen von Materialien und Anregungen für die sogenannte Freiarbeit. Auffällig ist, dass solche Veröffentlichungen, die für die unterrichtliche Alltagspraxis gedacht sind, oft hinter dem bereits erreichten Diskussionsstand zurückbleiben.[95] Andere Unterrichtsmaterialien greifen den Fortgang der fachdidaktischen Diskussion auf und setzen ihn in konkrete Praxisanregungen um.[96]

---

[95] Ein Lesetagebuch soll z.B. in einer 5. oder 6. Klasse neben den eher statistischen Angaben zu Buchtitel, Autor, Verlag, Aufmachung und Illustrationen am Anfang und einer Gesamtbeurteilung am Schluss vor allem Inhaltsangaben und begründete Wertungen enthalten (vgl. Schardt 1999). An anderer Stelle wird für eine 9. oder 10. Klasse vorgeschlagen, dass die Schülerinnen und Schüler bei der Interpretation von Texten ihre Arbeitsschritte auch einmal „quasi als 'Lesetagebuch'" festhalten sollen (vgl. Klett 1998, 7). Die Schülerinnen und Schüler „notieren den ersten vorläufigen Eindruck ..., suchen Berührungspunkte mit dem Text und notieren alles, was ihnen Besonderes auffällt ..., ordnen, was sie zunächst gefunden haben, literarischen Kategorien zu ..., können auch den Text produktiv umgestalten ..., verfassen eine Inhaltsangabe" (ebd.). Zur eigentlichen Intention wird festgestellt: „Mit all diesen schriftlichen Vorarbeiten gewinnen die Schülerinnen und Schüler Bausteine für den anschließenden Aufsatz, den sie daraus zusammensetzen können" (ebd.). Hieran ist unschwer festzustellen, dass das Lesetagebuch hier lediglich in einen herkömmlichen Aufsatzunterricht eingeordnet und entsprechend verzweckt und instrumentalisiert wird. Im Jahr 1999 ist in derselben Heftreihe scheinbar eine Veränderung zu bemerken, denn jetzt ist das Lesetagebuch plötzlich „ein geeignetes Mittel, um eine bewusste, individuelle Auseinandersetzung mit einem Jugendbuch herbeizuführen" (Klett 1999, 12). Das proklamierte 'Individuelle' wird allerdings gleich erheblich relativiert, denn nachdem im Unterricht die Entscheidung für eine gemeinsame Lektüre gefallen ist, werden verbindliche Vorgaben für das Lesetagebuch gemacht, die entsprechend der jeweiligen Altersstufe unterschiedlich sind. Abschließend folgen zwei Feststellungen, die nicht näher erläutert oder begründet werden: „Mit der gemeinsamen Lektüre des Jugendbuches im Unterricht wird erst begonnen, wenn alle Lesetagebücher ausgewertet worden sind. Denn Grundlage für die Arbeit mit der Lektüre sind die in den Tagebüchern festgehaltenen Anregungen fürs Klassengespräch, offene Fragen oder formulierte Leseschwierigkeiten. [...] Wenn es die Lehrplanvorgaben erlauben und entsprechende Fachkonferenzbeschlüsse vorliegen, kann das Lesetagebuch auch als Ersatzleistung für eine Klassenarbeit herangezogen werden" (ebd.). Hier wird möglicherweise deutlich, dass sich der anfangs einstellende Eindruck einer veränderten Sichtweise des Lesetagebuchs nicht bestätigt, weil es letztlich bei einer Instrumentalisierung bleibt. Zumindest müssten mögliche Formen einer notwendigen individuellen Leistungswürdigung von der traditionellen normierten Klassenarbeitszensierung abgegrenzt werden.

[96] So wird z.B. in der 'Lesekartei', die in den Materialien „Freiraum Lesen" enthalten ist, ein anderer Weg zum Umgang mit Jugendbüchern und zur individuellen Gestaltung von Lesetagebüchern empfohlen. Die 'Kartei' ist ein DIN-A5-Heft mit 57 Anregungen, die nicht auf ein bestimmtes Buch ausgerichtet sind, sondern sich auf alle gelesenen Bücher beziehen lassen. Sie können von den Lehrerinnen und Lehrern angeboten und von den Schülerinnen und Schülern frei gewählt und bei der Erstellung ihres Lesetagebuchs als Ideengeber genutzt werden (Schroedel-Verlag, Hannover 2000, hg. von Wolfgang Menzel, erarbeitet von Gabriele Cromme, Ingrid Hintz, Birthe Lagemann, Heiderose Lange und Wolfgang Menzel).

2.4 Der gegenwärtige Diskussionsstand

Betrachtet man die dargestellten Konzepte und Unterrichtsanregungen im Überblick, dann kann festgestellt werden, dass es viele unterschiedliche Formen und Vorschläge gibt, mit dem Lesetagebuch im Deutschunterricht zu arbeiten. Franz-Josef Payrhuber berichtet von den Ergebnissen zweier Erhebungen der Stiftung Lesen „Zur Verwendung von Kinder- und Jugendliteratur im Unterricht", bei denen es sich um repräsentative Stichproben in den Bundesländern Baden-Württemberg, Nordrhein-Westfalen, Sachsen-Anhalt und Thüringen sowie um eine Zufallsstichprobe bei Fortbildungsveranstaltungen des Instituts für Lehrerfort- und -weiterbildung Mainz handelt. Bei den Antworten auf die Frage nach den bevorzugt eingesetzten Methoden im Umgang mit Kinder- und Jugendliteratur wird die Methode „Leseheft / Lesetagebuch führen" von 16,7 % in der repräsentativen und von 23 % in der Zufallsstichprobe genannt (vgl. Payrhuber 1996a, 76f.).

Dass die Arbeit mit Lesetagebüchern in der Unterrichtspraxis verbreitet ist, zeigt sich auch in der dreijährigen Evaluation der Fortbildung „Lesen in der Sekundarstufe I", einem Lehrer-Fortbildungsprojekt zur Leseförderung, das gemeinsam von der Bertelsmann-Stiftung und dem Ministerium für Schule und Weiterbildung in Nordrhein-Westfalen von 1993 bis 1995 durchgeführt wurde. Auf die Frage nach den Methoden zur Leseförderung, die von den Teilnehmern im Anschluss an die Fortbildungsmaßnahme in ihren jeweiligen Klassenstufen angewandt wurden, nennen sehr viele die Arbeit mit dem Lesetagebuch (vgl. Bertelsmann Stiftung 1996, 135f.). In der anschließenden Einschätzung zeigt sich besonders in den Klassen 5 bis 7 eine deutliche Akzeptanz, während die Zustimmung der Lehrer, die in den Jahrgängen 8 bis 10 unterrichteten, eher mäßig ist (vgl. ebd.).

Vor allem in neueren Konzeptionen eines geöffneten Deutschunterrichts spielt das Lesetagebuch als Variante der produktionsorientierten Verfahren eine immer größere Rolle (vgl. Spinner 2000, 984). Die Schülerinnen und Schüler werden dazu angehalten, begleitend zum Lesen eines Buches ihre Leseprozesse und -eindrücke tagebuchartig zu dokumentieren. Die wohl freieste Variante sieht vor, dass die Schüler ihre private und/oder schulische Lektüre mit Notizen, z. B. Fragmenten, Stichwörtern, Skizzen, erzählenden Texten usw., begleiten, wobei sie Inhalt und Form frei wählen. Eine Veränderung ergibt sich, wenn das Erstellen des Lesetagebuchs mit Auflagen verbunden wird. So gibt es z. B. die Vorgabe, zumindest eine Eintragung pro Kapitel – wenn das jeweilige Buch denn in Kapitel aufgeteilt ist – oder pro Leseabschnitt, etwa alle fünf Seiten usw. vorzunehmen. Eine weitere Möglichkeit besteht darin, den Schülerinnen und Schülern einen eher allgemein gehaltenen Katalog von Anregungen oder Tipps für mögliche Bearbeitungen oder Aufgaben in Form eines Handzettels als Leitfaden zur Verfügung zu stellen. Auch in diesem Fall bleibt es letztlich den Schülern überlassen, welche Anregungen sie aufgreifen, d. h. was sie in ihrem Lesetagebuch notieren und wie sie ihre Auseinandersetzung mit dem Gelesenen dokumentieren. Diese Spielart lässt sich variieren, indem bestimmte Aufgaben aus dem Anregungskatalog als verpflichtend gekennzeichnet werden oder die Auflage gemacht wird, eine Mindestanzahl der vorgeschlagenen Arbeitsmöglichkeiten einzulösen. Die Anregungen haben gegebenenfalls noch mehr Aufforderungscharakter, wenn sie zwischenzeitlich immer wieder im Klassenunterricht thematisiert, demonstriert oder in Form von zusätzlichen Arbeitsblättern angeboten werden (vgl. Hintz 2000a und 2000b).

Darüber hinaus gibt es Formulierungsvorschläge für Fragen und Aufgaben, die konkret auf das jeweilige Buch bezogen sind und in Form von Arbeitsblättern oder Karteikarten vorgegeben werden (vgl. z. B. die Anregungen und Literaturkarteien bestimmter Verlage und die Lehrerhandreichungen einzelner Taschenbuch-Verlage). Auch hier kann man die Art und Weise der Bearbeitung ganz frei stellen oder die Beschäftigung mit mindestens einer Anregung oder Frage pro Kapitel verpflichtend machen. Eine solche Vorstrukturierung lässt sich als Arbeitsplan oder Leitfaden ebenso methodisch umsetzen wie vorbereitete Lesebegleithefte. Natürlich können auch Aufgabenstellungen, die sich aus dem begleitend stattfindenden Unterricht ergeben, als Anregung und/oder Verpflichtung in das Lesetagebuch übernommen werden.

Immer mehr Lehrerinnen und Lehrer bemühen sich – angeregt und ermutigt durch Fortbildungsveranstaltungen und praxisnahe fachdidaktische Veröffentlichungen in Fachzeitschriften und Lehrerhandbüchern – um die Entwicklung neuer Unterrichtsformen, die geeignet sind, den Unterricht zu öffnen, Lese- und Schreibprozesse von einer gleichschaltenden Normierung zu befreien, den Schülerinnen und Schülern mehr produktive Eigentätigkeit und Selbstständigkeit zu ermöglichen und eine weitgehende Selbstorganisation des schulischen Lernens auch im Bereich des Lesens und Schreibens anzuregen. Forschungsergebnisse und Dokumentationen konkreter Unterrichtsversuche haben dazu geführt, dass in diesem Zusammenhang das 'Lesetagebuch' fest in der fachdidaktischen Diskussion und immer häufiger auch in der Unterrichtspraxis verankert ist und mit unterschiedlichen Zielsetzungen als Methode für den Deutschunterricht empfohlen und eingesetzt wird.[97] Dabei ist eine Veränderung der Sinngebung von der Dokumentation außerschulischer Lesezeiten und Leseaktivitäten hin zur *Methode der individuellen Auseinandersetzung mit Büchern im Unterricht* festzustellen. Zugleich erhofft man sich, dass mit Hilfe des Lesetagebuchs nicht nur die reflexive Verarbeitung der jeweiligen Lektüreerfahrungen gelingt, sondern auch das Integrieren von Kinder- und Jugendliteratur in den Deutschunterricht

---

[97] Auch im Internet lassen sich beim Eingeben des Stichworts 'Lesetagebuch' (z. B. in der Suchmaschine 'google.de') zahlreiche Hinweise auf Veröffentlichungen und Praxisbeispiele aus verschiedenen Schularten und -stufen finden.

erleichtert und insgesamt eine lesefördernde Wirkung erzielt wird, die sich auch beim außerschulischen Lesen auswirkt.

Die veränderten Lebensumstände der Kinder und Jugendlichen – zu kennzeichnen durch Stichworte wie 'Medienkindheit', 'Peer-Group-Orientierung', 'Schnelllebigkeit', 'Wertewandel' u. a. –[98], die auch Auswirkungen auf das Leseverhalten haben, müssen notwendigerweise eine Veränderung des schulischen Unterrichtsalltags zur Folge haben, denn bislang bewährte Methoden greifen häufig nicht mehr, weil die dafür notwendigen Voraussetzungen bei den Schülerinnen und Schülern nicht mehr gegeben sind. Von daher verändern sich die Inhalte und Methoden des Deutschunterrichts ebenfalls, weil solche Veränderungen durch andere Rahmenbedingungen und Zielsetzungen zwingend geboten erscheinen.

Das Lesetagebuch wird in diesem Zusammenhang als eine 'neue', zugleich bereits 'bewährte' Methode zur produktiven Auseinandersetzung mit Kinder- und Jugendbüchern, zur Leseförderung, zur literarischen Erziehung und zur Verbindung von Lese- und Schreibprozessen gesehen und eingesetzt. Die praktische Umsetzung der entsprechenden Konzepte und Anregungen erfolgt jedoch weitgehend pragmatisch, d. h. ohne theoretischen Hintergrund und deshalb oft auch ohne Kriterien zur Bewertung dieser Methode und ihrer Umsetzungsmöglichkeiten.

Das *Desiderat einer umfassenden Entfaltung der Einsatz- und Gestaltungsmöglichkeiten des Lesetagebuchs als Methode der Auseinandersetzung mit Kinder- und Jugendbüchern im Deutschunterricht* muss – auf der Grundlage einer Analyse und Interpretation konkreter Lesetagebücher – im Interesse der Unterrichtenden und zugleich der lesenden bzw. zum Lesen hinzuführenden und zu motivierenden Schülerinnen und Schüler behoben werden. Hierzu soll die folgende Untersuchung einen Beitrag leisten.

---

[98] Vgl. dazu: Hintz / Pöppel / Rekus 2001, S. 156 ff. u. 162 ff.; Jaumann 1995; Lessing u. a. 1996; Cloer 1999.

3 Zum Begriff 'Lesetagebuch'

3.1 Tagebuch – Begriff und Bedeutung

> „Ich schreibe, um innere Situationen zu bewältigen, die ich anders nicht bewältigen kann, um Haltungen zu gewinnen, um Flüchtigem ein wenig Dauer zu verleihen. Ich schreibe, um mein Leben zu intensivieren." (Reiner Kunze)

Ein Tagebuch umfasst in der Regel Aufzeichnungen, die aus persönlichen Gedanken hervorgehen und aus eigenem Antrieb als schriftliche Eintragungen festgehalten werden. Inhaltlich enthält ein Tagebuch zumeist Ereignisse und Erlebnisse, die dem Verfasser wichtig sind, sowie Notizen, die man in der jeweiligen Situation für merkenswert hält. Die Eintragungen erfolgen nicht unbedingt täglich, jedoch in zeitlich nicht allzu weit entfernten Abständen, oft auch regelmäßig innerhalb eines bestimmten Zeitraums. Die am Anfang der einzelnen Eintragungen vermerkte Datierung bildet oft das für Tagebücher kennzeichnende äußere Gerüst. Außerdem ist die offene Form charakteristisch, d. h. die Notierungen können von unterschiedlicher Art sein, in beliebigem Schreibstil, an keine bestimmte Form gebunden und von unterschiedlichem Umfang. Die Schreiber müssen sich nicht an sprachliche Normen oder soziale Konventionen halten, selbst orthographische Regeln werden häufig außer Acht gelassen.[99]

Normalerweise wird in einem Tagebuch kontinuierlich etwas skizziert, stichwortartig festgehalten, erzählt oder berichtet, und zwar Begebenheiten, Beobachtungen, aber auch spontane Gedanken und Wertungen sowie Wünsche, Sehnsüchte, Eindrücke, Gefühle, Stimmungen und Erfahrungen. Diese Grundform kann beliebig ausgeweitet werden, z. B. durch Illustrationen, Bilddokumente, längere Kommentare, subjektive Interpretationen und reflexive Verdichtungen (vgl. Fischer 1997, 694). Als typisch kann die monologische Form des Schreibens angesehen werden, wenngleich sie immer wieder in eine dialogische Form wechseln kann, sodass das Tagebuch zu einem fiktiven Dialogpartner wird, was u. U. eine weitere Entfaltung des reflexiven Potentials bedeuten kann.[100] Ein weiteres

---

[99] Jurgensen versucht folgende Begriffsbestimmung: „Ein Tagebuch ist ein Buch, in dem die Begebenheiten eines Tages aufgezeichnet werden. Damit ist es zugleich ein Geschichtsbuch besonderer Art. Es bezeugt nicht nur autobiographisch die Geschichte eines Individuums; bewusst oder unbewusst ist es immer auch ein zeitgeschichtliches Dokument. Das Buch des Tages wird zum Buch der Zeit überhaupt. Freilich bleibt der Tag dabei Anlass zu subjektiver Darstellungen und Reflexionen; er ist der eigentliche Anreger zur diaristischen Selbstgestaltung. Alles, was der Tag bringen kann, ist somit potentielles Tagebuchmaterial. Freiheit der Auswahl ist ein wesentlicher Grundzug solcher Ich-Literatur." (Jurgensen 1979, 11)

[100] Das bekannteste Beispiel ist hier wohl das Tagebuch der Anne Frank, in dem die jüdische Autorin das Leben in ihrem Versteck in einem Hinterhaus in Amsterdam in den Jahren 1942 bis 1944 festhält, aber auch die Ereignisse außerhalb des Hauses beschreibt, die Beziehungen zwischen den

Merkmal des Tagebuchschreibens kann die Sichtbarmachung von gedanklichen Prozessen sein; ein spielerischer Umgang mit Sprache, das Erfinden von Gedichten und Geschichten und das Verwenden von Aphorismen geben Hinweise auf eine solche kreative Produktivität (vgl. Seiffge-Krenke 1985, 135f.).

Im Grunde sind die individuellen Aufzeichnungen in einem Tagebuch sehr intim, d. h. Tagebücher sind eigentlich nicht für die Öffentlichkeit bestimmt. Die Schreiber gehen zunächst von einer Geheimhaltung ihrer persönlichen Notizen aus und schreiben nur für sich selbst. Sie unternehmen oftmals große Anstrengungen, um das Tagebuch vor den neugierigen Augen anderer zu verbergen. Tagebücher sind deshalb vorwiegend adressatenfrei und ein Mittel zur Kommunikation mit sich selbst (vgl. Görner 1986, 11), vielleicht auch ein Versuch, der alltäglichen oder bedeutsamen Dinge habhaft zu werden, indem man sie sprachlich erfasst und damit Distanz zu ihnen gewinnt. Andererseits gibt es den Wunsch, das Geheimgehaltene mit anderen zu teilen; hin und wieder wird das Tagebuch einer befreundeten Person gezeigt oder man hofft, dass jemand das Tagebuch liest, um besser verstanden zu werden. Für den Schreibenden ist das Tagebuch auf jeden Fall eine Gedächtnisstütze und Erinnerungshilfe sowie im Sinne der Selbstklärung und Problemlösung ein Ventil für die Auseinandersetzung mit der eigenen Stimmung und Befindlichkeit, mit Gefühlen und Gedanken, mit Störungen oder Krisen (vgl. Fischer 1997, 694). Die schriftliche Kommentierung von Ereignissen des täglichen Lebens kann für den Schreiber Entlastung bedeuten und ihm helfen, seine Gedanken zu ordnen, seine Gefühle zu klären, notwendige Entscheidungen abzuwägen und insgesamt seine Identität erfahrbar zu machen und zu entfalten (vgl. Mattenklott 1979, 15).

Weil diese Funktion der Selbstklärung für Jugendliche besonders wichtig ist, haben Tagebücher in der Adoleszenz eine große entwicklungsspezifische Bedeutung.[101] Die in Jugendtagebüchern angesprochenen Themen sind sehr vielseitig; einen großen Raum nehmen Berichte über eigene Aktivitäten und Interessen ein, wobei auch immer wieder das Lesen erwähnt wird sowie Auseinandersetzungsprozesse mit Gelesenem dokumentiert und Vergleiche zwischen Gelesenem und Selbstgeschriebenem angestellt werden (vgl. Soff 1989, 169). Gerade für Jugendliche ist es bedeutsam, dass durch das Aufschreiben im Tagebuch vieles, was zunächst fremd und problematisch erscheint, durch die schriftliche Aneignung vertraut wird und deshalb nicht mehr abgewehrt werden muss, sondern Anstoß für orientierende Bewusstseinsprozesse sein kann. Der Tagebuch-

---

acht Personen im Versteck darstellt und kommentiert sowie ihre eigenen Gefühle offen legt und reflektiert. Anne Frank gibt ihrem Tagebuch den Namen 'Kitty', weil sie es ganz bewusst als Ersatz für eine vertraute Freundin ansieht, der sie alles anvertrauen und mit der sie alles 'besprechen' kann.

[101] Untersuchungen zeigen, dass dies bei Mädchen in höherem Maße der Fall ist als bei Jungen. Mädchen sind im Jugendalter erheblich schreibaktiver, was vor allem in Briefen und Tagebüchern zum Ausdruck kommt (vgl. Soff 1989, 20f.; Behnken u. a. 1997, 151).

schreiber transformiert das Fremde sozusagen in etwas Eigenes, wodurch Spannungen gelöst und die Wahrnehmungsfähigkeit erweitert werden kann (vgl. Graf 1982, 98f.). Schließlich ist das Tagebuchschreiben – sozusagen im Nebeneffekt und ohne dass dies die bewusste Absicht des Autors wäre – eine Form der literarischen Selbsterziehung und „ein Schritt in der literarischen Sozialisation, deren Qualität davon abhängt, wie Sprachformen angeeignet und auch wieder überwunden werden, in welcher Weise Sprachkonventionen auf die Wahrnehmungsfähigkeit zurückwirken: wie sie sie erweitern oder eingrenzen" (ebd., 87).

3.2 Tagebuchschreiben bei Schriftstellern

„Schreiben heißt sich selber lesen." (Max Frisch)

Tagebücher werden nicht nur von Laien, sondern auch von Schriftstellern verfasst. Schon im 17. und 18. Jahrhundert gab es den 'Tagebuchschriftsteller', der das Tagebuchschreiben von Anfang an mit einer Veröffentlichungsabsicht ausübte, während im 19. Jahrhundert diese Funktion an Bedeutung verlor und eher eine 'Verinnerlichung' festzustellen ist.[102] Viele Beispiele von uns zugänglichen Schriftsteller- und Dichtertagebüchern dokumentieren ein spannungsvolles Wechselverhältnis zwischen Öffentlichem und Privatem und ein Zusammenkommen von objektiven Geschehnissen und subjektiven Einschätzungen (vgl. Görner 1986, 15ff.). Zahlreiche Dichter haben ihre Tagebücher als literarische Selbstanalyse geschrieben und als Ausdrucksform einer fiktionalen Selbstgestaltung genutzt (vgl. Jurgensen 1979, 16). Solche literarischen Tagebücher sind auf eine „Literarisierung des Privaten" (Görner 1986, 33) ausgerichtet und bilden nicht einfach Erlebtes ab, sondern sind „reflektierend zurückgenommene Poesie" (ebd., 35).[103] Bei Johann Wolfgang von Goethe kommt das Tagebuchschreiben zudem seiner Eigenschaft entgegen, „sein Leben bewusst zu gestalten, bilanzierend Rechenschaft zu geben, sich selbst ständig zu produktiver Nutzung der Zeit anzuhalten" (Golz 1999, 64); er nutzt es aber auch zur „Selbstkontrolle und Selbstdisziplinierung" (ebd., 66).

Oft sind die Tagebucheintragungen von Schriftstellern auch „kladdehafte Werkberichte" (Jurgensen 1979, 17), z.B. bei Hermann Hesse, oder „Notizen, die noch nicht verwendet, noch nicht verdichtet wurden" (Kaschnitz 1982, 30). Viele Beispiele sind aphoristisch, vorläufig, fragmentarisch, z.B. bei Günter Grass.

---

[102] Besonders in England „zeichnete sich eine Entwicklung ab, die der Arbeit am Tagebuch journalistisches Gepräge verleihen sollte. Dass der Journalismus aus dem Tagebuch-Schreiben hervorgegangen ist, sagt schon das Wort" (Görner 1986, 17).

[103] Elias Canetti schreibt über den Grund des Tagebuchschreibens: „Beruhigung ist vielleicht der Hauptgrund, warum ich Tagebuch führe. Es ist kaum zu glauben, wie der geschriebene Satz den Menschen beruhigt und bändigt" (Canetti 1982, 49); und etwas später über dessen Wirkung: „Auf die Dauer gesehen hat das Tagebuch genau die umgekehrte Wirkung, es erlaubt einem die Einschläferung nicht, es stört den natürlichen Verklärungsprozess einer Vergangenheit, die sich selbst überlassen bleibt, es hält einen wach und bissig" (ebd., 50f.).

Manche Schriftsteller nutzen ihr Tagebuch für den ungestörten reflektierenden Umgang mit sich selbst, wobei einigen eine mögliche Veröffentlichung nicht in den Sinn kommt, andere an eine posthume Veröffentlichung denken, deren Datum sie oft selbst testamentarisch festlegen; wieder andere wollen ihr Tagebuch bereits zu ihren Lebzeiten veröffentlicht sehen, z. B. Max Frisch (vgl. Görner 1986, 12). Insofern muss unterschieden werden zwischen 'privaten' Tagebüchern, die auf intime Weise persönliche Gedanken und Empfindungen enthalten, schonungslos und auch bekennend Wahrheiten und für wahr Gehaltenes dokumentieren und Ausdruck einer subjektiven Selbstbespiegelung sind, und 'öffentlichen' Tagebüchern, die als literarische Werke konzipiert und von vornherein auf Leser ausgerichtet sind,[104] weshalb in ihnen 'Wahrheiten' oft im Hinblick auf Leserinteressen verkündet und möglicherweise auch verfälscht werden.

In vielen Schriftstellertagebüchern finden sich Einzeleintragungen, die sich auf das *Be- oder Verarbeiten gelesener Bücher* beziehen und Stellen enthalten, in denen die Verfasser sich intensiv mit Gelesenem auseinander setzen. So gibt es in den Tagebüchern z. B. eine Fülle von Hinweisen, wie etwas Gelesenes eingeschätzt wird und was beim Lesen bestimmter Bücher wichtig oder merkwürdig erschien.[105] Auch wenn man hier nicht von 'Lesetagebüchern' im eigentlichen Sinne sprechen kann, sind darin doch Elemente enthalten, die mit den Aufzeichnungen in einem Lesetagebuch vergleichbar sind. Eine spezifische Form der Lesetagebucharbeit ist demnach außerhalb didaktischer Zusammenhänge auch im literarischen Leben vorzufinden.

---

[104] Marieluise Kaschnitz spricht in diesem Zusammenhang von ihren in vorgetäuschter Tagebuchform geschriebenen Büchern 'Haus der Kindheit' und 'Die Füße im Feuer' (Kaschnitz 1982, 32).

[105] Solche Auseinandersetzungen mit anderen Schriftstellern und ihrem Werk nennt Jurgensen einen „durchaus typischen Wesenszug des Tagebuchs" von Schriftstellern (ebd. 30). Peter Rümkorf schreibt in seinen Tagebüchern „Tabu" (Tagebücher 1989–1991) z. B. über seine Lektüre von Elfriede Jelineks „Lust" (ebd., 39) und Adornos Monographie (46), er zitiert eine Strophe aus Rilkes Stundenbuch (53), befasst sich ausführlich mit Goethe (62 ff.), berichtet von seiner Lektüre von Werken von Max Frisch. Rümkorfs lapidar eingeworfene Definition von Tagebuch lautet: „Merkhilfe – Gedächtnisstütze – Tränenkrüglein – Rotzlappen" (91). Alle diaristischen Aufzeichnungen Goethes enthalten Berichte über seine Lektüre, oft auch Kritik an den literarischen Werken seiner Freunde, z. B. im Tagebuch von 1779 über den Oberon von Wieland oder im Tagebuch von 1807 über Amphitryon von Kleist; fast alle Tagebücher enthalten Wiedergaben von Buchtiteln, einzelne Zitate aus den gelesenen Büchern, Urteile über Literatur (vgl. Jurgensen 1979, 45 ff; siehe auch Golz 1999). Gottfried Keller setzt sich am Schluss des 1843 in Zürich geführten Tagebuchs mit Goethe auseinander (vgl. Görner 1986, 42 f.); auch Kafka äußert sich in seinen Tagebüchern über die Lektüre anderer Schriftsteller, besonders über Goethes Schriften, ebenso über Dostojewski (vgl. Jurgensen 1979, 149 und 164 ff.; Görner 1986, 43 f.). In Thomas Manns Tagebüchern, vor allem 1933 und 1934, spielt seine Lektüre ebenfalls eine wichtige Rolle, wobei eine deutliche Identifizierung mit der Lektüre und auch eine „gegenseitige Befruchtung von Lesestoff und eigenem Schreiben" (Jurgensen 1979, 219) deutlich wird. Auch Martin Walser notiert immer wieder seine Gedanken zu den gelesenen Werken anderer Schriftsteller und setzt sich dabei sehr für ein naives, voraussetzungsloses Lesen ein (im Gegensatz zum angeleiteten und auf vorgegebene Interpretationen gelenkten Lesen). Er macht dies durch die Schilderung seiner eigenen Erfahrungen in der Kindheit und im späteren Studium deutlich (vgl. Walser 1977, 106 ff.).

3.3 Warum Lese*tagebuch*?

> *„Jeder muss sich irgendwann aus dem Stadium des passiven Lesens herausschreiben."* (Hanns-Josef Ortheil)

In jüngster Zeit wird Tagebucharbeit im weitesten Sinne immer wieder als eine wichtige Methode diskutiert und problematisiert, die im *Unterricht* einsetzbar ist, um Lernprozesse zu qualifizieren und eigenaktives, selbstreguliertes Lernen zu unterstützen. Nicht nur im Fach Deutsch, sondern auch in anderen Schulfächern erörtern Fachdidaktiker die Lernchancen, die sich aus den Verarbeitungsmöglichkeiten von Lernstoff mit Hilfe verschiedener Formen der Tagebucharbeit ergeben. So gibt es z. B. Überlegungen zum Tagebuch als Lernmethode im Mathematikunterricht (vgl. Heske 1999) oder Hinweise zum Einsatz des so genannten 'Scrapbook' im Englischunterricht (vgl. Schwarz 1997, 15 u. 78).

Eine wichtige Bewegung, der es besonders um die Nutzung der Möglichkeiten des Schreibens für das Lernen geht, ist die in den USA entstandene Bewegung des „writing across the curriculum", die drei methodische Schwerpunkte hat: das Tagebuch, das Arbeitsjournal und das Portfolio.[106] Die Erscheinungsformen des Tagebuchs sind dabei sehr vielfältig. Es gibt sie als Notizensammlung zur Vorbereitung auf Aufsätze, als chronologische Aufzeichnung von Eindrücken, als so genanntes 'learning log' zum Festhalten von Fragen und Problemen im Zusammenhang mit einem bestimmten Lerngegenstand oder als 'reading log' zum Aufnehmen von Lektüreeindrücken (vgl. Bräuer 1996, 132 ff.).

Das Tagebuch wird in diesem Konzept als *Lern- und Mitteilungsmedium* genutzt, das nicht nur die Selbstständigkeit der Schreiber herausfordert, sondern auch Einblicke in die Lernprozesse ermöglicht, die Entfaltung individueller Arbeits- und Lernstrategien fördert und Lesen und Schreiben zusammenführt.

---

[106] Gerd Bräuer berichtet in seiner Darstellung über Konzepte und Programme an amerikanischen Schulen von solcher Tagebucharbeit. Er beschreibt die Methode des Tagebuchführens in einer Elementary-School in Iowa-City im Rahmen des Schreibenlernens, wodurch schon in diesem frühen Stadium ein metakognitives Lernen gefördert wird. Die Kinder malen und schreiben in offener Form, tauschen ihre Tagebücher untereinander und mit dem Lehrer aus und erleben so Lesen und Schreiben als wichtige, dominierende Tätigkeiten. „Nicht nur die Verbindungen von literarischen Texten (unbekannter AutorInnen) und individuellen Erfahrungen geraten in den Blick, sondern vor allem das Bewusstwerden des eigenen (kognitiven und intuitiven) Tuns. Tagebuchschreiben wird hier endgültig zur Meta-Reflexionsebene für Lernprozesse und somit selbst Bestandteil persönlich bedeutsamen Lernens" (Bräuer 1996, 181 f.). Portfolioarbeit – 'erfunden' von Donald H. Graves – setzt das Tagebuchschreiben auf einer komplexeren Ebene fort, denn ein Portfolio enthält Notizen, Materialsammlungen, Textentwürfe und -überarbeitungen, Eigen- und Fremdkommentare usw.; es dokumentiert damit den gesamten „Schaffens- und Entwicklungsprozess des Schreibenden" (ebd., 189). Im Portfolio geht es in erster Linie nicht um die Präsentation des Ergebnisses eines Arbeitsprozesses, sondern um die zu veröffentlichende Dokumentation und Kommentierung des Prozesses selbst, der zu dem Ergebnis geführt hat (vgl. Bräuer 1998, 178 ff.). Das Arbeitsjournal ist ein großformatiges Notizbuch oder ein Ordner, in dem die Entwicklung, Kommentierung und Bewertung von Texten dokumentiert wird; es dient als Lern- und Experimentierfeld, um Ideen zu sammeln und Strategien zu entwerfen (vgl. Bräuer 2000, 21 ff.).

Außerdem geht man davon aus, dass privates Schreiben öffentliches Schreiben beflügelt, weil das Tagebuch eine freie Ausdrucksmöglichkeit für Gedanken und Gefühle biete und zugleich vermittle, dass das Aufgeschriebene auch für andere mitteilens- und lesenswert ist. Von der Art und Weise des Umgangs mit den Tagebüchern durch die Lehrkraft hänge es ab, ob hierdurch auch ein Vertrauensverhältnis zwischen Schüler und Lehrer aufgebaut werde; die Lehrkraft bekomme auf jeden Fall eine Rückmeldung über ihren Unterrichtserfolg und die Lernfortschritte der Schüler (vgl. Bräuer 1996, 182 f.).

Wenn das *Lesetagebuch* im Deutschunterricht als Methode im Umgang und zur Auseinandersetzung mit gelesenen Büchern zum Einsatz kommt, wird die Ambivalenz von privatem und öffentlichem Tagebuchschreiben deutlich. Das bedeutet, dass das Lesetagebuch eine Form der schreibenden und gestaltenden Verarbeitung von individuellen Leseerlebnissen ist, die ausdrücklich für die 'Veröffentlichung', zumindest für die kenntnisnehmende und beurteilende Einsicht des Lehrers, bestimmt ist. Daraus können sich in zweifacher Hinsicht Schwierigkeiten ergeben: zum einen kann es für manche Schülerinnen und Schüler ein Problem sein, diesen eigentlich geschützten Bereich, in dem auch Platz für Geheimes, Gewagtes, Probeweises, Unfertiges ist, offen zu legen und dem Lehrer und seiner Beurteilung preiszugeben; zum anderen besteht die Gefahr einer Verfremdung dessen, was man eigentlich schreiben will, aber im Hinblick auf mögliche Leser dann doch nicht schreibt. Die Vorgabe, dass beim Tagebuchschreiben alles erlaubt ist, weil man in erster Linie für sich selbst und nicht für andere schreibt, kann dadurch eine erhebliche Einschränkung erfahren, die bei der Durchsicht und Analyse von Lesetagebüchern zu berücksichtigen ist.

Das Lesetagebuch kann man von daher als *Sonderform des allgemeinen Tagebuchs* bezeichnen, in dem aufgeschrieben wird, was tageweise bzw. an einzelnen Tagen gelesen worden ist.[107] Vermutlich ist die Bezeichnung 'Lese*tagebuch*' vor diesem Hintergrund entstanden. Bedenkt man die Funktion, die dem Lesetagebuch zunächst als Untersuchungsmittel zugeschrieben wurde, hat es damit – in einem 'äußerlichen' Verständnis – seinen Zweck erfüllt: die gelesenen Bücher werden aufgelistet, evtl. zusammen mit datierten Aussagen zum Inhalt und einer Stellungnahme bzw. einem Eindruck dazu. Wenn das Lesetagebuchschreiben zunehmend mehr als Methode für den Deutschunterricht Bedeutung bekommt, verändern sich Inhalte und Intentionen. Es geht nicht mehr um das Festhalten der im Laufe der Zeit gelesenen Bücher, sondern um eine intensive Auseinandersetzung mit Gelesenem und die Dokumentation des individuellen Leseprozes-

---

[107] Kaschnitz weist darauf hin, dass es schon immer neben dem allgemeinen Tagebuch, das aus „unwillkürlichem Nebeneinander von Erlebtem, Gedachtem und Gesehenem" besteht, auch viel speziellere Tagebücher gibt, in denen etwas festgehalten oder aufgezeichnet wird: Tagebücher über wissenschaftliche Studien, Tagebücher von Müttern, die die Entwicklung ihres Kindes notieren, Reisetagebücher, Gefangenentagebücher, Sterbetagebücher, Traumtagebücher (vgl. Kaschnitz 1982, 28 f.).

ses. Damit kommt das Lesetagebuch der privaten Schreibsituation des Tagebuchschreibens sehr nahe, kann aber durch die Didaktisierung und den damit verbundenen 'Öffentlichkeitscharakter' auch kontraproduktiv werden. Im Unterschied zum freien Tagebuchschreiben kann diese spezielle Form zudem dadurch verfälscht werden, dass die Schülerinnen und Schüler das Tagebuch nicht freiwillig erstellen, sondern im Unterricht den Auftrag dazu bekommen. In diesem Sinne wäre das Führen des Lesetagebuchs eine Art von Berichterstattung, ein Rechenschaftsbericht, der auf Beurteilung hin verfasst wird.

Es stellt sich von daher die Frage, warum die hier vorgestellte und untersuchte Methode der Auseinandersetzung mit Büchern Lese*tagebuch* genannt wird. Obwohl einzelne Didaktiker andere Begriffe benutzen – z. B. 'Leseheft', 'Lesebegleitheft' oder 'Lesejournal' –, hat sich in der fachdidaktischen Diskussion überwiegend der Begriff 'Lese*tagebuch*' durchgesetzt. Wenn er beibehalten wird, kann in der Frage nach seiner Begründung der Anspruch deutlich werden, diese Methode im Deutschunterricht so zu handhaben, dass ihre Bezeichnung gerechtfertigt erscheint. Dazu müssen nicht nur 'äußere' Kriterien erfüllt sein (z. B. Datierung der Eintragungen, regelmäßige chronologische Aufzeichnungen), sondern auch die Unterscheidung von Privatheit und Öffentlichkeit den Schreibern bewusst sein bzw. bewusst gemacht werden. Lehrerinnen und Lehrer müssen hier ebenso wie Schülerinnen und Schüler eine Form finden und entwickeln, die für sie individuell handhabbar ist. Auf jeden Fall muss *vor* dem Schreiben klar sein, was *hinterher* mit dem Geschriebenen geschieht.

Da Tagebücher Ausdruck des subjektiven Schreibens sind, muss akzeptiert werden, dass sie die *Äußerungsmöglichkeiten der jeweiligen Subjektivität* widerspiegeln. Das heißt, dass sie sprachlich elaboriert oder dürftig, stilistisch ausgefeilt oder holperig, orthographisch korrekt oder fehlerhaft sein können. Eine begleitende Beratung während des Erstellungsprozesses kann notwendig und hilfreich sein, eine Überarbeitung oder Berichtigung wie bei anderen schulischen Schreibanlässen, z. B. beim zensierten Aufsatz, ist jedoch nicht sinnvoll. Hier kann die Hypothese formuliert werden: Je freier Inhalt und Form der Tagebücher gehandhabt werden, desto näher kommen sie den bestimmenden Merkmalen eines Tagebuchs; je eingeengter die Handhabung ist, je mehr Vorgaben und Auflagen für die Erstellung gemacht werden, desto mehr entfernt sich das Lesetagebuch davon und bleibt hinter seinen lesedidaktischen Möglichkeiten zurück.

4 Lesetagebücher – Analyse und Interpretation

4.1 Methodologische Überlegungen

4.1.1 Zum erkenntnisleitenden Interesse der Untersuchung

Die Untersuchung, die im Folgenden dokumentiert wird, bezieht sich auf *375 Lesetagebücher*, die von Schülerinnen und Schülern der Klassen 5–10 verschiedener Schulen und Schulformen begleitend zur Lektüre von Kinder- und Jugendbüchern angefertigt worden sind. In den meisten Fällen wurde ein ausgewähltes Buch als Klassenlektüre gelesen; in einzelnen Klassen wurden mehrere Bücher zur Auswahl angeboten, die dann in kleinen Gruppen oder auch von Einzelschülern gelesen wurden. In allen Fällen fertigten die Schülerinnen und Schüler im Rahmen eines geöffneten Unterrichts individuelle Lesetagebücher an (vgl. Übersicht 3a–c, S. 107f.). Bei *288 Lesetagebüchern* konnten sie selbst entscheiden, was sie wann und wie notieren oder gestalten wollten; als Unterstützung dienten allgemein gehaltene Anregungen und Tipps auf einem Handzettel, den alle erhalten haben (vgl. Übersicht 2, S. 105).[108] Einzelne Klassen bekamen buchbezogene Pflicht- und/oder Wahlaufgaben, mit denen die Lehrkräfte Strukturierungsvorgaben machten; hierzu gehören *82 Lesetagebücher*. Schließlich gibt es noch *5 Lesetagebücher*, die jeweils von mehreren Schülerinnen und Schülern in 'freier' Form gemeinsam in Gruppenarbeit erstellt worden sind.

Die der Untersuchung zugrunde liegende Hypothese lautet:

Das Lesetagebuch ist eine geeignete Methode, um bei Schülerinnen und Schülern die Auseinandersetzung mit Gelesenem anzuregen und zu unterstützen.

Daraus wird die erkenntnisleitende Fragestellung abgeleitet:

Welche Auseinandersetzungsweisen der Schülerinnen und Schüler mit dem Gelesenen sind in konkreten Lesetagebüchern dokumentiert und welche Rückschlüsse lassen sich daraus ziehen?

Die Lesetagebücher manifestieren eine Auseinandersetzung der Schülerinnen und Schüler mit den Büchern, die sie im Deutschunterricht oder aus Anlass des Deutschunterrichts gelesen haben.[109] Alle Schülerinnen und Schüler, die etwas in

---

[108] Der Handzettel wurde den Lehrerinnen und Lehrern, die in ihren Klassen das Lesetagebuch als Methode einsetzen wollten (vgl. Kap. 4.2.1), von mir zur Verfügung gestellt. Er ist entstanden auf der Grundlage der bisher erschienenen Literatur zum Lesetagebuch (vgl. z. B. Langemack 1989; Merkelbach 1998b 32f.; Bertschi-Kaufmann 1998a, 34) und wurde von mir in immer wieder modifizierter Form bereits in Schulbücher und Unterrichtsmaterialien eingebracht (vgl. Hintz 2000a und 2000b).

[109] Der Begriff 'Auseinandersetzung' hat zwar eine stark kognitive Komponente (hier schon durch den Prozess des Schreibens), aber er beinhaltet auch emotionale, produktive, imaginative und konstruktive Komponenten. Die aus der Lektüre eines Buches hervorgehenden Lesetagebuchtexte sind als Dokumentationen einer Literaturverarbeitung anzusehen und machen sichtbar, was den Lesenden, der zugleich Schreibender ist, am Gelesenen interessiert, bewegt, zum Nach-

ihr Lesetagebuch eingetragen haben, dokumentieren damit, dass sie sich mit dem gelesenen Text über das bloße Lesen hinaus beschäftigt haben, wenn auch auf unterschiedliche Weise. Sie schreiben auf, was sie gelesen haben, was sie zu dem Gelesenen, zu Teilen des Gelesenen, zu einzelnen Handlungsträgern usw. gedacht haben, was sie beim Lesen gefühlt, erlebt, erfahren haben und wie sie das Gelesene beurteilen. Die eigentliche Auseinandersetzung ist ein 'innerer', mentaler Vorgang im lesenden Individuum und deshalb von Dritten, d. h. von außen, nicht direkt beobachtbar. Fassbar sind lediglich *die dokumentierten Äußerungen* als „Rezeptionstexte, in denen das lesende Individuum sein inneres Erleben unter Verwendung von Zeichen und Symbolen 'veröffentlicht'" (Brütting 1983, 52), wobei nicht vollständig zu klären ist, inwieweit die schriftlichen Äußerungen mit den 'inneren' Vorgängen deckungsgleich sind bzw. „inwieweit Rezeptionstexte den mentalen Rezeptionsprozess widerspiegeln" (ebd.).

Alles, was über das Geäußerte hinausgeht – also das nicht Manifestierte –, entzieht sich der Kenntnis Außenstehender und kann beim Einzelnen viel mehr sein als das, was er im Lesetagebuch explizit macht. Die konkreten manifesten Befunde lassen jedoch *Schlussfolgerungen auf die Rezeptions- und Verarbeitungsprozesse* zu, die die Schülerinnen und Schüler als Leser von Kinder- und Jugendliteratur unter den Bedingungen schulischer Lesesituationen durchlaufen haben und die durch Analyse und Interpretation der Tagebuchtexte erschlossen werden können. Schließlich ist der Literaturunterricht „eine der wenigen Möglichkeiten, wo sich Nicht-Experten über Literatur äußern; und empirisch fassbare Äußerungen sind bislang die Bedingung der Möglichkeit, literarische Rezeptionsprozesse zu erforschen" (ebd., 36).

So wird anhand der vorliegenden Lesetagebücher der Frage nachgegangen, wie Schülerinnen und Schüler sich mit Hilfe dieser Methode mit den gelesenen Büchern auseinander setzen. Neigen sie eher zu einem textnahen Aufschreiben dessen, was sie gelesen haben, oder zu textbearbeitenden Prozessen? Bleiben sie überwiegend bei der Wiedergabe im Sinne inhaltlicher Resümees gelesener Textteile oder versuchen sie ihre subjektiven Verarbeitungsprozesse zur Sprache zu bringen? Geben sie Informationen aus dem gelesenen Text 'richtig' oder eher subjektiv verändert, entstellt oder sogar 'falsch' wieder? Formulieren sie Fragen, die ihnen beim Lesen gekommen sind? Welche konkreten Möglichkeiten finden und nutzen sie, wenn sie durch das Lesetagebuch zu einer produktiven Rezeption angeregt werden? Welche kognitiven, emotionalen und bewertenden Bezüge entwickeln sie zu den Inhalten, Problemstellungen und Handlungsträgern der Bücher? Artikulieren sie erfüllte oder enttäuschte Erwartungen, die sie

---

denken angeregt, erfreut oder aufgeregt hat. Es geht, wenn man so will, um eine umfassende Standortbestimmung des einzelnen Lesers, und zwar aus Anlass des Gelesenen, mit dem er sich 'auseinander setzt', um seiner habhaft zu werden. Für dieses Umfassende und Zielgerichtete scheint mir der Begriff 'Auseinandersetzung' besonders geeignet zu sein.

mit dem Lesen eines bestimmten Buches verbunden haben? Versuchen sie möglicherweise verändernd in das Geschehen des Buches einzugreifen?

Darüber hinaus wird untersucht, welche Rezeptionshandlungen und Verarbeitungsweisen die Schülerinnen und Schüler vornehmen, wenn sie im Leseprozess und bei der anschließenden Arbeit mit dem Lesetagebuch aus einem Aufgabenkatalog, der *Anregungscharakter* hat und keine verpflichtenden Aufgaben enthält, frei auswählen können. In welchem Umfang und in welchem 'Mischungsverhältnis' greifen sie die gegebenen Anregungen auf? Wählen sie eher Anregungen aus, die auf die Texterschließung gerichtet sind, oder wenden sie sich mehr von den Texten ab und stärker der (Selbst-)Reflexion zu, für die das Lesen nur der Anlass ist? Beschränkt sich die Bearbeitung des Gelesenen auf die Verwendung einfacher, aus dem Unterricht bekannter Formen oder haben die Schülerinnen und Schüler ein individuelles, perspektivenreiches Gestaltungsrepertoire? Schreiben die Schülerinnen und Schüler eher stichwortartig, fragmentarisch oder in kohärenten Texten? Finden sich Eintragungen, in denen die Schülerinnen und Schüler Unklarheiten und Verstehensprobleme bei einzelnen Textstellen oder Ratlosigkeit formulieren? Finden sie Anschlüsse an Textauszüge, die sie produktiv weiterführen oder verändern? Bringen sie in ein 'Tagebuch' auch biographische Elemente, eigene Erfahrungen, Empfindungen und Projektionen ein?

Zum Abschluss der Analyse und Interpretation der Lesetagebücher wird resümiert, ob das Lesetagebuch tatsächlich eine geeignete Methode ist, um Schülerinnen und Schüler im Deutschunterricht über das bloße Lesen von Büchern hinaus zu einer vertieften Auseinandersetzung mit dem Gelesen anzuregen. Welche Bedingungen müssen erfüllt sein, wenn Ergebnisse erzielt werden sollen, für die die Bezeichnung 'Lese*tagebuch*' auch tatsächlich angemessen erscheint?

Im Unterschied zum privaten Lesen oder zum freien selbstbestimmten Gebrauch eines Tagebuchs muss bei der Auswertung der Tagebuchergebnisse das *Handlungsfeld 'Schule und Unterricht' als besonderer Gesamtzusammenhang*, d. h. als determinierende Rahmenbedingung, gesehen und berücksichtigt werden. Das Lesen und Tagebuchschreiben findet als Wechselspiel zwischen Buchlektüre und Rezeptions- und Verarbeitungsweisen im Rahmen des schulischen Deutschunterrichts statt, sodass man von einer Dichotomie privater und öffentlicher Momente der Buchlektüre und -verarbeitung ausgehen muss. Die entstandenen Lesetagebuchergebnisse müssen in ihrem Verhältnis zu den jeweils vorherrschenden individuellen und institutionellen Bedingungen und Möglichkeiten gesehen werden, z. B. der konkreten Schule und Schulform, der Unterrichtssituation, der Schülerpersönlichkeit und der Passung zwischen Buch und Leser, dem Rollenverständnis und der Beratungskompetenz des Lehrers, der Lern- und Lesemotivation der Schülerinnen und Schüler, dem Leistungsstand der Lerngruppe, den individuellen Schülerbedürfnissen. Diese schulischen

Rahmenbedingungen, die bestimmte Schwerpunktsetzungen verursachen und auch Verzerrungen mit sich bringen können, sind im Einzelfall nicht vollständig bekannt und können deshalb nicht umfassend benannt oder rückverfolgt werden. Es ist aber zu vermuten, dass diejenigen Schülerinnen und Schüler, die in ihrem Deutschunterricht bereits handlungs- und produktionsorientierte Verfahren angewendet haben, über Methodenkompetenzen verfügen, die ihnen bei der Erstellung eines Lesetagebuchs hilfreich sind.

Die *Frage nach der Verallgemeinerbarkeit* punktueller, in unterschiedliche Entstehungsbedingungen eingebundener Realisierungen von Lesetagebüchern beansprucht von daher besondere Aufmerksamkeit, denn die Untersuchung der dokumentierten Ergebnisse aus den Lesetagebüchern ist nicht von vornherein als allgemein gültig anzusehen, weil die vorhandenen Texte nicht repräsentativ sein können für die Gesamtheit möglicher Lesetagebücher und weil bei den angewendeten Analyse- und Interpretationsverfahren immer auch die Subjektivität der Deutung eingestanden werden muss. Dennoch ist jeder besondere Einzelfall immer auch „eine prinzipielle Möglichkeit des Allgemeinen" (Aufenanger 1986, 236). So kann der Versuch, die in der Praxis entstandenen Lesetagebücher zu analysieren und zu interpretieren, zu vorsichtigen Aussagen über tatsächliche und mögliche Auseinandersetzungsprozesse im Umgang mit Büchern und über die Bedingungen eines erfolgreichen Einsatzes des Lesetagebuchs im Deutschunterricht führen, auch mit dem Ziel einer Handlungsorientierung für Lehrerinnen und Lehrer nach dem Grundsatz: „An dem, was wirklich ist, erkennen, was möglich ist" (Binneberg 1997, 8). Eine generelle Übertragbarkeit der Ergebnisse und Erkenntnisse auf den Einsatz des Lesetagebuchs in allen möglichen zukünftigen Unterrichtssituationen ist jedoch nicht denkbar und deshalb auch nicht beabsichtigt.

4.1.2 Zur Methode der Untersuchung: Inhaltsanalyse als Forschungsansatz

Die Methode, mit der die Untersuchung der Lesetagebücher erfolgt, wird in der Fachliteratur als Inhaltsanalyse bezeichnet. Nach Philipp Mayring ist damit eine *Auswertung und Interpretation von schriftlichem Material* mit folgenden Einzelschritten gemeint: das Material wird gesichtet; aus dem Material werden Fragestellungen, Begriffe, Kategorien und Analyseelemente entwickelt; Textaussagen werden durch Techniken der Zusammenfassung, Explikation und Strukturierung herausgearbeitet und der Fragestellung bzw. den Kategorien zugeordnet; im Anschluss daran folgt die Interpretation der Ergebnisse im Hinblick auf die Ausgangsfragestellung; abschließend werden die Einzelfälle fallübergreifend generalisiert (vgl. Mayring 1990, 42 ff.). Auch Siegfried Lamnek beschreibt die Inhaltsanalyse als ein Verfahren, mit dem Material ausgewertet werden kann, „das emotionale und kognitive Befindlichkeiten, Verhaltensweisen oder Handlungen repräsentiert", die „in reproduzierbarer Form vorliegen" (Lamnek 1995, 178).

Obwohl die Inhaltsanalyse immer wieder wegen des scheinbaren Makels mangelnder Verallgemeinerbarkeit abgewertet worden ist (vgl. Mayring 1990, 18), hat sie sich als Methode etabliert, weil andere methodische Ansätze dem Anspruch einer systematischen, umfassenden und regelgeleiteten Auswertung und Interpretation von komplexem sprachlichem Material nicht genügen konnten. Mayring führt dazu aus: „die philosophische Hermeneutik bleibt zu vage, zu unsystematisch; die sprachwissenschaftliche Textanalyse beschränkt sich meist auf die Textstruktur; die kommunikationswissenschaftliche Inhaltsanalyse (content analysis) hat nur sehr spezielle quantitative Techniken entwickelt" (ebd., 10).

Nach Klaus Merten ist die Inhaltsanalyse „im Grunde ein diffuser und daher unglücklich gewählter Begriff, der Gegenstand, Ziel und Typik der Analyse vollkommen undefiniert lässt" (Merten 1983, 14). Deshalb sei es eine unabdingbare Voraussetzung jeder Inhaltsanalyse, dass das zugrunde liegende fertige Textmaterial entsprechend der inhaltsanalytischen Fragestellung genau beschrieben wird (vgl. ebd., 18). Im Anschluss daran dürfe sich die Analyse nicht in einem pauschalen Rezipieren und einer rein subjektiv gefärbten Interpretation der Texte mit darauf aufbauenden kreativen Schlüssen erschöpfen; vielmehr müsse es zunächst um die Aufdeckung von relevanten Merkmalsdimensionen gehen, wobei die dazu nötigen Schritte explizit und intersubjektiv nachprüfbar gemacht werden müssten, um dann in einem zweiten Schritt mit der Ordnung der empirisch feststellbaren Merkmalszusammenhänge zu beginnen und zur Bildung von Kategorien, Klassifikationen oder Typologien vorzudringen (vgl. ebd., 94). Merten spricht von einer Dreiteilung der Untersuchung, bei der auf die Darlegung des Entdeckungszusammenhangs (das *Warum* der Untersuchung, die erkenntnisleitenden Motive und Interessen) eine Entfaltung des Begründungszusammenhangs folgt (das *Wie* der Untersuchung, die angewendeten Regeln und Verfahrensweisen und ihre Prüfung auf Gültigkeit, Zuverlässigkeit und Genauigkeit), die ihrerseits Grundlage für das Aufzeigen des Verwertungszusammenhangs ist (die *Auswirkungen* der Untersuchung) (vgl. ebd., 314).

Bei der Inhaltsanalyse wird zwischen *quantitativer* und *qualitativer* Inhaltsanalyse unterschieden. Als quantitativ wird dabei der Forschungsansatz verstanden, der sich vor allem der Datenerhebung und -auswertung widmet. Die Daten müssen quantifizierbar sein und mit Hilfe statistischer Methoden ausgewertet werden können (vgl. Lamnek 1993, 6). Das Ziel ist nach Mayring, „bestimmte Themen, Inhalte, Aspekte aus dem Material herauszufiltern und zusammenzufassen" (Mayring 1995, 83). Lamnek bezeichnet die quantitative Inhaltsanalyse als „Erhebungstechnik", bei der sowohl die Grundgesamtheit als auch die zu analysierende Stichprobe des Materials genau fixiert und vor Beginn der Analyse die Analyseeinheiten, die Analysedimensionen und die Analysekategorien festgelegt werden müssen (vgl. Lamnek 1995, 185ff.).

Die *qualitative Inhaltsanalyse* konzentriert sich nach Lamnek dagegen „stärker auf die Konstruktion von Theorien, ohne aber die Berechtigung einer Überprüfung grundsätzlich anzuzweifeln" (Lamnek 1993, 209). Im Vordergrund stehe die induktive Hypothesenbildung, bei der die durch qualitative Analyse gewonnenen Kategorien auch im Hinblick auf eine denkbare Generalisierung einen höheren Realitätsgehalt und eine bessere „Bewährungswahrscheinlichkeit" hätten als bei anderen Formen der Hypothesengenerierung (vgl. ebd., 211). Unterscheidungsmerkmale zu quantitativen Ansätzen und zugleich Kriterien qualitativer Forschung seien: die Offenheit im Hinblick auf Untersuchungssituationen, -material und -methoden, das kommunikative Verständnis von Forschung mit einer bewussten Konzentration auf Kommunikationssituationen, der Prozesscharakter von Forschung und Gegenstand und das methodologische Prinzip der Interpretativität (vgl. ebd., 21 ff. und Lamnek 1995, 17 ff. u. 198 ff.). Offenheit und Interpretativität kommen vor allem darin zum Ausdruck, dass das vorhandene Material nicht zur *Falsifikation* von vorab formulierten Hypothesen verwendet, sondern zur *Gewinnung* von Hypothesen und Kategorien auf dem Wege der Interpretation genutzt wird (vgl. Lamnek 1995, 202 f.).

Da es bei der vorliegenden Untersuchung vor allem um eine *qualitative Inhaltsanalyse* von Lesetagebüchern geht, sind bei der Interpretation der einzelnen Texte auch *hermeneutische Verfahrensschritte* einzubeziehen.[110] Als Erkenntnisverfahren bezeichnet Hermeneutik die Auslegung und Interpretation gegebener Phänomene – hier: schriftlicher Äußerungen – mit dem Ziel des Verstehens ihrer immanenten Sinnhaftigkeit. Die Texte gelten als Teil der geistig-kulturellen menschlichen Lebenswelt, die als Sinnzusammenhang verstehbar ist, und als „dauernd fixierte Lebensäußerungen" (vgl. Dilthey 1961/I), die nicht eigens für

---

[110] Die Hermeneutik – von Dilthey definiert als „Kunstlehre des Verstehens schriftlich fixierter Lebensäußerungen" (Dilthey 1957, 332) – kann als älteste Methode zur Analyse sprachlichen Materials angesehen werden. Der Begriff 'Hermeneutik' leitet sich ab vom griechischen 'hermeneuein' (= aussagen, auslegen, übersehen); es handelt sich demnach um eine Methode, die sich vorrangig mit der Auslegung von Texten befasst. Als Begründer der Hermeneutik kann der Philosoph Schleiermacher (1768–1834) gelten, auf den sich später Dilthey (1833–1911) bezog. Der Hermeneutik geht es nicht um kausale Erklärungen, sondern um die Interpretation von 'Zeichen'. Der so genannte 'hermeneutische Zirkel' ist eine kreisförmig angelegte Untersuchungsform, bei der einerseits die Einzelelemente nur aus dem Gesamtzusammenhang verständlich sind und sich andererseits das Ganze nur aus den Teilen ergibt. Schon vor Beginn der Untersuchung ist jeweils ein Vorverständnis vorhanden, weil man nicht vollkommen voraussetzungslos an einen Text herangehen kann. Dieses Vorverständnis führt zu einem ersten Textverständnis, das seinerseits ein erweitertes Vorverständnis zur Folge hat, was wiederum zu einem erweiterten Textverständnis führt, usw.; diese Wechselbewegung wird im Idealfall so lange fortgesetzt, bis das vorhandene Textmaterial nahezu vollständig 'verstanden' ist. Dilthey schreibt: „Wir nennen den Vorgang, in welchem wir aus Zeichen, die von außen sinnlich gegeben sind, ein Inneres erkennen: Verstehen!" (Dilthey 1957, 318) Und an anderer Stelle: „Das 'Innere' zeigt sich als Sinn und Bedeutung, während das 'Äußere' als Ausdruck jenes Sinnes verstanden werden kann" (Dilthey 1961/VII, 217). Wilhelm Flitner bezeichnet die Hermeneutik als „Methode der Quellenforschung, der Interpretation aller menschlichen Dokumente" (Flitner 1964, 91).

diese Untersuchung angefertigt worden sind. Nach Lamnek geht es um das „Erkennen eines Inneren aus Zeichen" bzw. „darum, aus dem Äußeren etwas Inneres, nicht unmittelbar Wahrnehmbares, zu erfassen" (Lamnek 1995, 79).

Die analysierten, verstandenen Sinn- und Wirkungszusammenhänge können nur als Hypothesen formuliert werden, da sie immer als vorläufige Erkenntnisse eines analysierten Phänomens zu betrachten sind (vgl. Danner 1979, 90). Auch Mayring und Lamnek weisen darauf hin, dass sich die Gütekriterien Validität, Reliabilität, Objektivität, Repräsentativität und Generalisierbarkeit kaum auf qualitative Forschungsansätze anwenden lassen (vgl. Mayring 1996, 115 ff. u. Lamnek 1995, 197 ff.). Mayring nennt als spezifische Gütekriterien qualitativer Ansätze: die überprüfbare Verfahrensdokumentation, die argumentative Interpretationsabsicherung, die Regelgeleitetheit, die Nähe zum Untersuchungsgegenstand, die kommunikative Validierung und die Triangulation (vgl. Mayring 1996, 119 ff.).[111]

Nach Lange / Willenberg können qualitativ-interpretative und quantitativ-nummerische Verfahren in der Unterrichtsforschung sinnvoll vereint werden, wobei die Inhaltsanalyse sozusagen das Scharnier zwischen qualitativem und quantitativem Vorgehen bilde (vgl. Lange / Willenberg 1989, 173 u. 178). Karlheinz Biller tritt ebenfalls für eine ausgewogene, aufeinander abgestimmte Kombination quantitativ-empirischer und qualitativer Methoden ein, weil nur so in angemessener Weise Wirklichkeit erforscht werden könne (vgl. Biller 1988, 4). Werner Früh weist darauf hin, „dass die Inhaltsanalyse zwar quantifizierend vorgeht, die quantitative Analyse dabei aber immer der qualitativen Analyse folgt und beide deshalb kein Gegensatz sein können. Jede Beobachtung bzw. Identifizierung eines inhaltlichen Textmerkmals ist zunächst ein 'qualitativer' Analyseakt, dessen zählend-quantifizierende Weiterverarbeitung diesen Charakter nicht aufhebt. Insofern ist auch die Bezeichnung 'quantitative' Analyse irreführend und deshalb abzulehnen, weil sie implizit eine Scheinalternative zu 'qualitativen' Analyseverfahren behauptet, wo im Grunde nur eine quantifizierende Ergänzung vorliegt" (Früh 1998, 35 f.).[112]

---

[111] Auch Ines Steinke führt aus, dass für die qualitative Inhaltsanalyse, die auf den Nachvollzug eines subjektiv gemeinten Sinns gerichtet sei, die intensive und durch eine genaue Dokumentation des Forschungsprozesses intersubjektiv nachvollziehbare Analyse von einzelnen Fällen das methodische Charakteristikum sei. Verallgemeinerungen könnten nur sehr vorsichtig vorgenommen werden, störende Bedingungen müssten benannt werden (vgl. Steinke 1999, 17 ff. u. 207 ff.). Biller stellt fest: „Das Verstehen beansprucht verbindlich zu sein. Die Verbindlichkeit des Verstehens bedeutet nicht, im naturwissenschaftlichen Sinne Allgemeingültigkeit herstellen zu wollen, etwa dass die Ergebnisse jederzeit in identischer Weise wiederholbar sind und sie von jedem jederzeit überprüft werden können, was bekanntlich nur bei naturwissenschaftlichen Gesetzen gelingt" (Biller 1988, 79).

[112] Auf den Streit, ob quantitative oder qualitative Methoden eher geeignet seien, Wirklichkeit zu erfassen und zu deuten, soll hier nicht näher eingegangen werden. Die wechselseitig erhobenen Vorwürfe, die quantitative Forschung erliege einem Messfetischismus, während die qualitativen Forscher sich einer subjektiven Interpretationsbeliebigkeit auslieferten, scheinen heute überholt zu sein.

Mayring gibt für die Erfassung und Interpretation von sprachlichem Material der qualitativen Inhaltsanalyse den Vorrang vor der quantitativen, favorisiert aber gleichfalls eine Kombination beider Ansätze nach dem Grundsatz „Von der Qualität zur Quantität und wieder zur Qualität" (Mayring 1990, 18). Um zu einer wirklichen Integration qualitativer und quantitativer Analyse zu kommen, müsse qualitatives Denken den Forschungsprozess in allen seinen Phasen bestimmen (vgl. Mayring 1996, 123). In jedem Fall müsse darauf geachtet werden, dass die Inhaltsanalyse nicht zu starr und unflexibel werde, sondern sich auf den jeweils konkreten Forschungsgegenstand ausrichte. Diese Gegenstandsangemessenheit sei wichtiger als eine formale Systematik (vgl. ebd. u. Mayring 1990, 111). In der folgenden Untersuchung wird zwischen quantitativer *Erfassung* und qualitativer *Inhaltsanalyse* unterschieden.

4.1.3 Beschreibung und Begründung des methodischen Vorgehens

Bei der Untersuchung der Lesetagebücher werden *qualitative und quantitative Verfahren miteinander verbunden*. Nachdem das vorhandene Material von insgesamt 375 Lesetagebüchern gesichtet und unter Berücksichtigung der Entstehungssituationen deskriptiv bearbeitet ist (Kap. 4.2.1), werden zunächst die Inhalte der Lesetagebücher anhand der Anregungen auf dem Handzettel, den alle Schülerinnen und Schüler vor dem Anfertigen des Lesetagebuchs erhalten haben (vgl. Übersicht 2, S. 105), im Hinblick auf Häufigkeit und Mischungsverhältnis *quantitativ erfasst* (Kap. 4.2.2)[113]. Eine solche quantitative Erfassung kann nur gelingen, wenn zunächst *qualitativ* ermittelt wird, wie die einzelnen Anregungen inhaltlich zu verstehen und in den Tagebüchern zu identifizieren sind (Kap. 4.2.2.1). In die quantitative Erfassung werden nur die 288 Lesetagebücher einbezogen, die in 'freier' Form auf der Basis von Wahlmöglichkeiten zwischen vorgeschlagenen Anregungen entstanden sind (vgl. Übersicht 3a–c, S. 107f.). Aus pragmatischen Gründen erfolgt eine Stichprobenziehung jedes zehnten Exemplars (vgl. Übersicht 4, S. 110). Die Leitfragen der quantitativen Untersuchung lauten:

---

[113] Eine Analyse nach Textsorten wäre hier nicht angebracht, da die Schülerinnen und Schüler oft Mischformen wählen und textsortenbezogenes Schreiben beim Tagebuch eine untergeordnete Funktion hat. Trotzdem können viele Eintragungen grob nach bestimmten Formen, die die Schülerinnen und Schüler gewählt haben, kategorisiert werden (z. B. Inhaltswiedergabe, Personenbeschreibung, Stellungnahme, Brief, Telefongespräch, Texteingriffe /-veränderungen, Illustrationen, Skizzen, Bildergeschichten usw., entsprechend dem Handzettel). Schülerinnen und Schüler mit einer bestimmten Schreibkompetenz vollziehen das textsortenbezogene Schreiben möglicherweise auch bewusst. In diesen Fällen könnte man von Intentionen der Schreiber sprechen. Viele aber schreiben, ohne vorher lange darüber nachzudenken, sodass die Intentionen erst im Nachhinein herausinterpretiert werden können und bestimmte Textsorten in „Reinform" nur vereinzelt vorkommen.

1. Wie viele Schülerinnen und Schüler greifen welche der gegebenen Anregungen auf?

2. In welchem 'Mischungsverhältnis' greifen die einzelnen Schülerinnen und Schüler die Anregungen auf?

Nach der quantitativen Erfassung erfolgt eine erste, vorläufige Kategorisierung von Auseinandersetzungsweisen mit dem Gelesenen (Kap. 4.2.3). Danach wird eine ausführliche *qualitative Inhaltsanalyse* von vier bewusst ausgewählten Lesetagebüchern durchgeführt, um zu untersuchen, welche *individuellen Wege* der Auseinandersetzung mit dem Gelesenen die Schülerinnen und Schüler gehen, wenn sie freie Arbeitsmöglichkeiten haben und nur über den Handzettel, gelegentliche Klassengespräche und eine situative Beratung der Lehrkräfte Anregungen für ihr Lesetagebuch bekommen (Kap. 4.3.2). Die Leitfragen lauten diesmal:

Welche Auseinandersetzungsweisen mit dem Gelesenen sind in den Lesetagebüchern erkennbar und unterscheidbar dokumentiert? Wie lassen sich diese Auseinandersetzungsweisen kategorisieren?

Da eine Totalanalyse der vorliegenden Datenbasis aus allen Lesetagebüchern nicht durchführbar ist, werden die aus den vier Lesetagebüchern ermittelten Ergebnisse anschließend anhand von Einzelbeispielen aus anderen 'frei' gestalteten Lesetagebüchern verdeutlicht und ergänzt (Kap. 4.3.3). Die bewusste Auswahl von hierfür geeigneten Lesetagebüchern erfolgt mit der Intention, Eintragungen von Mädchen und Jungen aus verschiedenen Schulklassen und Jahrgangsstufen zur Veranschaulichung und Differenzierung heranzuziehen. Um auch unterschiedliche Entstehungsbedingungen nicht unberücksichtigt zu lassen, sollen danach noch Lesetagebücher mit 'vorstrukturierter' Aufgabenstellung den 'frei' gestalteten gegenübergestellt werden (Kap. 4.3.4). Im induktiven Vorgehen werden aus der je individuellen Art und Weise der Umsetzung von Anregungen und eigenen Ideen unterscheidbare Auseinandersetzungsweisen der Schülerinnen und Schüler abgeleitet und als begrenzt verallgemeinerbare Aussagen zu Kategorien zusammengefasst (Kap. 4.4).

Das gewählte mehrperspektivische Untersuchungsdesign führt am Ende zu *didaktischen Perspektiven* für den Einsatz von Lesetagebüchern im Deutschunterricht, die in der *Neuformulierung eines Anregungszettels* konkretisiert werden (Kap. 5) (vgl. Verlaufsskizze der Untersuchung: Übersicht 1, S. 102).

Übersicht 1: Verlaufsskizze der Untersuchung

Sichtung, Beschreibung und Ordnung der vorhandenen 375 Lesetagebücher und ihrer Entstehungssituationen (Kap. 4.2.1)

↓

Quantitative Erfassung der Inhalte der Lesetagebücher anhand der Vorgaben auf dem Einlegezettel (vgl. Übersicht 2) im Hinblick auf Häufigkeit und Mischung – Stichprobenziehung aus den 288 in 'freier' Form erstellten Lesetagebüchern mit Hilfe der systematischen Wahrscheinlichkeitsauswahl (Kap. 4.2.2)

↓

Erste Kategorisierung von Auseinandersetzungsweisen mit dem Gelesenen (Kap. 4.2.3)

↓

Qualitative Inhaltsanalyse von vier bewusst ausgewählten Lesetagebüchern / Wiedergabe und Interpretation der Inhalte zur Ermittlung von einzelfallübergreifenden Auseinandersetzungsweisen (Kap. 4.3.2)

↓

Verdeutlichung der ermittelten Ergebnisse anhand von Beispielen aus weiteren 'frei' gestalteten Lesetagebüchern – bewusste Auswahl geeigneter Einzeleintragungen (Kap. 4.3.3)

↓

Gegenüberstellung von Beispielen aus Lesetagebüchern mit 'vorstrukturierter' Aufgabenstellung (Kap. 4.3.4)

↓

Zusammenfassung der Untersuchungsergebnisse – Kategorisierung der ermittelten Auseinandersetzungsweisen (Kap. 4.4)

↓

Entfaltung von didaktischen Perspektiven für den Einsatz von Lesetagebüchern im Deutschunterricht – Neuformulierung eines Anregungszettels (Kap. 5)

4.2 Quantitative Erfassung ausgewählter Lesetagebücher

4.2.1 Angaben zu den untersuchten Lesetagebüchern

Grundlage für die folgende Analyse und Interpretation sind 375 Lesetagebücher, die im Deutschunterricht in 24 Schulklassen der Schuljahrgänge 5 bis 10 (Orientierungsstufe, Hauptschule, Realschule) in verschiedenen Schulen der Stadt und des Landkreises Hildesheim erstellt worden sind.

Diese Lesetagebücher sind in konkreter Unterrichtspraxis entstanden. Es handelt sich um *Dokumente aus jeweils einmaligen, nicht wiederholbaren Unterrichtssequenzen im Rahmen des normalen, alltäglichen Deutschunterrichts.* Die Lerngruppen ergaben sich mehr oder weniger zufällig aus der Bereitschaft der jeweiligen Lehrerinnen und Lehrer, das Lesen von Kinder- und Jugendliteratur für einige Zeit in den Mittelpunkt ihres Unterrichts zu stellen und lesebegleitend ein Lesetagebuch führen zu lassen. Bei den beteiligten Lehrerinnen und Lehrern fand sich eine übereinstimmende Wertschätzung des Lesetagebuchs als didaktische Innovation und motivierende methodische Möglichkeit zur Auseinandersetzung mit den gelesenen Büchern. Sie waren bereit, Einblicke in die Unterrichtsergebnisse zu geben, zeigten sich kooperativ und haben die Lesetagebücher mit dem Einverständnis der betreffenden Schülerinnen und Schüler für die Untersuchung zur Verfügung gestellt. Alle Lehrerinnen und Lehrer sind mir aus Lehrerfortbildungsveranstaltungen, als Mentorinnen und Mentoren des Fachpraktikums Deutsch oder als ehemalige Kolleginnen und Kollegen persönlich bekannt.

Bei den untersuchten Lesetagebüchern handelt es sich um *authentische Dokumente*, die im Sinne einer Gelegenheitsstichprobe zu Untersuchungsgegenständen geworden sind. Kurz gesagt: Ich habe in einem Zeitrahmen von November 1998 bis Dezember 2000 überall dort, wo Gelegenheit dazu war, das Erstellen von Lesetagebüchern empfohlen und später die fertigen Tagebücher bei den Lehrerinnen und Lehrern eingesammelt. Insofern ergaben sich auch die Lerngruppen bzw. Klassen nach dem Zufallsprinzip; sie gehörten zu den Schulformen Orientierungsstufe (Klasse 5 und 6), Hauptschule und Realschule (jeweils Klasse 7–10). Unterrichtet haben überwiegend die jeweiligen Deutschlehrerinnen und Deutschlehrer, in einzelnen Fällen auch Studentinnen und Studenten in ihren regulären Fachpraktika. In den Lerngruppen waren die Ausgangslagen, die Lernvoraussetzungen der Schülerinnen und Schüler und die inhaltlich-methodischen Schwerpunktsetzungen und Aufgabenstellungen nicht einheitlich, sodass sich am Ende ein breites Feld von individuellen Produkten ergab, das die Vielfalt möglicher Ergebnisse veranschaulicht.

Von den 24 beteiligten Klassen wurde in 14 Klassen von allen Schülerinnen und Schülern jeweils gemeinsam das gleiche Buch gelesen, davon wurden in 1 Klasse die Tagebücher in Kleingruppen geschrieben; in 3 Klassen wurden mehrere Bücher zur Auswahl angeboten; in 4 Klassen gab es eine individuelle Lektürewahl, davon in einer Klasse Bücher zu einem bestimmten Thema. Darüber hinaus haben 3 einzelne Schülerinnen und Schüler aus 3 verschiedenen Klassen unabhängig vom Klassenunterricht ein Lesetagebuch zu einem selbst gewählten Buch geschrieben (z. B. in der Freiarbeit).

Im Hinblick auf die von den Lehrerinnen und Lehrern gewählten Arbeitsformen gab es einen wichtigen Unterschied. In 17 Klassen und bei 2 Einzelschülern aus 2 weiteren Klassen handelte es sich um eine *relativ freie Arbeitsform* (vgl. Übersicht 3a und 3c, S. 107f.). Das heißt, die Schülerinnen und Schüler erhielten einen Handzettel zum Einkleben in das Lesetagebuch, auf dem verschiedene Möglichkeiten für die Erstellung des Tagebuchs aufgelistet und außerdem die Intentionen, die mit der Lesetagebucharbeit erreicht werden sollen, benannt sind (vgl. Übersicht 2, S. 105). Die Anregungen konnten 'frei' gewählt werden und ließen den Schülerinnen und Schülern für ihre Schreib- und Gestaltungsprozesse einen großen individuellen Spielraum. Wie weit darüber hinaus im Einzelfall eine begleitende Beratung durch die Lehrerinnen und Lehrer stattgefunden hat, ist nicht bekannt.

In 4 Klassen und bei einem Einzelschüler aus einer weiteren Klasse wurde die Arbeit mit dem Lesetagebuch in einer von den Lehrkräften *vorstrukturierten Form* durchgeführt, d. h. mit verpflichtenden buchbezogenen Vorgaben, die in Klassenunterrichtsphasen besprochen und am Ende anhand eines Beurteilungsbogens benotet wurden (vgl. Übersicht 3b, S. 108). Bei einer 9. Hauptschulklasse wurde diese Form zum Buch „Hakenkreuz und Gänseblümchen" von Dieter Schliwka ausdrücklich gewünscht, nachdem bereits im vorhergehenden 7. Jahrgang ein Lesetagebuch in freier Form zum Buch „Die Glasmurmel" von Jan de Zanger geführt worden war. In den meisten Fällen gingen den Eintragungen im Lesetagebuch keine gemeinsamen textanalytischen Arbeiten an dem jeweiligen Buch voraus. Das heißt, dass auch diese Lesetagebücher die jeweils individuelle Textbegegnung und originale Rezeption und Verarbeitung des Gelesenen dokumentieren.[114]

---

[114] In der Übersicht 3a–c (S. 107f.) sind die Klassen, Schulformen, Bücher und Arbeitsformen zusammengefasst.

Übersicht 2: Handzettel mit 16 Anregungen zum Einkleben in das Lesetagebuch

Das Lesetagebuch hilft dir …

- über das Gelesene nachzudenken und es besser zu verstehen.
- Fragen zu besonderen Textstellen zu finden und zu formulieren.
- dich an einzelnen Stellen des Buches „einzumischen".
- dir eine eigene Meinung über das Buch zu bilden.
- dich später an den Inhalt und die Personen des Buches zu erinnern.

In einem Lesetagebuch kannst du …

- notieren, was du wann gelesen hast.
- einzelne Kapitel kurz zusammenfassen oder nacherzählen.
- zu jedem Kapitel etwas schreiben oder zeichnen.
- aufschreiben, was du beim Lesen gedacht oder gefühlt hast.
- Fragen zu einzelnen Kapiteln oder Textstellen formulieren.
- Textstellen aufschreiben, die du besonders lustig, traurig oder spannend findest.
- an geeigneten Stellen im Buch die Handlung verändern oder weiterschreiben.
- Aussagen über eine Person aus dem Buch sammeln.
- Personen des Buches zeichnen oder Steckbriefe für sie entwerfen.
- an eine Person des Buches einen Brief schreiben.
- aus der Sicht einer Person des Buches eine Tagebucheintragung oder einen Brief entwerfen.
- aus einzelnen Textstellen eine Bildergeschichte oder einen Comic gestalten.
- eine wichtige Seite abschreiben (oder fotokopieren und einkleben) und kommentieren.
- einen Brief an die Autorin bzw. den Autor schreiben.
- aufschreiben, was dir gut oder nicht so gut gefällt.

Tipps:

- am besten ein DIN-A5-Heft als Lesetagebuch nehmen
- jede Eintragung mit dem aktuellen Datum und der Seitenzahl oder Kapitelüberschrift beginnen
- eine besondere Farbe nehmen, wenn du etwas wörtlich aus dem Buch abschreibst
- unterstreichen, was du besonders wichtig findest

Auch die Zeiten und Orte, die zum Lesen und zur Arbeit am Lesetagebuch zur Verfügung standen, waren unterschiedlich. Während einige Klassen das Lesen, Schreiben und Gestalten fast ausschließlich im Rahmen der normalen Unterrichtszeit verrichten konnten, sollten andere wesentliche Teile in häuslicher Arbeit fertigstellen. Das Anfertigen der Lesetagebücher erstreckte sich – entsprechend der verfügbaren Unterrichts- und Hausarbeitszeit – über Gesamtzeiträume zwischen drei und acht Wochen.

Der formale Verlauf war bei allen Klassen so, dass die Lesetagebücher *begleitend zum Lesen der Bücher* geschrieben wurden. Danach wurden sie von den Lehrerinnen und Lehrern eingesammelt, beurteilt und kommentiert und den Schülerinnen und Schülern wieder zurückgegeben. Dann wurden die Schülerinnen und Schüler über die geplante Untersuchung informiert und gefragt, ob sie ihr Lesetagebuch dafür zur Verfügung stellen wollten. Von insgesamt 453 erstellten Lesetagebüchern (229 von Jungen und 224 von Mädchen), wurden schließlich 375 (187 von Jungen und 188 von Mädchen) erneut abgegeben. Das sind 82,8 % (81,6 % der Jungen und 83,9 % der Mädchen).

Für den 'Schwund' wurden von den Lehrerinnen und Lehrern drei Gründe genannt: Einige Schülerinnen und Schüler hätten angegeben, dass sie ihr Lesetagebuch gar nicht mehr hätten oder nicht mehr finden könnten; nach Angaben der Lehrerinnen und Lehrer waren dies überwiegend die als unmotiviert einzustufenden Schülerinnen und Schüler, außerdem diejenigen, die wegen Krankheit oder aus anderen Gründen am Tag des Einsammelns gefehlt haben. Andere wollten das Lesetagebuch bewusst für sich behalten und nicht für eine Untersuchung zur Verfügung stellen; diese waren entweder unsicher im Hinblick auf die erreichten Ergebnisse oder hätten erklärt, ihr Tagebuch nicht für fremde Leser geschrieben zu haben. Ein Teil der Tagebücher wurde schließlich von den Lehrerinnen und Lehrern selbst mit der Bemerkung aussortiert, sie seien so 'schlecht' ausgefallen, dass es sich nicht lohne in sie hineinzusehen.

Was die Jahrgangsstufen und Schulformen betrifft, so wurden aus dem Bereich der Orientierungsstufe (Klasse 5 und 6) aus 10 Klassen insgesamt 191 Lesetagebücher abgegeben: aus 8 Klassen 150 Tagebücher, die in 'freier' Form entstanden sind (je 75 von Jungen und Mädchen), aus 2 Klassen 41 Tagebücher in 'vorstrukturierter' Form (20 von Jungen und 21 von Mädchen). Im Bereich der weiterführenden Schulformen Hauptschule und Realschule (Klasse 7 bis 10) wurden 184 Lesetagebücher abgegeben: aus 11 Klassen 143 Lesetagebücher mit 'freien' Rahmenbedingungen – einschließlich der 5 Gruppenlesetagebücher – (68 von Jungen und 75 von Mädchen), aus 3 Klassen 41 Lesetagebücher in 'vorstrukturierter' Form (24 von Jungen und 17 von Mädchen) (vgl. Übersicht 3a–c, S. 107f.).

Quantitative Erfassung

Übersicht 3a: Tabellarische Übersicht über die gelesenen Bücher
(Arbeitsform: 'frei' = mit Handzettel)

Klasse/ Schulform	Buchtitel / Autor/in	Lese-tage-bücher	Jun-gen	Mäd-chen	Num-mer
5 (OS)	Und wenn ich zurückhaue? (E. Zöller)	10	3	7	1-10
5 (OS)	Und wenn ich zurückhaue? (E. Zöller)	25	14	11	11-35
6 (OS)	Und wenn ich zurückhaue? (E. Zöller)	20	14	6	36-55
6 (OS)	Und wenn ich zurückhaue? (E. Zöller)	26	14	12	56-81
6 (OS)	Max, mein Bruder (S. Zeevaert)	21	9	12	82-102
6 (OS)	Das Ausgleichskind (K. Boie)	25	11	14	103-127
6 (OS)	Damals war es Friedrich (H.P. Richter)	22	10	12	128-149
6 (OS)	Ben liebt Anna (P. Härtling) (Einzeltagebuch)	1		1	150
	Klasse 5/6 (zusammen):	**150**	**75**	**75**	
7 (HS)	Und das nennt ihr Mut (I. Meyer-Dietrich)	11	8	3	151-161
7 (HS)	Und das nennt ihr Mut (I. Meyer-Dietrich)	15	11	4	162-176
7 (HS)	individuelle Lektürewahl	11	5	6	177-187
7 (HS)	Die Glasmurmel (J. de Zanger)	22	9	13	188-209
7 (RS)	Dann eben mit Gewalt (J. de Zanger) (8) * Niemand darf dich hören (R. Klein) (6) Was ist los mit meinem Bruder? (N. Rauprich) (6)	20	9	11	210-229
7 (RS)	Im Vorhof der Hölle (C. Ross) (4) Links neben Cori (C. Ludwig) (2) Manchmal gehört mir die ganze Welt (M.Lind) (2) Und ganz besonders Fabian (S. Zeevaert) (3) Brandstiftung (E. von Salm) (4) Lieber, lieber Toni (D. Chidolue) (5) Was ist los mit meinem Bruder? (N. Rauprich) (4)	24	10	14	230-253
7 (RS)	Schneckenhäuser (R. Welsh) (9) Behalt das Leben lieb (J. ter Haar) (5)	14	6	8	254-267
8 (RS)	Der kleine Prinz (A. de Saint-Exupery) (Einzeltagebuch)	1	1		268
9 (RS)	freie Lektürewahl („Freundschaft und Liebe")	10	2	8	269-278
10 (HS)	individuelle Lektürewahl	10	5	5	279-288
	Klasse 7-10 (zusammen):	**138**	**66**	**72**	
	Gesamtzahl der Lesetagebücher:	**288**	**141**	**147**	

* Anzahl der Schüler/innen, die zu diesem Buch ein Lesetagebuch abgegeben haben

Übersicht 3b: Tabellarische Übersicht über die gelesenen Bücher
(Arbeitsform: 'vorstrukturiert' = mit vorgegebenen, buchbezogenen Pflichtaufgaben)

Klasse/ Schulform	Buchtitel / Autor/in	Lesetagebücher	Jungen	Mädchen	Nummer
5 (OS)	Insel der blauen Delphine (S. O'Dell) (5)* Mach auf, es hat geklingelt (D. Chidolue) (4) Lasst den Uhu leben (N. Rauprich) (4) Ben liebt Anna (P. Härtling) (4) Oma (P. Härtling) (4)	21	11	10	289-309
6 (OS)	Vorstadtkrokodile (M. von der Grün)	20	9	11	310-329
7 (RS)	Es geschah im Nachbarhaus (W. Fährmann)	1	1		330
8 (HS)	Und das nennt ihr Mut (I. Meyer-Dietrich)	22	16	6	331-352
9 (HS)	Hakenkreuz und Gänseblümchen (D. Schliwka)	18	7	11	353-370
Gesamtzahl der Lesetagebücher:		**82**	**44**	**38**	

* Anzahl der Schüler/innen, die zu diesem Buch ein Lesetagebuch abgegeben haben

Übersicht 3c: Tabellarische Übersicht über die gelesenen Bücher
(Arbeitsform: Gruppenlesetagebuch in 'freier' Form)

Klasse/ Schulform	Buchtitel / Autor/in	Lesetagebücher	Jungen	Mädchen	Nummer
8 (RS)	Hakenkreuz und Gänseblümchen (D. Schliwka) (5 Gruppen)	5	2	3	371-375
Gesamtzahl aller abgegebenen Lesetagebücher:		**375**	**187**	**188**	**1-375**

4.2.2 Quantitative Erfassung der Inhalte ausgewählter Lesetagebücher

Als Analysekategorien für die quantitative Erfassung der Lesetagebuchinhalte gelten *die 16 einzelnen Anregungen auf dem Handzettel*. Untersucht wird, ob und in welchem Umfang sie von den Schülerinnen und Schülern in den 288 'frei' gestalteten Lesetagebüchern aufgegriffen werden.[115] Die Stichprobenziehung

---

[115] Die auf dem Handzettel an dritter Stelle stehende Anregung „zu jedem Kapitel etwas schreiben oder zeichnen" ist als eine eher allgemeine Anregung anzusehen, die im Einzelfall schwer zu überprüfen ist – auch deshalb, weil nicht alle Bücher eindeutige Kapiteleinteilungen haben. Untersucht wird infolgedessen, ob „zu einer Textstelle etwas gezeichnet" worden ist (Anregung 3).

erfolgt mit Hilfe der *systematischen Wahrscheinlichkeitsauswahl*:[116] alle 288 Lesetagebücher werden zunächst nach Klassen, aufsteigend von Klasse 5 bis Klasse 10 und jeweils nach Jungen und Mädchen sortiert, geordnet und von 1 bis 288 durchnummeriert; im Anschluss daran wird jedes zehnte Exemplar (Nummer 10, 20, 30 usw. bis 280) herausgezogen.[117] Die gezogenen *28 Lesetagebücher* werden anhand der beiden Leitfragen in zwei Durchgängen analysiert; die Ergebnisse werden mit Hilfe von Tabellen und Diagrammen veranschaulicht.

Anhand der von Lamnek aufgestellten Systematik quantitativer Inhaltsanalysen (vgl. Lamnek 1995, 187) ergibt sich folgende Übersicht:

Grundgesamtheit: alle 288 vorliegenden 'frei' gestalteten Lesetagebücher

Stichprobe: jedes 10. Exemplar der vorher nach Klassen geordneten
                      Gesamtmenge (28 Lesetagebücher)

Analyseeinheit: der gesamte Inhalt der Stichproben-Lesetagebücher

Analysedimension: der Handzettel in den Lesetagebüchern

Analysekategorien: die 16 einzelnen Anregungen des Handzettels

Die Stichprobenziehung führte zur Auswahl von 15 Lesetagebüchern (6 Jungen, 9 Mädchen) aus der Orientierungsstufe (Klasse 5/6) und 13 Lesetagebüchern (7 Jungen, 6 Mädchen) aus der Sekundarstufe I (Klasse 7 – 10) (vgl. Übersicht 4, S. 110). Diese 28 zur quantitativen Erfassung der Inhalte gezogenen Lesetagebücher wurden mit Hilfe eines Rasters, das entsprechend den Analysekategorien die 16 Einzelanregungen des Handzettels enthält und um die Rubrik „Eigene Ideen" ergänzt ist, analysiert (vgl. Übersicht 5, S. 111).

---

[116] Bei den möglichen Auswahlverfahren für Stichprobenziehungen unterscheidet man die willkürliche, die bewusste und die Wahrscheinlichkeitsauswahl. Die willkürliche Auswahl erfolgt aufs Geratewohl und hat keinen Anspruch auf Repräsentativität. Bei der bewussten Auswahl werden Kriterien vorgegeben, sodass die Stichprobe ein möglichst getreues Abbild des gesamten Materials darstellt. Die Wahrscheinlichkeitsauswahl erfordert eine Mischung und Durchnummerierung des Materials; sie kann uneingeschränkt (z. B. nach Zufallstabellen) oder systematisch (z. B. jeder 5. oder 10. Untersuchungsgegenstand) sein. Die systematische Auswahl hat sich nach Merten für die Inhaltsanalyse als besonders geeignet erwiesen, weil der beabsichtigte repräsentative Zufall sozusagen systematisch garantiert werde (vgl. Merten 1983, 283f.).

[117] Eine solche – möglicherweise als relativ gering anzusehende – Anzahl von Tagebüchern reicht für die beabsichtigte Analyse aus, weil die Einbeziehung einer größeren Anzahl die zu erwartenden Ergebnisse nicht so entscheidend verändern würde, dass der notwendige Mehraufwand als lohnenswert erscheint. Ein Zweifel an der Repräsentativität im statistischen Sinne, bei der die Ergebnisse Geltung für alle möglichen Fälle beanspruchen, wird bei Abwägung der Aufwand-Nutzen-Relation als 'kleineres Übel' in Kauf genommen.

Übersicht 4: Übersicht über die 28 quantitativ erfassten Lesetagebücher

Nummer	Junge / Mädchen	Klasse/ Schulform	Buchtitel / Autor/in
10	Yvonne	5 / OS	Und wenn ich zurückhaue? (Elisabeth Zöller)
20	Sven	5 / OS	Und wenn ich zurückhaue? (Elisabeth Zöller)
30	Julia	5 / OS	Und wenn ich zurückhaue? (Elisabeth Zöller)
40	Daniel	6 / OS	Und wenn ich zurückhaue? (Elisabeth Zöller)
50	Franziska	6 / OS	Und wenn ich zurückhaue? (Elisabeth Zöller)
60	Jan	6 / OS	Und wenn ich zurückhaue? (Elisabeth Zöller)
70	Julia	6 / OS	Und wenn ich zurückhaue?(Elisabeth Zöller)
80	Elena	6 / OS	Und wenn ich zurückhaue? (Elisabeth. Zöller)
90	David	6 / OS	Max, mein Bruder (Sigrid Zeevaert)
100	Ute	6 / OS	Max, mein Bruder (Sigrid Zeevaert)
110	Henrik	6 / OS	Das Ausgleichskind (Kirsten Boie)
120	Monika	6 / OS	Das Ausgleichskind (Kirsten Boie)
130	Thomas	6 / OS	Damals war es Friedrich (Hans Peter Richter)
140	Viola	6 / OS	Damals war es Friedrich (Hans Peter Richter)
150	Vanessa	6 / OS	Ben liebt Anna (Peter Härtling)
160	Stephanie	7 / HS	Und das nennt ihr Mut (Inge Meyer-Dietrich)
170	Michael	7 / HS	Und das nennt ihr Mut (Inge Meyer-Dietrich)
180	Dustin	7 / HS	Fragt mal Alice (Anonym)
190	Dominik	7 / HS	Die Glasmurmel (Jan de Zanger)
200	Helene	7 / HS	Die Glasmurmel (Jan de Zanger)
210	Stephan	7 / RS	Dann eben mit Gewalt (Jan de Zanger)
220	Vanessa	7 / RS	Niemand darf dich hören (Robin Klein)
230	Clemens	7 / RS	Im Vorhof der Hölle (Carlo Ross)
240	Franziska	7 / RS	Und ganz besonders Fabian (Sigrid Zeevaert)
250	Annika	7 / RS	Was ist los mit meinem Bruder? (Nina Rauprich)
260	Janette	7 / RS	Schneckenhäuser (Renate Welsh)
270	Alexander	9 / RS	Sag was, Alex (Dieter Schliwka)
280	Kamil	10 / HS	Rave, Love and Happiness (Elisabeth Zöller)

Quantitative Erfassung 111

Übersicht 5: Raster für die quantitative Erfassung

1. Leitfrage: Wie viele Schülerinnen und Schüler greifen welche der gegebenen Anregungen auf?

2. Leitfrage: In welchem 'Mischungsverhältnis' greifen die Schülerinnen und Schüler die Anregungen auf?

1	Notiert, was wann gelesen worden ist	
2	Einzelne Kapitel kurz zusammengefasst oder nacherzählt	
3	Zu einer Textstelle etwas gezeichnet	
4	Aufgeschrieben, was beim Lesen gedacht oder gefühlt worden ist	
5	Fragen zu einzelnen Kapiteln oder Textstellen formuliert	
6	Textstellen aufgeschrieben, die als besonders lustig, traurig oder spannend empfunden wurden	
7	An geeigneten Stellen im Buch den Text verändert oder weitergeschrieben	
8	Aussagen über eine Person aus dem Buch gesammelt	
9	Personen des Buches gezeichnet	
10	Für Personen des Buches Steckbriefe entworfen	
11	An eine Person des Buches einen Brief geschrieben	
12	Aus der Sicht einer Person des Buches eine Tagebucheintragung oder einen Brief entworfen	
13	Aus einzelnen Textstellen eine Bildergeschichte oder einen Comic gestaltet	
14	Eine wichtige Seite abgeschrieben (bzw. kopiert und eingeklebt) und kommentiert	
15	Einen Brief an die Autorin bzw. den Autor geschrieben	
16	Aufgeschrieben, was gut oder nicht so gut gefallen hat	
	Eigene Ideen	

4.2.2.1 Erläuterung der Anregungen auf dem Handzettel

Die quantitative Erfassung der Inhalte der durch Stichprobenziehung ausgewählten 28 Lesetagebücher setzt qualitative Entscheidungen und Deutungen voraus. Um auszählen zu können, welche der 16 Anregungen des Handzettels von den Schülerinnen und Schülern aufgegriffen wurden und in welchem 'Mischungsverhältnis' dies geschehen ist, muss geklärt sein, woran zu erkennen ist, dass eine bestimmte Anregung im Einzelfall aufgegriffen wurde. Gemäß dem Grundsatz „Von der Qualität zur Quantität und wieder zur Qualität" (Mayring 1995, 19) ist es notwendig zu erläutern, auf welche Weise bzw. in welchem inhaltlichen Verständnis das Aufgreifen der einzelnen Anregungen identifiziert worden ist.[118]

---

[118] Die folgenden Erläuterungen beziehen sich jeweils auf die erste und zweite Leitfrage und werden – wenn nötig – durch Beispiele veranschaulicht. Bei den zitierten Beispielen werden Rechtschreibfehler angeglichen, während Zeichensetzungs- und Grammatikfehler nicht korrigiert werden.

1. Notiert, was wann gelesen worden ist:

wenn im Lesetagebuch an mindestens einer Stelle eine Eintragung mit einem Datum versehen ist bzw. wie viele Einzeleintragungen mit einem Datum versehen sind.

2. Einzelne Kapitel kurz zusammengefasst oder nacherzählt:

wenn in mindestens einer Eintragung bzw. in mehreren Eintragungen etwas Inhaltliches aus dem Buch wiedergegeben ist, ohne Unterscheidung zwischen struturierenden, reduktiven oder nacherzählenden Formen und zwischen kohärenten oder notizartigen Ausführungen.

Lauter kleine Bestien

Der Lehramtsanwärter Norbert Rauschenbach unterhielt sich mit Lehrer Braschke. In diesem Gespräch erfuhr er mehr über Braschkes brutale Unterrichtsstunden. Braschke war der Meinung dass nur mit Schlägen auch Leistung gebracht werden kann. Rauschenbach war jedoch anderer Ansicht. In Braschkes Unterricht vermisste Rauschenbach die Kritik, die Diskussionen und die eigenen Gedanken der Schüler. Alex war heute sehr gut gelaunt, weil er heute endlich Vera ansprechen wollte. Als Alex Vera in der Pause mit einigen Freunden sah wollte er sich dazu stellen und mitreden das tat er auch doch als er Vera sah stotterte er bloß und blamierte er sich vor ihr.

(LT 270: Alexander, 9. Kl,. zu „Sag was, Alex")

3. Zu einer Textstelle etwas gezeichnet:

wenn mindestens an einer Stelle bzw. an mehreren Stellen etwas gezeichnet oder gemalt worden ist, um zu zeigen, wie man sich eine bestimmte Situation, einen Ort der Handlung o. ä. vorstellt (Abb. 1, S. 113) (nicht gemeint sind kleine Verzierungen, Illustrationen, farbig untermalte Schrift oder Zeichnungen von einzelnen Personen).

4. Aufgeschrieben, was beim Lesen gedacht oder gefühlt worden ist:

wenn mindestens in einer Eintragung bzw. mehrmals formuliert worden ist, was man beim Lesen des Buches oder einer bestimmten Textstelle gedacht oder gefühlt bzw. empfunden hat (z. B. mit den Formulierungen „Ich denke, dass..." / „Dabei habe ich (mich) ... gefühlt ..." / „Das hat mich ganz nachdenklich gemacht" / „Ich hätte am liebsten ..." / „Ich hoffe, dass ..." / „Ich kann verstehen, dass...").

5. Fragen zu einzelnen Kapiteln oder Textstellen formuliert:

wenn mindestens in einer Eintragung bzw. in mehreren Eintragungen eine Frage zu einem Kapitel oder einer Textstelle formuliert worden ist, ohne Unterscheidung zwischen inhaltsbezogenen und anderen Fragen, z. B. problematisierenden oder wertend-moralischen.

Quantitative Erfassung

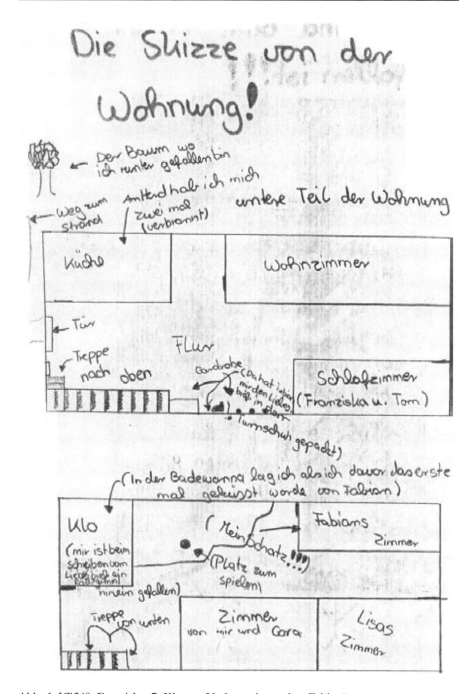

Abb. 1 LT 240: Franziska, 7. Kl., zu „Und ganz besonders Fabian"

S. 100: Was ist das für ein Gerücht? Ist es über Krissi oder über Bossy, Peer und Henny?
S. 111: Was hat das alles mit Videos zu tun?
(LT 30: Julia, 5. Kl., zu „Und wenn ich zurückhaue?")
Wo mag Krissi sein?
(LT 50: Franziska, 6. Kl., zu „Und wenn ich zurückhaue?")
Was heißt eigentlich NSDAP? Was ist ein Rabbiner?
(LT 130: Thomas, 5. Kl., zu: "Damals war es Friedrich")

6. Textstellen aufgeschrieben, die als besonders lustig, traurig oder spannend empfunden wurden:
wenn mindestens einmal bzw. mehrmals über eine Textstelle mit der Begründung geschrieben worden ist, dass sie als besonders lustig, traurig oder spannend (auch aufregend, schön, unglaublich, langweilig, doof usw.) empfunden wurde.

> *4. Kapitel*
> *Eine traurige Stelle im Kapitel war, als David hörte, dass sein Freund Josef Herz auf Transport gehen würde.*
> *Eine frohe Stelle im Kapitel war, als David seine Freundin Vera vor dem Transport in den Westen retten konnte.*
> *Eine brutale Stelle im Kapitel war, als ein alter Mann an einem Abend von einem SS-Soldaten erschossen wurde und nicht weggetragen wurde.*
> *Eine interessante Stelle im Kapitel war, als David und Vera zu den Lagerdichtern gingen. Dort hörten sie Gedichte von Menschen die sie gerne schrieben. Auch David las sein Gedicht vor und allen gefiel es sehr gut.*
> *Die beste Stelle im Kapitel war, als die meisten Unterkünfte im Ghetto Wasseranschlüsse bekamen. Dadurch dachten die meisten Menschen an Besserung.*

(LT 230: Clemens, 7. Kl., zu „Im Vorhof der Hölle")

7. An geeigneten Stellen im Buch den Text verändert oder weitergeschrieben:
wenn mindestens in einer Eintragung bzw. in mehreren Eintragungen eine Textstelle im Sinne einer 'Einmischung in die Handlung' inhaltlich verändert oder im Sinne einer möglichen Handlungsfortsetzung weitergeschrieben wurde, ohne Unterscheidung zwischen Verändern und Weiterschreiben.

> *Eintrag 9   5.10.*
> *Ich hätte das Buch ein bisschen am Ende (anders geschrieben, verlängert) z. B. so Kurz darauf wird es ganz still in Krissis Zimmer. Diese Nacht hat er sehr gut geschlafen. Dann kam die Mutter rein. Sie wuschelte durch Krissis Haare und gab ihm ein Kuss auf die linke danach ein auf die rechte Wange. Krissi machte seine Augen auf und sagte ganz schnell: „Ich möchte heute wieder zur Schule." Die Mutter hatte nichts dagegen. Kurz danach rief Krissi Olaf an. Krissi hat ihm gesagt, dass er heute wieder zur Schule geht, und gefragt ob Olaf ihn von zu Hause abholt. Olaf war sehr glücklich, dass er seine Angst fast überwunden hat, und*

sagte: „Natürlich hole ich dich ab, bis gleich" Kurz darauf war Olaf auch schon da. Nun sind sie auf dem Weg zur Schule. Alle Kinder starren ihn ein bisschen an, aber das macht Krissi nichts aus. Jetzt standen sie vor der Tür zum Klassenzimmer. Sie haben sich beeilt da es schon vor 5 min. geklingelt hat. Langsam macht Krissi die Tür auf. Sie gingen rein. Die Kinder freuten sich, dass Krissi wieder da ist, aber am meisten freute sich Kati. Sogar Weidlich empfing Krissi freundlich. Danach erzähle Kati Krissi was es mit dem Gewaltbriefkasten auf sich hat. Zum Schluss gab Kati ihm ein kleinen Kuss auf die Wange. Krissi wurde ein bisschen rot. In der Pause entschuldigten sich sogar Bossy, Henni und Peer bei Krissi. Krissi meinte: Das ist der schönste Tag meines Lebens. Autor Jan E. Ende des Tagebuchs.
(LT 60: Jan, 6. Kl., zu „Und wenn ich zurückhaue?")

8. Aussagen über eine Person aus dem Buch gesammelt:
wenn mindestens einmal bzw. mehrmals Aussagen über eine Person des Buches in zusammenhängender Form (d.h. nicht in Steckbriefform) aufgeschrieben worden sind (z. B. als stichwortartige oder ausführliche Personenbeschreibung).

Ich schreibe über Henner. Er kann kochen, lebt allein mit seiner Mutter Eva. Sie sind erst vor kurzem hier hin gezogen, hat noch keine Freunde. Er würde mit Andi befreundet sein. Hat lange Haare (blonde).
(LT 160: Stephanie, 7. Kl., zu „Und das nennt ihr Mut")

9. Personen der Buches gezeichnet:
wenn mindestens einmal eine Person bzw. mehrere Personen des Buches einzeln für sich (d.h. nicht im Zusammenhang mit bestimmten Situationen oder anderen Personen) gezeichnet worden sind.

10. Für Personen des Buches Steckbriefe entworfen:
wenn mindestens für eine Person des Buches bzw. für mehrere Personen Aussagen in Steckbriefform zusammengestellt worden sind (z. B. in Verbindung mit einer Passbild-Zeichnung, die bei Nr. 9 mitgezählt worden ist).

11. An eine Person des Buches einen Brief geschrieben:
wenn mindestens einmal bzw. mehrmals ein Brief an eine beliebige Person des Buches geschrieben worden ist.

12. Aus der Sicht einer Person des Buches eine Tagebucheintragung oder einen Brief entworfen:
wenn mindestens einmal bzw. mehrmals eine Tagebucheintragung oder ein Brief aus der Sicht einer Person des Buches geschrieben worden ist, ohne Unterscheidung zwischen Tagebucheintragung und Brief:

Liebes Tagebuch! Gerade eben habe ich erfahren dass Max sehr krank ist. Ob er sterben muss, ich hoffe es nicht. Aber wieso haben Papa und Mama dann so geweint. Ich kann es jetzt noch nicht verstehen. Und hoffe dass er bald wieder gesund wird.

(LT 100: Isabell, 6. Kl., zu „Max, mein Bruder"; Perspektive von Max' Zwillingsschwester Jo)

Krissi, du musst nicht immer die Backen aufblasen wenn du Angst hast. Wenn dein Vater dich auslacht dann hör einfach nicht hin! Du musst mit deiner Mutter über alles reden, sie wird dir helfen, ganz sicher. Versuch Henny und Bossy und Peer einfach aus dem Weg zu gehen. Dann schaffst du es, glaub mir! Deine Kati

(LT 30: Julia, 5. Kl., zu „Und wenn ich zurückhaue?"; Brief der Mitschülerin Kati an den Protagonisten)

13. Aus einzelnen Textstellen eine Bildergeschichte oder einen Comic gestaltet:

wenn mindestens in einer Eintragung bzw. mehrmals eine zusammenhängende Bilderfolge von mindestens zwei Bildern mit einem erkennbaren Handlungsverlauf gestaltet worden ist, ohne Unterscheidung zwischen verschiedenen Formen von Bildergeschichten und Comics (Abb. 2, S. 117).

14. Eine wichtige Seite abgeschrieben (bzw. kopiert und eingeklebt) und kommentiert:

wenn mindestens einmal bzw. mehrmals eine Textstelle abgeschrieben (bzw. fotokopiert und eingeklebt), als wichtig erklärt und mit einem Kommentar versehen worden ist, ohne Unterscheidung zwischen Abschreiben und Fotokopieren / Einkleben und zwischen verschiedenen Arten der Kommentierung.

15. Einen Brief an die Autorin bzw. den Autor geschrieben:

wenn mindestens einmal bzw. mehrmals ein Brief an die Autorin bzw. den Autor des Buches geschrieben worden ist, ohne Unterscheidungen im Hinblick auf den Inhalt und die Länge der Briefe.

Liebe Frau Boie. Ich heiße Henrik und bin in der Klasse 6e. Wir haben Ihr Buch „Das Ausgleichskind" gelesen und darüber ein Lesetagebuch gemacht. Es war an manchen Stellen langweilig aber am besten fand ich die Umweltaktion. Das war ganz schön spannend. Wie sind Sie eigentlich auf den Titel gekommen. Waren Sie früher auch mal ein Ausgleichskind? Macht Ihnen das Bücherschreiben Spaß? Wir haben sogar einen kurzen Aufsatz über Ihr Buch geschrieben. Ich möchte auch wissen, wie viele Bücher Sie geschrieben haben. Bitte beantworten Sie meine Fragen. Bis bald. Henrik ...

(LT 110: Henrik, 6. Kl, zu „Das Ausgleichskind")

16. Aufgeschrieben, was gut oder nicht so gut gefallen hat:

wenn mindestens einmal bzw. mehrmals eine Wertung im Sinne von „hat mir gut gefallen / hat mir nicht so gut gefallen" aufgeschrieben worden ist (z. B. mit den Formulierungen „Ich finde, dass ..." / „Ich meine, dass ..." / „Mir gefällt ..."), ohne Unterscheidung zwischen Kürze und Ausführlichkeit der Bewertungen und zwischen Bewertungen des Buches, der Handlung bzw. einzelner Handlungsteile, der Personen bzw. einzelner Verhaltensweisen der Personen, des Tagebuchschreibens usw.

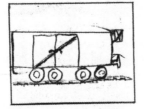

Abb. 2 LT 230: Clemens, 7. Kl., zu „Im Vorhof der Hölle"

Das letzte Kapitel gefällt mir am besten. Jetzt wird endlich alles gut. Papa nimmt Krissi in den Arm und sagt: „Du hast dich gehalten" sagt Papa. „Ich glaub, ich wäre auch abgehauen, wenn die so was mit mir gemacht hätten." Das ist das Beste, was Papa dem Krissi sagen kann.

(LT 10: Yvonne, 5. Kl., zu „Und wenn ich zurückhaue?")

Ich finde doof dass es erst spannend wird dann gar nichts passiert!

(LT 20: Sven, 5. Kl., zu „Und wenn ich zurückhaue?")

Dieses Buch „Das Ausgleichskind" hat mir gut gefallen. Es hatte eigentlich alles was ein Buch haben sollte: z. B. war es spannend, lustig, traurig und man konnte sich in eine Person versetzen, wie sie fühlt und was sie denkt. Am besten fand ich die Seiten, wo die Kinder im Supermarkt die ganzen Sachen auspacken. Das war wirklich lustig und auch mal notwendig, damit die Menschen einmal sehen, dass sie unsere Umwelt zerstören.

(LT 110, Henrik, 6. Kl., zu „Das Ausgleichskind")

Ich finde dieses Buch gut, weil es vielleicht andern Kindern hilft, die stottern, und ihnen neuen Mut gibt.

(LT 200, Helene, 7. Kl., zu „Die Glasmurmel")

4.2.2.2 Quantitative Erfassung der Inhalte

4.2.2.2.1 Aufgreifen der Anregungen

Die erste Leitfrage der quantitativen Erfassung lautet: *Wie viele Schülerinnen und Schüler greifen welche der gegebenen Anregungen auf?* Da die Schülerinnen und Schüler frei entscheiden konnten, welche der 16 Anregungen sie aufgreifen wollten und welche nicht, ist es – auch für Lehrkräfte, die einen solchen Anregungszettel verteilen – von Interesse, in welchem Umfang die einzelnen Anregungen aufgegriffen worden sind und welche Tendenzen sich hierbei ergeben. Es zeigt sich, dass die Schülerinnen und Schüler individuell gewählt und auch zahlreiche eigene Ideen über die gegebenen Anregungen hinaus umgesetzt haben.

Das Ergebnis der quantitativen Erfassung zur ersten Frage im Überblicksdiagramm nach Prozentzahlen, differenziert nach den Schulstufen Orientierungsstufe und Sekundarstufe I (vgl. Übersicht 6, S. 119; zu den einzelnen Anregungen vgl. Übersicht 5, S. 111):

In dieser Übersicht wird deutlich, dass insgesamt die Anregungen 1, 2, 3 und 16 mit Werten von 76 % bis 99 % die größte Akzeptanz fanden. Die Anregungen 4, 9 und 10 erreichen Werte zwischen 51 % und 75 %, die Anregungen 5, 6, 9, 12 und 14 kommen auf Werte zwischen 25 % und 50 %, die Anregungen 7, 8, 13 und 15 erreichen lediglich Werte unter 25 %.

Übersicht 6: Aufgegriffene Anregungen 1–16 im Überblick

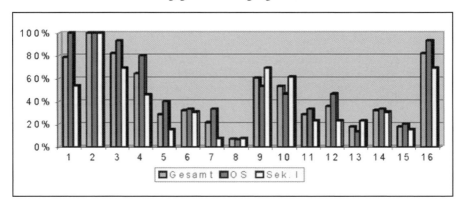

Bei den Schulstufen zeigen sich Unterschiede im Hinblick auf einzelne Anregungen. In der Orientierungsstufe wurden die Anregungen 1 und 2 mit 100% von allen Schülerinnen und Schülern mindestens einmal aufgegriffen, während in der Sekundarstufe I nur die Anregung 2 auf 100% Akzeptanz kommt und die Anregung 1 nur 53,8% erreicht. In der Orientierungsstufe folgen die Anregungen 3, 4, und 16 mit Werten von 76% bis 99%, die Anregung 9 liegt mit 58% als einzige zwischen 51% und 75%, die Anregungen 5, 6, 7, 10, 11, 12, und 14 erreichen Werte zwischen 25% und 50%, die Anregungen 8, 13 und 15 liegen unter 25%.

In der Sekundarstufe I erreicht außer der Anregung 2 keine weitere Anregung Werte von 76% bis 99%, vier Anregungen (3, 9, 10 und 16) kommen auf Werte zwischen 51% und 75%, drei Anregungen (4, 6 und 14) liegen zwischen 25% und 50%, während sieben Anregungen (5, 7, 8, 11, 12, 13 und 15) weniger als 25% erreichen. Die Schülerinnen und Schüler der Sekundarstufe I haben damit jeweils weniger und im Einzelfall andere Anregungen aufgegriffen haben als die Orientierungsstufenschüler.

Eine Tabelle kann die Unterschiede – bei der Nennung der Anregungsnummern von 100% absteigend geordnet – zahlenmäßig verdeutlichen:

	100%	76% - 99%	51% - 75%	25% - 50%	unter 25%	0%
Gesamt	Nr. 2	Nr. 3, 16, 1	Nr. 4, 9, 10	Nr. 12, 14, 5, 11, 6	Nr. 13, 7, 15, 8	---
OS	Nr. 1, 2	Nr. 3, 16, 4	Nr. 9	Nr. 10, 12, 5, 14, 11, 7, 6	Nr. 13, 8, 15	---
Sek. I	Nr. 2	---	Nr. 3, 9, 10, 1, 16	Nr. 6, 14, 4	Nr. 13, 11, 12, 5, 15, 7, 8	---

Weist man die Häufigkeit des Aufgreifens der einzelnen Anregungen nach Jungen und Mädchen der beiden Schulstufen Orientierungsstufe (Klasse 5/6) und Sekundarstufe I (Klasse 7–10) getrennt aus, so ergibt sich ein differenzierteres Bild (vgl. Übersicht 7).

Übersicht 7: Aufgegriffene Anregungen 1–16 nach Jungen und Mädchen

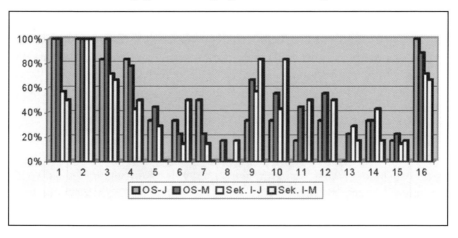

Hier zeigt sich, dass die Mädchen sowohl in der Orientierungsstufe als auch in der Sekundarstufe I insgesamt mehr der angebotenen Anregungen aufgegriffen haben als die Jungen. Bei den Mädchen der OS wurden die Anregungen 1, 2 und 3 zu 100% gewählt, bei den Jungen nur die Anregungen 1 und 2; in der Sek. I ist es bei beiden nur die Anregung 2, die 100% erreicht. Im Bereich von 76% bis 99% liegen in der OS jeweils zwei Anregungen (3 und 4 bei den Jungen, 16 und 4 bei den Mädchen), während in der Sek. I bei den Jungen keine Anregung in diesem Bereich liegt, bei den Mädchen aber die Anregungen 9 und 10. Bei den

Werten von 51% bis 75% findet sich keine Anregung bei den Jungen der OS, während bei den Mädchen hier die Anregungen 9, 10 und 12 verzeichnet sind; in der Sek. I haben die Jungen in diesem Bereich die Anregungen 3, 16, 9 und 1 aufgegriffen, die Mädchen die Anregungen 3 und 16. Bemerkenswert ist, dass in allen Gruppen einzelne Anregungen auch *kein Mal* gewählt wurden: bei den Jungen der OS die Anregung 13, bei den Mädchen der OS die Anregung 8, bei den Jungen der Sek. I die Anregungen 8, 11 und 12, bei den Mädchen der Sek. I die Anregungen 5 und 7.

Die folgende Tabelle kann die Unterschiede zwischen Jungen und Mädchen der beiden Schulstufen – wiederum bei der Nennung der Anregungsnummern von 100 % absteigend geordnet – verdeutlichen:

	100%	76% - 99%	51% -75 %	25% - 50%	unter 25%	0%
OS - Jungen	Nr. 1, 2, 16	Nr. 3, 4	---	Nr. 14, 5, 7, 9, 10, 12, 6	Nr. 8, 11, 15	Nr. 13
OS - Mädchen	Nr. 1, 2, 3	Nr. 16, 4	Nr. 9, 10, 12	Nr. 5, 11, 14	Nr. 13, 7, 6, 15	Nr. 8
Sek. I - Jungen	Nr. 2	---	Nr. 3, 16, 1, 9	Nr. 10, 4, 14, 5, 13	Nr. 7, 6, 15	Nr. 8, 11, 12
Sek. I - Mädchen	Nr. 2	Nr. 9, 10	Nr. 3, 16	Nr. 1, 11, 12, 4, 6	Nr. 13, 8, 14, 15	Nr. 5, 7

Eine weitere tabellarische Übersicht kann das unterschiedliche Wahlverhalten von Jungen und Mädchen der beiden Schulstufen im Hinblick auf das Aufgreifen von Anregungen durch die Herausstellung der jeweiligen 'Favoriten' der aufgegriffenen Anregungen im positiven wie im negativen Sinne (51–100% bzw. 0–20%) noch differenzierter deutlich machen (Übersicht 8a und b).

Übersicht 8a: Rangfolge der aufgegriffenen Anregungen (Positivliste)

Rangfolge	OS / Jungen	OS / Mädchen	Sek. I / Jungen	Sek. I / Mädchen
1	Nr. 1 (100%)	Nr. 1 (100%)	Nr. 2 (100%)	Nr. 2 (100%)
2	Nr. 2 (100%)	Nr. 2 (100%)	Nr. 3 (71,4%)	Nr. 9 (83,3%)
3	Nr. 16 (100%)	Nr. 3 (100%)	Nr. 16 (71,4%)	Nr. 10 (83,3%)
4	Nr. 3 (83,3%)	Nr. 16 (88,8%)	Nr. 9 (57,1%)	Nr. 3 (66,6%)
5	Nr. 4 (83,3%)	Nr. 4 (77,7%)	Nr. 1 (57,1%)	Nr. 16 (66,6%)
6		Nr. 9 (66,6%)		
7		Nr. 10 (55,5%)		
8		Nr. 12 (55,5%)		

Übersicht 8b: Rangfolge der aufgegriffenen Anregungen (Negativliste)

Rangfolge	OS / Jungen	OS / Mädchen	Sek.I / Jungen	Sek. I / Mädchen
1	Nr. 13 (0%)	Nr. 8 (0%)	Nr. 8 (0%)	Nr. 5 (0%)
2	Nr. 8 (16,6%)		Nr. 11 (0%)	Nr. 7 (0%)
3	Nr. 11 (16,6%)		Nr. 12 (0%)	Nr. 8 (16,6%)
4			Nr. 6 (14,3%)	Nr. 13 (16,6%)
5			Nr. 7 (14,3%)	Nr. 14 (16,6%)
6			Nr. 15 (14,3%)	Nr. 15 (16,6%)

Hier fällt auf, dass bei den Jungen und Mädchen der Orientierungsstufe das *Ordnungselement* (Anregung 1) zu 100% vertreten ist, während es im Sekundarbereich stark abnimmt (Jungen: 57,1%, Mädchen: 50,0%). Diese Tendenz bestätigt sich bei der eigenen Idee „Inhaltsverzeichnis anlegen" als weiterem Ordnungselement, allerdings mit insgesamt geringeren Prozentzahlen (vgl. Idee 19 in Kap. 4.2.2.2.2). Außerdem lässt sich feststellen, dass die *Wiedergabe des Inhalts* (Anregung 2) bei allen Tagebuchschreibern die 100%-Marke erreicht, was sich allerdings bei der Erfassung des 'Mischungsverhältnisses' wieder relativiert (vgl. Kap. 4.2.2.3). Eine Erklärung mag darin zu sehen sein, dass die Aufnahme des Inhalts der Bücher die Grundlage für weitere Auseinandersetzungen ist.

Das in der Orientierungsstufe häufig gewählte *imaginative Zeichnen* zu Textstellen (Anregung 3 / Jungen: 83,3%; Mädchen: 100%), wird in der Sekundarstufe I vom Zeichnen von Personen abgelöst (Anregung 9), wobei die hohe Prozentzahl bei den Mädchen bemerkenswert ist (Jungen: 57,1%; Mädchen: 83,3%). Die *tendenziell wertende Anregung* 16 hat bei den Jungen einen höheren Stellenwert als bei den Mädchen; wobei die Jungen der Orientierungsstufe an der Spitze liegen (100 %), gefolgt von den Mädchen derselben Schulstufe (88,8%); niedriger sind die Werte in der Sekundarstufe I (Jungen: 71,4%; Mädchen: 66,6%). Die *tendenziell identifikatorische Anregung* 12 findet sich nur bei den Mädchen der OS mit einem Wert über 50% (55,5%). Die zu *metakognitiven* Gedanken anregende Nr. 4 erreicht nur in der Orientierungsstufe hohe Werte (Jungen: 83,3%; Mädchen: 77,7%).

4.2.2.2.2 Umsetzung eigener Ideen

Die quantitative Erfassung der Inhalte der 28 Lesetagebücher ergab, dass viele Schülerinnen und Schüler über die Anregungen des Handzettels hinaus noch zahlreiche eigene Ideen in die Erstellung ihrer Lesetagebücher eingebracht haben. Im Einzelnen handelt es sich um folgende Schreib- und Gestaltungsideen, die mit Hilfe des Rasters (Übersicht 5, S. 111) erfasst wurden (Übersicht 9a, S. 123):

Übersicht 9a: Eigene Ideen der Schülerinnen und Schüler 17–37 im Überblick

Eigene Ideen
17 Illustrationen eingefügt
18 Deckblatt gestaltet
19 Inhaltsverzeichnis angelegt
20 Gedanken zum Buchtitel gemacht
21 Gedanken in einer Skizze veranschaulicht
22 Begriffe erklärt
23 Die Lieblingsperson beschrieben
24 Sich in Personen hineingedacht
25 Aussagen über sich selbst mit den Personen verknüpft
26 Ein Rätsel entworfen
27 Fotos eingeklebt
28 Sich appellativ an eine Person des Buches gewendet
29 Eine Geheimschrift ausgedacht
30 Einen Zeitungsartikel eingeklebt
31 Eine Begründung für die Buchauswahl gegeben
32 Ein Telefongespräch zwischen Personen des Buches entworfen
33 Ein Telefongespräch mit einer Person des Buches entworfen
34 Kapitelüberschriften gesammelt
35 Ein ‚Gedicht' zu einer Textstelle geschrieben
36 Die Formulierung „Liebes Tagebuch" verwendet
37 Vorgegebene Sätze ergänzt[119]

Auch zur Identifizierung dieser fortlaufend nummerierten eigenen Ideen sind qualitativ-inhaltliche Vorentscheidungen getroffen worden, die anhand von Beispielen zu erläutern sind.

17. Illustrationen eingefügt:
wenn innerhalb einer Tagebucheintragung mindestens einmal bzw. mehrere Male eine Illustration eingefügt worden ist (z. B. Sternchen, Blumen, farbige Einrahmungen usw.).

---

[119] Da die Satzanfänge vorgegeben sind, ist dies eigentlich keine eigene Idee, sondern eine zusätzliche Anregung.

18. Deckblatt gestaltet:

wenn das äußere Deckblatt des als Lesetagebuch gewählten DIN A 5- oder DIN A 4-Heftes mit Hilfe einer Kopie oder Nachzeichnung des Buchcovers oder in freier Form gestaltet worden ist.

19. Inhaltsverzeichnis angelegt:

wenn am Beginn oder am Ende des Lesetagebuchs ein Inhaltsverzeichnis der einzelnen Eintragungen angefertigt worden ist.

20. Gedanken zum Buchtitel gemacht:

wenn am Anfang des Lesetagebuchs oder an anderer Stelle eigene Gedanken zum Buchtitel formuliert worden sind, ohne Berücksichtigung von Kürze oder Ausführlichkeit.

> Ein Ausgleichskind
> ... soll Sachen machen, die die Eltern nicht konnten
> ... soll einen guten Beruf erlernen
> ... muss gut in der Schule sein
> ... muss Sachen machen, die die Eltern wollen
> ... bekommt oft Druck von den Eltern
> (LT 120: Monika, 6. Kl., zu „Das Ausgleichskind")

> Was ich gedacht habe, als ich das Titelbild zum ersten Mal gesehen habe:
> Ich habe gedacht, dass das Mädchen auf der Fensterbank sitzt und verliebt aber auch traurig ist. Vielleicht verkriecht sie sich in ein Schneckenhaus.
> (LT 260: Janette, 7. Kl.; zu „Schneckenhäuser")

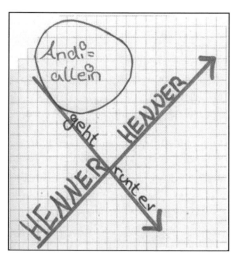

Abb. 3 LT 160: Stephanie, 7. Kl., zu „Und das nennt ihr Mut"

21. Gedanken in einer Skizze veranschaulicht:

wenn an einer Stelle bzw. an mehreren Stellen im Lesetagebuch eigene Gedanken zu einer Textstelle oder zum Buchinhalt in Form einer Skizze dargestellt sind (Abb. 3).

22. Begriffe erklärt:

wenn im Lesetagebuch einmal bzw. mehrmals Begriffe, die im Buch vorkommen, erklärt worden sind, ohne Unterscheidung zwischen Erklärungen mit eigenen Worten und solchen, die aus Fachbüchern o.ä. zitiert werden.

trivial = einfach; Indoktrination = Beeinflussung; Impromptu = Musikstück; petite = klein (französisch)

(LT 110: Henrik, 6. Kl., zu „Das Ausgleichskind")

23. Die Lieblingsperson beschrieben:

wenn eine Person des Buches ausführlich oder steckbriefartig beschrieben worden ist, zusammen mit der wertenden Bemerkung, dass es sich um die Lieblingsperson handelt.

24. Sich in Personen hineingedacht:

wenn in einer Eintragung bzw. in mehreren Eintragungen erkennbar ist, dass der Schreiber bzw. die Schreiberin sich in Buchpersonen und ihre Situation hineingedacht hat (wobei gelegentlich Überschneidungen mit der Anregung 4 möglich sind).

Krissi sollte sich seiner Angst stellen und mutig zur Schule gehen. Wäre ich Krissi, hätte ich alles meiner Mutter erzählt und nicht verborgen."
(LT 20: Sven, 5. Kl., zu „Und wenn ich zurückhaue?")

Schrecklich der arme Junge der muss ja übelst pauken für die Schule. Was soll das er wird ja schon wieder rot.
(LT 190: Daniel, 7. Kl., zu „Die Glasmurmel")

Mir fällt am Anfang auf, dass sie noch ziemlich glücklich ist. Ich frage mich bloß ob es noch lange so bleiben wird? Ich denke mal nicht weil sie auf der Welt ziemlich allein ist.
(LT 180: Dustin, 7. Kl., zu „Frag mal Alice")

25. Aussagen über sich selbst mit den Personen verknüpft:

wenn einmal oder mehrmals Aspekte der eigenen Lebens- und Erfahrungswelt mit Buchinhalten oder mit dem Verhalten einzelner Buchfiguren verknüpft oder Vergleiche mit der eigenen Lebenssituation angestellt worden sind.

Wenn ich kein Geschenk für meine Mutter hätte, dann würde ich mich ganz schrecklich fühlen. Ich würde zumindest den ganzen Tag nett sein, ihr bei allem helfen oder ihr zumindest einen Blumenstrauß pflücken.
(LT 110: Henrik, 6. Kl., zu „Das Ausgleichskind")

Ich hoffe, dass Krissi bald wiederkommt. Wenn jemand in meiner Klasse wegläuft würde ich auch bei der Suche helfen.
(LT 50: Franziska, 6. Kl., zu „Und wenn ich zurückhaue?")

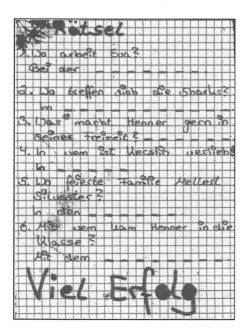

Abb. 4 LT 160: Stephanie, 7. Kl., zu „Und das nennt ihr Mut"

26. Ein Rätsel entworfen:

wenn einmal bzw. mehrmals zu Personen oder Handlungsverläufen des Buches ein Rätsel für potentielle Leser und Leserinnen entworfen worden ist (Abb. 4).

27. Fotos eingeklebt:

wenn einmal oder mehrmals Fotos (z. B. aus Zeitschriften) zur Illustration eingeklebt worden sind.

28. Sich appellativ an eine Person des Buches gewendet:

wenn einmal bzw. mehrmals ein Appell an eine Person des Buches formuliert worden ist.

S. 92 *Krissi, was willst du eigentlich wirklich? Willst du bei Olaf bleiben oder weggehen? An deiner Stelle würde ich bei Olaf bleiben. Er ist dein Freund, dein einziger Freund.*
S. 93 *Krissi, denk nicht nach, was die anderen sagen, es ist wichtig, dass du wieder da bist.*
(LT 30: Julia, 5. Kl., zu „Und wenn ich zurückhaue?")

29. Eine Geheimschrift ausgedacht:

wenn einmal bzw. mehrmals Eintragungen im Lesetagebuch in einer Geheimschrift verschlüsselt worden sind Abb. 5).

30. Einen Zeitungsartikel eingeklebt:

wenn an einer Stelle bzw. an mehreren Stellen des Lesetagebuchs ein ausgeschnittener Zeitungsartikel als Illustration oder Textergänzung eingeklebt worden ist.

Abb. 5 LT 30: Julia, 5. Kl., zu „Und wenn ich zurückhaue?"

31. Eine Begründung für die Buchauswahl gegeben:

wenn am Anfang des Lesetagebuchs oder an anderer Stelle die individuelle Buchauswahl mit eigenen Worten begründet worden ist.

Vorbeurteilung:

Ich habe dieses Buch genommen, weil mich das Thema Drogen interessiert. Das Buch beschreibt ein Mädchen, das in die Drogen-Szene abrutscht, weil sie mit ihrem Aussehen (Figur), mit der Schule und einer unglücklichen Liebe nicht zurecht kommt.

(LT 180: Dustin, 7. Kl., zu „Fragt mal Alice")

32. Ein Telefongespräch zwischen Personen des Buches entworfen:

wenn einmal bzw. mehrmals ein fiktives Telefongespräch zwischen Personen des Buches ausgedacht und formuliert worden ist.

„Hallo Vera, wie geht es dir?"
„Mir geht es gut, David."
„Ich habe gehört, dass das Ghetto verschönert werden soll."
„Woher weißt du das, David?"
„Beim Putzen habe ich gelauscht."
„Das ist aber eine gute Nachricht, David."
„Ich weiß, aber jetzt mach es gut. Tschüs Vera."
„Tschüs David."

(LT 230: Clemens, 7. Kl., zu „Im Vorhof der Hölle")

33. Ein Telefongespräch mit einer Person des Buches entworfen:

wenn der Schreiber bzw. die Schreiberin an einer Stelle oder mehreren Stellen des Tagebuchs ein fiktives Telefongespräch mit einer Buchperson entworfen hat, ohne Berücksichtigung von Länge und Inhalt.

34. Kapitelüberschriften gesammelt:

wenn im Lesetagebuch Kapitelüberschriften aus dem Buch abgeschrieben worden sind, und zwar nicht als Überschriften für Inhaltswiedergaben der einzelnen Kapitel, sondern in gesammelter Form.

35. Ein 'Gedicht' zu einer Textstelle geschrieben:

> Ein Rondell:
> Alissa ist allein.
> Drum will sie sich verlieben.
> Sie will ihre Pickel loswerden.
> Drum will sie sich verlieben.
> Sie will jemanden kennen lernen.
> Jemanden der zu ihr hält und steht.
> Drum will sie sich verlieben.
> Und sie hast es auch geschafft.
> (LT 280: Kamil, 10. Kl., zu „Rave, Love and Happiness")

36. Die Formulierung „Liebes Tagebuch" verwendet:

wenn eine Eintragung bzw. mehrere Eintragungen im Lesetagebuch mit der Formulierung „Liebes Tagebuch" oder „Liebes Lesetagebuch" beginnen.

37. Vorgegebene Sätze ergänzt:

wenn im Lesetagebuch einmal bzw. mehrmals Satzanfänge oder Sätze, die von der Lehrkraft vorgegeben waren, mit eigenen Formulierungen ergänzt worden sind.

> Johann hat verschlafen, weil ... *er am Abend zu viel an Susanne dachte und dann wurde es so spät.*
> Er hat Susannes Foto angeguckt, bis ... *er Schritte im Flur hörte.*
> Susanne ist nicht böse, obwohl ... *er auf dem Foto auf Susannes Brüste geguckt hat.*
> Susanne ist glücklich, weil ... *sie mit Johann zusammen zur Schule geht.*
> (LT 200: Helene, 7. Kl., zu „Die Glasmurmel")

Wie viel Prozent der Schülerinnen und Schüler jeweils welche der aufgeführten eigenen Ideen eingebracht haben, kann in einer Übersicht verdeutlicht werden, in der nur die Ideen 17–28 erfasst sind, die einen Prozentsatz von über 5 % erreichen (vgl. Übersicht 9b, S. 129).

Die höchsten Werte weisen die Ideen 17, 18, 19 und 24 auf. Die Ideen 29–37 liegen alle unter 5 %. Auffällige Unterschiede zwischen Jungen und Mädchen sind nicht festzustellen, sodass eine gesonderte geschlechtsspezifische Auswertung nicht lohnenswert erscheint. In fünf Lesetagebüchern der Orientierungsstufe (= 33,3 %) und in vier Tagebüchern der Sekundarstufe I (= 30,7 %) fanden sich keine eigenen Ideen.

Übersicht 9b: Eigene Ideen 17–28 im Überblick

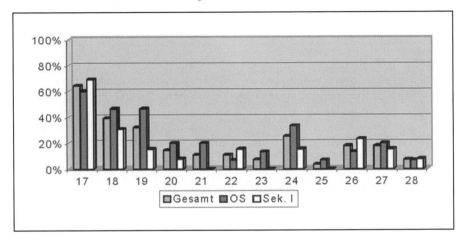

Das Einfügen von Illustrationen (über das textbezogene Zeichnen von Buchfiguren, Handlungssituationen und Comics bzw. Bildergeschichten hinaus), das Gestalten eines Deckblattes (meist unter Verwendung des Buchtitels bzw. einer Kopie des Buchumschlags) und das Anlegen eines Inhaltsverzeichnisses sind Gestaltungs- und Ordnungsmöglichkeiten, die von den Schülerinnen und Schülern bei der Mappenführung in fast allen Fächern verlangt bzw. selbstständig angewendet werden und die – da das Lesetagebuch ja als Unterrichtsinhalt eingesetzt wird – auch auf diese Unterrichtssituation übertragen worden sind. Bei der am häufigsten auftretenden Idee 17 („Illustrationen eingefügt") liegen die Schülerinnen und Schüler der Sekundarstufe I vor denen der Orientierungsstufe (69,2% zu 60,0%), bei den folgenden Ideen 18 („Deckblatt gestaltet") und 19 („Inhaltsverzeichnis angelegt") ist es dagegen umgekehrt (46,6% zu 30,7% bzw. 46,6% zu 15,3%).

Aus den übrigen selbst gefundenen Möglichkeiten ragt die Idee 24 („Sich in Personen hineingedacht") aus den anderen heraus. Insgesamt 25% der Schülerinnen und Schüler (33,3% in der OS, 15,3% in der Sek. I) haben diese Möglichkeit einer identifikatorischen Auseinandersetzungsweise gefunden, obwohl sie nicht ausdrücklich durch den Handzettel angeregt wurde. Auch die Ideen 28 („Sich appellativ an eine Person des Buches gewendet" / OS: 6,6%; Sek. I: 7,7%) und 32 bzw. 33 („Ein Telefongespräch zwischen Personen des Buches bzw. mit einer Person des Buches entworfen" / nur Sek. I: 7,7%) können zu solchen tendenziell identifikatorischen Auseinandersetzungsweisen gezählt werden. Die Ideen 21, 23, 25, 29 und 30 finden sich nur in der Orientierungsstufe, die Ideen 31–37 nur in der Sekundarstufe I.

Die Rangliste der am meisten vorkommenden eigenen Ideen (differenziert nach den Klassenstufen 5/6 und 7–10) ergibt folgendes Bild:

Rangfolge	Klasse 5/6	Klasse 7-10
1	Nr. 17: Illustrationen eingefügt	Nr. 17: Illustrationen eingefügt
2	Nr. 18: Deckblatt gestaltet	Nr. 18: Deckblatt gestaltet
3	Nr. 19: Inhaltsverzeichnis angelegt	Nr. 26: Ein Rätsel entworfen
4	Nr. 24: Sich in Personen hineingedacht	Nr. 19: Inhaltsverzeichnis angelegt
5	Nr. 20: Gedanken zum Buchtitel gemacht	Nr. 22: Begriffe erklärt
6	Nr. 21: Gedanken in einer Skizze veranschaulicht	Nr. 27: Fotos eingeklebt
7	Nr. 27: Fotos eingeklebt	

4.2.2.3 Ermittlung des 'Mischungsverhältnisses' der Inhalte

Die Ermittlung des 'Mischungsverhältnisses' der Inhalte der Lesetagebücher folgt der Frage: *In welchem 'Mischungsverhältnis' greifen die einzelnen Schülerinnen und Schüler die 16 Anregungen des Handzettels auf?* Bei der Untersuchung der Lesetagebücher im Hinblick auf diese Fragestellung werden die unterscheidbaren Einzeleintragungen in den 28 Lesetagebüchern der Stichprobenziehung gezählt und den Anregungen des Handzettels zugeordnet. Da viele Einzeleintragungen als 'gemischt' zu bezeichnen sind – d. h. Elemente von zwei oder mehreren Anregungen enthalten –, werden sie entweder derjenigen Anregung zugeordnet, die jeweils eindeutig dominant ist, oder doppelt bzw. mehrfach gezählt.

Es stellt sich zunächst heraus, dass die Anzahl der Einzeleintragungen in den Lesetagebüchern stark differiert. In der Orientierungsstufe (Klasse 5/6) schwankt sie zwischen 14 (LT 60, Jan) und 60 (LT 120, Monika), in der Sekundarstufe I (Klasse 7–10) zwischen 15 (LT 170, Michael) und 44 (LT 160, Stephanie), wobei nur die Anregungen 2–16 relevant sind und gezählt werden, weil das Ordnungselement 1 keine inhaltliche Anregung darstellt. Obwohl in beiden Schulstufen das Tagebuch mit der geringeren Anzahl von Eintragungen von einem Jungen und das mit den meisten Eintragungen von einem Mädchen erstellt worden ist, sind daraus keine Rückschlüsse auf entsprechende Unterschiede bei Jungen und Mädchen zu ziehen; die Durchschnittsanzahl der Eintragungen ist nämlich in der Orientierungsstufe 36 bei den Jungen und 37 bei den Mädchen; in der Sekundarstufe I sind es durchschnittlich 23 bei den Jungen und 26 bei den Mädchen. Ein zahlenmäßiger Unterschied zwischen den Schulformen lässt sich dagegen feststellen. Die ermittelten Zahlen sagen allerdings nichts über die Ausführlichkeit der Eintragungen bzw. den Umfang der einzelnen Tagebücher aus, da die Einzeleintragungen in ihrer Länge ebenfalls starke Unterschiede aufweisen. Bei den zusätzlich umgesetzten eigenen Ideen schwankt die Zahl der Einzeleintragungen in der Orientierungsstufe zwischen 0 und 12, in der Sekundarstufe I zwischen 0 und 19.

Nimmt man die Anregung 1 (Notiert, was wann gelesen worden ist) gesondert in den Blick, so zeigt sich, dass in beiden Schulstufen die Werte wieder stark schwanken. In der Orientierungsstufe, in der alle Schülerinnen und Schüler Datierungen eingesetzt haben, ist die im Verhältnis geringste Anzahl 2 Datierungen bei 27 Eintragungen (LT 10, Yvonne), die höchste Anzahl 51 Datierungen bei 58 Eintragungen (LT 90, David). In der Sekundarstufe I finden sich in 6 von 13 Lesetagebüchern gar keine Datierungen, und zwar in den oberen Jahrgängen (LT 230–280); die im Verhältnis höchste Anzahl beträgt hier 12 Datierungen bei 15 Eintragungen (LT 220, Vanessa).

Ordnet man die Einzeleintragungen den 16 Anregungen zu, dann fällt auf, dass kein Schüler und keine Schülerin *alle* Anregungen aufgegriffen hat. Die Gesamtzahl der aufgegriffenen Anregungen schwankt in der Orientierungsstufe zwischen 4 (LT 60, Jan; LT 100, Ute) und 12 (LT 120, Monika), in der Sekundarstufe I zwischen 3 (LT 190, Dominik; LT 220, Vanessa) und 9 (LT 260, Janette; LT 280, Kamil). Im Einzelnen ergibt sich folgendes Bild:

Gesamtzahl der aufgegriffenen Anregungen	**Orientierungsstufe:** Anzahl der Schülerinnen und Schüler	**Sekundarstufe I:** Anzahl der Schülerinnen und Schüler
3	-	2 (1 Junge, 1 Mädchen)
4	2 (1 Junge, 1 Mädchen)	2 (Jungen)
5	1 (Junge)	1 (Junge)
6	2 (Mädchen)	3 (2 Jungen, 1 Mädchen)
7	5 (2 Jungen, 3 Mädchen)	2 (Mädchen)
8	1 (Junge)	1 (Mädchen)
9	2 (1 Junge, 1 Mädchen)	2 (1 Junge, 1 Mädchen)
10	1 (Mädchen)	-
12	1 (Mädchen)	-

Aufschlussreich ist, welche der 15 inhaltlichen Anregungen am häufigsten (d. h. mehrmals) aufgegriffen worden sind. Hier dominiert klar die Anregung 2 (Einzelne Kapitel kurz zusammengefasst oder nacherzählt), in der Orientierungsstufe bei 11 von 15 Tagebüchern, in der Sekundarstufe I bei 12 von 13. In der Orientierungsstufe ist bei 3 Mädchen (LT 70, 120 und 150) die Anregung 16 (Aufgeschrieben, was gut oder nicht so gut gefallen hat) öfter aufgegriffen worden als die Anregung 2, beim Lesetagebuch 150 sogar im Verhältnis 17 zu 1; bei einem

Jungen (LT 110, Henrik) sind beide Anregungen gleich stark (bzw. gering) vertreten (je 2 Eintragungen). In der Sekundarstufe I ist in einem Fall (LT 280, Kamil) die Anregung 16 ebenso häufig aufgegriffen worden wie die Anregung 2 (je 4-mal).

Die Dominanz der Anregung 2 wird noch deutlicher, wenn man die prozentuale Auswertung betrachtet. Hier zeigt sich, dass die Wiedergabe des Inhalts einzelner Buchkapitel in der Orientierungsstufe auf Werte zwischen 5,4 % (LT 110, Henrik) und 69,0 % (LT 90, David) des Gesamtinhalts ausmacht, in der Sekundarstufe I sind es zwischen 17,4 % (LT 280, Kamil) und 80,0 % (LT 220, Vanessa). Bei dem Jungen der Orientierungsstufe (LT 110, Henrik), der hier nur auf jeweils 5,4 % kommt (= 2 Eintragungen), ist auffällig, dass der Schwerpunkt seines Tagebuchinhalts bei der Anregung zur Imagination (Nr. 3: Zu einer Textselle etwas gezeichnet) und bei den eigenen Ideen liegt (jeweils 18,9 % = 7 Eintragungen).

Auch die Frage nach dem Verhältnis von aufgegriffenen Anregungen und eigenen Ideen ist untersucht worden und soll in Grafiken verdeutlicht werden (vgl. Übersicht 10a–b).[120]

Übersicht 10a: Verhältnis von aufgegriffenen Anregungen und eigenen Ideen (Orientierungsstufe)

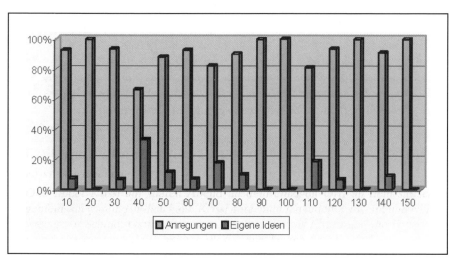

---

[120] Diese Untersuchungsergebnisse sind zwar im Hinblick auf die Einzelfälle aufschlussreich, eignen sich aber nicht als Grundlage für verallgemeinerbare Erkenntnisse.

Übersicht 10b: Verhältnis von aufgegriffenen Anregungen und eigenen Ideen (Sekundarstufe I)

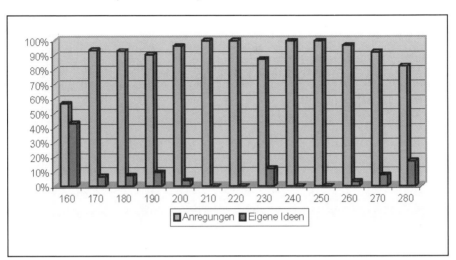

Die größte Differenz findet sich bei 3 Jungen und 2 Mädchen der Orientierungsstufe (LT 20, 90, 100, 130, 150), die sich streng an den Anregungszettel gehalten und gar keine eigenen Ideen eingebracht haben; in der Sekundarstufe I sind es 1 Junge und 3 Mädchen (LT 210, 220, 240 und 250). Die geringste Differenz und damit den höchsten Anteil an eigenen Ideen weist das Lesetagebuch 160 auf (Stephanie, Sekundarstufe I), in dem 43,1 % aus eigenen Ideen und 56,7 % aus aufgegriffenen Anregungen besteht; es folgt ein Junge aus der Orientierungsstufe (LT 40, Daniel) mit einem Verhältnis von 33,4 % eigener Ideen zu 66,7 % aufgegriffener Anregungen.

Da die Lesetagebücher im Hinblick auf den Gesamtumfang und die Länge der Eintragungen sehr unterschiedlich ausfallen, ist noch die Frage von Interesse, wie viel Prozent der Tagebuchinhalte auf die einzelnen aufgegriffenen Anregungen entfallen. Die *Durchschnittswerte*, die sich hier ergeben, machen noch einmal überblicksartig eine Rangfolge deutlich (vgl. Übersicht 11, S. 134).

Übersicht 11: Quantitative Untersuchung: Mischungsverhältnis / Durchschnittswerte in Prozent[121]

Nr.	Gesamt	OS	J	M	Sek. I	J	M
2	37,9	29,9	34,8	26,7	47,0	49,0	44,8
3	12,1	16,1	16,3	15,9	7,5	4,1	11,6
4	6,1	7,4	7,8	7,1	4,6	6,4	2,5
5	2,4	3,7	3,5	3,8	0,9	1,8	0,0
6	2,2	1,8	1,8	1,9	2,6	1,8	3,5
7	0,6	0,8	1,2	0,6	0,3	0,6	0,0
8	0,9	1,4	3,6	0,0	0,3	0,0	0,7
9	5,0	2,9	1,4	3,9	7,4	6,5	8,5
10	4,2	2,9	2,1	3,3	5,7	5,0	6,4
11	1,3	1,7	0,6	2,4	0,8	0,0	1,8
12	2,9	3,5	3,0	3,8	2,2	0,0	4,9
13	0,6	0,3	0,0	0,4	1,1	1,5	0,6
14	3,7	5,2	6,4	4,4	2,0	3,2	0,6
15	0,6	0,5	0,4	0,6	0,8	1,0	0,4
16	10,7	13,2	10,6	14,9	7,8	9,8	5,4
Sonstige	8,6	8,6	7,4	9,4	8,5	8,7	8,3
	99,8	99,9	100,9	99,1	99,5	99,4	100,0

Auch wenn die Rangfolge der aufgegriffenen Anregungen in den Schulstufen nicht identisch ist, ist doch der Vorrang der Anregungen 2, 3, 16, 4 und 9 offensichtlich. Unterschiedliche Gewichtungen ergeben sich bei einer Differenzierung nach Jungen und Mädchen; sie können in einer Tabelle und im Vergleich von zwei Diagrammen veranschaulicht werden (vgl. Übersicht 12a und b, S. 135).[122]

Rang Nr.	Anregung Nr.	Gesamt	OS	J	M	Sek. I	J	M
1	2	37,9	29,9	34,8	26,7	47,0	49,0	44,8
2	3	12,1	16,1	16,3	15,9	7,5	4,1	11,6
3	16	10,7	13,2	10,6	14,9	7,8	9,8	5,4
4	4	6,1	7,4	7,8	7,1	4,6	6,4	2,5
5	9	5,0	2,9	1,4	3,9	7,4	6,5	8,5

---

[121] Abweichungen vom Gesamtwert 100 % erklären sich durch Auf- bzw. Abrundungen der Werte.
[122] Eine differenziertere Auswertung der prozentualen Anteile erfolgt in Kap. 4.2.3 im Zusammenhang mit der ersten Kategorisierung von Auseinandersetzungsweisen.

Quantitative Erfassung

Übersicht 12a: Mischungsverhältnis / Durchschnittswerte / Rangfolge nach Schulformen

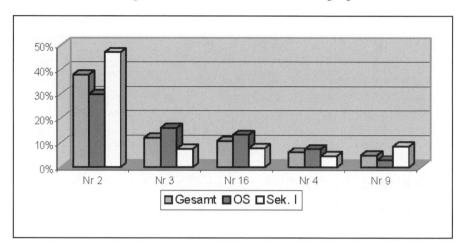

Übersicht 12b: Mischungsverhältnis / Durchschnittswerte / Rangfolge nach Jungen-Mädchen

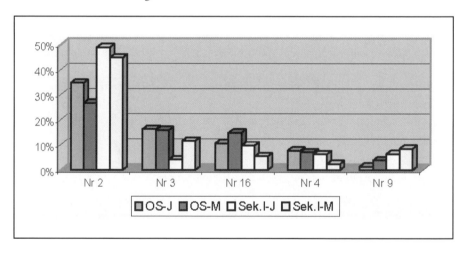

4.2.3 Erste Kategorisierung von Auseinandersetzungsweisen

Bei näherer Betrachtung des Handzettels lassen sich einzelne Anregungen unter Oberbegriffen zusammenfassen, die jeweils auf eine bestimmte *Tendenz der Auseinandersetzungsweise mit dem Gelesenen* ausgerichtet sind und in einem ersten Zugriff kategorisiert werden können (vgl. Übersicht 13a, S. 136). Zu berücksichtigen ist, dass einzelne Anregungen – entsprechend der Art und Weise der Ausführung in den Tagebucheintragungen – verschiedenen Oberbegriffen zugeordnet werden können. Ein Beispiel dafür sind Zeichnungen zu Textstellen

(Anregung 3), von Buchfiguren (Anregung 9) oder von Bildergeschichten bzw. Comics (Anregung 13), die als Ergebnisse von Imaginationen anzusehen sind, aber zugleich etwas mit der Reproduktion des Inhalts zu tun haben können. Oft kommen in den Zeichnungen und Bildergeschichten auch identifikatorische Elemente zum Ausdruck (vgl. Abb. 1, S. 113).[123] Ein anderes Beispiel sind Fragen zu einzelnen Kapiteln oder Textstellen (Anregung 5), die in den hier untersuchten Tagebüchern überwiegend als tendenziell reproduktiv einzustufen sind, aber auch eine metakognitive Auseinandersetzungsweise signalisieren können.

Übersicht 13 a: Tendenzen in den Auseinandersetzungsweisen, Teil 1

Ordnungselement:
1   Notiert, was wann gelesen worden ist

Tendenziell reproduktiv:
2   Einzelne Kapitel kurz zusammengefasst oder nacherzählt
5   Fragen zu einzelnen Kapiteln oder Textstellen formuliert
8   Aussagen über eine Person aus dem Buch gesammelt
10 Für Personen des Buches Steckbriefe entworfen

Tendenziell wertend:
6   Textstellen aufgeschrieben, die als besonders lustig, traurig oder spannend empfunden wurden
14 Eine wichtige Seite abgeschrieben (bzw. kopiert und eingeklebt) und kommentiert
16 Aufgeschrieben, was gut oder nicht so gut gefallen hat

Tendenziell imaginativ-identifikatorisch:
3   Zu einer Textstelle etwas gezeichnet
7   An geeigneten Stellen im Buch den Text verändert oder weitergeschrieben
9   Personen des Buches gezeichnet
12 Aus der Sicht einer Person des Buches eine Tagebucheintragung oder einen Brief entworfen
13 Aus einzelnen Textstellen eine Bildergeschichte oder einen Comic gestaltet

Tendenziell kommunikativ:
11 An eine Person des Buches einen Brief geschrieben
15 Einen Brief an die Autorin bzw. den Autor geschrieben

Tendenziell metakognitiv:
4   Aufgeschrieben, was beim Lesen gedacht oder gefühlt worden ist

---

[123] In der ersten, vorläufigen Kategorisierung werden die Anregungen 3, 9 und 13 den tendenziell imaginativ-identifikatorischen Auseinandersetzungsweisen zugeordnet.

Auffällig ist, dass die tendenziell imaginativ-identifikatorischen Anregungen – unter Einschluss der 'zeichnerischen' Anregungen 3, 9 und 13 – mit der Anzahl 5 zahlenmäßig am stärksten repräsentiert sind, gefolgt von den vier tendenziell reproduktiven Anregungen (2, 5, 8 und 10). Jeweils drei Anregungen beziehen sich auf die Herausforderung einer wertenden Stellungnahme (6, 14 und 16), keine einzige Anregung fordert zu einer Auseinandersetzung mit der Sprache und literarischen 'Machart' des Buches heraus (mit Einschränkung und implizit möglicherweise Anregung 16). Die Anregungen 11 und 15 regen zu kommunikativen, die Anregung 4 zu metakognitiven Äußerungen an.

Betrachtet man vor dem Hintergrund dieser ersten groben Zuordnung noch einmal das Wahlverhalten der Schülerinnen und Schüler (vgl. Übersicht 11, S. 134), so fällt auf, dass im Bereich zwischen 50% und 100% zwei reproduktive Auseinandersetzungsweisen aufgegriffen worden sind (2 und 10), außerdem die beiden auf zeichnerischen Ausdruck von Imagination ausgerichteten Anregungen (3 und 9) sowie jeweils eine auf Wertung (16) und Metakognition (4) zielende Anregung.

Übersicht 14: Prozentualer Anteil der Auseinandersetzungsweisen am Gesamtinhalt der Lesetagebücher

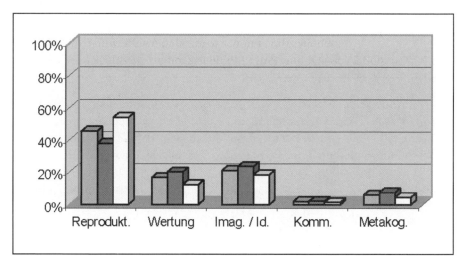

Nimmt man die Summe der prozentualen Anteile der unter den einzelnen Oberbegriffen zusammengefassten Anregungen in den Blick, so wird die Dominanz der tendenziell reproduktiven Auseinandersetzungsweisen deutlich. Der Gesamtanteil der Anregungen 2, 5, 8 und 10 beträgt 45,4% (Orientierungsstufe: 37,9%; Sekundarstufe I: 53,9%). Die auf Imagination und Identifikation zielenden Anregungen 3, 7, 9, 12, und 13 erreichen 21,2% (OS: 23,6%; Sek. I: 18,5%); die auf Wertungen ausgerichteten Anregungen 6, 14 und 16 kommen auf

16,6 % (OS: 20,2 %; Sek. I: 12,4 %). Danach folgen – mit vergleichsweise niedrigen Anteilen – die auf Metakognition gerichtete Anregung 4 mit 6,1 % (OS: 7,4 %; Sek. I: 4,6 %) und die zu kommunikativen Formen hinführenden Anregungen 11 und 15 mit nur 1,9 % (OS: 2,2 %; Sek. I: 1,6 %) (Übersicht 14, S. 137).

Daraus ergeben sich erste *Kritikpunkte an dem Handzettel*, der den Lehrerinnen und Lehrern für die Erstellung der Lesetagebücher zur Verfügung gestellt worden ist. In der Anordnung der aufgeführten Anregungen 2 bis 16 ist keine durchgängige Systematik erkennbar, sodass die Reihenfolge eher additiv-zufällig wirkt. Außerdem müsste die Dominanz tendenziell reproduktiver Auseinandersetzungsweisen in den Lesetagebüchern – im Hinblick auf die originären Möglichkeiten eines 'Tagebuchs' und auf die intendierten Wirkungsweisen von Kinder- und Jugendliteratur – durch eine präzisere Benennung der anderen Auseinandersetzungsmöglichkeiten aufgefangen werden. Diese beiden Punkte sind bei der Neuformulierung von Anregungen für einen künftig einzusetzenden Handzettel zu beachten, wenn der Einsatz des Lesetagebuchs im Deutschunterricht so fruchtbar wie möglich sein soll. Die Erkenntnisse aus der quantitativen Erfassung sowie aus der folgenden qualitativen Inhaltsanalyse können hierfür die geeignete Grundlage sein.

Unter dem Aspekt der Kategorisierung fällt auf, dass es sich bei den von den Schülerinnen und Schülern umgesetzten eigenen Ideen vor allem um kreativ-gestalterische Auseinandersetzungsweisen handelt. Die erste grobe Kategorisierung (vgl. Übersicht 13a, S. 136) kann durch dieses Element entsprechend ergänzt werden (Übersicht 13b).

Übersicht 13b: Tendenzen in den Auseinandersetzungsweisen, Teil 2

Tendenziell kreativ-gestalterisch:

17 Illustrationen eingefügt
18 Deckblatt gestaltet
20 Gedanken zum Buchtitel gemacht
21 Gedanken in einer Skizze veranschaulicht
26 Ein Rätsel entworfen
27 Fotos eingeklebt
29 Eine Geheimschrift ausgedacht
30 Einen Zeitungsartikel eingeklebt
35 Ein Rondell zu einer Textstelle geschrieben

Die Ergebnisse der qualitativen Inhaltsanalyse (vgl. das folgende Kap. 4.3) werden zu einer Ausdifferenzierung und Ergänzung dieser ersten, vorläufigen Kategorisierung von Auseinandersetzungsweisen führen (vgl. Kap. 4.4).

4.3 Qualitative Inhaltsanalyse ausgewählter Lesetagebücher

Für die ausführliche qualitative Inhaltsanalyse werden zunächst – nach einleitenden Hinweisen zur Analyse von Auseinandersetzungsweisen (4.3.1) – je zwei Lesetagebücher aus der Orientierungsstufe (Klassenstufen 5 und 6) und der Sekundarstufe I (Klasse 7) herangezogen, die zu den Büchern „Und wenn ich zurückhaue?" von Elisabeth Zöller (Klasse 5 und 6 / 4.3.2.1 und 4.3.2.2) und „Und das nennt ihr Mut" von Inge Meyer-Dietrich (Klasse 7 / 4.3.2.3 und 4.3.2.4) angefertigt worden sind. Diese vier Lesetagebücher sind von zwei Mädchen und zwei Jungen aus Hildesheimer Schulen in Einzelarbeit über unterschiedliche Zeiträume begleitend zum Lesen des jeweiligen Buches in den Wochenstunden des Deutschunterrichts und zu Hause erstellt worden. Die von den Lehrkräften gewählten Arbeitsformen sind als 'frei' zu bezeichnen; vorgegeben waren lediglich der Handzettel mit den 16 Anregungen und den Intentionen eines Lesetagebuchs (vgl. Übersicht 2, S. 105).

Die Lehrkräfte haben sich – nach eigener Auskunft – in allen Phasen des Lesens und des Tagebuchschreibens für den Fortschritt der Arbeiten interessiert; sie haben die Schülerinnen und Schüler zum Durchhalten ermuntert und sie zum Aufschreiben ihrer wirklichen Gedanken und Gefühle ermutigt. Außerdem erläuterten sie übereinstimmend, dass der Hinweis an die Schülerinnen und Schüler, der Inhalt der Tagebücher sei wichtiger als eine fehlerlose Rechtschreibung und Grammatik, für alle sowohl glaubhaft gewesen sei als auch entlastend gewirkt habe. In allen Fällen war die Arbeit eine sich über längere Zeit hin erstreckende komplexe Lese- und Schreib- bzw. Gestaltungsaufgabe innerhalb eines geöffneten Unterrichtsarrangements, das viel Spielraum für individuelles Arbeiten lässt, auf die Heterogenität der Lernvoraussetzungen der einzelnen Schülerinnen und Schüler (z.B. unterschiedliche Lern- und Lesebiographien sowie Lese-, Sprach- und Schreibkompetenzen) Rücksicht nimmt und verschiedene Arten der Auseinandersetzung mit dem Buch ausdrücklich toleriert.[124]

Nach der Gesamtdurchsicht aller Lesetagebücher scheinen die vier ausgewählten Lesetagebücher im Hinblick auf die beiden Leitfragen für eine qualitative Analyse besonders ergiebig zu sein. Sie können einerseits als repräsentativ für

---

[124] Der Lehrer, der die beiden 7. Hauptschulklassen betreut hat, äußerte, er sei verblüfft von der Motivation der Schülerinnen und Schüler. Viele hätten große Probleme mit dem Lesen und Schreiben, bei einer großen Anzahl sei die Muttersprache nicht Deutsch und manche hätten bisher noch nie ein ganzes Buch gelesen; dennoch hätten alle die Arbeitsform 'Lesetagebuch' bereitwillig angenommen. Sie seien sehr motiviert gewesen, das Buch, das er als Klassenlektüre vorgesehen hatte, zu lesen. Er selbst hatte gerade vorher bei einer Autorenlesung die Autorin Inge Meyer-Dietrich getroffen, ihr von dem Vorhaben erzählt, von ihr ein Autogramm und ein Portrait bekommen und die Zusage, wenn die Schülerinnen und Schüler nach dem Lesen des Buches ihr schreiben würden, bekämen sie Antwort von ihr. Das hat die Motivation der Schülerinnen und Schüler erheblich gesteigert, ihnen das Buch näher gebracht und ein Stück Realität in die fiktionale Welt des Buches geholt.

die Gesamtheit der vorhandenen Texte dieser Klassen gelten und andererseits *exemplarisch zeigen, was mit dem Einsatz des Lesetagebuchs im Deutschunterricht möglich ist*, und damit die Bedeutung demonstrieren, die dem Lesetagebuch als Methode im Umgang mit Kinder- und Jugendbüchern zukommen kann.

Die Inhaltsanalyse der ausgewählten vier Lesetagebücher wird in Kap. 4.3.3 ergänzt und verdeutlicht durch weitere Beispiele aus den 'frei' gestalteten Lesetagebüchern der Orientierungsstufe und der Sekundarstufe I. Außerdem werden in Kap. 4.3.4 zum Vergleich Eintragungen aus Lesetagebüchern mit 'vorstrukturierter' Aufgabenstellung dokumentiert.

Die qualitative Inhaltsanalyse ist Grundlage für eine Unterscheidung und Benennung von Kategorien, unter denen sich die unterschiedlichen Auseinandersetzungsweisen der Schülerinnen und Schüler bündeln lassen. Diese Kategorisierung knüpft an die ersten Ergebnisse im Anschluss an die quantitative Erfassung an (vgl. 4.2.3) und wird anschließend in Kap. 5 als ein Aspekt der beabsichtigten Entfaltung von didaktischen Perspektiven zusammengefasst.

4.3.1 Hinweise zur Analyse von Auseinandersetzungsweisen

Als Leser eines Lesetagebuchs verfolgt man gewissermaßen die Rezeptionsgeschichte der Schreibenden – wenn auch nicht total, da die Eintragungen abhängig sind von den individuellen, z. B. alters-, geschlechts- und sozialisationsbedingten, Möglichkeiten und Grenzen des Verstehens und Missverstehens, der Reflexion und Wertung, der Schreibkompetenz, dem Grad der Imagination, die der Schreiber zu erkennen gibt, sowie der schulischen und unterrichtlichen Implikationen und Verfremdungsgefahren (z. B. dem Wissen um die Beurteilung durch die Lehrerin oder den Lehrer).

Der Untersuchende steht zudem vor der Schwierigkeit, dass jedes einzelne Lesetagebuch einen relativ umfangreichen und heterogenen Untersuchungskorpus darstellt, der im Hinblick auf das Definieren einheitlicher Analyseeinheiten 'sperrig' ist, sodass sowohl eine Zeile-für-Zeile-Analyse als auch die Kodierung von Sätzen, Abschnitten oder ganzen Tageseintragungen sinnvoll sein kann. Für die notwendige inhaltliche Kategorienbildung und Operationalisierung der Kategorien ist es von Bedeutung, dass möglichst trennscharfe differenzierte Kategorien gefunden werden, die zugleich dem praxisbezogenen Anspruch genügen, handhabbar und überschaubar zu sein, um im Unterrichtsalltag als Handlungsorientierung dienen zu können.

Obwohl die Lesetagebücher komplexe semantische Gebilde sind, deren Einzeleintragungen meist mehrere Subkategorien ansprechen und sich nur schwer einer einzigen Kategorie zuordnen lassen, kann es mit Hilfe einer hermeneutischen Analyse gelingen, vom Geschriebenen bzw. Gestalteten Rückschlüsse auf die unterschiedlichen Auseinandersetzungsweisen und Zugänge der Schülerinnen und Schüler zu ziehen und aus dem Vorhandensein übereinstimmender oder ähnlicher Phänomene zusammenfassende Kategorien abzuleiten (vgl. Strauss / Corbin 1996, 43 ff.). Dabei muss man sich allerdings bewusst sein, dass man von Schreibprodukten oder -spuren nicht linear auf Denk- und Auseinandersetzungsprozesse und auf einen ursächlichen Zusammenhang von mentalen und schriftsprachlichen Prozessen schließen kann, sodass im Einzelfall nicht mit letzter Gewissheit ausgesagt werden kann, ob die Eintragungen in den Lesetagebüchern tatsächlich die subjektiven Zugänge der Schülerinnen und Schüler zum Gelesenen und zum Weiterverarbeiten dokumentieren bzw. inwieweit tatsächlich Prozesse der kognitiven und affektiven Verarbeitung sichtbar werden. Geschriebenes fällt immer anders aus als das, was die 'innere' Sprache ausmacht, und ist deshalb kein getreues Abbild dessen, was während des Lesens wirklich gedacht und empfunden worden ist.

Darin steckt auch die Frage, inwieweit die beim Lesen ablaufenden innerpsychischen Prozesse überhaupt dem Bewusstsein der Lesenden zugänglich und (schrift)sprachlich mitteilbar sind (vgl. Seiffge-Krenke 1985, 38). Wenn schriftsprachliche Fixierungen für viele Schülerinnen und Schüler ein großes Problem darstellen, weil sie ein bestimmtes Maß an Sprachkompetenz und Schreibfähigkeit und -gewandtheit erfordern, muss man zumindest berücksichtigen, dass der Text auf dem Papier nicht identisch ist mit den Gedanken seines Urhebers. Er macht deshalb nicht vollständig offenbar, was die Schreiber zu sagen hatten, sondern zeigt lediglich das, was sie aufgeschrieben haben. Das bedeutet z. B. auch, dass unklare Formulierungen nicht notwendig eine Dokumentation unklarer Gedanken sein müssen. Dennoch werden in den einzelnen Lesetagebüchern bestimmte Auseinandersetzungsweisen sichtbar, die aus den schriftlichen Fixierungen ableitbar und im Hinblick auf gemeinsame und unterscheidende Merkmale beschreibbar sind. Deshalb kann versucht werden, die Tagebuchinhalte als Spuren von stattgefundenen Rezeptionsprozessen zu betrachten und das Geschriebene und Gestaltete im Hinblick auf unterscheidbare Auseinandersetzungsweisen mit dem Gelesenen zu interpretieren.[125]

Die qualitative Inhaltsanalyse der Eintragungen in den vier ausgewählten Lesetagebüchern lässt solche Rückschlüsse auf unterschiedliche und verallgemeinerbare Auseinandersetzungsweisen der Schülerinnen und Schüler mit dem Gelesenen zu. Unter *inhaltlichen Aspekten* knüpft die Untersuchung an die Ausführungen zur Bedeutung des Lesens und zu den Wirkungsweisen der Kinder- und Jugendliteratur (vgl. Kap. 1) und an die erste Kategorisierung von Auseinander-

---

[125] Da die vorliegenden Lesetagebücher keine Auskunft geben über Schreibgeschwindigkeit, Schreibflüssigkeit, Schreibpausen und schreibbegleitende körpersprachliche Signale, kann all dies auch nicht berücksichtigt werden, obwohl es mit der jeweiligen Auseinandersetzung in engem Zusammenhang steht. Ausnahmen sind, wenn diese Aspekte von einzelnen Schülerinnen und Schülern ausdrücklich reflektiert werden. Auf Qualität der Formulierungen, Kohärenz von Textpassagen, Einhaltung von Text- und Stilnormen usw. wird nur hingewiesen, wenn dies für die Analyse der Rezeptionsprozesse und Auseinandersetzungsweisen von Bedeutung ist.

setzungsweisen, die im Anschluss an die Ergebnisse der quantitativen Erfassung erfolgt ist, an (vgl. Übersicht 13a u. b, S. 136 u. 138). Als *formale Aspekte* werden Umfang und Aufbau der Lesetagebücher (z. B. Menge und Textlänge der Einzeleintragungen, Übersichtlichkeit im Hinblick auf Anordnung, Datierung, Absätze und gestalterische Vielfalt, Verhältnis von geschriebenem Text und bildnerischen Elementen, Verwendung nichtsprachlicher Ausdrucksmittel wie Unterstreichungen, Hervorhebungen, Randskizzen, Verwendung von Farben und Schriftarten) sowie Sprache und Schreibstil der Schülerinnen und Schüler (z. B. Orientierung an Textsorten und Unterscheidung von Schreibweisen) berücksichtigt. Im Laufe dieser Untersuchung werden sich die bereits gefundenen Unterscheidungen weiter differenzieren und am Ende Grundlage für die beabsichtigte modellhafte Kategorisierung sein.

4.3.2 Lesetagebücher mit 'freier' Aufgabenstellung

Abb. 6: LT 29, Friederike

Aus den 81 Lesetagebüchern der Klassen 5 und 6, die zum Buch „Und wenn ich zurückhaue?" erstellt worden sind (45 von Jungen und 36 von Mädchen / LT 1 – 81), habe ich die Lesetagebücher eines Mädchens der 5. Klasse (Vanessa, LT 33 / 4.3.2.1) und eines Jungen der 6. Klasse (Kevin, LT 44 / 4.3.2.2) ausgewählt, um sie ausführlich zu dokumentieren, zu analysieren und zu interpretieren.

Aus den beiden Parallelklassen des 7. Jahrgangs, die das Buch „Und das nennt ihr Mut" gelesen haben, wurden insgesamt 26 Lesetagebücher abgegeben (19 von Jungen und 7 von Mädchen / LT 151–176).[126] Aus

---

[126] Diejenigen Schülerinnen und Schüler, die am Ende kein fertiges Lesetagebuch vorweisen konnten, hatten entweder parallel zum Fachunterricht einen speziellen Sprach- oder Förderunterricht oder waren – nach Auskunft des Lehrers – sprachlich so sehr überfordert, dass sie das Buch nicht lesen konnten (da sie z. B. erst seit ganz kurzer Zeit in Deutschland leben); einige haben längere Zeit in der Schule gefehlt oder nur eine Lose-Blatt-Sammlung vorzuweisen gehabt. Einige wollten ihr Tagebuch nicht für die Untersuchung zur Verfügung stellen bzw. einer 'Fremden' Einblick in ihre Aufzeichnungen geben. Deshalb wurden bei einer Gesamtzahl von 39 Schülerinnen und Schülern nur 26 Lesetagebücher abgegeben.

diesen beiden Klassen werden ebenfalls die Lesetagebücher eines Mädchens und eines Jungen inhaltsanalytisch untersucht (Amel, LT 159 / 4.3.2.3; Kay, LT 165 / 4.3.2.4).

In dem Buch „Und wenn ich zurückhaue?" geht es um den zehnjährigen Christian, genannt Krissi, der neu in eine fünfte Klasse gekommen ist. Er wird in der Schule von zwei Mitschülern (Peer und Bossy) und einer Mitschülerin (Henny) aus der siebten Klasse tyrannisiert, bedroht und geschlagen, sodass er immer mehr Angst bekommt und sich wiederholt seinen Eltern, besonders seiner Mutter, anvertrauen will. Die Mutter bemerkt zwar, dass mit ihm etwas nicht stimmt, aber aus Mangel an Gelegenheiten und Zeit kommt es nicht zum klärenden Gespräch. Nur seinen neuen Freund Olaf weiht er ein und diese Freundschaft hilft ihm kurzfristig, den fast unerträglich werdenden Zustand etwas besser auszuhalten. Doch den fortwährenden Demütigungen, die zunehmend auch von anderen Klassenkameraden ausgehen, kann er sich letztlich nicht widersetzen. Nach einem erneuten brutalen Überfall der 'Schlägerkids' auf dem Schulflur läuft Krissi desorientiert weg und versteckt sich in einem Baumhaus.

Sein Verschwinden bringt das Problem 'Gewalt' in die Klassenöffentlichkeit, denn sein Freund Olaf berichtet nun von den immer mehr eskalierenden Repressalien, denen Krissi ausgeliefert war. Die Klasse, angeregt durch den Lehrer, Herrn Weidlich, thematisiert die Gründe für Krissis Verschwinden und erkennt, dass es nicht nur durch die Gewalttätigkeiten der Schlägerkids, sondern auch durch die Unfreundlichkeiten einiger Klassenkameraden verursacht worden ist. Die Suche nach Lösungsmöglichkeiten beginnt, die Schlägerkids werden zur Verantwortung gezogen. Krissis Eltern sowie seine Schwester machen sich Vorwürfe wegen ihrer fehlenden Aufmerksamkeit. Eine von der Polizei unterstützte Suche verläuft ergebnislos; Krissi wird schließlich von Olaf in einem Baumhaus, das er ihm zuvor einmal gezeigt hatte, gefunden. Angst und Scham hindern Krissi daran, gleich nach Hause und dann auch wieder in die Schule zu gehen. In der Klasse sorgen Olaf und Kati, ein Mädchen, das Krissi besonders gern mag, dafür, dass erneut über Gewalt gesprochen und etwas dagegen getan wird. Zum Beispiel wird ein 'Gewaltbriefkasten' aufgehängt, in den jeder anonym einen entsprechenden Brief einwerfen kann. Auch die möglichen Motive, die zu Gewalttaten führen können, werden hinterfragt.

Das Buch ist in elf unterschiedlich lange Kapitel eingeteilt, die mit inhaltsbezogenen Überschriften versehen sind, und enthält 9 Schwarz-Weiß-Illustrationen. Es ist durchgängig im Präsens geschrieben; kurze Sätze, Ellipsen und Dialoge sind für den Schreibstil charakteristisch, der damit gut geeignet ist, auch die noch kindliche 'innere Sprache' des Protagonisten abzubilden. In den ersten fünf Kapiteln (1. Krissi kommt zu spät; 2. Krissi guckt Löcher in die Luft; 3. Bei Olaf; 4. Ein rabenschwarzer Tag; 5. Krissi haut ab) wird aus einer personalen Erzählhaltung heraus die Innenperspektive Krissis ausgeleuchtet. Besonders die sich steigernde Angst Krissis aufgrund der immer heftiger werdenden Schikanen ist auf diese Weise gut nachzuempfinden; die Verunsicherungen und damit zusammenhängende Verhaltensweisen von Kindern, die sich in einer 'Opferrolle' befinden, werden erhellt.

In den folgenden zwei Kapiteln (6. Warten und Suchen; 7. Krissi ist wieder da) geht die Autorin in einen auktorialen Erzählstil über; hier steht besonders Krissis Freund Olaf im Mittelpunkt, der die Hintergründe für Krissis Verschwinden trotz seiner eigenen Angst aufdeckt. Im weiteren Verlauf wechselt die Erzählperspektive (personal in Kapitel 8: Robinson im Baumnest; auktorial in den Kapiteln 9 und 10: Olaf ist wütend, Kati hat eine Idee; wieder personal in Kapitel 11: Krissi und die Knackwurstkids). Die Erzählweise bewirkt insgesamt eine Sympathielenkung der Leserinnen und Leser auf den Protagonisten Krissi; zugleich lässt das Buch durch den Wechsel der Erzählhaltungen aber auch Auslegungsspielräume für die Rezipienten offen.

Abb. 7: LT 176, Sandra

Das Jugendbuch „Und das nennt ihr Mut" gehört in die Reihe 'Bücher für Kurzstreckenleser', d. h. es ist im Hinblick auf Textumfang, Sprache, Druck und Layout so gestaltet, dass es auch von Jugendlichen, die große Probleme haben, überhaupt oder sogar ein ganzes Buch zu lesen, bewältigt werden kann (vgl. Conrady 1995; Schliwka 1995). Es ist ein eher kurzer Text ohne Kapiteleinteilung, mit 114 Seiten, überschaubar im Hinblick auf Handlung, Ort, Zeit und Figuren. Die Sprache ist einfach und klar strukturiert, sodass es sowohl im syntaktischen wie auch im semantischen Bereich nicht zu großen Verständnisschwierigkeiten seitens der Leserinnen und Leser kommen dürfte. Das Layout enthält viele lesestimulierende oder das Lesen erleichternde Elemente, z. B. ein aufgelockertes Druckbild, große Schrift mit vergrößertem Zeilenabstand, Flattersatz mit unterschiedlich langen Zeilen, Zeilenlänge in der Regel nicht mehr als fünf bis acht Wörter, Zeilenbruch so, dass der Sprung von einer zur anderen Zeile erleichtert wird, manchmal Unterbrechung durch Ein- oder Wenigwortsätze je Zeile, um der Fixationsspanne ungeübter Leserinnen und Leser gerecht zu werden, dazu viele Bilder und Fotos, die beim Lesen ein so genanntes 'Inselspringen' ermöglichen.

Das Buch handelt von dem etwa 13-jährigen Hauptschüler Andreas, genannt Andi, der sich von seinen Eltern sehr vernachlässigt und unverstanden fühlt, da sich zu Hause alles um seine ältere Schwester Kerstin, Realschülerin, und um seinen kleinen Bruder Benni dreht. Er versucht, Anschluss und Anerkennung bei seinen Klassenkameraden zu gewinnen, besonders bei den 'Sharks', einer Gang, deren Anführer Mike ihm so genannte Mutproben auferlegt, mithilfe derer er sich den Eintritt in die Bande verdienen soll. Dafür stiehlt er drei Walkmen innerhalb einer Woche im selben Geschäft, die ihm von den vier Bandenmitgliedern jedoch nicht abgenommen werden, da jeder bereits einen Walkman hat. Trotz des gelungenen Diebstahls bekommt Andi nicht die erwartete Anerkennung und merkt, dass die Gang mit ihm eher ein Spiel treibt und ihn nicht ernst nimmt, statt ihn als Mitglied aufzunehmen. Nachdem er brutal verprügelt worden ist und für längere Zeit krank zu Hause bleiben muss, lebt er in ständiger Angst vor den Zugriffen der 'Sharks', die seinen Diebstahl ausnutzen, ihm Drohbriefe schreiben und sein Elternhaus mit dem Satz besprühen „Hier wohnt ein Dieb". Andi ist verzweifelt, kann aber seinen Eltern und seinem Lehrer, der ihm mehrfach ein Gesprächsangebot macht, nicht die Wahrheit sagen und denkt an Selbstmord.

Durch Henner, einen neuen Klassenkameraden, der ihn während einer Krankheitsphase häufig besucht, erfährt er eine wirkliche Freundschaft. Heimlich bringt er die Walkmen wieder zurück, fasst schließlich seinen ganzen Mut zusammen und sucht Mike zu Hause auf, um ihm klar zu machen, dass er sich nicht weiter von ihm und den anderen Gangmitgliedern schikanieren lässt. Hier erlebt er, dass der große Bandenchef zu Hause wenig zu sagen hat und dort eine ganz andere Rolle spielt; Andis entschlossenem Auftreten hat er nichts entgegen zu setzen. Gestärkt und ermutigt durch diese Situation berichtet Andi seinen Eltern, seinem Lehrer und der Polizei von seinen Erlebnissen.

Die Leserinnen und Leser begleiten den Protagonisten Andi auf seiner Suche nach Anerkennung und Zugehörigkeit und erleben seine innere Zerrissenheit in der Zeit der Adoleszenz, seine Unsicherheiten, Ängste und Verlusterfahrungen, seine Vereinsamung und Suche nach Ich-Stabilität, Halt und sozialer Anerkennung mit. Auch wenn Andi sich den Regeln einer gewaltbereiten Gruppe unterwirft und selbst kriminell wird, bleibt er doch letztlich eine 'positive' Figur: er reift im Laufe der Zeit, gewinnt an Identität, zeigt zunehmend Eigeninitiative und Selbstverantwortung und schafft schließlich den Ausstieg aus der Gruppe.

Auch die Autorin dieses Buches nutzt – wie häufig in der modernen realistischen Kinder- und Jugendliteratur – eine personale Erzählhaltung, die dem Leser die Sichtweise, Gedanken und Gefühlslage des Protagonisten unmittelbar zugänglich macht (vgl. 4.3.2). Der Leser erhält Einblick in intrapsychische Dimensionen und in viele das Handeln des Protagonisten bestimmende oder beeinflussende Motivationszusammenhänge. Auch die Wahrnehmungen und psychischen Dispositionen der anderen Buchfiguren werden aus dieser Perspektive dargestellt und dadurch subjektiviert. Diese Erzählweise ermöglicht eine große Nähe der Rezipienten zum Protagonisten und erleichtert eine mögliche Identifikation.[127]

4.3.2.1 Vanessas Lesetagebuch (Klasse 5 / LT 33)

Vanessa wird von ihrem Deutschlehrer als sehr still, eher unauffällig und zurückhaltend beschrieben, innerhalb der Klassensituation wirke sie schüchtern und bei direkter Ansprache sogar gehemmt. Sie arbeite im Regelfall selbstständig, konzentriert und recht zügig, halte sich aber im gemeinsamen Klassengespräch zurück, obwohl sie immer aufmerksam wirke. Im Fach Deutsch erbringe sie durchschnittliche Leistungen.

Das Lesetagebuch von Vanessa ist ein liniertes DIN-A-5-Heft, das auf den ersten Eindruck sehr farbenfroh und liebevoll gestaltet wirkt (elf kleinere und größere farbige Zeichnungen und viele kleine Verzierungen, der Text mit blauer Tinte geschrieben, rote Unterstreichungen, hin und wieder auch Einzelsätze ganz in Rot geschrieben). Das Lesetagebuch besteht aus 19 Seiten mit 20 datierten Einzeleintragungen, wobei in einem Fall zweimal, in einem Fall dreimal, in zwei Fällen sogar viermal eine neue Eintragung mit demselben Datum versehen ist. Der Umfang der einzelnen Eintragungen ist sehr unterschiedlich; manche bestehen nur aus einem Satz oder wenigen Sätzen, andere sind ausführliche Notierungen, die sich über ein bis zwei Heftseiten erstrecken.[128]

Das Tagebuch beginnt recht unvermittelt – ohne Buchtitelnennung, ohne gestaltetes Deckblatt oder sonstige Einführung – mit einer Datierung und einem Steckbrief der Hauptperson des Buches. Der Text ist mit roten Blütenblättern verziert.

> E 1) *Steckbrief 24.6.*
>
> *Name: Christian Eulenstein*
> *Spitzname: Krissi*
> *Lieblingsfarbe: Gelb und Knackwurstbraun*
> *Besonderheiten: sammelt Sachen, die gelb sind*
> *Lieblingsgericht: Knackwürste und er hat eine Lieblingsmarmelade*
> *Alter: 10 Jahre*
> *Schwarm: Kati (geht in seine Klasse)*

---

[127] Vgl. die Ausführungen zum Paradigmenwechsel in den Erzählstrukturen moderner realistischer Kinder- und Jugendliteratur, z.B. in: Lange / Steffens 1995; Armbröster-Groh 1997; Steffens 1995b.

[128] Grobe Rechtschreibfehler werden bei der Wiedergabe der Tagebuchinhalte korrigiert, weil eine fehlerhafte Orthografie beim Lesen stören würde und im Hinblick auf die Leitfragen der Analyse unerheblich ist. Zeichensetzung und Grammatik bleiben jedoch unverändert. Bei den Einzeleintragungen werden jeweils diejenigen Textcharakteristika berücksichtigt, die im Hinblick auf die Leitfragen bedeutsam sind. Wörtliche Zitate aus den Lesetagebüchern sind kursiv geschrieben.

Diese Informationen sind alle aus den ersten Seiten des Buches entnommen, wobei Krissis Alter von Vanessa geschätzt worden ist, denn es wird im Buch selbst nicht ausdrücklich erwähnt; es ist nur die Rede davon, dass er in die fünfte Klasse geht. Seine Lieblingsfarbe ist gelb, nicht jedoch „*knackwurstbraun*". Im Buchtext steht, er „mag kein Knackwurstbraun, aber er mag Knackwürste" (S. 8). Hier deutet sich möglicherweise ein etwas oberflächliches Lesen an, das zu Unstimmigkeiten führt, oder eine eingeschränkte Verstehensfähigkeit. Vanessa könnte von dem Wort „knackwurstbraun" so beeindruckt gewesen sein, dass sie den Verwendungszusammenhang nicht registriert. Mit dem kurzen Steckbrief sind ihre Eintragungen für diesen Tag beendet; auf der ersten Seite des Tagebuchs folgt noch eine weitere Eintragung, aber mit dem Datum des nächsten Tages:

E 2) *S. 21 25.6.*
Ich finde es doof dass da immer steht: Gemein, denkt er, ganz gemein, obergemein. Echt oberhundsgemein.

Das Zitat ist mit roter Tinte geschrieben, darunter befindet sich eine kleine Portraitzeichnung, die vermutlich Krissi darstellen soll. Vanessa greift hier einen bestimmten Satz heraus, der ihr Missfallen erregt, was sie damit begründet, dass er zum wiederholten Mal gebraucht werde. Tatsächlich kommt er auf S. 21 im Buch in diesem Wortlaut zum dritten Mal vor, was in ihrer Diktion heißt, dass er „*da immer steht*". Die Verwendung des wertenden Adjektivs „doof" deutet eine Nähe zur Mündlichkeit und Jugendsprache an; das Adverb „da", das hier als Deixiswort auf nicht näher bestimmte Stellen im Text hinweist, zeigt, dass die Schreiberin nicht durchschaut, dass die Autorin diese Wiederholungen als stilistisches Mittel eingesetzt haben könnte, um dem Leser zu vermitteln, wie Krissis Gedanken in verschiedenen Situationen von seinem Hauptproblem beherrscht werden. Vanessas Schreibstil lässt vermuten, dass sie implizit, d.h. für sich, schreibt und keine Leser ihres Tagebuchs im Blick hat, auch den Lehrer nicht.

In den nächsten sechs Einzeleintragungen (E 3 – E 8) folgen überwiegend recht kurze, eher emotionale und spontane Äußerungen und Wertungen, die ohne Erwähnung eines Kontextes aneinander gereiht sind und in großen Sprüngen längere (Lese-)Abschnitte überbrücken (acht Kapitel, von denen nur fünf erwähnt werden; 62 Buchseiten). Die Aussagen wirken notizartig und stehen eher unzusammenhängend hintereinander. Warum die Schreiberin viermal nacheinander eine kurze Eintragung mit demselben Datum überschreibt, kann man vielleicht damit erklären, dass sie an diesem Tag 30 Seiten gelesen, vermutlich nach jedem Leseabschnitt eine Schreibpause gemacht und den jeweiligen neuen Anfang auch erneut durch Datierung und Kapitelüberschrift bzw. Seitenangabe angezeigt hat.

E 3) *Bei Olaf 25.6.*

Ich finde es gut dass Olaf sagt: „Wir halten zusammen."

E 4) *S. 55 Ein rabenschwarzer Tag 25.6.*

Diesen Spruch finde ich lustig: Rosilein, Rosilein! Rosilein Stachelschwein fährt mit einem Pisspott übern Rhein.

Beide Zitate sind mit roter Tinte geschrieben und erhalten eine positive Wertung, die Vanessa jedoch als reine Meinungsäußerung aufschreibt und nicht weiter begründet; sie überschreibt die Eintragungen mit den im Buch verwendeten Kapitelüberschriften. Etwas ungewöhnlich ist, dass sie den erwähnten Ausspruch *„lustig"* findet, wo er doch eine der Verunglimpfungen ist, mit der die so genannten 'Schlägerkids' Krissi während des letzten Überfalls, der Krissi zum 'Abhauen' veranlasst, demütigen. (Im Buch heißt es: „'Wie heißt deine Mama?' 'Rosi.' 'Oh, wie schön! Rosilein, Rosilein, ...' Und der Bossy tanzt auf einem Bein herum, als wenn er besoffen wäre. Krissi hat irre Angst und Wut.")

E 5) *S. 56   25.6.*

Ich finde es gut dass Krissi sich gegen die Jungs wehrt, im den er die Jungs beißen tut.

Wieder nimmt Vanessa eine Wertung eines aus dem Zusammenhang gegriffenen Inhaltsteils vor, die sie auch diesmal nicht begründet. In der Eintragung zeigt sich zugleich eine eingeschränkte schriftsprachliche Formulierungsfähigkeit (*„im den"*, *„beißen tut"*); möglicherweise schreibt sie, wie sie reden würde, und sieht in dieser informellen Schreibsituation 'Tagebuch' keine Notwendigkeit, auf eine normgerechte Ausdrucksweise zu achten. Zwei Tage später findet sich die erste etwas ausführlichere Eintragung:

E 6) *S. 60 Krissi haut ab 27.6.*

An Krissis Stelle würde ich nach Hause gehen und gleich wenn er die Mutter sieht ihr sagen: „Dass so Schlägerkids immer ihn ärgern und piesacken. Ich würde an Krissis Stelle nicht warten bis er abends im Bett liegt, wo kein andere mehr ist nur er und seine Mutter ich würde es ihr gleich sagen. So würde ich es sagen: „Mama hast du mal ein paar Minuten Zeit ich will dir was sagen?" Wenn sie ja sagt hätte ich gesagt: „Mama auf den Schulweg in der Pause auf dem Nachhauseweg ärgern und piesacken mich immer so Schlägerkids." Vielleicht würde die Mutter ja etwas dagegen unternehmen.

Abb. 8: LT 33, Vanessa

Auffällig ist, dass gerade dieser Höhe- und Wendepunkt des Buches Vanessa dazu veranlasst, sich in den Protagonisten hineinzudenken und aufzuschreiben, was sie selbst an seiner Stelle tun und sagen würde. Diese Form der Identifikation kann als Projektion gekennzeichnet werden (vgl. 1.2.2); da Vanessa Krissis Verhalten innerlich nicht zustimmt, entwirft sie folgerichtig ein alternatives Handlungskonzept und konzipiert ein imaginiertes Gespräch mit der Mutter, dem die vage Hoffnung (*„vielleicht"*) auf ein Eingreifen der Mutter als Motiv angefügt wird. Der Konjunktiv *„würde"* zeigt an, dass sie nicht mitgestaltend in die Handlung eingreifen will, sondern im Selbstbezug auf einer gedanklich-imaginativen Möglichkeitsebene bleibt. Zu ihrem Text fertigt sie eine kleine Zeichnung an, mit der sie zum Buchgeschehen zurückkehrt und Krissis Situation veranschaulicht (Abb. 8).

E 7) *S. 64 Warten und Suchen 28.6.*
Ich finde es gut dass Herr Weidlich Krissi suchen tut.
E 8) *S. 98 Robinson im Baumnest 29.6.*
Ich finde es gut von Olaf dass er sich um Krissi und seine Probleme kümmert. Wenn meiner Freundin so etwas passiert würde ich mich auch um sie kümmern.
Steckbrief von der ersten Seite geht hier weiter:
Bester Freund: Olaf und Kati
Feind: Benny, Henny, Peer
Besonderheiten: hat Stoppelhaare, hat eine Brille
Schwester: Sabrina

Nachdem Vanessa zunächst wieder eine nicht begründete Meinungsäußerung notiert (E 7), stellt sie sich anschließend (E 8) ichbezogen eine vergleichbare Situation vor, in der sie sich genau so verhalten würde wie Olaf. Diese Parallele zu möglichem eigenen Handeln scheint für sie die Begründung für ihre Meinung zu sein. Danach greift sie den zu Beginn ihres Lesetagebuchs angefertigten *„Steckbrief"* wieder auf und skizziert darin das Personengerüst um Krissi herum; während Kati am Anfang noch sein *„Schwarm"* war, ist sie jetzt zusammen mit Olaf ein *„bester Freund"*. Interessant ist, dass Vanessa die *„Besonderheiten"*, die sie hier erwähnt, schon auf der Seite zuvor in ihrer Zeichnung umgesetzt hat (Abb. 8). Die Zeile „*Feind: Benny, Henny, Peer*" deutet wieder ein etwas oberflächliches Lesen (oder einen Flüchtigkeitsschreibfehler) an, denn die erst genannte Person heißt im Buch nicht Benny, sondern Bossy; in der folgenden Eintragung, die an dieser Stelle überraschend kommt, wird der Name korrekt wiedergegeben.

E 9) *Kapitel 1 1.7.*
Der Krissi heißt eigentlich Christian. Aber alle nennen ihn Krissi weil es schneller geht. Zum Beispiel wenn es schon spät ist und Krissi noch nicht gefrühstückt hat ruft sie Krissi weil das schneller geht als Christian. Krissis Opa findet den Namen Krissi lustig. Weil alle Krissi sagen nennen seine Freunde ihn auch Krissi zu ihm. Der Paule auch, der ist aber weggezogen. Nun hat Krissi einen neuen Freund der heißt Olaf. Krissi geht in die fünfte Klasse dort hat er die Kati kennen gelernt. Die Kati mag ihn und vielleicht ist sie auch ein bisschen in ihn verliebt. Krissi ist aber auch in Kati verliebt. Aber Bossy und Henny aus der siebten Klasse sagen zu ihm: Schnuller, Babyflasche, Hosenschisser und Pfeifschwein. Krissi sein Tür ist gelb, der Griff ist braun, übrigens Knackwürste sind Krissis Lieblingsspeise. Eine Gelbsammlung hat er auch. Krissi humpelt die Treppe herunter, sein Vater liest Zeitung. Krissi liest ein Stück da steht: „Zehnjähriger von Mitschülern zusammen geschlagen. Bei diesen Kapitel könnte etwas mehr Spannung rein, es ist ein bisschen langweilig was da erzählt wird.

Warum die Verfasserin, obwohl sie schon die Hälfte des Buches gelesen und bearbeitet hat, hier nochmals auf das erste Kapitel zurückkommt, ist nicht einsichtig, sodass über Motive nur spekuliert werden kann (möglicherweise gab es einen Hinweis des Lehrers). Vanessa beginnt auf jeden Fall noch einmal von vorn mit einer reproduktiven Inhaltswiedergabe der ersten fünf Seiten, was auf eine 'Mehrfachlektüre' hindeuten könnte. Einzelne Satzteile schreibt sie fast wörtlich ab und inhaltliche Einzelheiten, die sie schon vorher notiert hat, wiederholt sie. Die Sätze der Eintragung wirken ein wenig unwillig aneinander gereiht, als sei es ihr lästig, dies alles aufzuschreiben. Teilweise schreibt sie kontextabhängig (wer ist z. B. „*sie*" in der 2. Zeile?), was bei einem 'Schreiben für sich selbst' allerdings unproblematisch ist. Ihre Schwächen im grammatisch korrekten Sprachgebrauch werden erneut deutlich (z. B. in der Genitiv-Konstruktion „*Krissi sein Tür*" und in der Dativ-Verwendung „*Bei diesen Kapitel*"). Am Ende nimmt sie eine Wertung des Erzählstils als „*langweilig*" vor.

Zur Veranschaulichung sind zwei inhaltsbezogene Zeichnungen angefügt: Eine kleine Zeichnung (Junge mit Schulranzen, Straße, Baum, hellgelbe Sonne, dunkles Schild mit der Aufschrift 'Schule') trägt die Bildunterschrift „*Krissi auf dem Schulweg*"; die zweite Zeichnung erstreckt sich über eine ganze Seite, ist in dunkelbraunen und dunkelgrauen Farbtönen gehalten und zeigt einen Jungen, der allein und ängstlich in der oberen linken Ecke kauert; sie hat die Bildunterschrift „*Das ist Krissi nachts allein im Baumhaus*" und ist dem Buchcover nachempfunden.

Nach dieser eingeschobenen Reproduktion des Anfangs des ersten Kapitels schreibt Vanessa weiter in der 'richtigen' Reihenfolge, d. h. sie verarbeitet jetzt – allerdings mit einem zeitlichen Abstand von 6 Tagen – das vorletzte Kapitel (S. 110–115 im Buch):

> E 10) *Kati hat eine Idee 7.7.*
> *Die Idee von Kati mit den Gewaltkasten ist sehr gut das wär mir bestimmt eingefallen, da bin ich mir sicher. So stelle ich mir den Gewaltkasten vor:* (Es folgt eine Zeichnung des Gewaltbriefkastens.)

Auch diese Eintragung enthält keine Inhaltswiedergabe, sondern wieder die Wertung eines ausgewählten Inhaltsaspekts. Bemerkenswert ist hier die ichbezogene Identifikation, die sie – ähnlich wie schon in E 8 – in Form eines 'Eigenlobs' zur Begründung ihres Urteils heranzieht. Vanessa scheint sich selbst so einzuschätzen oder möchte sich so sehen, dass sie nicht nur Gewalt ablehnt (vgl. z. B.: E 17), sondern in einer vergleichbaren Lage auch gute Ideen hätte, um etwas dagegen zu tun bzw. den Opfern zu helfen. Im ersten Satz werden wieder Vanessas Schwierigkeiten mit den Flexionsendungen und ihre Neigung zu ungenauer Wiedergabe deutlich („*mit den Gewaltkasten*" statt „mit dem Gewaltbriefkasten").

Abb. 9: LT 33, Vanessa

Die nächste Eintragung (E 11) enthält einen Brief an Krissi (Abb. 9), der durch eine kleine Illustration (Briefumschlag, adressiert „*An Krissi*") ergänzt wird. Vanessa versucht in einer kommunikativen Form in die Handlung einzugreifen und die Buchfigur zu ermutigen, indem sie ihr einen Rat gibt; die gegebene Begründung ist vielleicht eine 'Lehre' aus eigenen Erfahrungen. Die Eintragung zeigt allerdings erneut ihre sprachlichen Defizite.

Ihre besonderen zeichnerischen Fähigkeiten setzt Vanessa bei den beiden nächsten Eintragungen (E 12 und E 13) ein, und zwar mit einer Bildergeschichte aus sechs Bildern (Abb. 10, S. 152) und einem Bild von Krissi und Kati als Liebespaar (Abb. 11, S. 153).

Die Bildergeschichte (Abb. 10) soll Krissis Tageslauf veranschaulichen, lehnt sich aber weder an ein konkretes Kapitel an, noch kann man aus entsprechenden Stellen in der Buchvorlage diesen Tagesablauf rekapitulieren. Im Buch vermeidet Krissi es, wenn möglich, den Schulweg allein zu gehen; manchmal bringt sein Vater ihn zur Schule, mittags begleitet ihn Olaf nach Hause (S. 38). Dass Krissi als erster in der Klasse ist, wird an keiner Stelle erwähnt, wohl aber einmal, dass er zu spät kommt (S. 20f.). Die Tafelaufschrift in Bild 2 weist mehr auf den Schluss des Buches hin, wo das Thema 'Gewalt' im Unterricht eine Rolle spielt. Die Klavierstunde wird auf S. 32 erwähnt. Dass er fernsieht, wobei er sofort von seiner Mutter ins Bett geschickt wird und sich darüber beschwert, dass alle anderen bis 9 Uhr gucken dürfen, steht auf S. 36.

Abb. 10: LT 33, Vanessa

Vermutlich konstruiert Vanessa Krissis Tagesablauf aus vielen Einzelinformationen und imaginiert eine 'heile Welt', die sie Krissi über den Buchschluss hinaus wünscht. Alles normalisiert sich: auf Krissis Hin- und Rückweg zur Schule scheint strahlend die Sonne (Bild 1 und 3), er ist der Erste in der Klasse, nicht der Letzte, und Maßnahmen gegen Gewalt in der Schule werden besprochen (Bild 2); er hat Klavierunterricht (Bild 4), darf ungestört fernsehen (Bild 5) und geht am Abend ohne Angst schlafen (Bild 6). Der erklärende Hinweis „*Das war eine Bildergeschichte*" könnte als Selbstbestätigung nach vollbrachter zeichnerisch-kreativer Leistung, aber möglicherweise auch lehrerbezogen gemeint sein, im Sinne von „Ich habe eine deiner Anregungen aufgegriffen".

In der Eintragung E 13, die zur Zeichnung von Krissi und Kati als Liebespaar (Abb. 11, unterer Teil) hinführt, überschaut Vanessa rückblickend einen kleinen Teil ihres Leseprozesses, schreibt einen Brief, den Krissi in seinem Briefkasten findet, wörtlich ab und äußert ihre Meinung dazu.

E 13) *8.7.*

Was ich gelesen habe von der Geschichte Krissi und die Knackwurstkids und ich gut finde:
Ich habe gelesen dass Krissi einen Brief bekommen hat und da stand
Komm wieder Krissi! Ich freu mich besonders, Kati (und ich möchte dich eigentlich mal besuchen)
Eine Blume ist auch dabei, ein Form wie ein Herz. Das war das was ich gut finde.

Der Brief (in der Buchvorlage auf S. 122) ist in Rot geschrieben; illustriert wird die Eintragung durch die Zeichnung eines ebenfalls roten Briefumschlags „*An Krissi*", daneben der gezeichnete Kopf eines Jungen mit einer Sprechblase „*Oh, ein Brief an mich*" (vgl. Abb. 11, oberer Teil). Offenbar scheint für Vanessa die Beziehung Katis zu Krissi sehr wichtig zu sein, obwohl sie nicht begründet, warum sie das gut findet. Sie imaginiert aber (über die Buchvorlage hinausgehend) die Situation, in der Krissi den Brief erhält, in der kleinen illustrierenden Zeichnung.

Abb. 11: LT 33, Vanessa

Auch Krissis erstaunte Reaktion – in der Sprechblase notiert – kommt im Buchtext nicht vor. Möglicherweise projiziert sie hier ein eigenes, romantisches Wunschdenken in die Buchfiguren hinein. Das erscheint umso wahrscheinlicher, wenn man die Eintragung mit dem Bild in Zusammenhang bringt, in dem Vanessa eine gewünschte Zukunftsszene, von der in der Buchvorlage nicht die Rede ist, zeichnerisch gestaltet und mit der Überschrift: *„So stelle ich mir Krissi und Kati vor wen sieh größer sind"* versieht (Abb. 11, unterer Teil). Die Zeichnung zeigt ein sich umarmendes Paar im Mondschein unter einem Sternenhimmel mit einem roten Herz über ihnen; Kati hat lange blonde Haare. Diese romantisierende Imagination hat einen starken emotionalen Selbstbezug (Katis Haarfarbe ist im Buch nicht erwähnt, aber Vanessa ist blond) und kann durchaus als eine Projektion gedeutet werden.

> E 14) *Krissi kommt zu spät 8.7.*
>
> *Als Krissi morgens bei seinem Vater in der Zeitung liest: 10-jähriger von Mitschülern auf den Schulweg zusammengeschlagen. Denke ich mir dass Krissi wieder an Henny und Bossy denkt. Dass er Angst hat dass ihn so was auch passiert.*

Diese Eintragung, noch mit dem Datum vom selben Tag, ist illustriert mit einer kleinen Zeichnung des Zeitungsausschnitts. Man kann nur spekulieren, warum Vanessa sich hier wieder auf den Beginn des Buches (S. 12) bezieht. Vielleicht will sie die restliche Zeit, die für die Lesetagebucharbeit zur Verfügung steht, nutzen, hat keine Ideen im Hinblick auf den Schluss des Buches, blättert so noch mal von vorn durch und bleibt an dieser Textstelle hängen, die im Buch durch eine nebenstehende ganzseitige Illustration besonders ins Auge fällt. Das anschließende 'Hineindenken' in die Buchfigur wirkt etwas fragmentarisch und notizartig, ist aber durchaus eine textstimmige Zusammenfassung der Gemütslage Krissis.

> E 15) *Krissi und die Knackwurstkids 8.7.*
>
> *Ich finde den Namen ganz doof wie das Meerschweinchen heißen soll Schweinstein und Pfeifschwein. So einen Namen hätte ich niemals mein Meerschweinchen gegeben.*

Mit der Eintragung E 15 springt Vanessa erneut im Buch hin und her und nimmt jetzt wieder Bezug auf das letzte Kapitel, greift ohne Kontextherstellung eine Episode heraus, um mit Rückbezug auf sich selbst eine negative Wertung zu äußern. Das Geschriebene ist auch wieder mit einer kleinen textbezogenen Illustration (Meerschweinchenkäfig) versehen. Über eine Kommunikationssituation (Entwurf eines fiktiven Telefongesprächs / E 16) nimmt Vanessa dann, immer noch am selben Tag, Kontakt mit dem Protagonisten Krissi auf und tut so, als wäre er eine reale Person, deren tatsächliche Erlebnisse im Buch berichtet werden.

E 16) *Telefongespräch 8.7.*

Krissi: Christian Eulenstein
ich: Hier ist Vanessa ... ich lese gerade das Buch was über dich handelt
Krissi: Und wie findest du es?
ich: Eigentlich ganz gut nur du darfst nicht vor deiner Angst weglaufen. Du musst darüber reden so würde ich das machen nicht davor weglaufen.
Krissi: Na gut bei nächsten Mal werde ich es versuchen. Danke für den Rat.
ich: Habe ich doch gerne gemacht. So jetzt muss ich aufhören. Tschüss
Krissi: Tschüss und Danke
Ende das Telefongespräch

Sie gibt Krissi einen recht allgemeinen Ratschlag, deutet an, was sie selbst an seiner Stelle machen würde, und lässt Krissi den Ratschlag ohne weitere Nachfragen akzeptieren. Zwar macht sie das Hauptproblem Krissis hier explizit (vor der Angst wegrennen, ohne darüber zu sprechen), problematisiert aber nicht weiter und bleibt deshalb oberflächlich. Hier hätte sich eine gute Chance ergeben, sich empathisch in den Protagonisten hineinzudenken. Damit wäre über diesen gewählten Schreibanlass durchaus eine aneignende Deutung der Innenwelt der Buchfigur möglich gewesen und sowohl eine Perspektivenübernahme als auch ein Fremdverstehen angebahnt. Statt dessen gibt Vanessa sich mit der (vor-) schnellen zustimmenden Reaktion Krissis zufrieden, lässt ihn nicht einmal ansatzweise seine Gedanken, Gefühle und Verhaltensmotive äußern, sondern beendet das Gespräch mit allgemeinen Floskeln.

E 17) *Meine Meinung jetzt über das Buch und überhaupt im Leben was ich doof finde: 11.7.*

Ich finde das gemein von den Schlägerkids und ich finde es muss überhaupt keine Gewalt geben. Ich finde Gewalt ganz doof. In Bücher finde ich Gewalt auch doof. Das ist meine Meinung von diesen Buch und im Leben.(Es ist auch gut dass sich später alle für Krissi einsetzen, das ist echt spitze)

Diese Meinungsäußerung, die ein wenig so klingt, als sei es eine abschließende Zusammenfassung dessen, was sie über den Inhalt des Buches denkt und wie sie das Gelesene zu ihrer eigenen Realität in Beziehung setzt, ist eine interessante Stelle in Vanessas Lesetagebuch. Zwar formuliert die Verfasserin hier wieder eine Art Rückbezug auf ihr eigenes Leben, verbunden mit einer verallgemeinernden moralischen Wertung, doch es bleibt alles auf einer sehr vordergründigen Ebene. Ihre Einstellung zum Buch scheint auch eher ambivalent als entschieden zu sein. Spricht sie hier noch allgemein davon, dass sie Gewalt in Büchern „*doof findet*", so äußert sie sich in der Eintragung des nächsten Tages noch einmal differenzierter. Zunächst aber ergänzt sie mit Datum vom selben Tag die negative Wertung noch um eine positive, vielleicht um der Ausgewogenheit willen (oder um der Anregung 16 'voll' zu entsprechen). Die Eintragung (E 18) hat zum wiederholten Mal dieselbe Struktur wie andere vorher: Vanessa nimmt eine Wertung eines Teilaspekts vor, begründet sie jedoch nicht, versieht sie aber mit einer textbezogenen Illustration.

E 18) *Krissi und die Knackwurstkids 11.7.*

Es ist eine gute Idee dass sich jetzt alle so um Krissi kümmern. So sieht Krissi mit seinem Vater im Indianerzelt aus:
(Zeichnung: Vater und Sohn knien vor einem Zelt, mit der Bildunterschrift:)
Das ist nett von Krissis Vater dass er sich mit Krissi ins Indianerzelt setzt.

E 19) *Etwas über das Buch 12.7.*

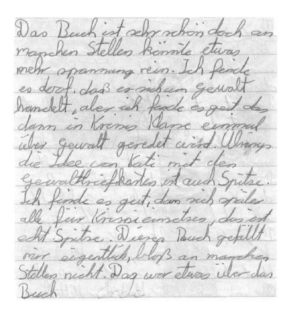

Abb. 12: LT 33, Vanessa

Die im Anschluss hieran folgende zusammenfassende Meinung über das Buch (E 19 / Abb. 12) bringt eigentlich nur Wiederholungen von bereits Gesagtem. Wiederum wird deutlich, dass Vanessa sich nicht recht entscheiden kann, wie sie das Buch bewerten will. Zumindest aber zeigt sie diesmal Ansätze von Differenzierungen: Dass das Buch von Gewalt handelt, ist „doof", aber dass darüber geredet wird, wenn Gewalt vorkommt, findet sie „gut". Auch Kati wird mit ihrer Idee des Gewaltbriefkastens noch einmal positiv erwähnt. Die Schlussbemerkung („*Das Buch gefällt mir eigentlich, bloß an machen Stellen nicht.*") greift die Ambivalenz der Wertung wieder auf, die sich vermutlich daraus ergibt, dass Vanessa die fiktive und die reale Welt nur schwer auseinander halten kann. Weil sie in ihrer realen Welt Gewalt ganz entschieden ablehnt, kann sie es auch nicht gut finden, dass sich in der fiktiven Buchwelt Gewalt ereignet; dass dann im Buchgeschehen aber über Gewalt geredet und Krissi geholfen wird, würde sie wahrscheinlich auch, wenn es in ihrer Realität vorkäme, positiv beurteilen (vgl. E 10, E 11, E 17).[129]

---

[129] Zum Fiktionsverständnis von Kindern vgl. z. B.: Spinner 1993a, 56f.

Vanessa schließt ihr Lesetagebuch mit der wörtlichen Zitierung einer Textstelle, die sie „gut findet", ab (E 20). Es handelt sich um den Anfang des letzten Kapitels, in dem der Vater Krissi nach dem Weglaufen in seinem Verhalten bestätigt und die Mutter ihm beim Auftragen der Lieblingsspeise drei Küsse gibt. Das Abschreiben gelingt – bis auf einzelne Zeichensetzungsfehler – orthografisch fehlerlos. Illustriert ist der Textauszug durch eine ganzseitige Zeichnung des Baumhauses, das als Versteck gedient hat. Vanessa schreibt diese Textstelle ohne Kommentar ab und gibt wieder keine Begründung für ihre Auswahl. Möglicherweise kann man daraus schließen, dass sie nicht leserorientiert schreibt und deshalb keine Notwendigkeit sieht ihre Beweggründe zu nennen. Vielleicht stellt das Verschriftlichen der Gründe – oder schon das Bewusstmachen – auch eine Überforderung für sie dar. Als Grund für die Auswahl gerade dieser Textstelle wäre denkbar, dass ihr das hier beschriebene Happy-End mit der familiären Harmonie und der Heile-Welt-Situation besonders gut gefällt (vgl. die Hinweise zu Abb. 11, S. 153).

> E 20) *Eine Textstelle die ich gut finde 13.7.*
> *Als Krissi abends nach Hause zurückkommt, gibt der Vater Krissi die Hand und nimmt ihn in den Arm. Das ist gut, denkt Krissi. „Du hast dich tapfer gehalten", sagt Papa. „Ich glaub ich wäre auch abgehauen wenn die so was mit mir gemacht hätten." Das ist das Beste, was Papa dem Krissi sagen kann. Er klopft ihm dabei auf die Schulter. Zur Begrüßung gibt es Knackwurst Krissis Lieblingsspeise. Mhmhm. Und drei Küsse von Mama. Rechtes Ohr und linkes Ohr. Und der Mittelkuss landet diesmal auf der Stirn.*

Zusammenfassend deuten die Lesetagebucheintragungen von Vanessa auf eine *emotionale Auseinandersetzung* hin, deren Verschriftlichung aufgrund der deutlichen *Mängel in Sprach- und Textkompetenz* aber häufig defizitär bleibt. Ihr Schreibstil ist durch immer wiederkehrende Satzbaumuster, eingeschränkte Ausdrucksmöglichkeiten und eine gewisse Oberflächlichkeit gekennzeichnet. Bei der Entscheidung, was sie aufschreiben und/oder illustrieren soll, scheint sie sich von der persönlichen Bedeutsamkeit einzelner inhaltlicher Aspekte leiten zu lassen, nicht von dem Wunsch, den Handlungsverlauf genau und kontinuierlich festzuhalten. Auffällig ist ihre *assoziative Schreibweise*. Sie schreibt vermutlich, solange ihr etwas einfällt, ohne an einen Leserbezug zu denken oder ihn sich vorzustellen. Viele Textstellen erscheinen eher konzeptuell mündlich und hinterlassen den Eindruck großer *Subjektivität und Expressivität*. Sie nutzt das Lesetagebuch als persönliches Tagebuch vorrangig für das Festhalten von Eindrücken, Gefühlsäußerungen und Bewertungen, erst in zweiter Linie für das Festhalten und Wiedergeben einzelner Teile des Buchinhalts.

Mit der Buchvorlage geht Vanessa frei um, kümmert sich weder um chronologisches Darstellen der Handlung oder um einen kontextuellen Zusammenhang, noch nutzt sie die Schreibsituation für eine Problematisierung einzelner

Aspekte. So setzt sie sich z. B. nicht mit den möglichen Gründen für die Gewaltbereitschaft Einzelner auseinander, was ein zentrales Thema in dem Buch ist, und ihr gelingt auch nicht, eine tiefer gehende Figurenwahrnehmung des Protagonisten zum Ausdruck zu bringen. Das Tagebuch lässt insgesamt auf eine *identifikatorische Zugehensweise* schließen, zu Distanz und wirklichem Fremdverstehen ist die Schreiberin wohl (noch) nicht fähig. Um schriftsprachliche Defizite zu kompensieren, greift sie auf andere Kompetenzen zurück, z. B. auf ihre zeichnerischen Fähigkeiten, mit denen sie ihre *Imaginationen* und Gedanken besser ausdrücken kann als mit dem Schreiben. Außerdem sind die vielen nichtsprachlichen Ausdrucksmittel, z. B. Unterstreichungen und Hervorhebungen durch Verwendung von Farben, kennzeichnend für ihre expressive Textverarbeitung. Bei der Gestaltung der Zeichnungen und des Tagebuchs insgesamt wird eine große Sorgfalt und Liebe zum Detail deutlich.

Auf jeden Fall ist das Erstellen des Lesetagebuchs in 'freier' Form für Vanessa ein wirksamer Anlass zur Begegnung mit dem Inhalt des Buches und der Problemlage der Buchfiguren gewesen, wenn auch nicht in einer diskursiven Auseinandersetzungsweise. Ihre Texte wirken zwar in weiten Teilen wie schriftlich fixierte gesprochene Sprache; bestimmte Ideen oder Gedanken bleiben fragmentarisch und werden möglicherweise deshalb nicht weiter verfolgt, weil keine hinreichenden schriftsprachlichen Mittel der Umsetzung zur Verfügung stehen. Sie hat aber ihren eigenen Weg der Darstellung und Gestaltung gefunden und individuelle Schwerpunkte in der Wiedergabe und Kommentierung des Gelesenen gesetzt. Auf der Basis ganz subjektiver persönlicher Empfindungen setzt sie sich mit dem Buch auseinander und macht dies, so gut sie es eben kann, in ihren Eintragungen und Zeichnungen sichtbar. Vor dem Hintergrund, dass sie vom Lehrer als sehr stille Schülerin beschrieben wird, hat sie in ihrem Tagebuch vieles notiert, was sonst im Unterricht wohl nicht von ihr geäußert worden wäre. Auch für den von ihr bevorzugten zeichnerischen Weg der Auseinandersetzung hätte es im normalen Unterricht keinen angemessenen Raum gegeben.

4.3.2.2 Kevins Lesetagebuch (Klasse 6 / LT 44)

Kevin wird von seiner Klassenlehrerin, die gleichzeitig Deutsch unterrichtet, als ruhiger, in sich stabiler Junge beschrieben, der besonders in sachorientierten Aufgabenfeldern gut und erfolgreich arbeite. Er sei eher still in der mündlichen Mitarbeit im Deutschunterricht und erbringe durchschnittliche Leistungen, wobei er z. B. in sachbezogenen Schreib- und Aufsatzphasen erheblich besser sei als in Erzählhandlungen, da er wenig Fantasie habe. In seinem Arbeitsverhalten sei er relativ selbstständig. Er lese jedoch kaum und verbringe seine Freizeit lieber draußen.

Kevins Lesetagebuch ist ein von der Lehrerin selbst vorbereitetes Heftchen im DIN-A-5-Querformat, dessen einzelne eng linierte Seiten am Rand durch Heftklammerung zusammengehalten werden. Die elf Einzeleintragungen auf zwölf Heftseiten sind jeweils mit einem Datum versehen („*gelesen am ...*"), jede Eintragung ist mit der Nummer des entsprechenden Buchkapitels überschrieben, zudem sind auch die Original-Kapitelüberschriften aus dem Buch übernommen („*Kapitel 1 – Krissi kommt zu spät – gelesen am 17.11.* usw. bis *Kapitel 11 – Krissi und die Knackwurstkids – gelesen am 30.11.*"). Kevin hat also das Buch innerhalb von 14 Tagen kapitelweise gelesen und zu jedem Kapitel eine Eintragung im Lesetagebuch vorgenommen, d. h. er hat die Buchkapitel als Strukturierung seiner Lese- und Schreibvorgänge genutzt. Am Schluss folgt eine 'Buchkritik', die wieder von der Lehrerin in Form eines 'Arbeitsblattes' vorbereitet wurde: einzelne Satzanfänge und Sätze mit Lücken sind vorgegeben, die von den Schülerinnen und Schülern im Sinne einer zusammenfassenden Stellungnahme zu Ende geführt bzw. ausgefüllt werden sollen (z. B.: Am besten an dem Buch hat mir gefallen, ...).

Insgesamt ist das Lesetagebuch in Anlehnung an die Buchvorlage stringent gegliedert und in klarer Schrift verfasst; manchmal hat Kevin selbst Korrekturen vorgenommen. Bis auf drei kleine Bleistiftskizzen ist das Tagebuch ohne Illustrationen und bildliche Darstellungen. Es beginnt mit einer Wiedergabe des ersten Kapitels.

> E 1) *Kapitel 1 gelesen am 17.11.*
> *Krissi kommt zu spät*
> *Das Buch „Und wenn ich zurückhaue?", erzählt von Christian, der aber von allen Krissi genannt wird. Nur ein paar Jungs aus der 7. Klasse nennen ihn Schnuller, Babyflasche, Hosenschisser und Pfeifschwein. Krissis Lieblingsfarbe ist Gelb und er mag Knackwürste. Er steht gerne auf, aber heute nicht. Gestern hatte er Ärger mit den Jungen aus der 7. Klasse. Er hat Angst vor ihnen und denkt an diesem Morgen nur daran, dass er ihnen begegnen wird.*
> *Krissi hat seinen Eltern noch nichts erzählt. Das Frühstück war auch nicht so erfreulich wie sonst. Sein Vater hatte Stress mit Krissis Schwester. Als es Zeit war zur Schule zu gehen, beschloss Krissi einen Umweg zu machen. Er ist fast an der Schule angekommen, als er die Bande der Baseballmützen sah. Sie warteten auf ihn. Er konnte sie reden hören. Gerade noch rechtzeitig gelang es Krissi sich hinter einer Hecke zu verstecken. Die Bande wartet bis 8.00 Uhr. Krissi kommt zu spät. Er kann keine Erklärung abgeben. Im Unterricht ist er nicht bei der Sache. Er denkt nur an die Baseballmützen Bossy, Henny und Peer. Seine Angst ist immer noch da. Er möchte die ganze Sache jemanden erzählen, aber er kann nicht. Gott sei Dank hat er Olaf, seinen neuen Freund.*
> *Krissi merkt, wie furchtbar Angst ist und dass sie einen fast lähmt. Seine Gedanken drehen sich nur noch um die Bande und wie er ihnen entkommen kann.*

Kevin reproduziert hier den Inhalt des ersten Kapitels. Er schreibt strukturiert und zusammenfassend und beginnt mit der Einleitungsformel „*Das Buch 'Und wenn ich zurückhaue?' erzählt von ...*". Schon dieser Beginn lässt auf eine distanziert-überlegene Haltung des Schreibers schließen, in der der Text als solcher in den Blick gebracht und das Buch zu einem Gegenstand gemacht wird, den es zu besprechen gilt. Kevin verkürzt den Inhalt der Buchvorlage, indem er einige – offenbar für ihn wichtige – Geschehnisse herausgreift und reduktiv aneinander reiht; sie sind jedoch so ausgewählt, dass ein nicht informierter Leser damit durchaus einen Eindruck vom Inhalt des ersten Buchkapitels bekommen kann. Dass die Hauptperson Krissi *„von ein paar Jungs aus der 7. Klasse"* mit Schimpfwörtern tituliert wird, ist insofern nicht ganz korrekt, als zwar in der Buchvorlage zunächst immer von „Peer, Bossy und Henny" oder von den „Schlägerkids" die Rede ist, aber bereits im 1. Kapitel auf Seite 17 bei genauem Lesen deutlich wird, dass es sich bei Henny um ein Mädchen handelt („Bossy ist groß und kräftig und stark. Bossy ist auch älter als er. Zwei Jahre vielleicht. Henny auch. *Die* ist in derselben Klasse wie Bossy."). Auf jeden Fall scheint Kevin in seiner Vorstellung eher Jungen hinter den Namen zu vermuten und hat deshalb möglicherweise dieses kleine Indiz überlesen.

In seiner ersten Eintragung wechselt Kevin zwischen den Zeitformen Präsens, Präteritum und Perfekt. Dass er im Präsens beginnt, liegt möglicherweise daran, dass der gesamte Roman im Präsens geschrieben ist. Es kann aber auch ein Indiz dafür sein, dass er zu Beginn schon zu der Distanz dessen, der *über* den Inhalt spricht, befähigt ist. Der Wechsel ins Perfekt und Präteritum ist dann durch die gewählte Darstellungsform der Rückblende sehr verständlich. Möglicherweise fehlen Kevin auch die schriftsprachlichen Kompetenzen, um die zeitliche Reihenfolge der Ereignisse angemessen darzustellen. Ein weiterer Grund könnte auch darin liegen, dass Kevin über etwas schreibt, das er zuvor gelesen hat, das für ihn also Vergangenes bedeutet. Eventuell ist es auch wieder ein Zeichen dafür, dass er gerade nicht die Nähe zum Geschehen sucht, sondern eher eine gewisse Distanz einnimmt.

Die einzelnen Sätze sind überwiegend parataktisch, grammatisch korrekt und verweisen auf eine gelungene Inhaltszusammenfassung. An einigen Stellen schreibt er zum Teil schon so verdichtet und elaboriert, dass man hier Ansätze von interpretatorischer Arbeit erkennen kann. Die Verwendung der affektiven Markierung *„Gott sei Dank hat er Olaf, seinen Freund"* deutet emotionale Betroffenheit an, kann als Anzeichen für das beginnende Involviertsein in den Handlungsverlauf angesehen werden und lässt auf eine gewisse identifikatorische Rezeption schließen. Entweder übernimmt Kevin hier die Perspektive Krissis und gibt sie in der 3. Person wieder oder er schreibt aus seiner eigenen Perspektive, denkt sich als 'Beobachter' in die Situation hinein und artikuliert seine Erleichterung darüber, dass Krissi mit seinen Sorgen doch nicht ganz allein ist. Der letzte Absatz könnte als Zusammenfassung bzw. als Quintessenz des gelesenen Kapitels gesehen werden.

E 2) *Kapitel 2 gelesen am 20.11.*

Krissi guckt Löcher in die Luft

Krissi erzählt seiner Mutter von seinem neuen Freund Olaf. Während seiner Freizeit starrt er Löcher in die Luft, so sehr beschäftigt ihn seine Angst. Er muss wieder an die Situation denken, in der die Baseballmützen ihn geschlagen und ihm gedroht haben. Immer wieder gehen seine Gedanken dahin zurück. Alles, was er anfängt z. B. die Hausaufgaben in Deutsch, bei denen es um Steigerungen von Adjektiven geht, bringt er mit seinen Gefühlen in Verbindung. An diesem Tag kann er sein Problem keinem erzählen, denn immer wieder kommt etwas dazwischen. Er kann alles nur mit seinem Kuschelbären und seinem ständigen Begleiter „Stöpsel" besprechen. Krissi fühlt sich schlecht und allein gelassen.
Ich kann mir vorstellen, wie schlecht es Krissi geht. Wenn ich Probleme habe, möchte ich auch sofort mit meiner Mutter sprechen.

Im ersten Teil dieser Eintragung[130] gelingt es Kevin, in seiner Reproduktion die Einzelinformationen des Buchtextes gestrafft wiederzugeben; er abstrahiert von vielen Einzelheiten und verkürzt wieder den Text, ohne dass die Hauptinformationen verloren gehen. Der Satz „Alles, was er anfängt ..." ist außerordentlich gut geglückt; denn während in der Buchvorlage von einer sich über fast zwei Seiten erstreckenden spielerischen Auseinandersetzung Krissis mit „oberlangen Supersteigerungen" (S. 33) die Rede ist, spricht Kevin konkret von der Wortart *„Adjektive"*, abstrahiert von den vielen Einzelbeispielen und resümiert mit den Worten *„bringt er mit seinen Gefühlen in Verbindung"*. Insgesamt sind die Aussagen sehr komplex, weisen auf eine differenzierte Wahrnehmung der Handlung und auf ein gutes Textverständnis hin und zeigen eine elaborierte Wiedergabe.

Die imaginativ-identifikatorische Aussage *„Ich kann mir vorstellen ..."* ist durch einen Absatz von der vorangehenden Inhaltswiedergabe abgetrennt, als wolle der Verfasser zum Ausdruck bringen, dass es hier um zwei verschiedene Ebenen des Schreibens geht. Im ersten Teil hat er versucht, möglichst objektiv und neutral den Inhalt wiederzugeben, im zweiten Teil denkt er sich in die Buchfigur hinein und formuliert zudem – sozusagen parallel zu seiner eigenen, potentiell ähnlichen Situation – seine Wünsche. Dieses Sich-Hineinversetzen in die Buchfigur, verbunden mit einem In-Beziehung-Setzen zur eigenen, wirklichen oder möglichen Lebenssituation kann ansatzweise als Projektion bezeichnet werden.

---

[130] Angefügt ist eine kleine, sehr einfache Bleistiftskizze eines Zeltes mit der Überschrift: *Das ist das Indianerzelt, in dem Krissi Löcher in die Luft guckt.*

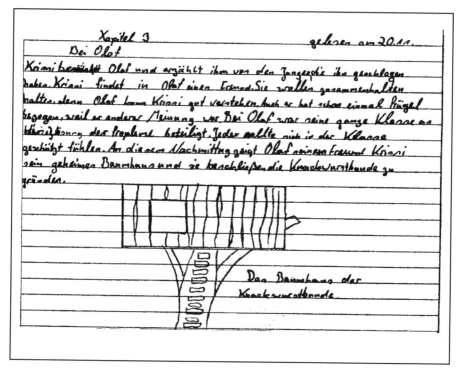

Abb. 13: LT 44, Kevin (E 3)

Die Eintragungen E3 (Abb. 13) und E4 sind ebenfalls in der schon vorher beschriebenen Weise angefertigt; es handelt sich um strukturierend-zusammenfassende Reproduktionen. Die Eintragung 3 hat Kevin mit einer kleinen Zeichnung ergänzt, die Olafs Baumhaus zeigt. Die angefügte Beschriftung verbindet zwei Aspekte des Kapitelinhalts, die im Buch nichts miteinander zu tun haben; Kevin zeichnet also über die Textinformation hinaus.

> E 4) *Kapitel 4 gelesen am 21.11.*
> *Ein rabenschwarzer Tag*
> Alles geht schief. Keiner hat Zeit für Krissi. In der Schule muss er immer an die „Schlägerkids" denken und kann sich nicht auf den Unterricht konzentrieren. Die Klasse ärgert ihn und lacht. Wie immer, wenn Krissi aufgeregt ist, muss er pfeifen und seine Mitschüler hänseln ihn deswegen schon. Olaf kommt an diesem Morgen später. Als <u>ihm</u> im Werkunterricht sein Flugzeug gut gelingt und er sich darüber freut, begegnen <u>ihm</u> in der Pause die „Schlägerkids". Sie drängen ihn in eine dunkle Ecke, zerbrechen sein Flugzeug, machen sich lustig über Krissi und boxen und schlagen ihn. Krissi hört, dass die Schläger es so machen wollen wie in dem

Video, das sie gestern gesehen haben. Sie fassen ihm in die Hose, Krissi wehrt sich. Nach einem Pfiff sind alle verschwunden und Krissi haut auch ab.
Dieses Kapitel hat mich sehr nachdenklich gemacht. Krissi muss sich sehr erniedrigt gefühlt haben. Ich hoffe, ich komme nicht in so eine schlimme Situation.

Was in der Eintragung 4 vordergründig wie eine distanziert-berichtende Inhaltswiedergabe wirkt, erweckt zugleich – auch durch die Anlehnung der Schreibweise an den Buchstil – den Eindruck einer emotionalen Nähe zur Buchfigur mit deutlich positiven Konnotationen. Der grammatische Bezug von „*ihm*" im 7. Satz (Olaf oder Krissi?) ist nur formal unklar. Die am Schluss angefügte Bemerkung ist Ausdruck einer starken empathischen Identifikation mit dem Protagonisten; sie enthält sowohl eine kurze Reflexion über die Wirkung des Kapitels auf den Leser als auch wieder eine Projektion in Form eines Hineindenkens in die Situation der Buchfigur, verbunden mit einem In-Beziehung-Setzen zu möglichen eigenen Erfahrungen, die er selbst nicht machen möchte.

Auch in der folgenden Eintragung E 5 findet sich unter demselben Datum wieder die gleiche Struktur wie schon in den vorherigen Eintragungen. Zuerst schreibt Kevin eine geraffte Reproduktion des Kapitelinhalts, bei der er im Wesentlichen Sätze und Satzfragmente aus der Buchvorlage verwendet und auf diese Weise erneut den Schreibstil der Buch-Autorin adaptiert bzw. kreativ für sein eigenes Schreiben umsetzt. Die unvermittelte Erwähnung von 'Paul' bleibt dabei ohne weitere Erklärung (Paul wird in der Buchvorlage schon auf der ersten Seite als Freund, der weggezogen ist, vorgestellt).

E 5) *Kapitel 5 gelesen am 21.11.*

Krissi haut ab

Krissi rennt und rennt. Dass Olaf ihm geholfen hat, merkt er nicht. Er fühlt sich von allen verlassen. Keiner von seiner Familie hatte Zeit mit ihm zu reden. Sein Vater denkt sowieso er wäre ein Weichling. Sein alter Freund Paul schreibt ihm nicht mehr. Er weiß nicht, wohin er soll. Er stößt mit Leuten zusammen, weil er seine Umwelt gar nicht richtig wahrnimmt. Krissi will einfach nur weg.

Ich kann verstehen, dass Krissi wegläuft. Ich glaube, ich würde genauso handeln, wenn ich mich hilflos und von allen verlassen fühlen würde.

Nach der Inhaltswiedergabe folgt – wie schon in E 4 und durch einen Absatz abgesetzt – in zwei Sätzen ein Hineindenken in die Buchfigur, das Verstehen zur Folge hat, und ein Rückbezug auf sich selbst. Dass er selbst in einer vergleichbaren Situation genauso handeln würde, scheint Kevin aber (im Gegensatz zur vorherigen Eintragung) nicht weiter zu beschäftigen. Er stellt es nur fest und bleibt diesmal auch gegenüber sich selbst letztlich distanziert.

E 6) *Kapitel 6 gelesen am 22.11.*

Warten und suchen

In der Schule wird bemerkt, dass Krissi verschwunden ist. Olaf fasst Mut und erzählt Herrn Weidlich von Krissis Not und was ihm mit den Schlägerkids passiert ist. Der Lehrer erkennt, wie ernst die Lage ist. Er schickt die Klasse aus um Krissi zu suchen. Die Schlägerkids werden von Herrn Weidlich befragt. Sie geben zu, Krissi geschlagen zu haben und behaupten, es hätte Bock gebracht. Nach und nach kommt heraus, dass Bossy, Henny und Peer auch schon andere Mitschüler unter Druck gesetzt und erpresst haben. Sie fühlen sich in ihrer Gemeinschaft stark und wollen Macht haben. Bossy sagt ganz deutlich, dass er auch einmal wichtig sein möchte. Die Lehrer und Krissis Eltern sind entsetzt und ratlos. Sie haben von alledem noch nichts mitbekommen. Es wird immer klarer, dass jeder für sich lebt und sich nicht so recht um den Anderen kümmert. Durch dieses Kapitel habe ich erkannt, wie wichtig es ist, mit Eltern oder Lehrern über Probleme zu reden. Ich selber kann allein viele Situationen nicht lösen, ich brauche dazu die Hilfe von Freunden und Erwachsenen. Ich habe auch bemerkt, dass es den Schlägerkids schlecht geht. Sie sind allein gelassen, keiner kümmert sich richtig um sie und sagt ihnen auch mal, was die dürfen und was nicht. Jeder sollte ein offenes Ohr für andere haben, damit man merkt, wenn jemand Probleme hat. Jeder ist auch ein bisschen für den anderen verantwortlich.

In dieser Reorganisation des Inhalts gelingt es Kevin, die Motive der Schlägerkids treffend zu benennen und sogar ein gewisses Verständnis für deren Motive anzudeuten. Ohne Absatz geht die Inhaltswiedergabe diesmal in eine Reflexion über, in der Verständnis für beide Seiten zum Ausdruck gebracht wird. Dieses Fremdverstehen verschiedener Buchfiguren aufgrund einer bewusstseinsmäßigen Vergegenwärtigung ihrer jeweiligen Perspektiven zeigt, dass Kevin sich diskursiv mit dem Text und der Problemlage auseinander setzt und dabei zu Textdeutungen gelangt und 'Erkenntnisse' gewinnt. Er analysiert die Situation und ihre möglichen Hintergründe und formuliert am Ende eine moralische Wertung mit Appellcharakter.

E 7) *Kapitel 7 gelesen am 23.11.*

Krissi ist wieder da

Olaf findet Krissi am späten Abend an dem einzigen Ort, an dem sie schon gemeinsam waren. Endlich kann Krissi mit jemanden reden. Er weint und will nie wieder zur Schule. Olafs Vater benachrichtigt Krissis Eltern und die Polizei. Er verschafft ihm auch Zeit um über alles nachzudenken.

E 8) *Kapitel 8 gelesen am 24.11.*

Robinson im Baumnest

Olaf lässt Krissi in der Nacht nicht allein. Olafs Vater hat Verständnis dafür. In Krissis Kopf ist alles durcheinander. Er überlegt, was werden soll. Was sein Vater und die Klasse sagen werden und ob er wieder in solche Situationen kommen kann. Am liebsten würde Krissi sich verkriechen, aber das geht nicht. Er sucht mit Olaf nach Lösungen.

Qualitative Inhaltsanalyse 165

Der Satz, der mir in diesem Kapitel am besten gefällt ist: „Man kann alles ändern. Man muss nur anfangen." Das ist bestimmt nicht leicht, wenn man große Angst hat, aber nur so kann man auch andere kennen lernen, die vielleicht auch Angst haben und gemeinsam etwas dagegen tun.

Auch diese beiden Eintragungen enthalten wieder überwiegend Inhaltswiedergaben in reduktiver Form. Das wertende Hervorheben eines Satzes aus der Buchvorlage in E 8 ist allerdings ein Zeichen für eine sehr intensive Textauseinandersetzung und -wertung. Kevin zieht für sich selbst und im Allgemeinen Schlussfolgerungen als Verhaltensorientierung. Der zitierte Satz gefällt ihm „*am besten*", wofür er eine einsichtige Begründung angibt, die entweder eigene Erfahrungen widerspiegelt oder die gedankliche Verarbeitung einer vorangegangenen Imagination darstellt.

E 9) *Kapitel 9 gelesen am 29.11.*
Olaf ist wütend

Am Anfang finde ich dieses Kapitel erschreckend. Krissi ist gefunden worden und das Entsetzen über die Gewalt ist bei vielen schnell verblasst. Aber dann finden sich doch einige, die besser über alles nachgedacht haben. Sie haben auch darüber nachgedacht, warum die „Schlägerkids" schlagen. Gut finde ich, dass darüber gesprochen wird, was „Gewalt" eigentlich ist. Dabei habe ich gemerkt, dass die meisten von uns auch sehr verletzend sein können, ohne dass wir noch groß darüber nachdenken. Manchmal sehe ich auch Filme, in denen Menschen gewalttätig sind. Eigentlich geht es mir dabei nicht gut, aber trotzdem sehe ich sie mir an. Einige Filme darf ich aber nicht sehen, weil meine Mutter sie mir verbietet und ich möchte sie selber auch nicht sehen. Wichtig ist für mich der Tipp, dass Erwachsene mir helfen müssen.

Bei der Eintragung 9 fällt besonders die affektive Markierung „*erschreckend*" gleich im ersten Satz auf. Dies musste wohl erst einmal aufgeschrieben werden, wahrscheinlich als Nachwirkung des gerade erfolgten Lesens dieses Kapitels. Es folgen drei zusammenfassende Aussagen über den Buchinhalt und Kevins Meinung dazu („*Gut finde ich ...*"). Reflektierend einbezogen wird nicht nur seine individuelle Erkenntnis, sondern auch die Situation seiner Schulklasse („*uns / wir*"), was möglicherweise auf ein erfolgtes Klassengespräch hindeutet. Im Rückbezug auf sich selbst („*Manchmal sehe ich auch Filme ...*") aktiviert er eigene Erfahrungen, wobei es ihm gelingt, das ambivalente Verhältnis zur Gewalt zu beschreiben. Am Schluss steht wieder eine unvermittelte ichbezogene Wertung („*Wichtig ist für mich ...*").

E 10) *Kapitel 10 gelesen am 30.11.*
Kati hat eine Idee

Katis Idee vom „Gewaltbriefkasten" finde ich sehr gut. Ich kann gut verstehen, wenn jemand sein Problem nicht vor der ganzen Klasse sagen kann. Durch den Briefkasten hat jeder die Möglichkeit seine Sorgen an die Öffentlichkeit zu brin-

gen. Auch die Kinder, die andere schlagen, können ihre Wut und ihren Kummer auf den Zettel schreiben, damit ihnen geholfen werden kann. Der Schüler, der den 1. Zettel in den Briefkasten warf, ist für mich sehr mutig.
(Eingefügt ist eine Zeichnung des Gewaltbriefkastens.)

Ohne auf den Inhalt des gelesenen Kapitels einzugehen, nimmt Kevin hier wertend Stellung zu der Idee mit dem Gewaltbriefkasten. In der Begründung gibt er nicht nur zu erkennen, dass er die Ängste der Opfer von Gewalt verstehen kann, sondern er versetzt sich auch in die Situation der Täter und erwähnt ihre möglichen Motive. Dies deutet darauf hin, dass der Buchinhalt ihm Anlass gegeben hat, durch die Übernahme verschiedener Perspektiven zu einem Fremdverstehen zu gelangen, in dem die Hilfsbedürftigkeit beider Seiten erkannt wird.

E 11) *Kapitel 11 gelesen am 30.11.*
Krissi und die Knackwurstkids

Die Familie hat begriffen, wie schlecht es Krissi ging. Die Eltern und seine Schwester zeigen ihm, dass er wichtig für sie ist. Sie geben Krissi neuen Mut mit allem fertig zu werden.

Ich finde es nett, dass die Klasse ihm einen Brief schreibt und ihn bittet, wieder zur Schule zu kommen. Sie zeigen Krissi, dass sie viel über Gewalt gesprochen und daraus gelernt haben. Durch den Brief wird Krissi aber auch klar, dass es überall „Blackys" und „Bossys" geben kann. Die Mitschüler bieten Krissi Hilfe an und zeigen ihm, dass sie ihn mögen. Dadurch bekommt Krissi mehr Selbstvertrauen und mag sich selber mehr. Er freut sich zum Schluss auf die Schule und seine neuen Freunde, bei denen er Hilfe und Verständnis findet. Ende.

In seiner letzten Eintragung vermischt Kevin die Reproduktion des Inhalts mit einer positiven Wertung des Verhaltens der Klasse („*Ich finde es nett ...*"). Er verzichtet aber auf weitere identifikatorische Äußerungen und erwähnt Kati, die im Brief ja besonders hervorgehoben wird, mit keinem Wort. Die Formulierung „*dass es überall 'Blackys' und 'Bossys' geben kann*" bestätigt Kevins Fähigkeit zur verallgemeinernden Textdeutung und zur Übertragung auf das reale Leben.

In der von der Lehrerin vorstrukturierten Buchkritik bringt Kevin anschließend zusammenfassend zum Ausdruck, dass der imaginativ-identifikatorische Bezug des Buchinhalts zur eigenen Lebenssituation für ihn der wichtigste Aspekt beim Lesen dieses Buches war, obwohl man als Leser des Tagebuchs einen anderen Eindruck gewinnen könnte. Mit dem Inhalt ist er durchgängig einverstanden, sodass er keine 'Verbesserungsvorschläge' machen kann. Als Textstelle, die ihm besonders gut gefallen hat, zitiert er noch einmal den Satz aus Kapitel 8 (vgl. E 8) und begründet seine Entscheidung wieder mit einem möglichen Bezug auf eigene reale Lebenssituationen.

1. Am besten an dem Buch hat mir gefallen, ... *dass man es auf sich selber beziehen kann*, weil... *jeder in eine solche Situation kommen kann*
2. In dem Buch gefiel mir nicht ..., weil ... *(durchgestrichen)*
3. Die beste Person in dem Buch war ... *Olaf*, weil ... *er sich um Krissi gekümmert hat und mutig genug war, die ganze Sache zu sagen.*
4. Ich denke, das Buch wäre besser gewesen, wenn ... *(keine Verbesserungsvorschläge)*
5. Eine Textstelle, die mir besonders gut gefiel, war: „*So ein Quatsch, sagt Olaf. Man kann alles ändern. Man muss nur anfangen.*" (S. ... *99*), weil ... *man das auf viele Situationen beziehen kann.*

Zusammenfassend ist festzuhalten, dass Kevins Lesetagebuch insgesamt sehr *viele reproduzierende Anteile* hat, wobei die Inhaltswiedergaben altersgemäß gelungene, reduktive Textzusammenfassungen sind und erkennen lassen, dass Kevin sich diskursiv mit dem Gelesenen auseinandergesetzt hat, ohne auf eigene Meinungsäußerungen oder auf das Äußern emotionaler Befindlichkeiten zu einzelnen Handlungsabschnitten zu verzichten. Die Wiedergabe des Inhalts, wie sie von Kevin vorgenommen wird, ist aber eine Darstellungsweise, die zugleich einen *hohen Anteil von Wertungen* beinhaltet; denn was Kevin wiedergibt, ist das, was er für wichtig und erwähnenswert hält, und macht deutlich, welchen Dingen er Bedeutung zuschreibt und welche er eher vernachlässigt. Kevin bringt eine Reformulierung der für ihn wichtigsten Teile der Handlung zustande. Außerdem nimmt er ansatzweise *Textdeutungen* vor und formuliert am Ende einzelner Eintragungen eine 'Lehre', die er als 'Erkenntnis' aus dem Gelesenen entnommen hat. Es gelingt ihm, die Teilaspekte des Buchinhalts in eine verständliche, handlungslogisch nachvollziehbare Abfolge zu bringen, obwohl er durchaus eine individuelle Schwerpunktsetzung vornimmt und das Buchgeschehen entsprechend selektiv wiedergibt (z. B. erwähnt er Kati überhaupt nicht).

Die überwiegend kurzen Sätze, die für Kevins Schreiben durchgängig charakteristisch sind, scheinen zu den intellektuellen Fähigkeiten, die in den reduktiven und zugleich interpretatorischen Inhaltswiedergaben deutlich werden, zunächst im Widerspruch zu stehen; sie sind aber eher als Zeichen *für* diese Fähigkeiten zu deuten, weil Kevin sich von der Buchlektüre zu einer kreativen *Adaption des Schreibstils der literarischen Vorlage* hat inspirieren lassen. Die Art und Weise der Darstellung vermittelt zudem den Eindruck, dass es dem Schreiber vorrangig um eine Selbstverständigung über den gelesenen Text geht, bei der kommunikative Elemente von untergeordneter Bedeutung sind. In jedem Fall ist die Art und Weise seiner Textzusammenfassung dennoch für einen expliziten Leser nachvollziehbar und enthält keine Anzeichen von Verständnisschwierigkeiten oder Rezeptionsproblemen. Bemerkenswert ist, dass Kevin in sieben von elf Eintragungen die reproduktive Inhaltswiedergabe durch *identifikatorische Äußerungen* ergänzt, die er in seiner abschließenden Beurteilung als besonders wichtig herausstellt.

Aus den Eintragungen lässt sich zusammenfassend folgern, dass Kevins Lesetagebuch als Dokument für eine *vertiefte diskursive Auseinandersetzung mit dem gelesenen Buch* angesehen werden kann und zugleich verdeutlicht, dass das Buch für ihn nicht nur die inhaltlichen, sondern auch die sprachlichen Vorgaben für sein eigenes Schreiben im Lesetagebuch enthalten hat. Insofern hat er aus Anlass und mit Hilfe des Lesetagebuchs seinen eigenen sachorientierten und schriftsprachlichen Weg gefunden, der seinen Kompetenzen entspricht. Im Hinblick auf die Anregungen des Handzettels liegt hier allerdings eine sehr eingeschränkte Auswahl vor, die möglicherweise darauf hindeutet, dass von der Lehrerin die Inhaltswiedergabe und die eigene Meinung dazu als Hauptpunkte für die Erstellung des Lesetagebuchs herausgestellt worden sind. Eine vergleichbare Ähnlichkeit unter allen Lesetagebüchern der Klasse scheint dies zu bestätigen.

4.3.2.3 Amels Lesetagebuch (Klasse 7 / LT 159)

Amel ist Libanesin, 14 Jahre alt und seit zehn Jahren in Deutschland. Sie spricht fließend deutsch und ist nach Auskunft des Lehrers eine durchschnittliche Schülerin mit gelegentlichen, fach- oder lehrerbezogenen Leistungsausfällen. Im Laufe der Arbeit am Lesetagebuch zeigte sie nicht nur im Fach Deutsch, sondern auch in anderen Fächern eine erhebliche Motivationssteigerung und Leistungsverbesserung. Vermutlich erlebte sie erstmals eine uneingeschränkte Bestätigung ihrer Lern- und Leistungsfähigkeit.

Als Lesetagebuch hat sie ein dickeres DIN A 5-Heft mit festem Einband und kariertem Papier gewählt. Die erste Seite enthält den Buchtitel, den Namen der Autorin, ein eingeklebtes Albumbild eines goldenen Hufeisens mit blauem Band und den Hinweis „*Dieses Lesetagebuch gehört Amel*". Die folgenden Einzeleintragungen sind schwer voneinander zu unterscheiden. 28 mal überschreibt sie die Eintragungen mit einem Datum, wobei sie einzelne Daten mehrfach anführt:

E 1) 22.5. Zweites Titelblatt mit Buchtitel und Zeichnung (1 Seite)
E 2) 25.5. *Hallo, liebes Tagebuch!* (Wiedergabe des Buchinhalts, 8 Seiten)
E 3) 28.5. Hinweis auf ihren weiteren Arbeitsplan (1 Seite)
E 4) 28.5. *Traurig!* (1 Seite)
E 5) 28.5. *Spannend!* (1 Seite)
E 6) 29.5. *Lustig!* (1 Seite)
E 7) 29.5. *Spannend!* (1 Seite)
E 8) 30.5. *Schön!* (1 Seite)
E 9) 30.5. *Spannend!* (1 Seite)
E 10) 1.6. *Traurig!* (1 Seite)
E 11) 1.6. *Mutig!* (1 Seite)

E 12) 2.6. *Heute habe ich Geburtstag …* (1 Seite)
E 13) 4.6. *Ich möchte noch was zu Andis Verhalten schreiben …* (1 Seite)
E 14) 7.6. *Wofür eine Clique da sein muss* (2 Seiten)
E 15) 7.6. *Pro – Contra: Was ich gut finde – was ich nicht gut finde* (2 Seiten)
E 16) 7.6. *Einen Brief an Andi!* (2 Seiten)
E 17) 7.6. *Einen Brief an Mike!* (2 Seiten)
E 18) 8.6. *Ein Interview mit Rolf!* (2 Seiten)
E 19) 9.6. *Heute kann ich nicht so viel schreiben …* (2 Seiten)
E 20) 18.6. *So, jetzt bin ich wieder da …* (2 Seiten)
E 21) 18.6. *Meine Meinung zu Andi* (1 Seite)
E 22) 18.6. *Meine Meinung zu Henner* (1 Seite)
E 23) 18.6. *Meine Meinung zu Mike* (1 Seite)
E 24) 18.6. *Meine Meinung zu Amelchen* (1 Seite)
E 25) *So, ich hoffe, das Buch hat euch gefallen* – Schlussworte an die Leser (2 Seiten)
E 26) 20.6. *Was verbindet sie? Andi – Henner* (2 Seiten)
E 27) 20.6. *Was unterscheidet sie? Andi – Henner* (2 Seiten)
E 28) 20.6. Ich weiß, ich habe mich schon verabschiedet … (Schlussworte über Schule, Lehrer und Klasse / 2 Seiten)

Das Lesetagebuch enthält also insgesamt 46 Seiten und ist sehr liebevoll gestaltet. Die erste Seite (E 1) besteht aus einem gemalten Bild, das einen Jungen zeigt, der in einem Regal zu einem Walkman greift. Um den Jungen herum ist der Titel des Buches „Und das nennt ihr Mut" in rot ausgemalten Großbuchstaben geschrieben. Da sich die Zeichnung schon sehr direkt auf den Inhalt des Buches bezieht und eine Szene zeigt, die den Buchtitel mit erst im späteren Verlauf erzählten Geschehnissen verknüpft, muss Amel das Buch schon ein Stück weit gelesen haben, bevor sie dieses Titelbild gestaltet hat.

Zunächst gibt Amel auf acht Seiten den Inhalt des gesamten Buches außerordentlich ausführlich, aber auch selektiv wieder. Offenbar hat sie das Buch zunächst im Zusammenhang gelesen, bevor sie mit dem Schreiben angefangen hat, um im Anschluss daran einzelne Stellen noch einmal zu lesen und sich genauer damit auseinander zu setzen. Alle Seiten der Inhaltswiedergabe sind mit einem roten Farbstift untergründig und ganzflächig koloriert sowie mit vielen eingeklebten Albumbildern mit roten Blumen illustriert.

Die inhaltliche Wiedergabe (E 2)[131] beginnt mit den Worten:

> E 2) *25.5. Hallo liebes Lesetagebuch! Heute fange ich wieder an weil ich bemerkt habe dass ich zu viel für den Inhalt geschrieben habe. So jetzt fang ich erst mal an.*

Vermutlich hat Amel bereits eine erste Fassung des Tagebuchs geschrieben, aber irgendetwas hat sie damit nicht zufrieden sein lassen, sodass die Seiten aus dem Heft herausgerissen worden sind. Amel beginnt mit dem Entwurf einer neuen, anderen Tagebuchkonzeption und rückt damit, zumindest der Intention nach, von ihrer ersten Konzeption ab, in der sie wahrscheinlich vorwiegend den Inhalt des gelesenen Buches wiedergegeben hat. Ob sich im Vergleich mit den Lesetagebüchern ihrer Mitschülerinnen und Mitschüler oder in einem Beratungsgespräch mit dem Deutschlehrer diese eigentlich für ein Tagebuch eher untypische Überarbeitung ergeben hat, bleibt ungesagt. In der vorliegenden metakommunikativen Äußerung zum Tagebuchschreiben wird nur deutlich, dass die Verfasserin von einer Idealnorm für die Gestaltung eines Lesetagebuchs ausgeht, die den Anspruch enthält, nicht 'nur Inhaltliches' aufzuschreiben, und der die erste Fassung nicht genügte.

Hier wird das Lesetagebuch also im Anschluss an das erste Lesen und begleitend zum zweiten Lesen geführt. Die einzelnen Eintragungen erfolgen deshalb in größerer zeitlicher Distanz zum ersten Leseprozess bzw. erst im 'zweiten Durchgang' durch das Buch, womit einerseits die Neigung wächst, nur das zu notieren, was man beeindruckend fand und sich deshalb angeeignet hat, andererseits auch die Fähigkeit, aufgrund der Kenntnis des gesamten Buchinhalts sich in der Rückschau freier und souveräner das zu vergegenwärtigen, was man für erwähnens- oder betrachtenswert hält.

Die Anrede „*Liebes Lesetagebuch*" macht deutlich, dass Amel von einem dialogischen Charakter des Tagebuchschreibens ausgeht. Sie spricht ihr Tagebuch als ein Gegenüber an, als eine fiktive 'Person' bzw. einen fiktiven Leser, wobei noch nicht zu erschließen ist, ob ein impliziter oder ein expliziter Leser gemeint ist. Auch ihre Erklärungen zum Neuanfang ihres Schreibens richten sich an ein Gegenüber. Vor dem Hintergrund anderer Eintragungen (vgl. vor allem E 12 und E 29) wäre es denkbar, dass Amel sich hier gleich zu Beginn an ihren Lehrer als potentiellen expliziten Leser wendet. Am Ende der Inhaltswiedergabe (vgl. E 3) und gegen Schluss des Gesamttagebuchs (vgl. E 25) spricht sie dann kommunikativ alle möglichen expliziten Leser ihres Tagebuchs direkt an.

---

[131] Wegen der Ausführlichkeit der Inhaltswiedergabe (E 2, 8 Seiten) und des Gesamtumfangs des Lesetagebuchs werden im Folgenden nicht alle Eintragungen vollständig wiedergegeben und kommentiert.

Nach der kurzen Einleitung beginnt Amel mit einer Inhaltswiedergabe:

E2) *Es geht um einen Jungen namens Andi. Er hatte keine Freunde. Er lernte eine Bande kennen. Sharks nennen sie sich. Es sind vier Leute. Björn, Klaus, Rolf und der Chef Mike. Er wollte gerne dazugehören. Nach eine Zeit war er das auch. Dafür musste Andi aber auch was tun. Die Mutprobe. Das tat Andi auch. Er musste klauen. Drei Walkmen in einer Woche musste er versprechen. Er hielt das auch. Als er sie hatte trafen sich die Sharks im Keller bei Rolfs Eltern. Andi ging mit dem Walkman dahin. Er legte die Plastiktüte mit dem Walkman drin auf den Tisch. Mike war enttäuscht. Er hatte nie gedacht dass Andi das schaffen würde. Und? Wer von euch kriegt jetzt einen? fragt Andi interessiert. Rolf lacht: „Was? Wer von uns?" „Ich will wissen, wer von euch einen Walkman kriegt!" rief Andi. „Jeder von uns hat doch schon längst einen antwortet Björn! Warum sollte ich die dann klauen? schreit Andi. Er nimmt die Tüte mit dem Walkman drin und rennt weg. Er hat jetzt begriffen dass sie ihn nicht wirklich haben wollten sondern nur mit ihm ihren Spaß haben wollten. Aber er weiß auch dass sie ihn nicht in Ruhe lassen werden.*

Schon im zweiten Satz zeigt Amel ein gutes Textverständnis, wenn sie mit den Worten „Er hatte keine Freunde" treffend zusammenfasst, was für sie der Beweggrund für Andis Verhalten ist. Diese Feststellung trifft sie am Beginn der Inhaltswiedergabe, obwohl in der Buchvorlage davon zunächst nicht ausdrücklich die Rede ist. Erst auf den Seiten 24 und 35 des Buches findet man entsprechende Hinweise. Dies kann als weitere Bestätigung dafür gelten, dass Amel erst nach dem Lesen des gesamten Buches mit dem Schreiben begonnen hat. Es könnte allerdings auch sein, dass sie sich an den Klappentext des Buches anlehnt, der lautet: „Mit seinem Vater hat Andi ständig Krach und in der Schule findet er keine Freunde. Da sucht er Anerkennung bei Mikes Gang, den Sharks. Doch schon bald steckt Andi so tief wie nie zuvor in Schwierigkeiten."

Die auf den ersten Seiten der Buchvorlage sehr differenziert beschriebene Diebstahlsituation des dritten Walkman im Kaufhaus erwähnt Amel gar nicht; statt dessen gibt sie vergleichsweise ausführlich und teilweise mit wörtlichen Zitaten die Szene im Keller von Rolfs Eltern wieder, die zeigt, wie unsinnig und überflüssig der Diebstahl des Walkman war. Dies ist ein Indiz für ihre wertend-selektive Wiedergabe, die durch ein erneutes Aufgreifen dieser Szene an anderer Stelle (in E5) noch unterstrichen wird. Die Sätze *„Mike war enttäuscht. Er hatte nie gedacht, dass Andi das schaffen würde"* sind ein Hinweis darauf, dass die Verfasserin in der Inhaltswiedergabe durchaus subjektive Deutungen ihres Textverständnisses versprachlicht.[132] Sicherlich trifft der Begriff „*enttäuscht*" nicht ganz das, was man aus den Worten und dem Verhalten Mikes deuten kann, jedoch ist

---

[132] In der Buchvorlage sagt der Gang-Anführer Mike zu Andi: „Aus dir kann ja noch was werden. Drei in einer Woche. Tatsächlich. Und immer im selben Laden. Ohne dich erwischen zu lassen. Wer hätte das gedacht!" und Andis Gedanken dazu: „Wusst ich doch. Der hat gedacht, das schaff ich nicht."

es ein Versuch, aus den Äußerungen Mikes und den Gedanken Andis eine Schlussfolgerung zu ziehen. Außerdem nimmt Amel hier einen Perspektivenwechsel vor und schreibt aus der Sicht der Buchfigur Mike, obwohl diese Sichtweise im Buch selber an keiner Stelle vorkommt. Dass ihre Deutung nicht ganz der Textvorlage entspricht, ist hier wohl eher ein Formulierungs- als ein Rezeptionsproblem. Der treffendere Ausdruck wäre „überrascht" gewesen.

Auch die Unsinnigkeit der Diebstähle – man stiehlt etwas, das andere gefordert haben; hat man es gestohlen, stellt man fest, dass die anderen es gar nicht brauchen und auch nicht haben wollen – ist für Amel offenkundig besonders erwähnenswert, denn dazu schreibt sie relativ ausführlich, wobei sie zugleich wieder Textstellen aus verschiedenen Buchsequenzen zusammenfügt.[133] Danach geht die Inhaltswiedergabe weiter:

> E2) *Er ging zum Kaufhaus stellte die Plastiktüte auf den Boden und ging weg. Andi muss an den alten Mann denken. Der vor ihn beim Klauen erwischt wurde. Alleskleber hat er geklaut. Er geht ihn nicht aus dem Kopf. Er hat riesengroße Wut auf die Sharks. Am nächsten Schultag wird Andi sogar von ihnen bedroht: „Pass auf deine Fresse auf." Andi kann sich jetzt noch sicher fühlen. Aber nicht mehr lange weil Herr Becker nach der Schule nicht mehr neben ihn ist. Nach eine Weile wieder eine Bedrohung: Warte nur! Weißt du, was mit den Leuten passiert, die in Kaufhäusern klauen?!!! Na ja was könnte er denn nur anderes erwarten? Er hat Angst, aber das hilft ihn auch nicht weiter.*

Da Amel, wie oben schon erwähnt, die Eingangsszene mit dem Kaufhausdiebstahl in ihrer Inhaltswiedergabe ganz vernachlässigt hat, schiebt sie hier noch die Szene mit dem alten Mann ein – fast im Sinne einer Rückverweisung –, indem sie Andi an ihn denken lässt, obwohl er im Buch erst später erwähnt wird. Entweder hat Amel die verschiedenen Szenen im Kaufhaus durcheinander gebracht oder sie schreibt leserorientiert und damit ansatzweise kontextunabhängig, was aufgrund der notwendigen Reduktionsprozesse zu bestimmten, nicht immer buchgetreuen Textverarbeitungsweisen führt. Alle vier Drohungen der Sharks gegen Andi sind wörtlich aufgeschrieben und im Tagebuch vom übrigen Text rot abgehoben, während anderes aus dem Handlungsverlauf – z. B. Andi zu Hause, der Besuch der Tante Elvira, die Einführung des Jungen Henner als neuen Klassenkameraden – unerwähnt bleibt. Diese Auswahl passt zu einer emotionalen Identifikation mit Andis Situation und zu Amels 'innerer Beteiligung' an der Gefährdung der 'Umkehr'. Der Hinweis auf Herrn Becker – sehr beliebter Klassen-

---

[133] Die Sätze „*er hat jetzt begriffen, dass sie ihn nicht wirklich haben wollten, sondern nur mit ihm ihren Spaß haben wollten...*" haben im Buch ein inhaltliches Pendant auf S. 29: „Die wollten ihn gar nicht wirklich, die vier, die brauchen bloß einen, mit dem sie ihren Spaß haben können". Die folgende Äußerung „*Aber er weiß auch, dass sie ihn nicht in Ruhe lassen werden.*" antizipiert den Handlungsverlauf und ist in der Buchvorlage erst auf S. 40 in einem anderen Zusammenhang so zu lesen: „Die lassen mich erst mal zappeln, denkt er. Aber sie lassen mich bestimmt nicht in Ruhe."

lehrer Andis, der ihn häufig sogar vor Leistungsanforderungen seines Vaters geschützt hat – kommt sehr unvermittelt; hier verzichtet Amel auf eine leserorientierte Einführung der Person des Klassenlehrers und der Name wird ohne Erläuterung einfach genannt.

Die letzten beiden Sätze dieses Teils könnte man im Sinne einer interpretierenden und wertenden Zusammenfassung nach einem intensiven imaginativen Sich-Hineindenken in Andis Situation verstehen.[134] Das im Buch folgende Gespräch zwischen Andi und seinem Lehrer lässt Amel ganz weg, sie schreibt lediglich von einem Überfall der Sharks auf Andi. Die Buchszenen, die anschließend Andis Kranksein schildern, gibt Amel sehr knapp zusammengefasst wieder, erwähnt aber ausdrücklich den Krankenbesuch des Klassenkameraden Henner.

> E2) *Andi tut zwar alles weh aber er genießt das Kranksein, weil alle so nett zu ihn sind. Es klingelt. Mama schiebt einen Jungen in sein Zimmer. Henner! Henner der Neue? Andi traut seinen Augen nicht. Was will der denn hier? denkt sich Andi? Herr Becker schickt mich weil ich gleich um die Ecke wohne sagt Henner. Andi solle sich keine Sorgen wegen der Arbeit machen. Andi merkt dass Henner eigentlich in Ordnung ist.*

Im weiteren Verlauf werden kurz das Weihnachtsfest und die Silvesterfeier mit Henners Familie erwähnt. Sehr eindringlich werden dann viele Stellen beschrieben, die mit Andis Problemlösung zusammenhängen: der fehlende Mut zu einem Gespräch, der Selbstmordgedanke auf der Brücke, der entlarvende Besuch bei Mike. Gegen Ende der Inhaltswiedergabe zitiert Amel aus Andis Gespräch mit Mike die Zeilen, die an den Buchtitel anknüpfen, und dokumentiert damit, dass sie den Text und die Absicht der Autorin verstanden hat: „*Ach ihr klaut doch alle. UND DAS NENNT IHR MUT?*".

Es wird insgesamt deutlich, dass die Konkretisation des Inhalts in Bezug zur Textvorlage subjektiv und selektiv ausfällt. Die Eintragungen sind weniger ein Zeichen für eine diskursive, distanzierte Textwiedergabe, sondern eher ein Indiz dafür, wie Amel sich in die Handlungssituation hineinversetzt, sich den Buchinhalt individuell angeeignet und die Inhaltswiedergaben bzw. Paraphrasierungen entsprechend ausgewählt hat. Die erste achtseitige Eintragung endet mit einer Bemerkung, aus deren Datierung man schließen kann, dass sie für die Inhaltswiedergabe drei Tage gebraucht hat (E3):

---

[134] In der Buchvorlage ist Entsprechendes nicht zu finden. Andis Erwartungen im Hinblick auf Repressalien der Sharks sind – wenn überhaupt – nur aus dem Kontext zu erschließen; dass er Angst hat, steht im Zusammenhang mit einer Szene in der Schulklasse, als er einen Aufsatz zum Thema „Ein Tag, den ich nie vergessen werde" schreiben soll, aufgrund seiner Befindlichkeit jedoch keine Schreibidee hat bzw. nicht über das schreiben will und kann, was ihn augenblicklich am meisten beschäftigt: „Seine Angst, die könnte er beschreiben und seine Enttäuschung. Seine Wut und wie allein er sich fühlt. Aber dann müsste er von seiner Familie erzählen. Und von den Sharks. Das geht nicht. Das geht nicht mal bei Herrn Becker." (Buch, S. 42)

E 3) *28.5. So! Das war der Inhalt! Jetzt möchte ich traurige, spannende oder lustige Stellen vom Buch zeichnen und kommentieren.*
Ich hoffe ihr habt Spaß daran das Buch zu lesen.

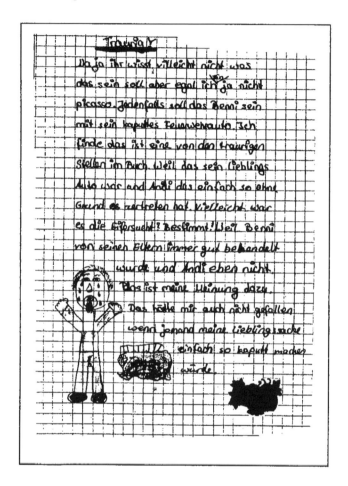

Abb. 14: LT 159, Amel (E 4)

Mit großer Wahrscheinlichkeit meint die Verfasserin in dieser kommunikativ-leserorientierten Äußerung mit „Buch" hier ihr Lesetagebuch und nicht die Originallektüre. Das „So!" ist als Selbstbestätigung nach einer vollbrachten Anstrengung zu verstehen, außerdem vielleicht als Markierung zwischen 'Pflicht' und 'Kür'. Die danach folgenden Eintragungen (E 4 – E 11) überschreibt sie mit „Traurig!" (E 4, Abb. 14), „Spannend!" (E 5, E 7, E 9), „Lustig!" (E 6), „Schön!" (E 8) und „Mutig!" (E 11, Abb. 15, S. 175); häufig malt oder zeichnet sie etwas dazu und notiert Empfindungen und Bewertungen zu den entsprechenden Textstellen.

Abb. 15: LT 159, Amel (E 11)

Insgesamt schreibt Amel dabei sehr leserorientiert-kommunikativ und zugleich metakommunikativ. Sie beginnt z.B. die Eintragung *Traurig!* (E 4, Abb. 14, S. 174) mit einem Kommentar zu einer Zeichnung, die Andis weinenden Bruder zeigt, dessen Feuerwehrauto kaputt ist:

> E 4) *28.5. Na ja* **ihr** *wisst vielleicht nicht was das sein soll aber egal ich bin ja nicht Picasso. Jedenfalls soll das Benni sein mit sein kaputtes Feuerwehrauto. Ich finde das ist eine von den traurigen Stellen im Buch. Weil das sein Lieblingsauto war und Andi das einfach so ohne Grund zertreten hat. Vielleicht war es die Eifersucht? Bestimmt! Weil Benni von seinen Eltern immer gut behandelt wurde und Andi eben nicht. Das ist meine Meinung dazu. Das hätte mir auch nicht gefallen wenn jemand meine Lieblingssache einfach kaputt machen würde.*

Amel deutet Andis Verhalten durchaus richtig als Eifersucht dem kleinen Bruder gegenüber und nennt auch die möglichen Motive für das Zerstören des Lieblingsspielzeugs, nämlich die Bevorzugung des kleinen Bruders durch die Eltern. Trotzdem beschreibt sie das Zertreten mit *„einfach so ohne Grund"*. Dieser scheinbare Widerspruch ist nur zu verstehen, wenn man davon ausgeht, dass für sie nur dann ein Grund vorliegt, wenn der Tat unmittelbar ein Fehlverhalten des kleinen Bruders vorangeht, das eine solche Reaktion rechtfertigen würde. Die eher im Dunkeln liegenden Motive Andis, für die der kleine Bruder nichts kann, lässt sie dagegen nicht als Begründung gelten bzw. reflektiert sie nicht. Möglicherweise wird hier ein empathischer Bezug zu eigenem Erleben deutlich; der Konjunktiv lässt vermuten, dass hier ein Gefühl beschrieben wird, das für sie selbst neu ist. Diese Weise des Schreibens setzt sich in den anschließenden Eintragungen (E 5 – E 11) fort.

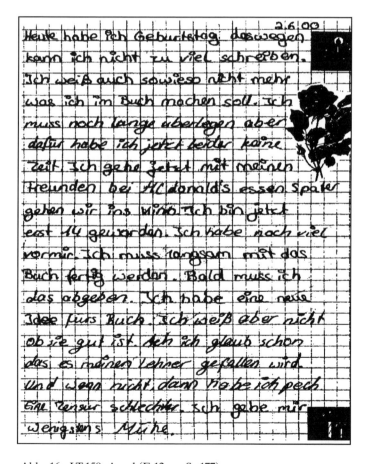

Abb. 16: LT 159, Amel (E 12, zu S. 177)

In einer späteren Eintragung (E 12, Abb. 16, S. 176) begründet sie, warum sie nicht zum Schreiben kommt:

> E 12) *2.6. Heute habe ich Geburtstag deswegen kann ich nicht zu viel schreiben. Ich weiß auch sowieso nicht mehr was ich im Buch machen soll. Ich muss noch lange überlegen aber dafür habe ich jetzt leider keine Zeit. Ich gehe jetzt mit meinen Freunden bei McDonald's essen. Später gehen wir ins Kino. Ich bin jetzt erst 14 geworden. Ich habe noch viel vor mir. Ich muss langsam mit das Buch fertig werden. Bald muss ich das abgeben. Ich habe eine neue Idee für das Buch. Ich weiß aber nicht ob sie gut ist.* **Ach ich glaub schon dass es meinen Lehrer gefallen wird.** *Und wenn nicht, dann habe ich Pech. Eine Zensur schlechter. Ich gebe mir wenigstens Mühe.*

Hier schreibt Amel ein kurzes Stück persönliches 'Tagebuch' und lässt zugleich metakognitiv eine sekundäre Motivation für das Lesetagebuchschreiben durchblicken, nämlich die wohl angekündigte Beurteilung durch den Lehrer, aber verknüpft mit dem mutigen Hinweis, dass sie unabhängig von möglichen negativen Folgen jedenfalls zu ihrer Idee steht und sie ausführen wird.

Anschließend bewertet sie Andis Verhalten und beschreibt, was sie gut und nicht gut findet, was sie versteht und was nicht (E 13). Es folgt ein Cluster zum Begriff 'Clique', in dem sie ihre Vorstellungen von den eigentlichen Aufgaben und Zielsetzungen einer Clique veranschaulicht:

> E 14) *Wofür eine Clique da sein muss: um Spaß zu haben – Probleme zu lösen – Schutz zu geben – Erfahrung zu sammeln – zusammen zu halten – um sie von schlechten Dingen fern zu halten – Ratschläge zu geben – Vertrauen zueinander schließen – gemeinsam was unternehmen – Sorgen dass kein Stress gibt.*

Eine Gegenüberstellung, mit Pro und Contra überschrieben und mit den Untertiteln „*Was ich gut finde*"/„*Was ich nicht gut finde*" versehen, schließt sich an, in der sie Wertungen zu inhaltlichen Einzelheiten sammelt (E 15, Abb. 17 u. 18, S. 178 und 179). Ihre wertenden Äußerungen begründet sie mit ihren eigenen sozialen und moralischen Einstellungen; die fast wie ein Resümee wirkende Auswahl beweist ihre differenzierte Rezeptionsfähigkeit.

Danach greift sie in die Handlung ein und schreibt einen Brief an Andi (E 16):

> E 16) *7.6. Hi Andi ich habe deine Geschichte gelesen und ich möchte dir mal was dazu sagen. Ich weiß zwar nicht warum du unbedingt zu Sharks gehören willst. Ich meine du findest doch viel bessere Freunde. Freunde habe ich gesagt. Die Sharks kann man nicht als Freunde bezeichnen. Das müsstest du doch auch schon von Anfang an wissen. Freunde kann man nicht durch Mutproben finden. Auch wenn das gute Freunde wären, würden sie dich doch nicht klauen lassen. Eins möchte ich dir sagen. Ich finde das super was du zum Schluss mit Mike gemacht hast. Aber warum hast du das nicht früher gemacht? Was ich noch gut finde ist: Dass du deinen Vater alles erzählt hast. Das war richtig mutig. Ach und noch etwas. Du bist nicht der Blödi in der Familie. Es ist doch normal dass die Eltern sich mehr um die*

Kleinen kümmern. Aber eins musst du wissen. **Es gibt keine Eltern auf der Welt, die ein Kind mehr als das andere lieben.** *Auch wenn dir es so vorkommt. Inzwischen hast du ja jetzt einen guten Freund. Henner. So was kann man als Freund nennen. Glaub mir mal auch wenn Henner nicht gerade der Schönste ist kann er korrekt sein. Einen kleinen Rat von mir: Achte nie auf das Äußere. Und diesen angeberischen Mike werde ich auch noch einen Brief schreiben. Aber der sieht anders aus. Ich hoffe du denkst darüber nach!*

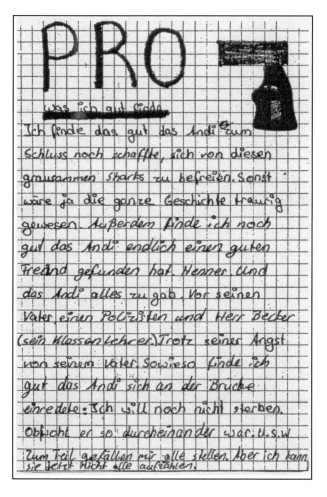

Abb. 17: LT 159, Amel (E 15)

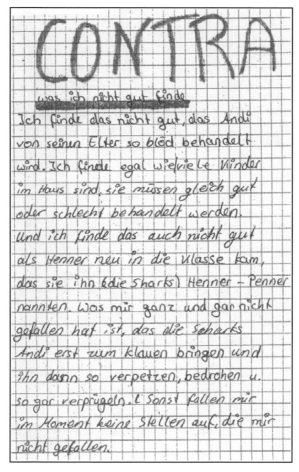

Abb. 18: LT 159, Amel (E 15)

Amel setzt sich in dieser kommunikativen Hinwendung zur Buchfigur Andi intensiv mit dem Begriff 'Freunde' auseinander. Die Denk- und Handlungsweisen des Protagonisten scheinen andere zu sein als ihre eigenen, erregen ihr Erstaunen, überschreiten die ihr vertraute Sichtweise und konfrontieren sie mit 'fremden' Bewusstseinsvorgängen. Ihre Ratschläge an Andi, die Eltern nicht zu verurteilen, gipfeln in der verallgemeinernden Feststellung: „*Es gibt keine Eltern auf dieser Welt, die ein Kind mehr als das andere lieben.*" Hier setzt Amel die Einstellung Andis zu ihrer eigenen Einstellung in Beziehung und gelangt so zu einer abgrenzenden und verallgemeinernden Bewertung. Der angekündigte und dann folgende Brief an Mike (E 17) ist voll von Vorwürfen und Fragen nach den Gründen für sein Verhalten. Auch hier bringt sich Amel imaginativ wieder selbst in den Text ein.

E 17) *7.6. Einen Brief an Mike!*

Hey du Angeber ich habe deine Geschichte gelesen und das hat mir gar nicht gefallen was du da gemacht hast. Erst bringst du Andi zum Klauen und dann machst du so einen Mist. Was soll denn das? Fühlst du dich cool dabei oder was? Andi könnte euch ja verpetzen dass ihr ihn verprügelt habt. Was hättest du dann gemacht? Hä? Hat man ja gesehen wer der Coolere von Andi und dir war als ihr alleine wart. Warum hast du ihn dann in Ruhe gelassen? Damit er dich nicht an deiner Mutter verpetzt? Also wär ich an Andis Stelle hätte ich mich auf jeden Fall gewehrt. Entweder indem ich euch verpetzt hätte, oder ich hätte zurückgeschlagen egal ob ihr stärker seid.

Warum hattest du so Angst an dem Tag als Andi bei dir war? Hä? Alleine kannst du dich nicht wehren oder?

GROßE FRESSE ABER NICHTS DAHINTER!

Die Antworten kannst du dir aufheben. Ein Rat von mir. Mit deiner Coolheit kannst du nichts erreichen. Mach was für die Schule. **Übrigens ich habe auch so einen ähnlichen Jungen wie dich in meiner Klasse!** *HiHiHiHiHi*

Hier wird eine sehr emotionale Reaktion sichtbar, aber auch ein gutes Überschauen und aneignendes Deuten der im Buch erzählten Geschichte. Außerdem erprobt sie produktiv eine Auseinandersetzung mit einer Buchfigur als implizitem Leser. Dass Amel darüber hinaus noch das Geschehen bzw. die Buchfigur Mike wieder mit ihrer eigenen Lebenswelt verknüpft und eine Parallele zu einer Person aus ihrer Klasse zieht, zeigt, wie sehr sie selbst in den fiktiven Handlungsverlauf involviert ist, aber auch, wie die Auseinandersetzungsprozesse bei ihr zum Nachdenken über sich selbst und zur Urteilsfindung über menschliches Verhalten beigetragen haben.

Es folgt ein fiktives Interview mit Rolf, einem Jungen aus der Gang (E 18).

E 18) *8.6. Ein Interview mit Rolf!*

Ich traf Rolf auf der Straße.

Ich: Hey Rolf du kennst mich nicht, aber ich kenne dich. Ich habe das Buch (Und das nennt ihr Mut) gelesen. Und es hat mich so interessiert was du an Mike so toll findest. Kannst du mir das mal beantworten?

Rolf: Einfach alles! Er ist cool, er hat das Sagen in der Klasse und er hat Mut.

Ich: Meinst du? Das neben euch vielleicht. Aber hat dir Mike schon erzählt dass Andi bei ihn zu Hause war und ihn bedroht hat.

Rolf: Nein davon weiß ich nichts. Andi hat Mike bedroht? Das kann ich nicht glauben.

Ich: Warum bist du dir da so sicher?

Rolf: Weil es niemand wagen würde Mike zu bedrohen. Erst recht nicht Andi.

Ich: Kann es denn nicht sein dass Andi genauso cool sein kann wie Mike.

Rolf: Was? Niemals. Er kann es sich nie leisten so zu sein wie Mike.

Ich: Ach Rolf, du hast doch keine Ahnung. Es gibt auch innere Werte. Hast du schon mal daran gedacht? Warum willst du unbedingt zu Mike gehören.
Rolf: Du hast Recht. Warum? Er sieht so stark aus aber ist er nicht. Aber alle hören auf ihn. Darum. So fühle ich mich auch sicher.
Ich: Mach was du willst. Ich sag's dir. Eigentlich bist du ganz in Ordnung. Mike ist nichts für dich. Überleg es dir noch mal Ich muss jetzt gehen. Machs gut.
Rolf: Tschüs!

Diese Eintragung ist besonders ungewöhnlich, da Rolf in der Buchvorlage eher eine Randperson ist, die wenig Konturen hat und keine besondere Rolle spielt. Hier setzt sich Amel mit den Gründen auseinander, die Rolf veranlassen, den Chef der Gang, Mike, so zu bewundern. Sie bindet das Interview in eine realistische Situation ein (*„Ich traf Rolf auf der Straße"*) und vollzieht damit – formal gesehen – eine Substitution und inhaltlich eine gelungene Perspektivenübernahme, indem sie selbst in die Handlung eintritt, Kontakt zu einer Buchfigur aufnimmt und im Gespräch deren vermutete Motivationen formuliert. Ihre gute Figurenwahrnehmung zeigt sich darin, dass sie die Innenwelt der Buchfigur über die im Buchtext gegebenen Informationen hinaus ausgestaltet.

In ihrer nächsten Eintragung erzählt Amel zunächst – tagebuchgemäß – ihre aktuelle Befindlichkeit, um dann metakommunikativ fortzufahren (E 19).

E 19) 9.6. Heute kann ich nicht so viel schreiben weil ich gleich zum Geburtstag von meiner Freundin gehe. Sie ist auch vierzehn geworden. Sie feiert zu Hause. So gehe da jetzt mal hin. Ich schreibe nachher weiter. So jetzt bin ich wieder da. Es hat nicht so viel Spaß gemacht. Ich hatte dolle Kopfschmerzen. Und Knieschmerzen. Mich hat irgendetwas gestochen. Es ist sehr verschwollen und tut mir sehr weh. Ich hoffe es geht wieder weg bis Mittwoch. Mittwoch haben wir Bundesjugendspiele und ich will unbedingt mitmachen aber wenn mein Knie so bleibt, kann ich nicht weil ich nicht normal gehen kann. Mensch ich weiß gar nicht mehr was ich machen soll im Buch. Mein Lehrer schlägt uns immer wieder was vor. Aber das meiste habe ich schon. Ach es lohnt sich sowieso nicht mehr. Das Buch ist doch voll blöd geworden. Aber eigentlich habe ich ganz schön viel im Gegensatz meiner Klasse. Manche haben sich das Buch noch nicht mal zuende gelesen. Andere sind gerade mal beim Inhalt. Ach mir fällt schon noch was ein bevor wir das Buch abgeben müssen. O Mann ich kann nicht mehr ich bin todmüde. Es ist gerade 23.26 ich muss jetzt ins Bett sonst schlafe ich noch hier auf mein Schreibtisch ein. So mal gucken vielleicht schreibe ich morgen weiter. Oder übermorgen. Es kommt drauf an wie es mir geht. Oh mein Knie! Bis morgen dann.

Diese Eintragung macht deutlich, dass Amel ihre Auseinandersetzung mit dem Gelesenen eigentlich bereits beendet hat. Weil sie aber dennoch mit dem Tagebuchschreiben fortfahren soll, setzt sie sich jetzt vorrangig mit dieser Aufgabenstellung und mit sich selbst auseinander. Sie fühlt sich müde und krank, denkt aber darüber nach, was sie noch schreiben könnte und spricht sich selbst Mut und Motivation zu; dabei vertraut sie – unbewusst? – auf die 'Verfertigung der

Gedanken beim Schreiben'. Außerdem überlegt sie, ob ihr Lesetagebuch wohl gut geworden ist und was sie im Unterschied zu anderen Klassenkameraden alles schon bearbeitet hat. Sie überschaut ihren Schreibprozess, äußert sich dabei aber eher produktorientiert, am Ende assoziativ und expressiv, in einem Sprachduktus, der Sprechsituationen ähnlich ist. Nach einer krankheitsbedingten Pause von neun Tagen meldet sie sich zurück, beschreibt ihre Erlebnisse und schließt ihre Gedanken über das Tagebuchschreiben mit einer reflexiven Bemerkung ab, bevor sie eine zusammenfassende Bewertung des Buches abgibt (E 20):

> E 20) *18.6. So jetzt bin ich wieder da nach einer langen Zeit. Oh Mann! Ich war todkrank. Ich hatte Halsschmerzen, Husten und Fieber. Außerdem habe ich irgendetwas am Knie. Ich konnte gar nicht drauf gehn. Es war entzündet. Jetzt geht es aber wieder. Seit drei Tagen kann ich nicht zur Schule. Leider. Obwohl ich schon seit Wochen auf die Bundesjugendspiele warte, konnte ich leider nicht mitmachen. So ich muss langsam wieder weiter machen im Buch. Aber ich weiß nichts mehr. Na ja ich könnte ja auch meine Freunde oder meine Schwester fragen, aber dann kann ich mich nicht so doll freuen, wie als hätte ich das von allein gemacht. So jetzt muss ich aber. Meine Meinung zum Buch:*

Und über eine ganze Seite, illustriert und in farbigen Großbuchstaben, schreibt sie anschließend die Bewertung: „*DAS BUCH IST GEIL*".

Danach macht sie tatsächlich noch weiter und sammelt auf den folgenden Seiten jeweils Eigenschaften, die sie den Hauptpersonen zuordnen möchte, und gruppiert sie um die geschriebenen Namen herum (E 21 – E 23). Das gleiche macht sie dann auch mit ihrem eigenen Namen (E 24), wobei sie die Seite mit „*Meine Meinung zu Amelchen*" überschreibt. Offensichtlich hat das Nachdenken über die drei Personen aus dem Buch sie wieder zum Nachdenken über sich selbst veranlasst. Diese Seite ist genauso wie die vorherigen drei aufgebaut, sodass man die Besonderheit der Selbstreflexion beim oberflächlichen Durchblättern übersehen könnte.

Gleich danach verabschiedet sie sich von den expliziten Leserinnen und Lesern (E 25, Abb. 19, S. 183):

> E 25) *So, ich hoffe, das Buch hat euch gefallen. Es sieht zwar alles ganz leicht und wenig aus, ist es aber nicht. Ich weiß, ich habe mehr geschrieben als gezeichnet. Muss ja auch so sein, oder? Wenigstens habe ich mir sehr viel Mühe und Zeit gegeben und genommen. Also tschüs und macht bloß nicht den gleichen Fehler wie Andi. Eure geliebte Amel.*

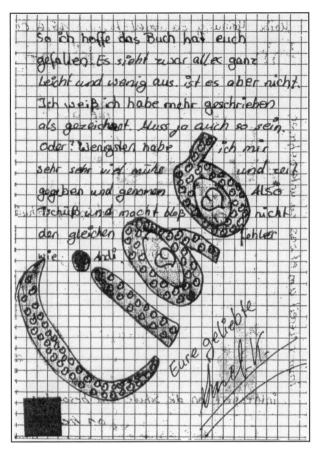

Abb. 19: LT 159, Amel (E 25)

Aus dem Zusammenhang ist zu erkennen, dass sie mit „*Buch*" hier – wie schon vorher an anderer Stelle – nicht das von ihr gelesene Jugendbuch, sondern ihr Lesetagebuch selbst meint, das sie abschließend fragend und bestätigend in den Blick nimmt, verknüpft mit einem moralischen Appell. Die Schlussformel „*Eure ...*" klingt, als hätte sie ihr Tagebuch für explizite Leser geschrieben. Trotz dieser Verabschiedung gestaltet sie noch einige weitere Seiten mit zwei aus dem Buch fotokopierten Fotos von Andi und Henner und beantwortet dazu die Fragen: „*Was verbindet sie? Was unterscheidet sie?*" (E 26 – E 27). Die wirklich letzte Eintragung (E 28) ist wieder sehr persönlich. Amel setzt sich – losgelöst vom gelesenen Buch und von der Aufgabe ein Lesetagebuch zu schreiben, aber durchaus tagebuchgetreu und über Erkenntnisse reflektierend, die ihr aus Anlass des Schreibens bewusst geworden sind – metakognitiv mit ihrer Schul- und Lernsituation, mit dem vertrauensvollen Verhältnis zu ihrem Lehrer und mit ihrer Klasse auseinander. Sie schreibt, dass ihr früher an der Schule vieles sehr missfallen habe, dass sie jetzt aber alles ganz anders erlebe. Deshalb habe sie in letzter Zeit auch noch kein Mal geschwänzt, weil ihr der Unterricht bei diesem Lehrer jetzt sehr viel Spaß mache. Sie beendet ihr Tagebuch, indem sie sich – von ihren expliziten Lesern, vermutlich vor allem von ihrem Lehrer – verabschiedet und sich für alles bedankt:

> E 28) *Ach, ich bin froh, dass ich in so eine Klasse gekommen bin. Sonst wär ich jetzt bestimmt viel schlimmer als früher. So, ich muss jetzt essen. Jetzt aber Tschüs. Danke.*

Zusammenfassend sind Amels Darstellungsweisen ihrer Auseinandersetzungsprozesse mit dem gelesenen Buch, mit sich selbst und ihrer gegenwärtigen Situation als *überwiegend kommunikativ, metakognitiv und identifikatorisch* zu bezeichnen. Das Lesetagebuch eröffnet ihr Schreibmöglichkeiten, die ihr bisher – nach Auskunft des Lehrers – verschlossen waren. Es ist deutlich zu erkennen, dass während des Tagebuchschreibens eine ganz eigene Dynamik entsteht, die Amels Denk- und Schreibverhalten entscheidend beeinflusst. Dreimal beginnt sie neu zu schreiben: die erste Fassung hat sie aus dem Lesetagebuch herausgerissen, die zweite enthält auf acht durchgängig geschriebenen Seiten eine Wiedergabe des Buchinhalts, die dritte ist als ihr eigentliches 'Tagebuch' anzusehen. Die Rezeption des Buchinhalts im Sinne des kognitiven Verstehens hat nur eine untergeordnete Bedeutung und dient lediglich als Voraussetzung für die darauf aufbauende, ausführliche, individuelle und produktive Auseinandersetzung. Hier geht Amel frei mit der Buchvorlage um, denkt und schreibt sich in die Handlung ein, identifiziert sich mit den Buchfiguren und setzt sich kritisch mit ihrem Verhaltern auseinander.

In der wichtigen Lebensphase des Heranwachsens hilft ihr das Lesetagebuch, über sich selbst und über notwendige und handlungsleitende Orientierungen nachzudenken. In der Auseinandersetzung mit dem Gelesenen findet sie *vielfältige Schreibanlässe* und erprobt *zahlreiche produktive Darstellungsweisen*. Amels umfangreiches Lesetagebuch kann auch als Bestätigung dafür angesehen werden, dass Schülerinnen und Schüler, die mit 'normgerechtem' Schreiben häufig überfordert sind und demotiviert auf 'normale' schulische Schreibaufgaben reagieren, durch die Methode 'Lesetagebuch' in einem geöffneten Unterricht zu außergewöhnlichen Schreib- und Gestaltungsleistungen angeregt werden können.

4.3.2.4 Kays Lesetagebuch (Klasse 7 / LT 165)

Das Lesetagebuch von Kay ist ein DIN-A5-Schulheft und durch eine sehr klare äußere Gliederung gekennzeichnet. Es enthält sieben unterscheidbare Eintragungen (E 1 – E 7), die jeweils mit der Aufzählung der durchnummerierten Tage sowie mit einem Datum überschrieben sind (Erster Tag / 22.5.; Zweiter Tag / 23.5.; Dritter Tag / 24.5.; Vierter Tag / 25.5.; Fünfter Tag / 27.5.; Sechster Tag / 28.5.; Siebter Tag / 30.5.). Im Anschluss daran enthält das Tagebuch noch einige weitere kurze Eintragungen, die jedoch nicht mehr datiert sind und den Eindruck erwecken, als gehörten sie zum eigentlichen Tagebuch nicht mehr dazu. Das Lesetagebuch ist in klarer, gut lesbarer Schrift verfasst; vier kleine selbst hergestellte Illustrationen, sieben aus der Buchvorlage fotokopierte Bilder einzelner Buchfiguren und ein weiteres ausgeschnittenes Bild sind dem Geschriebenen hinzugefügt. Gleich die erste Eintragung lässt erahnen, welche Auseinandersetzungs- und Darstellungsweisen Kay – bewusst oder spontan – bevorzugt.

> E 1) *Erster Tag / 22.5.*
>
> *Mein liebes Tagebuch, heute gab es schon die ersten Schwierigkeiten. Ich weiß einfach nicht, wie ich anfangen soll. Am besten ich lese ein paar Seiten und schlafe eine Nacht darüber. Dann fällt mir bestimmt etwas ein. Eigentlich will ich es nicht machen, das Tagebuch schreiben. Aber mein Klassenlehrer verlangt es von mir, damit er was zu lesen hat.*

Kay verwendet die Anrede „*Mein liebes Tagebuch*" und begibt sich damit unmittelbar in eine Schreibsituation, die dem privaten Tagebuchschreiben nahe kommt. Ohne jegliche Einführung und ohne einen Verweis auf das Jugendbuch, das der Arbeit mit dem Lesetagebuch zugrunde liegt, wendet er sich an sein Tagebuch als fiktiven Ansprechpartner – und damit im Grunde an sich selbst – und äußert sich tagebuchgemäß zunächst einmal über seine Befindlichkeit, die durch Startprobleme und Schreibwiderstände gekennzeichnet ist.[135] Als Motiv für die Aufgabenstellung billigt er dem Lehrer nicht das gewohnte Lehrerhandeln in Unterrichtssituationen zu, sondern unterstellt ihm ein persönliches Lesebedürfnis und mangelnden Lesestoff.

Hier wird deutlich, dass Kay sich personen- bzw. leserorientiert und zugleich problemorientiert mit seiner Aufgabe auseinandersetzt. Nach der Anrede an sein Tagebuch beginnt er mit einer metakommunikativen Äußerung über seine Anfangsprobleme im Hinblick auf Ideen für das Schreiben, wobei in jedem Satz entweder „ich" oder „mir" vorkommt. Er findet auch für sich eine Lösung („Dann fällt mir bestimmt was ein."), die zwar vordergründig nach Aufschieben klingt, aber wohl durchaus als Selbstermutigung zu verstehen ist und eine Er-

---

[135] Diesen Anfangstext illustriert Kay mit einer kleinen Skizze, die einen farbig ausgemalten Jungenkopf mit einem nachdenklichen Gesichtsausdruck und einer Denkblase zeigt, in der eine durchgestrichene Glühbirne als Hinweis auf fehlende Ideen zu sehen ist.

wartungsgewissheit im Hinblick auf eine positive Veränderung seiner gegenwärtigen Situation signalisiert. Wie erhofft und angekündigt scheint Kay am nächsten Tag mit der Lesetagebucharbeit tatsächlich besser zurecht zu kommen. Recht unvermittelt – er hat noch immer nicht Bezug auf das Buch genommen[136] – führt er in die Handlung ein, indem er die Hauptfigur Andi knapp vorstellt und den Inhalt der ersten Buchseiten in aller Kürze richtig auf den Punkt bringt.

E2) *Zweiter Tag / 23.5.*

Liebes Tagebuch, heute in der 3. und 4. Stunde in der Schule möchte ich anfangen über den Anfang (7 – 16) zu sprechen. Da ist so ein Junge, er heißt Andi, der will unbedingt zu einer Gang gehören, den Sharks. Er muss eine Aufgabe erfüllen, die heißt drei Walkmans in einer Woche klauen.

Er hatte schon zwei Walkmans geklaut. Beim dritten Mal sah ich es und ging zu ihm hin und fragte:
– Was machst du da?
– Das geht dich nichts an und wer bist du?
– Ich heiße Kay und du heißt Andi, denn ich lese gerade das Buch.
– Wie das Buch? Und was willst du denn von mir?
– Ja, ich kenne deine Geschichte und ich will dir helfen, weil man das nicht macht mit dem Klauen.
– Das geht dich nichts an.
und er lief weg. Man kann ihm einfach nicht helfen. In den 2 Stunden habe ich schon genug geschrieben, ich mache heute Nachmittag weiter. Bis bald!

(Der Dialog zwischen Kay und Andi ist in Form von Sprechblasen aufgeschrieben.)

Kay führt sich in dieser Substitution mit einem überraschenden „ich" selbst in die Handlung des Buches ein. In seiner Fantasie nimmt er am fiktiven Buchgeschehen teil. Er beobachtet die Buchfigur Andi, nimmt Kontakt auf und entwickelt einen Dialog. Außerdem nimmt er wertend Stellung zum Thema Stehlen, indem er Andi mitteilt, dass man das nicht mache. Er lässt den Protagonisten Andi aber das Hilfe-Angebot ablehnen und weglaufen. Kay kommentiert die Situation mit der Feststellung, dass man diesem Jungen einfach nicht helfen könne. Diese Darstellungsweise ist als stark identifikatorisch und zugleich distanzierend zu bezeichnen. Bemerkenswert ist, dass Kay dabei genau zwischen Fiktion (das Treffen im Kaufhaus) und eigener Realität (das Lesen des Buches) trennt und sozusagen 'außen' bleibt, während er zugleich 'innen' eingreift. Kay denkt sich intensiv in die Erfahrungswelt der Buchfigur und in deren gegenwärtige Situation hinein und verknüpft die fiktionale Handlung mit seiner realen Lesersituation. Zugleich 'weiß' er, dass eine wirkliche Teilnahme am Geschehen nicht mög-

---

[136] Das Lesetagebuch hat allerdings ein farbig gestaltetes Deckblatt (rote Schrift auf blauem Grund): Mein Tagebuch zum Buchtitel „Und das nennt sich Mut" geschrieben von der Autorin „Inge Meyer-Dietrich". Es ist nicht auszuschließen, dass Kay dieses Titelblatt schon vor dem Schreiben gestaltet hat, sodass er beim Leser die Kenntnis des Buchtitels hier bereits voraussetzt.

lich ist, weil die Handlung im Buch weiter geht. Deshalb ist den Buchfiguren – trotz aller Imagination und Identifikation – tatsächlich „nicht zu helfen".
Eine metakommunikative Äußerung zu seinem eigenen Schreiben, das er im Verhältnis zur genutzten Zeit von zwei Schulstunden für ausreichend hält, und ein kommunikativer Hinweis an explizite Leser *("Bis bald!")* beenden die Eintragung. Unterstützend illustriert wird die Eintragung dieses Vormittags wieder mit einem farbig gestalteten Jungengesicht, das dieses Mal aber fröhlich aussieht und mit einer Denkblase versehen ist, in der eine hellgelb leuchtende Glühbirne das Vorhandensein weiterer guter Ideen andeutet. Zu Hause schreibt Kay dann tatsächlich weiter:

> E2) *Hallo, liebes Tagebuch, da bin ich wieder! Ich habe mir nachmittags noch überlegt, dass Andi völlig alleine ist. Andi möchte gern Freunde haben, aber durch seine Naivität ist er an eine Gang geraten, die als Aufnahmegrund das Klauen nehmen. Die Gang steht an erster Stelle, doch er hat noch nicht den Punkt erreicht, dass er den falschen Weg geht. Obwohl er gesehen hat, wie es ist, wenn man erwischt wird (alter Mann, der Kleber klaut). Das war's!*

Diese Nachmittags- oder Abendeintragung dokumentiert Kays wertende Auseinandersetzung mit inhaltlichen Aspekten des Gelesenen, die er elaboriert, reflektierend und problembewusst wiedergibt. Die Anrede-Ergänzung *("Da bin ich wieder!")* und die Schlussbemerkung *("Das war's!")* können direkt an das Tagebuch als Kommunikationspartner gerichtet sein, sich aber auch leserorientiert auf den Klassenlehrer beziehen. Offensichtlich hat Kay über den Schulvormittag hinaus auch am Nachmittag über das Gelesene weiter nachgedacht und scheint den Sinn bzw. das Problem sehr genau erfasst zu haben. Seine Charakterisierung von Andi ist sprachlich knapp, in beeindruckender Verdichtung und treffend formuliert. Semantisch ist die Kombination der beiden Wörter *„doch"* und *„obwohl"* hier sicher nicht passend, sodass man wohl aus dem Zusammenhang heraus zwischen dem Geschrieben und dem Gemeinten unterscheiden muss.

Auch in der Eintragung des dritten Tages verstrickt sich Kay völlig in den Text des Buches und taucht tief in die fiktive Buchwelt ein. Er imaginiert, dass er die Buchfigur Andi auf dem Weg zu den Skarks verfolgt. Er beginnt allerdings wieder mit einer metakommunikativen Äußerung über sein Lesen und seine Schreibabsicht.

> E3) *Dritter Tag / 24.5.*
> *Liebes Tagebuch, heute in der Deutschstunde habe ich die Seiten 17–21 gelesen und will nun was darüber schreiben. Ich verfolgte ihn, ich sah ihn, wie er zur Kirchturmuhr sah, und dachte mir, dass er zu den Sharks gehen wollte.*
> (Eingefügt ist eine Bleistiftzeichnung der Szene vor der Kirche als Illustration.)
> *Ich ging ihm immer noch weiter nach, plötzlich holte er eine Tüte aus seiner Hosentasche und packte den Walkman hinein. Er kaufte sich dann eine Tüte mit*

gebrannten Mandeln. Wir gingen an den Schaufenstern vorbei. Andi hielt an, ich dachte, er hätte mich gesehen, aber er sah ins Schaufenster und schaute sich ein rotes Feuerwehrauto an. Mir fiel ein, dass ein Freund erzählt hatte, dass Andi das Feuerwehrauto seines kleinen Bruders kaputt gemacht hat. Vielleicht dachte er gerade an seinen kleinen Bruder. Das war's mit dem heutigen Tag. (Dazu ein eingeklebtes Bild: ein Feuerwehrauto.)

Den Weg Andis vom Kaufhaus bis hin zu den Sharks – über den Weihnachtsmarkt und an einem Schaufenster für Spielwaren entlang, mit einem unbeabsichtigten Umweg an der Kirche vorbei – gibt Kay buchgetreu, wenn auch eher pauschal und ohne viele Einzelheiten wieder. Andis Reaktion beim Anblick eines Feuerwehrautos und die damit verbundene Erinnerung an die mutwillige Zerstörung des Spielzeugs seines kleinen Bruders bringt der Tagebuchschreiber mit einem erzähltechnischen Kunstgriff ins Spiel, indem er einen Freund hinzudichtet, der ihm von dieser Situation erzählt hat. Hier wird deutlich, dass der Tagebuchschreiber zum Mitgestalter des Erzählens werden kann. Interessant und Ausdruck für ein beachtlich ausgeglichenes Verhältnis von Distanz und Nähe zum Geschehen und zum Protagonisten Andi ist, dass Kay hier die Außenperspektive unter Beifügung des Wortes „*vielleicht*" beibehält, obwohl in der Buchvorlage die Gefühle und Gedanken Andis durch eine personale Erzählhaltung direkt zugänglich gemacht werden. Außerdem reflektiert er über sein eigenes Verhalten bzw. seine Rolle in dem fiktiven Geschehen: Andi darf ihn nicht als Beobachter und Verfolger seines Weges entdecken, weil der Augenblick für ein erneutes Eingreifen noch nicht gekommen ist. Für den Leser wird dadurch Spannung und eine Fragehaltung im Hinblick auf den Fortgang der Ereignisse aufgebaut. Abschließend folgt erneut eine selbstbestätigende und zugleich leserorientierte Bemerkung.

Am vierten Tag dokumentiert Kay für den Leser ausdrücklich seinen Lese- und Schreibrhythmus: er scheint jeweils einige Seiten zu lesen, um dann direkt im Anschluss etwas dazu zu schreiben, dann wieder weiter zu lesen und gleich anschließend das Gelesene denkend und bewertend zu verarbeiten und wieder etwas zu schreiben – und zwar sowohl im Deutschunterricht als auch zu Hause. Dabei hält er die einmal eingegangene Perspektive – er ist selbst aktiv in das Buchgeschehen eingebunden – durch und schildert aus dieser Sichtweise seine Beobachtungen und sein reaktives Verhalten.

E 4) *Vierter Tag / 25.5.*

Hallo, liebes Tagebuch, heute schreibe ich über die Seiten 21–31. Ich folgte ihm immer noch; er bog in die Luisenstraße ab. Bald war er da, ich sah erst einen, doch auf einmal waren es zwei. Ich sah, dass es Björn und Klaus waren. Andi ging in einen Hauseingang rein. Stopp! Jetzt muss ich erst weiter lesen.

Zu Hause mache ich mir meine Gedanken über Andi. Und eins steht fest: Andi ist doof. Dass er überhaupt so etwas macht. Und so was kann man nicht als Freunde bezeichnen, diese Bande. Ich glaube, ich schreibe diesem Mike einen Brief.

Kays Hinweis auf die *'Doofheit'* Andis, der die Machenschaften und Hintergrundmotive der Sharks nicht zu durchschauen vermag, ist – vorsichtig interpretiert – ein Zeichen einer reflexiven Lesehaltung, die ihn immer wieder zu moralisierenden Beurteilungen führt. Zum ersten Mal wird Mike erwähnt, ohne darauf hinzuweisen, dass er der Anführer der Sharks ist. Kay ist vermutlich so sehr in seinen eigenen substitutiven Gedankengängen gefangen, dass er auf eine reproduzierende Wiedergabe des Buchinhalts keinen Wert legt. Der Vorsatz, mit Mike in brieflichen Kontakt zu treten, ist wiederum Ausdruck für ein starkes persönliches Involviertsein, das trotzdem sehr viel Spielraum für Reflexions- und Produktionsprozesse lässt.

Der auch äußerlich vom übrigen Text durch Umrandung abgesetzte Brief an die Buchfigur Mike nimmt – einschließlich einer kommentierenden Schlussbemerkung – eine ganze Heftseite ein (Abb. 20).

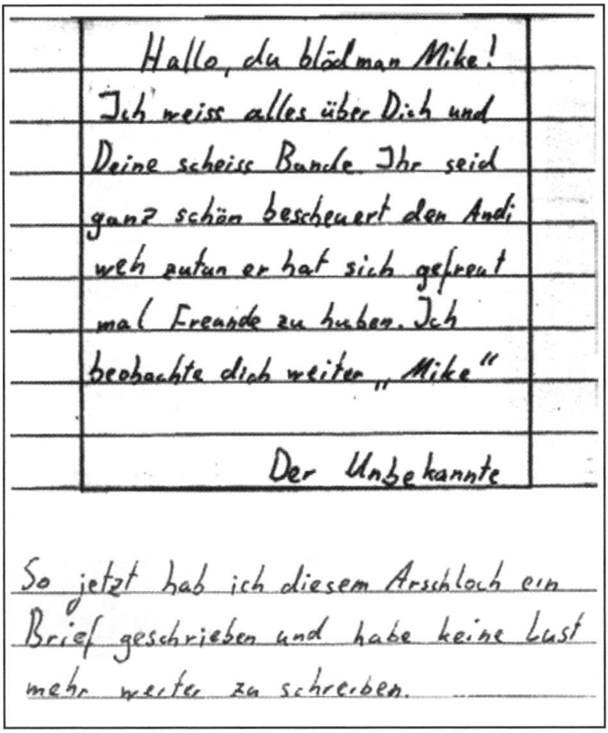

> Hallo, du blödman Mike!
> Ich weiss alles über Dich und Deine scheiss Bande. Ihr seid ganz schön bescheuert den Andi weh zutun er hat sich gefreut mal Freunde zu haben. Ich beobachte dich weiter „Mike"
>
> Der Unbekannte
>
> So jetzt hab ich diesem Arschloch ein Brief geschrieben und habe keine Lust mehr weiter zu schreiben.

Abb. 20: LT 165, Kay – Brief an Mike

Die briefliche Bedrohung und Beschimpfung des Gang-Anführers Mike offenbart wieder eine starke Identifikation mit dem 'Opfer' Andi. Kay verwendet den Ausdruck „*weh zu tun*", der sich im alltäglichen Sprachgebrauch auf körperliche und seelische Schmerzen beziehen kann. Im Buch ist auf den angegebenen

Seiten von körperlicher Gewalt noch nicht die Rede, woraus man schließen kann, dass Kay den Begriff hier im Hinblick auf psychische Gewalt benutzt. Die beiden bedrohlich wirkenden Sätze (*„Ich weiß alles ..."* / *„Ich beobachte dich weiter ..."*) rahmen die beiden wertenden bzw. verurteilenden Sätze des Briefes ein. Kay stellt sich als der große „Unbekannte" auf Andis Seite. Er mischt sich ein weiteres Mal ein und wird aktiv, indem er diesen Brief schreibt; mit den beiden Rahmensätzen und der Briefunterschrift konstruiert er für sich sozusagen eine Machtposition, die tendenziell als überlegen, aggressiv und feindselig wirken soll. Mike soll Angst bekommen und eine noch unbekannte Gefahr spüren. Der explizite Leser des Tagebuchs verfolgt die Rezeptionsgeschichte des Tagebuchschreibers, nimmt Anteil an seinen Gedanken und Empfindungen, spürt hier eine Steigerung der Spannung und ahnt, dass bald etwas Entscheidendes passieren wird.

In dem knappen, aber nachdrücklichen Kommentieren des Briefschreibens kommen sowohl die Selbstbestätigung, richtig gehandelt zu haben, und eine gewisse Zufriedenheit mit dieser Art von Einmischung (*„So"*) als auch eine feindselige Abneigung gegen Mike, dem letztlich die Schuld für Andis Konfliktlage zugeschrieben wird, durch die Verwendung des Schimpfwortes „Arschloch" deutlich zum Ausdruck. Nachdem dieser kurze, aber inhaltsschwere Brief zu Ende geschrieben ist, ist auch Kay 'am Ende'; er stellt (metakommunikativ) für sich selbst fest und teilt (kommunikativ) zugleich dem Leser mit, dass er jetzt keine Lust mehr habe weiter zu schreiben.

Die nächste Eintragung erfolgt zwei Tage später, was Kay in seinem ersten Satz begründet. Außerdem notiert er wieder die äußeren Umstände des Lesetagebuchschreibens und seine eigene Befindlichkeit im Hinblick auf diese Arbeit.

> E 5) *Fünfter Tag / 27.5.*
>
> *Hallo, liebes Tagebuch, am 26.5.00 habe ich nichts reingeschrieben, weil ich an dem Tag nur die GSW-Hausaufgaben gemacht habe. Heute aber schreibe ich was rein. Ich wollte über die Seiten 32–50 schreiben.*
> *Der Andi hat auch was Gutes an sich. Ich finde es gut, dass er den geklauten Walkman wieder losgeworden ist. Ich schreibe an Andi einen Brief wegen seiner Tante:*

Kay verzichtet hier erneut auf eine reproduzierende Wiedergabe des Inhalts und beginnt gleich mit einer Bewertung von Andis Verhalten, über dessen positive Wendung er sich jetzt mit ihm freut. Er kündigt wieder einen Brief an, wobei die Begründung *„wegen seiner Tante"* ohne den inhaltlichen Kontext unverständlich bleibt. Im Brief kommt dann allerdings überraschender Weise nichts von Kays Freude zum Ausdruck, sondern eher das Gegenteil: Kay bezeichnet Andi als *„Blödmann"* und macht ihm Vorwürfe (Abb. 21).

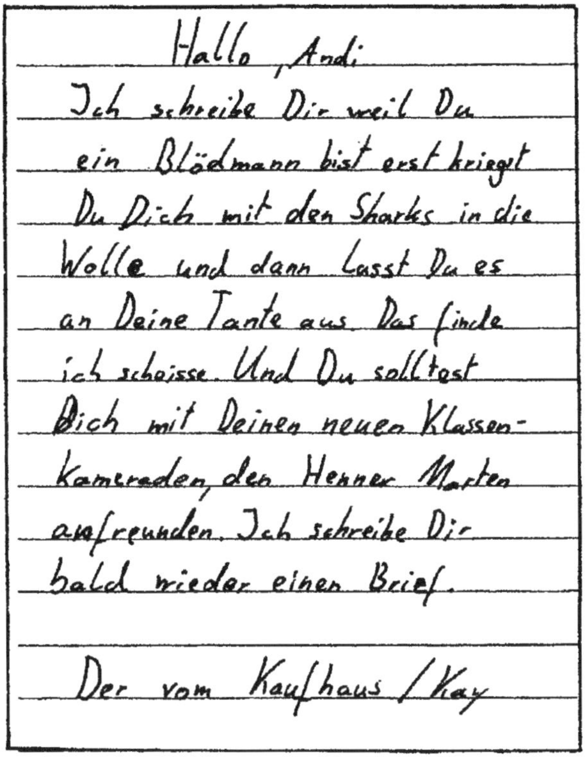

> Hallo, Andi:
> Ich schreibe Dir weil Du
> ein Blödmann bist erst kriegt
> Du Dich mit den Sharks in die
> Wolle und dann Lasst Du es
> an Deine Tante aus. Das finde
> ich scheisse. Und Du solltest
> Dich mit Deinen neuen Klassen-
> kameraden, den Henner Marten
> anfreunden. Ich schreibe Dir
> bald wieder einen Brief.
>
> Der vom Kaufhaus / Kay

Abb. 21: LT 165, Kay – Brief an Andi

Es ist nicht genau zu erschließen, was Kay motiviert haben könnte, Andi einen solchen Brief zu schreiben. Eigentlich hätte er ihm doch zur Ermutigung seine Freude über die positive Wende in Andis Verhalten mitteilen müssen. Statt dessen bezeichnet er ihn als „Blödmann" und sein Verhalten als „Scheiße". Seine Begründung ist aus den Formulierungen des Brieftextes ohne den inhaltlichen Hintergrund der entsprechenden Buchseiten nur schwer nachzuvollziehen. Hier zeigt sich aber erneut, dass der Tagebuchschreiber Kay nicht den Inhalt reproduzieren will, sondern vorrangig ichorientiert und identifikatorisch schreibt. Der Ärger darüber, dass Andi mit sich selbst noch nicht ganz im Reinen ist und deshalb seinen neuerlichen Konflikt, den Streit mit den Sharks, an seiner Tante auslässt, überlagert die Freude darüber, dass dieser Streit und das anschließende Zurückbringen des Walkman für Andi der Wendepunkt ist. Möglicherweise fehlen Kay die sprachlichen Ausdrucksmittel für eine präzise schriftliche Darstellung seiner Gedanken bzw. der gemeinten Zusammenhänge. Es ist aber auch denkbar, dass Kay Andi – evtl. unbewusst – deshalb zunächst angreift, damit der anschließende Ratschlag, sich mit seinem neuen Klassenkameraden Henner zu befreunden, im Wert steigt und außerdem ein späteres erneutes Eingreifen in die Handlung (angedeutet im letzten Satz des Briefes) in rechtfertigender Absicht vorbereitet wird.

Kays Ratschlag für Andi lässt auch auf eine textuelle Auseinandersetzung mit dem Aspekt 'Freundschaft' schließen, wobei sich dieses Thema nicht direkt aus den vorher angegebenen Seiten der Buchvorlage, auf die er sich bezieht, ergibt. Es ist nicht ersichtlich, warum Kay hier weit über im Text angelegte Denkbilder hinausgeht, es sei denn, er hat doch schon weiter gelesen und bezieht Buchinhalte mit ein, die erst später zum Tragen kommen. Die Eintragung dieses Tages geht folgendermaßen weiter:

> *Andi tut mir eigentlich Leid; ob ich das jetzt gut gemacht habe. Er hatte ja schon Briefe gekriegt. Nach der Schule wollte ich zu Andis Schule gehen. Als ich bei der Bismarckallee war, hörte ich Schreie. Ich ging hin und dann sah ich Andi und die Sharks. Die Sharks wollten Andi richtig fertig machen. Ich griff ein. Denn das geht so nicht, 4 gegen 1. Mike schrie mich an: „Was soll das und wer bist du?" „Ich bin der Unbekannte, du kennst mich noch und wenn ihr den Andi nicht zufrieden lasst, dann hau ich euch eine rein", antwortete ich. „Da hab ich aber Angst", sagte Mike. Ich sagte dann: „Solltest du auch." Mike und seine feigen Hühner liefen dann weg. Ich ging zu Andi hin. Er hatte ein geschwollenes Gesicht. Ich sagte zu ihm, dass er Eis aufs Gesicht packen soll. Dann ging ich nach Hause. Andi kam auch nach einer Stunde nach Hause.*
>
> *Ich denke, ich schreibe morgen ihm einen Brief. Und das war mein Buchtag.*

Diese Eintragung kann als Zeichen einer beachtlichen Imagination gedeutet werden. Kay hat sich nicht nur wiederum in das Buchgeschehen eingemischt, er hat sich auch in der Rolle des gefürchteten Unbekannten und großen Retters eine Position verschafft, aus der heraus er dieser Textstelle sogar eine andere Wendung geben kann. Er geht persönlich gegen die unfaire Machtverteilung vor, gibt sich als „*der Unbekannte*" zu erkennen und beschützt Andi, indem er Mike und den Sharks Schläge androht. Er imaginiert sogar – wovon in der Buchvorlage nicht die Rede ist –, dass „*Mike und seine feigen Hühner*" weglaufen. Trotz des Eingreifens des Tagebuchschreibers und der gezeigten Zivilcourage hat Andi zum Schluss ein geschwollenes Gesicht, erhält noch den Tipp mit dem Eis zur Kühlung und kommt nach einer Stunde nach Hause (im Buch bekommt Andi den Vorwurf seiner Mutter zu hören, er sei eine Stunde zu spät). Diese Eintragung ist für den Leser und Tagebuchschreiber Kay sicher der affektiv-emotionale Höhepunkt des Geschehens: die Situation ist bereinigt, Andi ist gerettet, der Konflikt ist durch Kays mutiges und entschlossenes Handeln gelöst. Letztlich aber kann der Tagebuchschreiber den Fortgang der Handlung wieder nicht wirklich verändern und die Auswirkungen auf die Buchpersonen natürlich nicht verhindern, denn die Erzählung bleibt trotz der Versuche des Einmischens und Mitgestaltens auch hier unbeeinflusst. Ob sich daraus, dass die Erzählhandlung 'stärker' ist als die Imagination des Tagebuchschreibers, ein Konflikt für den Leser bzw. Schreiber Kay ergibt, wird in den Eintragungen allerdings nicht sichtbar. Trotz aller Imagination bleibt bei Kay das Fiktive und Unveränderliche des Buchtextes doch immer im Bewusstsein.

Weil Kay und Andi sich nach dem Tipp mit dem Eis einigermaßen wortlos getrennt haben, schafft Kay mit der Briefankündigung eine Überleitung zum kommenden Tag. Was Kay mit der Schlussbemerkung „*Das war mein Buchtag*" meint, ist nicht eindeutig zu erschließen. Wahrscheinlich ist dieser Satz wieder metakognitiv zu verstehen, und zwar als rückwirkendes Überschauen dessen, was er alles lesend und schreibend an einem Tag bewältigt hat.

Warum Kay auf dieser Seite noch ein aus dem Buch kopiertes Foto – ausgerechnet von Andi und Mike, zwar voneinander abgewandt, aber noch durchaus lächelnd, im Original auf S. 113 – einklebt, ist nicht nachvollziehbar. Möglicherweise hat er die Fotos insgesamt kopiert, die einzelnen Bilder aber nicht durchgängig den Personen zugeordnet und relativ wahllos auf freie Stellen im Heft verteilt. Daraus müssen nicht zwingend Grenzen des Verstehens abgeleitet werden, wohl aber möglicherweise Grenzen des Mitgestaltens oder der situativen 'Treffsicherheit' der Interpretation.

Am nächsten Tag schreibt Kay den angekündigten Brief, der allerdings sehr kurz ausfällt. Im ersten Teil der Eintragung gibt Kay zunächst wieder Hinweise zu seinem Leserhythmus und benennt und begründet kurz den Vorrang des Briefschreibens vor der Auseinandersetzung mit den Buchseiten.

> E 6) *Sechster Tag / 28.5.*
> *Hallo, liebes Tagebuch, ich wollte heute die Seiten 51–84 schreiben. Am Anfang will ich heute Andi einen Brief schreiben wegen der Prügelei.*
> *Hallo, Andi*
> *Ich hoffe dir geht es gut, wenn dich die Typen noch einmal anpacken, ich bin da.   Kay*
> *Ja, das ist gut, dass Andi sich mit Henner gut versteht. Der Henner ist ein toller Freund für Andi. Aber was ich nicht kapiere, ist das mit den Sharks, da schreiben sie Andi einen Brief. Warum, weshalb und wieso?*
> *Endlich steht wieder was drin, denn Andi ging zum Kaufhaus und brachte die zwei Walkmen zurück. Er ging dann zu Henner hin und aß mit ihm Mittag.*
> *Achtung!!!*
> *Mein Tagebuch wird bald beendet sein, nur noch 35 Seiten zu lesen. Das war mein sechster Buchtag.*

In zustimmender Darstellungsweise geht Kay auf die Person Henners ein und beurteilt dessen Freundschaft mit Andi positiv. Im Anschluss daran formuliert er Fragen zum Handlungsverlauf, deren Beziehung zum Ausgangstext nicht ganz klar ist. Warum hier Kays Verstehensprozess an Grenzen gestoßen ist, ist nicht eindeutig zu erschließen. In der Buchvorlage ist auf Seite 65 f. die Rede von einer

(Weihnachts-)Karte, die Andi zu Hause abfängt, bevor seine Eltern sie zu Gesicht bekommen, ein Brief wird auf den Seiten nicht erwähnt. Der Hintergrund dieser Nachricht ist zudem textuell eindeutig – trotz des Krankseins und Fehlens Andis in der Schule gehen die Repressalien der Sharks weiter. Vielleicht denkt Kay hier auch an die Drohbriefe zurück. Möglicherweise steckt hinter diesen Fragen aber nicht ein kognitives Textverarbeitungsproblem oder eine nicht vollzogene Verstehensleistung, sondern eher die Formulierung von Unverständnis im Hinblick auf den Handlungsverlauf im Sinne einer nur 'rhetorischen' Fragehaltung.

Die Äußerung „*Endlich steht wieder was drin*" könnte zu erkennen geben, dass Kay als Leser ein Urteil über das Buch abgibt und etwas ungeduldig darauf gewartet hat, dass im Handlungsverlauf endlich wieder etwas passiert. Sehr knapp nennt er dann – ohne jegliche emotionale Deutung oder Verstehenstiefe und im distanzierten Präteritum geschrieben – die für ihn erwähnenswerten Fakten und kündigt an seinem sechsten Buchtag – eingeleitet durch ein leserorientiertes oder auch selbstberuhigendes „*Achtung!*" – schon einmal das baldige Ende seines Tagebuchs an. Seine Arbeit, das Lesen und das Tagebuchschreiben, ist überschaubar geworden, weil nur noch 35 Seiten zu lesen sind. Ein unten auf der Seite eingeklebtes Bild aus der Buchvorlage zeigt Andi (wahrscheinlich nach dem Zurückbringen der Walkmen) vor der Kirche, wo er sich nach der Anspannung wieder zu fassen versucht. Der siebte und letzte Buchtag folgt zwei Tage später und beginnt wieder mit einer Begründung für den ausgelassenen Tag.

E 7) *Siebter Tag / 30.5.*
Hallo, liebes Tagebuch, ich war am 29.5. krank, weil ich am 28.5. abends umgekippt bin. Ich schreibe heute die Seiten 85–120 auf.
Andi hat Glück, denn er darf mit Henner und Eva Silvester feiern. Nach ein paar Tagen ging er zu Mike und erklärte ihm, dass er ihn in Ruhe lassen soll. Als er wieder nach Hause kam, war da schon die Polizei, Herr Becker, Henner und Eva. Jetzt musste Andi alles gestehen. Abends ging er in die Badewanne und das Buch war dann zu Ende.
(Mitten in den Text ist ein Portrait von Henner eingeklebt.)

Sehr tagebuchmäßig schreibt Kay über seine allgemeine Befindlichkeit, bevor er zum wiederholten Male differenziert angibt, welche Seiten er sich für das Tagebuch-Schreiben vornimmt. Die folgenden Eintragungen wirken allerdings außerordentlich willkürlich hingeschrieben. Wertet man diese Sätze als selbstgesteuerte Informationsentnahme aus dem Gelesenen, muss man schlussfolgern, dass Kay nur ansatzweise die zentralen Handlungselemente paraphrasiert und kaum eine Sinndeutung formuliert hat. Gerade die innere Wandlung Andis, unterstützt durch die neue Freundschaft mit Henner und durch dessen Mutter Eva, sein Gespräch mit dem Gang-Anführer Mike und die in der Schlussszene dargestellten Begegnungen, sind im Buch eindrucksvoll, ausführlich und intensiv beschrieben. Die reproduzierende Darstellung von eher nebensächlichen Handlungsschritten lässt vielleicht vermuten, dass Kay inhaltlich insgesamt auf einer eher unteren Verstehensstufe geblieben ist oder dass ihm zum Ende nur noch eine sehr geringe Schreibmotivation blieb.

Nach dem emotionalen Höhepunkt mit der Rettung der Situation am fünften Tag konnte es mit Kays Lesen und Schreiben vielleicht nur noch 'abwärts' gehen, da es nach Andis Rettung und dem endgültig anmutenden In-die-Flucht-Schlagen der Sharks und ihres Anführers Mike eigentlich nichts mehr zu lesen und zu sagen bzw. zu schreiben gibt. Sowohl das an Beziehungen zwischen Personen und Handlungen gebundene Verstehen, als auch jegliche Wertung und Deutung bleiben jetzt hinter lapidaren Äußerlichkeiten verdeckt. Auch die inhaltliche Richtigkeit bleibt auf der Strecke, denn Andi muss im Buch nicht alles gestehen, sondern er erzählt freiwillig – im Sinne einer Befreiung von allem, was ihn belastet hat. Im Vergleich mit dem zuvor deutlich gewordenen Grad der Identifikation und Imagination sind diese letzten Eintragungen als dürftig anzusehen.

Auf der folgenden Heftseite formuliert Kay eine kurze, ungewöhnliche und widersprüchliche Buchkritik.

> *Ich fand das Buch super, aber die Frau Meyer-Dietrich konnte mehr daraus machen. Zum Beispiel: Sie konnte über den Henner noch mehr schreiben. Und es mehr peppiger schreiben.*
> *ENDE*

Einerseits fand Kay das Buch also „*super*", andererseits müsste die Verfasserin seiner Meinung nach „*mehr daraus machen*", es „*peppiger schreiben*". Dass Kay sich vor allem wünscht, mehr über Henner zu erfahren, zeigt deutlich, dass ihm gerade diese Figur als Andis Freund wichtig war. Möglicherweise hat er selbst erfahren, wie bedeutsam gute Freunde für den Lebensweg sind, oder Henner ist die Helferfigur, die seiner eigenen, selbst gewählten Position als der 'unbekannte Helfer' am nächsten kommt.

Trotz des angekündigten Endes bringt Kay anschließend noch eine fiktive Zeitungsnachricht ein, die er mit einer ausgeschnittenen Schlagzeile aus einer Zeitung überschreibt:

> *Aus dem Polizeiprotokoll*
> *Die Polizei Hildesheim hat gestern eine Bande gefasst, die gerade dabei war Zigarettenautomaten zu knacken. Der Hauptverdächtige Mike, Nachname unbekannt, wurde bis zum späten Abend verhört. Der Gesamtschaden beläuft sich auf ca. 1200 DM.*

Diese nach dem Lesen des Buches erfolgte Textweiterführung zeigt, dass Kay sich trotz der vermutlich fehlenden Motivation zum Schluss nochmals mit dem Gelesenen beschäftigt und dem Gegenspieler Andis eine Straftat andichtet, die ihn noch zusätzlich demontiert und ihn endlich der verdienten Bestrafung nahe bringt. Möglicherweise hat Kay die Erfahrung, nicht wirklich in das Buchgeschehen eingreifen zu können, für sich innerlich nicht akzeptiert und jetzt dadurch kompensiert, dass er die letzte Möglichkeit, im Weiterschreiben doch noch als Mitgestalter der Handlung zum Zuge zu kommen, hier ergreift. Ein etwas schnell hingeworfener Rätselentwurf, der nicht zu Ende geführt wurde, folgt der Zeitungsmeldung und dann schließen sich Personenbeschreibungen und ein Vergleich zwischen Andi und Henner an, eingeleitet durch die Überschrift „*Es ist mir noch etwas eingefallen*". Diese letzten Eintragungen machen aber den Eindruck, als hätten sie mit dem Lesetagebuch nichts mehr zu tun, sondern seien vom Lehrer als Zusatzaufgaben erteilt worden, die in der Zeit, während die Mitschülerinnen und Mitschüler noch an ihren Tagebüchern arbeiten, zu erledigen sind. Den wirklichen Abschluss macht ein widersprüchlich wirkender Brief an die Autorin des Buches, der auf einem Extra-Zettel geschrieben und in das Tagebuch eingeklebt ist.

> *Liebe, Frau Inge Meyer-Dietrich.*
>
> *Ich habe Ihr Buch gelesen „Und das nennt ihr Mut", es war ganz schön toll. Aber eins will ich noch sagen, beim Lesen ist mir aufgefallen, dass man die Sätze mit den wenigen Wörtern schlecht lesen kann. Es hört sich so an, als wenn etwas fehlt.*
>
> *Machen sie so weiter.   Ihr Leser Kay*

Zusammenfassend lässt sich feststellen, dass in Kays Lesetagebuch *vorwiegend imaginativ-identifikatorische Auseinandersetzungsweisen* dokumentiert sind. Das Lesetagebuch ist für Kay immer wieder Anlass, in seiner Fantasie in das Buchgeschehen einzutauchen und Anteil daran zu nehmen. Dabei wird ein starker Hang zum *Eingreifen in die Handlung* und zum 'Mitspielen' deutlich (Substitution), wobei er zugleich immer zu wissen scheint, dass dies eigentlich nicht möglich ist. In seinen Eintragungen legt er keinen Wert auf eine adäquate Reproduktion des Inhalts, sondern nutzt die Gelegenheit, im Lesetagebuch soziale Interaktionen in einem fiktiven Schonraum zu erproben, indem er versuchsweise als zusätzliche Person mitspielt und dabei durch das Fremdverstehen Erfahrungen macht, die in seiner eigenen Lebenspraxis bisher so nicht vorkommen. Das Lesetagebuch ist für ihn Anlass für ein nachhaltiges Miterleben des Buchgeschehens und für intensive Imaginationen, in denen Erkenntnisprozesse deutlich werden, die für sein reales Leben von Bedeutung sein können.

4.3.3 Beispiele aus weiteren Lesetagebüchern (Klasse 5 bis 10)

Die Ergebnisse der qualitativen Inhaltsanalyse der vier Lesetagebücher weisen auf einige Auffälligkeiten hin, die an dieser Stelle benannt und im Folgenden durch ausgewählte Beispiele aus weiteren Lesetagebüchern verdeutlicht werden sollen.

Zunächst bestätigt sich die Kategorisierung von Auseinandersetzungsweisen, die im Anschluss an die quantitative Erfassung der Lesetagebuchinhalte erfolgt ist (vgl. 4.2.3). Die Schülerinnen und Schüler reproduzieren den Inhalt des Buches, reflektieren darüber und über das Verhalten der Buchfiguren und nehmen immer wieder wertend dazu Stellung. Eine imaginativ-identifikatorische Auseinandersetzung mit dem Gelesenen ist ebenfalls durchgängig festzustellen. Häufig nutzen die Schülerinnen und Schüler die Buchgeschichte als Anlass, um von ihrem eigenen Leben zu erzählen, sich selbst zu den Buchfiguren in Beziehung zu setzen, Parallelen aufzuzeigen oder Unterschiede mitzuteilen. Schließlich gibt es zahlreiche Beispiele für kommunikative Formen der Auseinandersetzung, die häufig mit Reflexionen über den eigenen Lese- und Schreibprozess verbunden sind. Die vorherrschenden Auseinandersetzungsweisen lassen sich als 'Zwischenergebnis' drei Oberbegriffen zuordnen und in einer Tabelle überblicksartig kategorisieren:

Deskriptiv / dokumentarisch (eher kognitiv)	reproduzierend
	reflektierend
	bewertend
Imaginativ / identifikatorisch (eher emotional)	handlungs- und figurenbezogen
	selbstbezogen
	kreativ mitgestaltend
Kommunikativ / metakommunikativ	Kommunikation mit impliziten Lesern
	Kommunikation mit expliziten Lesern
	Metakognition

An einzelnen Eintragungen in den Lesetagebüchern ist zudem erkennbar, dass Schülerinnen und Schüler auch hinter dem Anspruch der selbst gewählten oder angeregten Aufgabenstellung zurückbleiben können, was sich in inhaltlichen Fehldeutungen aufgrund von mangelndem Textverständnis, in Unstimmigkeiten zwischen Buchtext und angemessener Aufgabenwahl sowie in defizitärem schriftsprachlichem Vermögen äußert. Im Folgenden werden exemplarisch solche Fehldeutungen und Unstimmigkeiten aufgezeigt (4.3.3.1). Vor allem aber wird verdeutlicht, wie die Auseinandersetzungsweisen, zu denen die Schülerinnen und Schüler durch das Lesetagebuch in 'freier' Form und durch den Handzettel angeregt werden, sich in der Anwendung differenzieren und von den Tagebuchschreibern erweitert und überschritten werden (4.3.3.2 bis 4.3.3.4).[137]

4.3.3.1 Fehldeutungen und Unstimmigkeiten

In seltenen Fällen finden sich bei manchen Schülerinnen und Schülern Eintragungen, die zwar eine individuelle Auseinandersetzung mit dem Buch und seinen Figuren sichtbar werden lassen, aber aus der Außensicht von Lesern der Tagebücher als Fehldeutungen und Unstimmigkeiten gesehen werden können. Im Lesetagebuch von Max (5. Kl., LT 12) findet sich ein Beispiel für den misslungenen Versuch einer Perspektivenübernahme zum Buch „Und wenn ich zurückhaue?" von Elisabeth Zöller:

> *Mein Tagebuch. Ich bin Krissi! Heute hat Krissi nur drei Stunden Deutsch, Mathe und Werken. Er schreibt fleißig in sein Lesetagebuch in Mathe rechnet er mit Geld und in Werken baute er sein Holzschiff fertig. Es war ein schöner Tag.*

Hier versucht Max eine Tagebucheintragung aus der Sicht der Hauptfigur des Buches zu formulieren, aber es gelingt ihm nicht, wirklich aus ihrer Perspektive zu schreiben. Vielmehr bleibt er in seiner eigenen Lebenswelt und erzählt von seinem Schulvormittag, wobei er allerdings die Ich-Form nicht durchhält, sondern schon vom zweiten Satz an in der dritten Person weiterschreibt. Ihm ist deshalb weder gedanklich noch sprachlich die Perspektivenübernahme geglückt und auch keine buchbezogene Form von Imagination gelungen, weil die Eintragung nichts mit dem Inhalt oder der Handlung des gelesenen Buches zu tun hat. Die Anregung 12, eine Tagebucheintragung aus der Sicht einer Person des Buches zu schreiben, hat hier nicht hingereicht, um bei Max eine Perspektivenübernahme oder einen Identifikationsprozess auszulösen. Der Verfasser hat vermutlich neben seinen sprachlichen Defiziten auch noch kein ausgeprägtes Fiktionsverständnis und unterscheidet deshalb nicht klar zwischen Fiktion und Wirklichkeit. Stattdessen schreibt er inhaltlich aus seiner eigenen Sicht, sprachlich aber aus einer Außensicht und tut dabei so, als habe er selbst plötzlich den Namen Krissi.

Eine ungewöhnliche Eintragung zum ersten Kapitel desselben Buches steht bei Oliver (5. Kl, LT 14):

> *Der Krissi heißt eigentlich Christian, aber alle nennen ihn Krissi das ist eigentlich ganz ok aber vielleicht will Christian das ja nicht. Und ich finde dass er in der Schule nicht immer verkloppt werden soll weil wenn Christian jetzt der Stärkere wär dann hätte er die die ihn jetzt ärgern zusammengeschlagen.*

---

[137] Dominant reproduktive Auseinandersetzungsweisen werden hier nicht mehr ausdrücklich berücksichtigt, weil sie sich in allen Lesetagebüchern finden und bereits hinreichend dokumentiert sind.

Neben der recht kurzen Einführung des Protagonisten überlegt Oliver sogleich die Möglichkeit, dass dieser seinen Spitznamen überhaupt nicht will. Da es im Text keinerlei Indizien hierfür gibt, lassen sich auch keine buchbezogenen Gründe denken, die den Schreiber zu dieser Vermutung gebracht haben könnten. Möglicherweise projiziert Oliver Probleme mit seinem eigenen Spitznamen oder allgemein mit Spitznamen in die Buchfigur hinein.

Die anschließende Bewertung, mit der er grundsätzlich seine Ablehnung der Gewalttätigkeiten an Krissi kundtut, wird unverständlich begründet. Der hypothetische Gedanke, dass Christian andere zusammenschlagen könnte, weist auf der einen Seite darauf hin, dass Oliver Stärke vorwiegend mit körperlicher Überlegenheit gleichsetzt und dass auf der anderen Seite für ihn das Recht des Stärkeren Legitimation genug zu sein scheint, um Gewalt auszuüben. Es könnte aber auch bedeuten, dass Oliver den 'Schlägerkids' zu bedenken geben möchte, sie sollten gerade auf dieses 'Recht des Stärkeren' verzichten, weil sie selbst auch mal auf andere 'Stärkere' treffen könnten.

Abb. 22: LT 14, Oliver (zu S. 200)

Oliver scheint insgesamt große Probleme sowohl mit der Rezeption als auch mit der Verschriftlichung seiner Gedanken zu haben. Inhaltliche Informationen aus der Buchvorlage scheint er ziemlich willkürlich aufzunehmen und ganz punktuell weiterzuverarbeiten. Das zeigt sich auch in seiner folgenden Eintragung zu Kapitel 2:

> *Also ich finde es gut dass er mit jemandem darüber reden will mit Bossy und Henny dass er immer verkloppt wird. Nur er kennt den Nachbar von Olaf nicht so gut. Doch dann fragt Olaf ihn ob er nachher spielen kann das finde ich sehr nett von Olaf. Also Krissi wird ja verkloppt und zu Hause will er so gut es geht helfen zum Beispiel: er kocht essen und dass er dann verkloppt wird finde ich nicht gut er gibt sich ja schon Mühe mit Bossy, Henny und Peer dass er nicht immer verkloppt wird.*

Eine Bildergeschichte, in der Krissi und Bossy als Panzer dargestellt werden, die sich bekriegen, und bei der Krissi der Sieger ist, schließt sich an diese Eintragung an (Abb. 22, S. 199).

Diese Imagination kann als weiteres Beispiel dafür dienen, dass Oliver das Anliegen des Buches nicht verstanden hat und/oder vor allem Gewalt und Gegengewalt als Mittel der Konfliktlösung zu kennen bzw. zu bevorzugen scheint. Die Offenheit der Aufgabenstellung gibt ihm die Möglichkeit, dies im Text und zeichnerisch umzusetzen.

Im Zusammenhang mit dem Kapitel „Warten und Suchen" formuliert Stefanie (6. Kl., LT 72) einen Brief an Krissi aus der Perspektive von Krissis Mutter:

> *Ein Brief an Krissi von seiner Mutter.*
>
> *Lieber Krissi,*
> *komm bitte wieder zurück wir vermissen dich sehr. Wir möchten dir gerne bei deinem Problem helfen. Bossy, Henny, Peer und den anderen „Schlägerkids tut es Leid", sie haben schon von Herrn Weidlich Ärger bekommen und schwören dass sie so etwas nicht wieder machen. Selbst deine Klasse will dich wieder in der Schule haben, die beiliegenden Briefe sind von ihnen. Kati kommt mal vorbei und ich hoffe, sie kann dich überreden wieder nach Hause zu kommen. Tschüß bis bald, deine Mutter.*

Diese produktive Aufgabe veranlasst Stefanie zwar, sich imaginativ in die Handlung und die Personen hineinzudenken, was aber in dieser im Buch beschriebenen Situation keinen Sinn macht. Zum einen ist das kommunikative Mittel 'Brief' hier nicht adäquat – zumindest nicht, wenn damit auch gemeint ist, dass es wenigstens in der Fiktion seinen Adressaten erreichen sollte (Krissi ist verschwunden und niemand weiß, wo er ist, sodass ihm auch kein Brief zugestellt werden kann; Kati kann deshalb auch nicht vorbeikommen und ihn überreden, nach Hause zu kommen) –, zum anderen sind die Mitteilungen, die Stefanie die Mutter schreiben lässt, nicht aus den inhaltlichen Zusammenhängen der Buchvorlage zu entnehmen, sondern recht willkürlich fantasiert (der Lehrer Weidlich hat zwar tatsächlich mit den Schlägerkids geredet, aber geschworen hat niemand, die Gewalttätigkeiten einzustellen; die Klasse wollte ihn auch vorher in der Schule haben). Briefe kann Krissi jedenfalls erst nach seinem Wiederauftauchen bekommen. Stefanie hat sich also mit einer Aufgabe beschäftigt, die zwar eine Perspektivenübernahme erfordert, aber an dieser Stelle nicht passend ist und die sie beliebig ausgestaltet, ohne sich tatsächlich mit dem Inhalt dieses Kapitels auseinander zu setzen.

Wie viele andere Schülerinnen und Schüler in beiden Jahrgängen hat Sascha (6. Kl., LT 46) die 'Schlägerkids' für drei Jungen gehalten und beim Lesen nicht gemerkt, dass Henny ein Mädchen ist, obwohl es im Buch drei Hinweise darauf gibt (S. 17, 71 und 79). Er hält diese – aufgrund von flüchtigem Lesen und wohl auch einem selbstverständlichen Gleichsetzen von Gewalt und Jungen entstandene – Fehldeutung bis zur Mitte seines Lesetagebuchs durch, revidiert sie dann aber am Schluss einer Eintragung in einer selbstreflektorischen Bemerkung.

> *Krissi läuft und läuft dann kommt er an seinem Haus vorbei aber er läuft weiter. Er rennt sogar andere Leute um Und denkt zu Hause kann ich nichts erzählen. Nie hat einer Zeit. Also wenn ich in der Lage wäre würde ich nach Hause laufen und würde mir einen Zeitpunkt aussuchen wann ich es sagen würde. Und jetzt ist mir aufgefallen dass Henny ein Mädchen ist.*

Die Mehrzahl der Schülerinnen und Schüler, die die 'geschlechtsspezifischen Hinweise' auf Henny überlesen haben, bemerken ihren Irrtum bis zum Schluss nicht. Saschas letzter Satz ist deshalb bemerkenswert; ihm muss beim Lesen des Kapitels im Anschluss an den ersten Teil der Eintragung die entsprechende 'Erleuchtung' gekommen sein und sie war vielleicht so unerwartet und überraschend für ihn, dass er sie sofort ohne weiteren Kommentar notiert hat.

Nicht passende Perspektivenübernahmen kommen auch in den Lesetagebüchern der siebten Klassen zum Buch „Und das nennt ihr Mut" vor. Orkan (7. Kl., LT 162), der sich zunächst vorstellt, wie er selbst das Problem des Opfers Andi lösen würde und danach einen Brief an Andi schreibt, gelingt es nicht wirklich, Andis Perspektive textstimmig einzunehmen.

> *Wenn ich an Andi seiner Stelle wäre hätte ich mich gewehrt und zwar heftig gegen Mike ich hätte richtig meine Wut rausgelassen und sie so geprügelt bis sie einen kaputtes Nase haben und dann hätte ich auch mal gerne so welche Drohungen geschrieben.*
> *Lieber Andi, du bist wirklich ein Feigling du könntest dich wehren und vielleicht hättest du eine Chance gegen die Sharks. Du musst doch keine Angst haben wenn du dich befreundest dann kannst du eine größere Chance haben. Also sei kein Feigling und wehre dich. Bis dann ...*

Sich allein gegen Mike und seine Gang zu wehren, ist gar nicht Andis Ziel und wäre in seiner Situation auch chancenlos. Dies scheint Orkan zwar zu sehen, denn er spricht im Brief von „*befreunden*" und meint damit möglicherweise, dass Andi sich Freunde suchen soll, um gegen die Gang größere Chancen zu haben. Er erschließt mit seinem Vorschlag letztlich nicht die Gefühle und Verhaltensmotive des Protagonisten, sondern schreibt der Buchfigur lediglich seine eigenen Denk- und Empfindungsweisen zu.

Auch Stephanie (7. Kl., LT 160) möchte sich in Andis Situation hineindenken, vermischt aber in der folgenden Eintragung die Perspektiven.

> *Hallo liebes Tagebuch Ich bin erst auf Seite 22 aber es ist einfach toll so ein Tagebuch zu führen. Andi und die Typen treffen sich immer im Partykeller <u>ich</u> war dort auch schon <u>Er</u> legte den Walkman auf einen Tisch, die Jungs betrachteten ihn und sagten: „Aus dir kann ja vielleicht noch was werden. Das ist sogar einer von den teueren." <u>Ich</u> sage ja immer: „Angeben und dann klein werden wenn's kommt!" Das ist <u>mein</u> Sprichwort. Einer der Jungs Mike sagte: „Wir haben schon alle ein, schenkt doch Waisenkinder." <u>Ich</u> frage: „Warum sollte <u>ich</u> ihn dann klauen?" <u>Ich</u> wurde lauter und wütender. Mike der Anführer der Gang Sharks laberte von so einem Scheiß: „Sharks fragen nicht." <u>Andi</u> ging zum Kaufhaus wo er den Walkman geklaut hatte legte die Tüte mit den Walkman neben den Kopierer. Auf einmal sieht <u>er</u> seine Tante Elvira sie stank schon wieder nach Kölnisch Wasser sie badete sogar da drin.*

Zunächst hat man den Eindruck, Stephanie spiele sich in den Text ein (*„Ich war auch dort"*) und tue so, als erlebe sie die Situation mit; anschließend ist aber die Rede von Andi, der den Walkman ins Kaufhaus zurückbringt. Möglicherweise ist die Identifikation so stark, dass Stephanie immer wieder von der Er- in die Ich-Perspektive verfällt. In vielen anderen Eintragungen findet sich dieser ungewöhnliche Perspektivenwechsel ebenfalls, wie im folgenden Beispiel nach der Schlägerei mit den Sharks:

> *Abends kam sein Vater noch und redete über die Schlägerei. Aus Andis Mund kam immer nur: „Ich weiß nicht!" „Ich habe mir gewünscht dass du auch auf die RS gehst so wie deine Schwester. Vielleicht schaffst du es zu einen RS-Abschluss." <u>Sein</u> Vater redet schon wieder von seiner Sparkasse da sollte <u>ich</u> nämlich auch später arbeiten. Dann ...."*

Im Buch lautet die entsprechende Textstelle: „Also, ich hab mir ja sowieso eine andere Schule für dich gewünscht. Du musst dir einfach mehr Mühe geben. Vielleicht schaffst du es ja noch, den Realschulabschluss zu machen." Jetzt soll er bloß nicht wieder anfangen. Wie er um den Posten des Filialleiters gekämpft hat, denkt Andi. Dass ihm nichts in den Schoß gefallen ist. Oh Mann! Ich hab das schon hundertmal gehört. Nie im Leben würde ich in einer Sparkasse arbeiten. (S. 60f.)

Die im Buchtext nicht durch äußere Redezeichen gekennzeichneten Gedanken Andis, die unvermittelt in den Erzählstrang eingestreut sind, scheint Stephanie nicht als solche zu identifizieren bzw. weiß sie im eigenen Schreiben nicht wiederzugeben. Am Schluss könnte man fast annehmen, dass sie ihre eigene Situation in das Textgeschehen integriert. Es hat den Anschein, als kenne sie solche Diskussionen um die Schulart, den Schulabschluss und die Berufsfindung selbst sehr genau. Insgesamt scheint Stephanie jedoch eher Probleme zu haben, einen – auch noch so einfachen – Text zu erschließen, denn ihre letzten, auf eine Inhaltsreproduktion gerichteten Sätze zeigen eine wenig abstrahierende, kontextabhängige Art der Inhaltswiedergabe, in der die Aspekte der Handlung relativ zusammenhanglos aneinander gereiht werden:

> *Andi bleibt an einer Brücke stehen er will springen, aber es geht nicht. Er läuft in die Elisabethstraße zehn da wohnt Mike. Mike ist nicht so wie in der Schule (Macho). Andi um so mehr. Schon haut er wieder ab. Er geht nach Hause alle machten sich Sorgen, sie weinten. Wir hatten Angst um dich, Junge. Polizei, Eva, Henner und Herr Becker alle saßen im Wohnzimmer. Und so erzählte <u>er</u> alles von der Gang, Mutprobe usw. Henner und <u>ich</u> gingen am nächsten Tag zusammen zur Schule. <u>Er</u> sagt: „Ich bin kein Blödi."*

Ähnliche Anzeichen von Überforderung gibt es zum selben Buch auch bei Güngör (7. Kl., LT 154). Man spürt in seinen Eintragungen zwar durchgängig seine emotionale Beteiligung am Buchgeschehen, aber bereits in seiner zweiten Eintragung unterläuft ihm eine Fehlinterpretation des Buchtextes, denn der erste und der vorletzte Satz beziehen sich auf Andis konkrete Situation, aber die anderen Sätze gehören zu einer gedanklichen Rückblende, in der Andi sich an eine andere Gang erinnert, von der einmal gelesen hat.

> *Ich habe gelesen dass Andi zu den Gang will weil er auch zu Hause Probleme hat. Und dass er im Gang Freunde hat dass sie alles zusammen machen im Not denjenigen helfen. In der Klasse zu sagen haben. Die Gang hatte auch einen Geheimschrift und Geheimsprache das konnte kein Fremder herauskriegen. Alle haben zusammengehalten. Wenn Andi auch nicht zu einer Gang gehören hätte wäre er ohne Freunde. Tolle Sachen zusammen gemacht.*

Im Buch heißt es: „Als Andi jünger war, hat er mal eine spannende Geschichte über eine Bande gelesen. Wer aufgenommen werden wollte, musste natürlich auch Mutproben bestehen. Aber dabei ging es immer darum, etwas für die Bande zu tun. Oder jemandem zu helfen, der in Not war. Sie hatten eine Geheimschrift und eine Geheimsprache, die kein Fremder so leicht herauskriegen konnte. Alle haben zusammengehalten und tolle Sachen zusammen gemacht." (S. 25)

Diese kleine Gestaltungsvariante in der sonst sehr linearen Erzählweise des Buches bringt Güngor vermutlich an die Grenzen seines Textverständnisses. Auch Schwächen im schriftsprachlichen Bereich werden hier deutlich, denn insgesamt merkt man an den unvollständigen Sätzen bzw. Satzfragmenten und an den ungenauen Vorstellungen von Begriffen und Wortbedeutungen seine schriftsprachliche Unsicherheit und seine geringe Beherrschung des morpho-syntaktischen Systems der Sprache. Trotzdem scheint Güngor von dem Buch angesprochen und gefesselt zu sein, denn er schreibt – für seine Verhältnisse – viel und zum Teil auch differenziert und mit häufigem Perspektivenwechsel.

Gelegentlich äußern Schülerinnen und Schüler, dass sie einen gelesenen Textabschnitt nicht verstanden haben und deshalb auch nichts zu schreiben wissen:

> *Als ich das Kapitel gelesen habe, habe ich es erst nicht richtig verstanden. Als meine Mutter mit erklärt hat, wurde mir irgendwie ganz anders.*
> *Eigentlich weiß ich nicht, was ich hinzuschreiben. Das Kapitel habe ich auch gar nicht richtig verstanden.*

(Viktoria, 6. Kl., LT 146, zum Buch „Damals war es Friedrich" von Hans Peter Richter)

Das Kapitel war schwer zu lesen und so richtig habe ich den Anfang nicht kapiert. Was ich schreiben soll weiß ich nicht.

(Giovanni, 6. Kl., LT 132, zum selben Buch)

4.3.3.2 Reflexionen und Bewertungen

Neben reproduktiven Textverarbeitungen nehmen Reflexionen und Bewertungen in den Lesetagebüchern einen großen Raum ein. Reflexionen beziehen sich auf den Buchinhalt oder einzelne Handlungsabschnitte, auf das Verhalten der Buchfiguren, auf die Sprache, in der das Buch geschrieben ist, und auf eigene Erfahrungen, an die die Schülerinnen und Schüler sich aus Anlass des Lesens erinnern. Wertende Eintragungen reichen von der einfachen Meinungsäußerung über begründetes Urteilen bis zum Moralisieren.

Eine Mischung aus reflektierenden und wertenden Äußerungen findet sich im Lesetagebuch von Jan (6. Kl., LT 60 zu „Und wenn ich zurückhaue?")[138], wobei Hinweise zum Lese- und Schreibprozess und Meinungsäußerungen zum Buchinhalt und zur Sprache abwechseln.

Eintrag Nr. 3 – um 21.30 Uhr

Heute war ich fleißig, da ich von Seite 55 – 91 gelesen habe. Am besten ist das Kapitel: Warten u. Suchen.
Weil ich das Kapitel am spannendsten finde.
Es ist komisch, dass sich plötzlich sooooo viele Kinder um Krissi Sorgen machen. Denn vorher war er ja eher das schwarze Schaf in der Klasse.
Für heute mache ich Schluss da ich jetzt schlafen gehe.
Wenn es nach mir ginge, hätte ich anstatt: Und wenn ich zurückhaue? Gewalt in der Schule geschrieben.

Doof am Buch finde ich, dass Krissi ständig das Wort knackwurstbraun wiederholt. Aber witzig finde ich die Steigerungen von Krissis Adjektiven. Dieses Tagebuch ist einfach stark, da kann ich Sachen reinschreiben, die ich mich normal nicht traue zu sagen.

Nach dem Urteil über seinen eigenen Leseprozess und ein Buchkapitel fügt Jan hier eine Wertung an, die sich auf das Verhalten der Kinder im Buch bezieht. Das Adjektiv „*komisch*", scheint er – wie Kinder es häufig tun – zu verwenden, weil er noch nicht sicher ist, wie der Sachverhalt letztlich zu beurteilen ist. Möglicherweise wird hier auch eine moralische Bewertung deutlich, und zwar in dem Sinne, dass er den Kindern den Vorwurf macht, sich nicht früher um Krissi gekümmert zu haben; das langgezogene, ironisierende Wort „*sooo*" könnte hierauf hinweisen. Den Wertungen folgen eine Äußerung zum eigenen Lesen und

---

[138] Auch die folgenden Beispiele beziehen sich auf dieses Buch.

Schreiben und ein alternativer Titelvorschlag, in dem zum Ausdruck kommt, dass Jan verstanden hat, um welches Problem es in dem Buch geht. Danach bewertet er zwei sprachliche Aspekte und die Arbeitsform 'Lesetagebuch'.

In einer Sammlung von Schimpfwörtern verbindet er auf bemerkenswerte Weise die Buchwelt mit seiner Klassensituation:

> *Schimpfwörter, die im Buch oder in der Klasse vorkommen: Hosenschisser, Pfeifschwein, Schnuller, Mistgeburt, Hurensohn, Fehler, Babyflasche, China, Behinderter.*

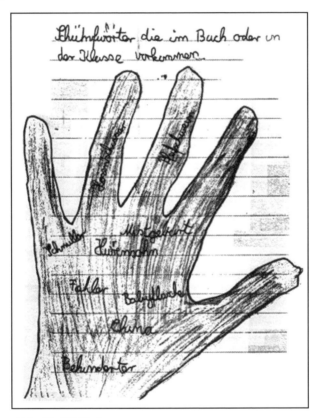

Abb. 23: LT 60, Jan

Seine Sammlung gestaltet er sorgfältig zeichnerisch auf dem Hintergrund einer blauen Hand (Abb. 23). Wenn man die Hand als Zeichen für körperliche Gewalt deutet, dann veranschaulicht er in dieser Zeichnung, dass auch beleidigende Schimpfwörter ein Ausdruck von Gewalt sind.

Inhalts- und sprachbezogene Wertungen zu den einzelnen Kapiteln, die er manchmal tabellarisch aufschreibt, sind Besonderheiten im Tagebuch Pascals (6. Kl., LT 64).

> Kapitel: 6 Warten und Suchen
> Spannend: sehr (1)
> Traurig: Ja
> Personen: Krissi, Bossy, Henny, Olaf, Blacky, Bergmann, Herr Winkel (gemeint ist sicherlich Herr Weidlich)
> Hauptrollen: Krissi, Bossy, Herr Winkel, Blacky
> Spitznamen: Pfeifschwein, Arsch mit Ohren
> Bemerkung: Es ist sehr brutal was sie mit Krissi machen.

Unter dem Stichwort 'Bemerkung' notiert er auch am Schluss anderer Eintragungen inhaltliche und sprachliche Besonderheiten. Dafür ein Beispiel:

> Bemerkung: Das Wort knackwurstbraun ist voll cool. Die Knackwurstbande ist gut. Schönes Wort: Knackwurstegal. Cooles Wort: Saumist.

Negative Meinungsäußerungen zu einer sprachlichen Auffälligkeit in einem Buchkapitel und zum Verhalten von Olafs Vater verbindet Katharina (5. Kl., LT 34) in der folgenden Eintragung mit einem alternativen Handlungsentwurf. Darin kommt zum Ausdruck, wie sie Olafs 'Leistung' bewertet und dass sie sich in seine Situation hineinversetzt und ihm mehr Lob und Anerkennung wünscht.

> S. 88: Es klingt doof dass sich das Wort *und* 4 mal wiederholt man könnte es mit einem Komma schreiben.
> S. 90: Ich finde es nicht gut als Olaf nach Hause kommt und er seinem Vater sagt dass er Krissi gefunden hat da sagt der Vater nur: „Gut" aber wenn ich der Vater sein würde, würde ich Olaf in den Arm nehmen und sagen: Oh, Olaf, man bin ich froh dass du Krissi wiedergefunden hast, ich bin richtig stolz auf dich mein Junge.

In unterschiedlicher Weise werden in vielen Lesetagebüchern Bezüge zwischen der Textwelt und der eigenen Erfahrungswelt hergestellt. Unter der Überschrift „Was ich beim Lesen empfunden habe" reflektiert Maria (6. Kl., LT 53) jeweils im Anschluss an eine Inhaltswiedergabe der einzelnen Kapitel über ihre Empfindungen und eigenen Erfahrungen. Dafür zwei Beispiele:

> Das was ich beim Lesen empfunden habe: Es war ganz schön traurig. Ich wollte eigentlich gar nicht weiterlesen.
> Was ich beim Lesen empfunden habe: Krissi ist ganz allein und verzweifelt. Er rennt sogar weiter als er zu Hause ist, weil er denkt, dass keiner zuhört. So was kann ich gut verstehen. Manchmal denke ich auch, dass mich keiner versteht und keiner Zeit hat. Dann weine ich ein bisschen. Wenn ich mich dann beruhigt habe gehe ich zu meinen Eltern und bleibe bei ihnen.

Daniel (6. Kl., LT 38) und Andrea (5. Kl., LT 25) nehmen Aspekte der Handlung und das Tagebuchschreiben zum Anlass, um von vergleichbaren, selbst erlebten Situationen zu erzählen.

> Ich wurde auch mal in der AG von drei Jungen geärgert. Sie haben mich getreten und mich Eierschädel genannt. Das habe ich dann meiner Mutter erzählt. Sie rief

in der Schule an und die Lehrer haben sich dann für mich eingesetzt. Seitdem ärgern mich die beiden nicht mehr. Auch Krissi sollte alles so schnell wie möglich seinen Eltern erzählen. (Daniel)

Ein Brief für den Gewaltbriefkasten

Ich finde Gewalt schrecklich. Ich werde auch immer von meinem Bruder und seinem Freund (beide 7. Klasse) geärgert. Auf dem Nachhauseweg werde ich immer von Florian (mein Bruder) und Michael (mein Nachbar) geärgert. Mit Freunden kann ich mich auch nicht treffen weil die immer weg müssen. Meine Schwester spielt immer mit meiner doofen Cousine und meinem doofen Cousin. Ich bin immer allein. (Andrea)

Besonders am Schluss der Lesetagebücher erfolgen häufig reflektierende Rückblicke und wertende Zusammenfassungen, die differenzierte Bewertungen zu Inhalt und Sprache des Buches, Urteile über das Verhalten der Buchfiguren, Vermutungen zur Intention des Autors bzw. der Autorin und Hinweise auf eine 'Botschaft', die man dem Buch entnommen hat, enthalten. Als Beispiele können die Lesetagebücher von Christopher (6. Kl., LT 62) und Daniel (6. Kl., LT 65) angeführt werden:

So finde ich das Buch!
- *Ich finde das Buch sehr spannend und schön geschrieben.*
- *Ich finde es gut, dass man über solche Dinge Bücher schreibt und den Kleinen damit zeigen will dass sie so etwas nicht machen dürfen.*
- *Ich finde es schön, dass sie über dieses Thema noch einmal sprechen und das alles rauskommt.*

Ich finde es toll dass man den Kindern zeigen will dass sie ihren Eltern alles sagen können und keine Angst haben braucht. (Christopher)

An dem Buch gefiel mir, dass es sehr realistisch geschrieben ist. Weil diese Dinge die Krissi passiert sind auch sehr oft vorkommen. Es wäre gut, wenn man es, wie es im Buch vorgekommen ist, darüber in der Klasse spricht.

Nicht gefiel am Buch das Ende. Es war zu kurz und es blieben noch viele Fragen offen. Trotzdem würde ich das Buch jedem empfehlen zu lesen.

An manchen Stellen im Buch habe ich gedacht ob mir das auch mal passiert. Ich dachte ob ich auch mal zusammen geschlagen werde. Oder ob ich in der Schule erpresst werde. Ich hoffe, dass das mir und meinen Freunden nie passiert.
Gemein ist dass die Schlägerkids nur auf Schwächere gehen. Alleine würden sie sich gar nicht trauen andere zusammen zu schlagen. Und traurig ist es auch, dass es ihnen gar nicht Leid tut, wenn sie jemanden ärgern oder verletzen. Nicht nur die Schläge tun weh sondern auch Wörter. Die Schläge tun nur eine Zeit weh. Die Wörter sitzen meist tief. (Daniel)

Bei der folgenden Eintragung von Monika (6. Kl., LT 120) zum Buch „Das Ausgleichskind" von Kirsten Boie ist interessant, wie die Schülerin in ihrer Bewertung vom Inhalt auf den Schreibstil kommt:

Ich finde es ziemlich feige von Margret dass sie ihrer Mutter nichts von dem Vorspiel erzählt. Aber eigentlich finde ich dass Kirsten Boie so schreibt. Es kommt zum Beispiel gut raus dass Margret ziemlich enttäuscht von sich selber ist. Die Verzögerung ist auch ziemlich gut ausgedacht indem sie in eine Bäckerei geht und sich was zu essen bestellt.

Monika äußert sich zunächst inhaltlich, erinnert sich dann aber daran, einen fiktiven Text vor sich zu haben, der bewusst so geschrieben ist; daraufhin reflektiert sie im zweiten Zugriff über die Machart des Textes. Den Kuchenkauf in der Bäckerei als Verzögerung zu werten, zeugt von Sprachsensibilität. Auch dass Monika feststellt, es käme „*gut raus, dass Margret ziemlich enttäuscht von sich selber ist*", ist ein Beweis dafür, dass sie wahrnimmt, wie Kirsten Boie die ambivalente Gefühlslage der Protagonistin sprachlich gestaltet.

Abb. 24: LT 122, Annemarie

Gelegentlich wählen Schülerinnen und Schüler zur Darstellung ihrer Wertungen zeichnerische Formen. Annemarie (6. Kl., LT 122) stellt z. B. die für sie „*langweiligste Szene*" desselben Buches in einer farbig gestalteten Bildergeschichte dar (Abb. 24). Da sie einleitend zu diesem Bild ihren Ärger darüber äußert, dass die Protagonistin immer wieder von ihrer Mutter zum Klavierspielen gezwungen wird, bezieht sich „*Meine langweiligste Szene*" wohl vor allem auf das 'langweilige' Üben am Klavier und ist kein Urteil über eine Buchszene.

Der Buchtitel regt häufig schon vor dem Lesen zur Reflexion über mögliche Bedeutungen an. David (6. Kl., LT 103) ordnet seine Gedanken in einer Skizze (Abb. 25):

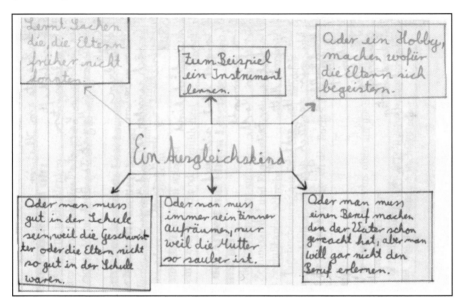

Abb. 25: LT 103, David

Das Buch „Und das nennt ihr Mut" hat die Schülerinnen und Schüler der siebten Hauptschulklassen in besonderer Weise zur Selbstreflexion und zur Bewertung der Handlung und der Personen herausgefordert. Der türkische Schüler Güngör (7. Kl., LT 154), ein Junge mit erheblichen Sprachschwierigkeiten, wird durch die Textstelle, in der beschrieben wird, dass ein Junge namens Henner als neuer Schüler in die Klasse des Protagonisten Andi kommt, an eigene Erfahrungen erinnert, die er sich in Form einer Selbstreflexion noch einmal bewusst macht und thematisiert:

Als ich in eine neue Klasse kam: In der Grundschule war ich mal sitzen geblieben musste ich auch in eine neue Klasse kommen. Ich war traurig weil in meine alte Klasse schon gewöhnt hatte und jetzt eine neue Klasse ich dachte die würden mich auslachen oder nicht mit mir reden aber hatte ich falsch gesetzt es war eine tolle Klasse. Ich hab auch Freunde gefunden die waren alle nett.

Sein Lesetagebuch schließt mit einer kleinen diskursiven Abhandlung über die Frage „*Was bedeutet Freundschaft?*". Ob Güngör von selbst auf dieses Thema gekommen ist oder ob er von seinem Lehrer dazu motiviert wurde, kann nicht mehr rekapituliert werden. Die mit farbig gestalteten Buchstaben geschriebene Überschrift steht über folgendem Text:

> *Kann eigentlich Andi Henner alles erzählen dass er mal in einem Gang war, dass er was klauen musste, dass er nicht gut mit sein Familie umkommt. Man kann den besten Freund das erzählen. Kann man ein Freund anschreien dass er das nicht machen soll dass das nicht gut ist. Kann man auch ein Freund vertrauen man weiß es nicht, er kann es auch weiter an andere Schüler erzählen. Ich würde nicht über meinen Leben nicht alles erzählen.*

Es ist zwar naheliegend, sich aus Anlass dieses Buches oder der gewonnenen Lektüreerfahrungen mit dem Thema Freundschaft reflektierend auseinander zu setzen, aber für einen Jungen, der solche Sprach- und Schreibschwierigkeiten hat, ist es eher ungewöhnlich, dies freiwillig in schriftsprachlicher Form zu tun. Die Lektüre des Buches und das Erstellen des Lesetagebuchs geben ihm jedoch einen geeigneten Rahmen, um hierüber nachzudenken und zu schreiben.

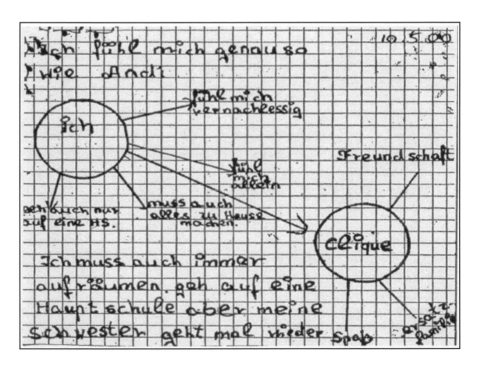

Abb. 26: LT 173, Regina (zu S. 211)

Ein weiteres Beispiel für einen starken Selbstreflexionsprozess aus Anlass des Gelesenen findet sich bei Regina (7. Kl., LT 173). Sie benennt und verarbeitet subjektive Probleme und vollzieht eine Selbstdarstellung, indem sie Gemeinsamkeiten zwischen den Buchfiguren Andi und Henner und ihrem eigenen Leben entdeckt und aufschreibt. Im Zusammenhang mit Andi stellt sie ihre eigene Situation sogar zusätzlich in einer Skizze dar (Abb. 26, S. 210)).

> *Ich fühl mich genauso wie Andi. Ich muss auch immer aufräumen, geh auf eine Hauptschule aber meine Schwester geht mal wieder auf eine Realschule. Irgendwie fühl ich mich auch vernachlässigt. Irgendwie fühl ich mich allein. Als ich mit meinen Freunden eine Clique gebaut habe, hatte ich irgendwie eine Ersatzfamilie. Wir haben viel Spaß und es entwickelte sich 'ne große Freundschaft.*
>
> *Ich fühlte mich genauso wie Henner. Als ich umgezogen bin und in eine neue Schule kam guckten mich alle so doof an ob ich 10 DM an meinem Gesicht kleben hätte. Natürlich guckte ich auch auf die Schüler doch manche aber flüsterten gegenseitig wie ich aussah oder was ich anhatte sie haben viel von mir geredet doch mich interessierte es nicht. Aber manchmal taten sie mir im Herzen weh. Sie sagten sehr schlimme Wörter auf mich. Aber nach ein paar Wochen habe ich mich langsam mit ein paar Mädchen angefreundet. Und jetzt bin ich immer noch mit ihnen befreundet.*

Wie sehr sie – fast sprechdenkend – über sich selbst reflektiert, lässt sich an dem dreimaligen Gebrauch des Wortes „*irgendwie*" ablesen. Am Wechsel der Zeitformen ist zu erkennen, dass hier wirklich eigene Erfahrungen überdacht werden. Am Anfang schreibt sie im Präsens (*Ich fühl mich*), was darauf hindeutet, dass die reflektierten Gegebenheiten für sie jetzt gerade bzw. immer noch aktuell sind. Bei der Reflexion von zurückliegenden Erfahrungen, die denen Henners, der neu in Andis Schulklasse kommt, ähnlich sind, wechselt sie ins Präteritum (*Ich fühlte mich*). Auch in dieser kurzen schriftlichen Aufzeichnung wurde sie durch eine Parallele zwischen einer Buchepisode und eigenem Erleben zu einer Form von Aufarbeitung angeregt; die Ambivalenz der Bewertung (*mich interessierte es nicht / taten mir im Herzen weh*) beweist, dass sie diese erste Begegnung mit neuen Klassenkameraden als sehr belastend erlebt hat.

Das Verhalten von Andis Eltern provoziert bei vielen Schülerinnen und Schülern moralische Negativurteile, z.B. bei Sina (7. Kl., LT 174):

> *Für mich sind das keine Eltern die sich nur um die Jüngeren kümmern und Andi ewig anschreien müssen. z. B. dass er alles tun soll im Haushalt und anderes aber ein Kind braucht doch auch mal Freizeit. Ich finde jedes Kind braucht Liebe und das kriegt Andi nicht. Keiner hat sich bis jetzt um ihn gekümmert.*

Am Schluss der Tagebücher schreiben manche Schülerinnen und Schüler abschließende Bewertungen in Form von Buchkritiken und Leseempfehlungen, exemplarisch bei Katrin (9. Kl., LT 277) zum Buch „Liebkind und Scheusal" von Dagmar Chidolue.

> Ich fand das Buch gut. An manchen Stellen etwas brutal, z. B. mit den Männern im Auto oder mit Ninotschka ... Ich selber habe solche Erfahrungen noch nicht gemacht. Ich finde aber auch, dass das Buch die Pubertätszeit gut beschreibt. Es gibt zwar spannendere Bücher, aber das Buch zeigt, dass das Leben kein Bilderbuch ist und auch die beste Freundschaft so von jemandem zerstört werden kann. Ich würde das Buch Jugendlichen empfehlen, damit sie sehen, dass es auch anderen Jugendlichen so geht, oder Eltern, damit sie ihre Kinder besser verstehen können und einigermaßen wissen, was in ihren Köpfen vorgeht.

Auch alternative Titelvorschläge sind eine Möglichkeit, abschließend über den Inhalt des Buches zu reflektieren, bevor das Buch und die Arbeitsweise bewertet werden. Ein Beispiel dafür ist Kevin (10. Kl., LT 281) zum Buch „Blöd, wenn der Typ draufgeht" von Irene Rodrian (Abb. 27).

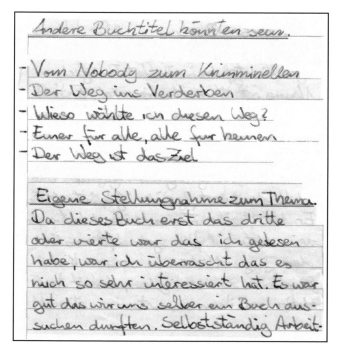

Abb. 27: LT 281: Kevin

Eine vergleichende Bewertung findet sich am Schluss des Lesetagebuchs von Kamil (10. Kl., LT 280) zum Buch „Rave, Love and Happiness" von Elisabeth Zöller, wobei er nicht erwähnt, auf welche Bücher sich der Vergleich bezieht.

> Das, was dieses Buch von anderen unterscheidet, ist:
> ...dass in diesem Buch sehr viel über Gefühle geschrieben wird (z. B. Sorgen, Kummer, Angst, Freude und Glück)
> ... man muss dieses Buch zweimal lesen, um den Zusammenhang zu verstehen (z. B. der Anfang ist auch Anfang und Ende zusammen. Das was am Anfang steht, steht auch am Ende)
> ... dass dieses Buch nur über einen Abend geschrieben ist. Nur über den Rave. (Nur der Schluss ist eine Woche später).

Bei Cemal (10. Kl., LT 283), der das Buch „Die Lupe“ von Klaus-Peter Wolf gelesen hat, richtet sich die Entscheidung, ob er überhaupt eine Eintragung in seinem Lesetagebuch vornimmt oder nicht, nach seiner vorausgegangenen Bewertung des Kapitelinhalts: wenn *„nichts passiert“*, dann schreibt er auch nichts; wenn etwas passiert, nimmt er Stellung dazu. Am Beispiel seiner Eintragungen zum 6. und 15. Kapitel lässt sich dies verdeutlichen (Abb. 28).

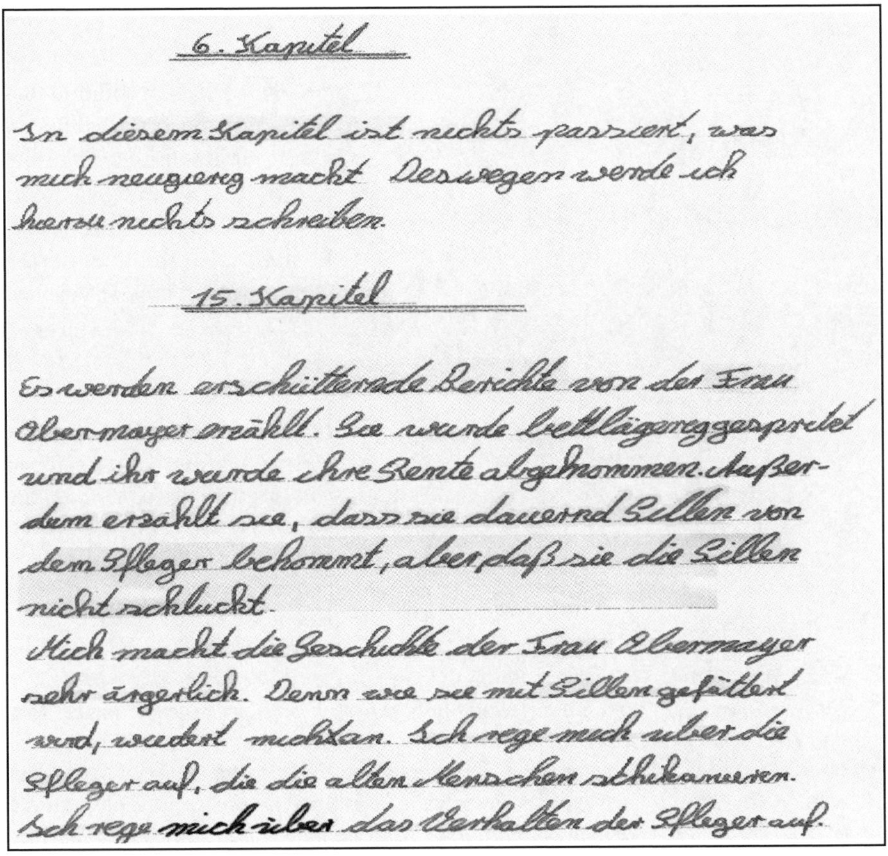

6. Kapitel

In diesem Kapitel ist nichts passiert, was mich neugierig macht Deswegen werde ich hierzu nichts schreiben.

15. Kapitel

Es werden erschütternde Berichte von der Frau Obermayer erzählt. Sie wurde bettlägerig gespritzt und ihr wurde ihre Rente abgenommen. Außerdem erzählt sie, dass sie dauernd Pillen von dem Pfleger bekommt, aber daß sie die Pillen nicht schluckt.
Mich macht die Geschichte der Frau Obermayer sehr ärgerlich. Denn wie sie mit Pillen gefüttert wird, widert mich an. Ich rege mich über die Pfleger auf, die die alten Menschen schikanieren. Ich rege mich über das Verhalten der Pfleger auf.

Abb. 28: LT 283: Cemal

Einige Schülerinnen und Schüler reflektieren in besonderer Weise über den Inhalt des Buches und wählen für die Wiedergabe entsprechend unterschiedliche Darstellungsweisen. Raffaela (7. Kl., LT 203) wechselt zum Buch „Die Glasmurmel“ von Jan de Zanger z. B. bei jedem Kapitel die Form der Wiedergabe: zum 1. Kapitel fertigt sie Personenbeschreibungen an; zum 2. Kapitel notiert sie, was ihr gefallen und nicht gefallen hat; zum 3. Kapitel schreibt sie Sätze ab, die sie

„*wichtig*" und „*schön*" findet; zum 4. Kapitel malt sie ein Bild und kommentiert es (Abb. 29); danach folgen noch eine „*Zusammenfassung*", eine „*Nacherzählung*" und verschiedene Bewertungen.

Abb. 29: LT 203, Raffaela

Ricarda (7. Kl., LT 247) verknüpft ihre Inhaltswiedergaben zum Buch „Lieber, lieber Toni" von Dagmar Chidulue mit spontanen assoziativen Kommentierungen. Sie schreibt so, dass sie ihre inhaltlichen Aussagen Satz für Satz in einer anderen Farbe kommentiert. Das Beispiel (s. u.) bezieht sich auf das 8. Buchkapitel; die Kommentierungen sind in Klammern gesetzt.

Immerhin ein Kuss.

Grits Verlobungsfeier feierten sie im Garten. (Anscheinend war drinnen zu wenig Platz) Sie haben extra ein Clo im Garten errichtet. (Falls es mal schnell gehen muss) Am Abend fiel den Erwachsenen ein lustiges Spiel ein. (Ein Wunder dass ihnen was Tolles einfiel) So eine Art Polonaise sie mussten über Tische und Stühle steigen, wenn ein Paar auf einem stehen blieb, mussten sie sich küssen. (Ob sich Toni und Etta küssen?) Herr Schmidt forderte seinen Sohn und Etta zum Tanzen auf. (Oh, nein) Pupser zog sie mit ins Gewimmel rein und sie tanzten los. (Ob das gut geht?) Etta konnte sich nicht wehren weil Pupser sie so doll an der Hand hielt. (Na, so ein Scheiß) Da kam Toni und stand aufgebaut vor Pupser (Hoffentlich passiert nichts) Etta konnte sich losreißen und zog Toni mit ins Gewimmel damit sie sich nicht kloppten. (Spannend!!!) Schon waren sie auf dem Hocker angekommen. (Was passiert jetzt?) Schnell ein Kuss auf die Wange und wieder runter. (Erledigt) Nach einiger Zeit kam Ettas Mutter und meinte, es wäre langsam Zeit ins Bett zu gehen. (Zu schade) Dagegen konnte man nicht widersprechen also gingen Etta und Pievchen hoch ins Bett. (Der Tag war gelaufen).

Bei älteren Schülerinnen und Schülern fällt gelegentlich auf, dass ihre Lesetagebücher über eine reproduktive und bewertende Verarbeitung des Buchinhalts hinaus Textdeutungen und Ansätze von Interpretationen enthalten. Der Inhalt wird dabei aufgrund eines erweiterten Figuren- und Handlungsverständnisses differenzierter wahrgenommen. Ein sprachlich elaboriertes Beispiel findet sich bei Nadine (10. Kl., LT 287) zum Buch „Küss mich, Caroline!" von Cherly Lack:

> Am meisten hat mich Jake beeindruckt, denn er hat sich im Verlauf des Buches am stärksten entwickelt. Zum Beginn des Buches war er noch total am Boden zerstört und lebte erst so richtig wieder auf, als er Caroline und ihre Geschichte kennen lernte. Und als er sich vornahm Caroline den 'perfekten' Freund zu suchen, schien er nicht mehr die Zeit zu haben ständig an Miranda zu denken. Allerdings änderte sich nichts an der Tatsache, dass er Miranda zurückhaben wollte und das war auch sein eigentliches Problem. Denn ich glaube, er war mehr in den Gedanken verliebt die alte Beziehung mit Miranda wieder zu führen, als Miranda erneut zu gewinnen. Wer will denn auch schon einen Menschen zurück, der einen derartig verletzt hat. Aber schließlich bemerkt er noch rechtzeitig, dass seine einstige Traumfrau nicht die Frau war, die sein Herz beflügelte. Vielleicht hat mich gerade diese Sache so an Jake beeindruckt, denn wer kann schon sicher sein, das Richtige im richtigen Moment zu tun? Aber wahrscheinlich macht genau diese Tatsache das Leben so lebenswert. (Wer nichts riskiert, kann zwar nichts verlieren, aber auch nichts gewinnen.)

Abschließend folgt ein Beispiel für eine besonders intensive Selbstreflexion zum Buch „Oya" von Karin König/Hanne Straube/Kamil Taylan. Das Buch handelt von der 16-jährigen Türkin Oya, die in Deutschland aufgewachsen ist und nun mit ihren Eltern in die Türkei zurückkehrt, wo sie gegen ihren Willen mit einem Mann verlobt wird. Die 15-jährige türkische Schülerin Emel (10. Kl., LT 286) rezipiert vor allem solche inhaltlichen Aspekte, die zu einer Verknüpfung mit ihrer eigenen Lebenssituation herausfordern. Engagiert und involviert kommentiert sie immer wieder einzelne Handlungsabschnitte und unterstreicht in Rot jeweils diejenigen Stellen, die ihr im Hinblick auf ihre eigenen Gedanken, Meinungen und Gefühle besonders wichtig sind.

> <u>Ich finde das nicht in Ordnung, dass nach Oya's Meinung nicht gefragt wird</u> ob sie für immer zurück in die Türkei will. Schließlich geht es auch um ihre Zukunft und da muss sie ihren eigenen Weg gehen. Einerseits ist es sehr schwer sich gegen die Eltern zu stellen. Deshalb ist sie gezwungen das zu tun was man ihr sagt. Sie hat auch <u>kein Recht auf ihre eigene Meinung</u>. Das zählt nicht, nur was die Männer sagen. Die Frauen haben da nichts mitzureden. Oya wird das Leben in der Türkei sehr schwer fallen denn sie kann besser Deutsch als Türkisch sprechen, sie würde nicht verstehen was man im Unterricht durchnimmt, die Mentalität, das Verhalten, alles wäre eine Umstellung für sie. <u>Ich würde das niemals hinkriegen. Ich könnte nicht alles aufgeben dazu ist mir hier alles zu wichtig. Da würde ich mich selber kaputt machen.</u> Denn man kann die Türkei und Deutschland nicht vergleichen. <u>Das Leben in der Türkei für immer wäre für mich eine Qual.</u> Es fängt schon damit an dass man nicht ausreichend Türkisch redet. Wir hier in Deutschland reden ein ganz anderes Türkisch als die in der Türkei. <u>Ich kenne nicht mal alle Wörter die man in der Türkei wissen sollte.</u> Aber hier reicht es. Man kommt sehr gut

durch. Die Türkei ist ein sehr schönes Urlaubsland aber für immer dort leben auf gar keinen Fall. <u>Ich würde Oya raten diesen riesigen Schritt nicht zu machen.</u> Sie soll an sich denken. Sie weiß schon von ihren Freundinnen wie es ist. Soll sie denn den gleichen Fehler machen?

Die in diesem Jugendbuch dargestellten Inhalte scheint Emel sehr realitätsbezogen aufzunehmen. Sie identifiziert sich stark mit der Situation der Protagonistin Oya, die sich auch in ihrem eigenen Leben ergeben könnte, und empfindet mit der literarischen Figur mit. Oyas Schicksal nimmt sie zum Anlass, um sich reflektierend und problematisierend damit auseinander zu setzen. Ihre wertenden Kommentare und Ratschläge an Oya wirken fast so, als sei für sie die Geschichte nicht fiktiv, sondern als spräche sie über eine Freundin. Vor dieser Folie reflektiert sie auch über sich selbst. Ihr Hinweis auf die Übermacht der elterlichen und die Vorherrschaft der männlichen Autorität in der türkischen Mentalität wirkt so, als sei sie inzwischen selbstbewusst genug, um sich von diesen tradierten Normen ihrer heimatlichen Kultur zu distanzieren. Im ganzen Lesetagebuch setzt sich das imaginativ-identifikatorische Knüpfen von Bezügen zwischen Textwelt und der eigenen Erfahrungswelt fort:

Klar, dass sich Oya aufregt schließlich sind wir auch Menschen. In ihrem Fall würde ich auch so reagieren.
Da kam ein Satz, den sie nicht hören sollte. 'Endlich ein Kanakenweib weniger.' Oya schossen die Tränen aus den Augen. Oya tut mir sehr leid. An ihrer Stelle hätte ich auch geweint. Denn so etwas zu hören ist sehr fies. Gut dass sie so ruhig geblieben ist an ihrer Stelle wäre ich aufgestanden und hätte dem Jungen rechts und links eine Ohrfeige verpasst so dass er nicht mehr wüsste wie es passiert ist.
Es ist ein schmerzvoller Abschied jetzt muss Oya alles aufgeben. Sie hat alles verloren. Das ist ein Scheiß Moment ich fühle mit Oya. Sie ist ganz schön stark. Lob an sie.

4.3.3.3 Imaginationen und Identifikationen

In fast allen Lesetagebüchern finden sich Eintragungen, die auf eine imaginativ-identifikatorische Textaneignung hinweisen. Auffällig ist, dass Imagination und Identifikation besonders dort sichtbar werden, wo die Schülerinnen und Schüler produktive Formen der Auseinandersetzung wählen (Brief, Tagebucheintragung, Dialog, Telefonat, Zeichnungen usw.).[139]

Zum Buch „Und wenn ich zurückhaue?" gibt es in den 5. und 6. Klassen zahlreiche Beispiele für Imagination und Identifikation in produktiver Form, wobei Briefe, Tagebucheintragungen und Zeichnungen dominieren. Katharina (6. Kl., LT 71) denkt sich in der folgenden Eintragung in Krissis Situation hinein und lässt

---

[139] Überschneidungen mit den in Kapitel 4.3.3.4 dargestellten kommunikativen Formen sind hier unvermeidbar, da gerade sie gut geeignet sind, um zum Ausdruck zu bringen, dass man sich zu der Buchfigur in Beziehung setzt bzw. ihre Perspektive übernimmt.

ihn zunächst einen persönlichen Brief an Bossy, Mitglied der 'Schlägerkids', und danach eine Tagebucheintragung schreiben.

Ein Brief an Bossy!

Wieso musst du mich immer ärgern und schlagen? Möchtest du mal gerne in meiner Haut stecken? Also ich nicht. Weißt du nicht wie weh das tut, ich glaube nicht. Du bist so gemein, soooo oberhundsgemein. Denk mal darüber nach. Du fühlst dich auch nur groß, wenn du in einer Gruppe bist. Hör damit bitte auf. Krissi

Krissis Tagebucheintrag

Alle sind so gemein zu mir. Ich glaube keiner braucht mich mehr, oder wieso hört mir keiner zu? Am liebsten würde ich von zu Hause weglaufen. Oder nie mehr in die Schule gehen. Außer Olaf und Kati habe ich doch sowieso keine Freunde. Wieso muss die Welt so grausam sein. Am liebsten würde ich zaubern können, dann würde ich Henny, Bossy und Peer wegzaubern, und die Welt so gestalten, dass es keine Gewalt und keine Kriege mehr gebe. Tschüs liebes Tagebuch.

In dem Brief, in dem sie viele typische Merkmale von Krissis Sprache nachahmt, übernimmt Katharina die Perspektive Krissis (Krissi appelliert an Bossy mit einer Frage, die ihn zum Fremdverstehen anregen soll), hält dies aber an einer Stelle nicht durch, was an der ichbezogenen Äußerung („*Also ich nicht.*") erkennbar ist. Dieses „*ich*" kann sich nicht auf Krissi beziehen, da er ja unabänderlich in seiner eigenen Haut steckt. Man könnte dies so deuten, dass sich in dieser identifikatorischen Äußerung ihre starke innere Beteiligung zeigt, die dazu führt, dass sie in dem einen Satz 'aus der Rolle fällt'. Auf jeden Fall versucht sie verändernd in die Handlung einzugreifen, lässt den Protagonisten also die Gewalttätigkeiten nicht widerstandslos hinnehmen, sondern wenigstens brieflich aktiv werden. Die aus Krissis Perspektive formulierte Tagebucheintragung, in der Inhaltsaspekte des Gelesenen gebündelt und angelehnt an Krissis Sprache notiert sind, kann durchaus als Zeichen für Empathie gedeutet werden.

Fiktive Tagebucheintragungen eignen sich gut, um Imaginationen der Innenwelt der Buchfiguren zu verschriftlichen. Auch Stephanie (5. Kl., LT 26) entfaltet eine solche Imagination über die Buchinformationen hinaus, hält dabei die Perspektive Krissis durch und bringt ebenfalls Empathie zum Ausdruck.

Liebes Tagebuch Ich will am liebsten gar nicht mehr zur Schule gehen. Peer, Bossy und Henny sind obergemein. Aber wenn sie mich finden, werden sie mich bestimmt wieder in die Schule schicken. Dann geht alles wieder weiter. Aber wenn ich noch weiter weglaufe dann verhungere und verdurste ich. Oder ich erfriere denn mir ist jetzt schon eiskalt. Das Beste wird es sein wenn ich nach Hause laufe. Vielleicht wechsle ich dann die Schule. Olaf könnte natürlich mitkommen. Das wäre schön. Vielleicht finde ich ja auch noch ein paar neue Freunde. Bossy, Henny und Peer können mich dann mal. Aber das müssen meine Eltern mitentscheiden.

Auch für Inhaltswiedergaben wird gelegentlich die Perspektive einer Buchfigur gewählt, z. B. bei Julia (6. Kl., LT 70), in deren fiktiver Tagebucheintragung aus der Perspektive Krissis zum Inhalt des 1. Kapitels Fremdverstehen deutlich wird.

> *Liebes Tagebuch!*
> *Heute war wirklich nicht mein Tag. Ich habe heute morgen die Vase von Tante Gerti umgeworfen und keiner hat mich gefragt ob ich in eine Scherbe getreten bin oder mich verletzt habe. Dann habe ich mich gewaschen. Natürlich war nur das T-Shirt da wo „Children's Wear" draufsteht, dann werden alle in der Schule wieder sagen ich hab Babykleidung an. Dann bin ich in die Küche gegangen Papa hat Zeitung gelesen als ich sah was auf der Titelseite stand musste ich erst mal tief Luft holen. Da stand nämlich „Zehnjähriger von Mitschülern auf dem Schulweg zusammengeschlagen"! Da dachte ich auch schon wieder an Henny, Bossy und Peer. Gut dass ich mir schon einen Umweg ausgedacht hatte. Das Schlimmste war dass ich, auf meinem Umweg trotzdem Henny, Peer und Bossy getroffen habe. Gott sei Dank konnte ich mich noch gerade hinter einer Hecke verstecken. Als Henny, Peer und Bossy um die Ecke gegangen waren guckte ich auf meine Uhr es war 8. So ein Mist sagte ich. Wie sollte ich das Frau Fromm erklären. Und als ich auf dem Schulhof war, war es schon fünf nach acht. Nachdem ich in der Klasse war guckten mich alle komisch an. Die nächsten Stunden waren eine Qual für mich. Als aber Olaf fragte ob ich mit ihn spielen wollte freute ich mich zwar konnte ich nicht, aber dafür verabredete ich mich für morgen mit ihm.*

Nicht nur die Identifikationsfigur Krissi wird für eine Perspektivenübernahme gewählt, sondern auch andere Buchfiguren. Annika (6. Kl., LT 73) übernimmt in der folgenden Eintragung die Perspektive von Krissis Freund Olaf und schreibt aus dessen Sicht eine identifikatorische Tagebucheintragung:

> *Liebes Tagebuch! In der Schule wurde mein Freund Krissi vermisst und ich hatte Angst. Ich wollte Verstärkung holen und erzählte Herrn Weidlich das über die Schlägerkids. Bei ihm fand ich Verständnis und unsere Klasse suchte nach Krissi. Als Herr Weidlich Bossy, Henny und Peer in unsere Klasse kommen ließ sagten sie dass das nur ein Spiel war und erzählten was sie mit Krissi gemacht haben. Ich rief, dass sie geboxt und getreten haben. Der Direktor Kniepappel hatte schon die Eltern von Krissi benachrichtigt, dass Krissi fort ist. Ich wusste mehr von Krissi als die Eltern von ihm. Die Eltern waren traurig und riefen die Polizei an. Wer Kinder hat, muss sich Zeit nehmen. Am Abend fuhr Krissis Vater stundenlang herum um ihn zu suchen.*

Hier die Perspektive Olafs zu übernehmen, um das Geschehen aus seiner Sicht in einer Tagebucheintragung festzuhalten, macht durchaus Sinn, denn Olaf ist derjenige, der sich ein Herz fasst und dem Lehrer von den Schikanen, die Krissi aushalten musste, erzählt. Annika lässt allerdings viele Handlungsschritte weg und reduziert die inhaltliche Wiedergabe auf die Information, dass Olaf mehr von Krissi wusste als dessen Eltern. Der vorletzte Satz der Eintragung („*Wer Kinder hat, muss sich Zeit nehmen.*") ist ein Zitat aus dem Buch (S. 80 / Olafs

Vater sagt ihn gegenüber Krissis Eltern), dessen Inhalt Annika sich als Appell zu eigen macht, da sie den Satz kontextunabhängig wie einen allgemein gültigen moralischen Anspruch notiert.

Elena (6. Kl., LT 80) denkt und fühlt sich als einzige in die Buchfigur Bossy von den 'Schlägerkids' hinein und schreibt zu Kapitel 5:

> *Ein Tagebucheintrag von Bossy; Liebes Tagebuch,*
> *Heute haben wir den Krissi so richtig fertig gemacht. Und Henny hat sein Flugzeug zerbrochen, vor seinen Augen. Das war so richtig geil Hahaha. Heute habe ich keine Lust mehr zu schreiben. Dann Tschüß. P. S.: Das würde ich sofort noch mal tun. Glaube ich!*

Die Identifikation mit der 'Negativfigur' Bossy und die entsprechende Perspektivenübernahme macht ihr anscheinend Freude, aber mit der darin zum Ausdruck kommenden Empathie fühlt sie sich am Ende selbst nicht ganz wohl, sodass sie die Einschränkung „*Glaube ich*" machen muss. Vielleicht kann sie sich vorstellen (oder hat es selbst schon erlebt), dass so ein Verhalten dem 'Täter' Spaß macht (und auch ihr selbst Spaß machen würde); aber die internalisierten Normen für 'richtiges' Verhalten lassen es wohl nicht zu, diesem Sachverhalt und der dahinter stehenden Einstellung öffentlich zuzustimmen.

Manchmal führen Imaginationen zu besonderen Schreibprodukten. Virginia (5. Kl., LT 35) schreibt z. B. einen Angsttext zum 5. Buchkapitel, in dem das Wort Angst jeweils unterstrichen ist. Bei der Wiedergabe sind die wörtlich aus dem Buch übernommenen Teile durch Unterstreichungen gekennzeichnet, um deutlich zu machen, was ihre eigenen Gedanken sind.

> *Krissi hat **Angst**. **Angst** ist <u>wie eine Fernsteuerung</u>. <u>Nur die Richtung weiß keiner.</u> <u>**Angst** macht blind. Er rennt vor den Einkaufkorb einer Frau „Dummer Junge", aber er ist schon weiter.</u> **Angst** macht stumm. Ja die **Angst** kennt keine Grenzen. Krissi rennt und rennt so lange er kann er hält beim Baumhaus an. **Angst** ist ein Gefühl das irgendwann vorbei geht.*

Der Schreibstil der Buchvorlage wird hier zunächst fast wörtlich übernommen, dann werden die eigenen Gedanken im selben Duktus weitergeführt. Die Verfasserin nutzt also den Schreibstil der Autorin für ihren eigenen kleinen poetischen Text, um im Anschluss an den Buchtext festzuhalten, was sie beim Hineindenken in die Situation empfunden hat bzw. welche verallgemeinerbaren Erkenntnisse sich daraus für sie ergeben.

Für Imaginationen zu einzelnen Handlungsepisoden werden häufig auch zeichnerische Formen gewählt, z. B. zum ersten Buchkapitel bei Olga (6. KL., LT 55) (Abb. 30, S. 220):

Abb. 30: LT 55, Olga

Abb. 31: LT 201, Franziska (Ausschnitt)

Franziska (7. Kl., LT 201 zu „Die Glasmurmel") veranschaulicht an mehreren Stellen ihre Imaginationen vom Buchgeschehen durch Bildergeschichten. In ihrem Lesetagebuch findet sich ein Beispiel, das deutlich macht, wie ihr in dieser produktiven Auseinandersetzungsweise auch Perspektivenübernahmen gelingen. Sie denkt sich in die Buchfigur Johann, deren Handicap das Stottern ist, hinein und stellt ein Gespräch zwischen Johann und seiner Freundin Susanne dar (Abb. 31). Diese Bildergeschichte erstreckt sich über sechs Seiten.

In den Lesetagebüchern der siebten Hauptschulklassen, die das Buch „Und das nennt ihr Mut" gelesen haben, finden sich viele imaginativ-identifikatorische Eintragungen, die häufig mit – teilweise impliziten – Wertungen verbunden sind und auch zum kreativ-mitgestaltenden Eingreifen in die Handlung führen. Als ganz besondere Form des Imaginierens lässt Sascha (7. Kl., LT 169) seinen Tagebuchbeginn wie eine 'Reportage' klingen und macht sich selbst in der Reporterrolle zur beobachtenden Buchfigur. Offen bleibt, welche expliziten Leser (oder Hörer) er sich vorstellt.

> *Guten Tag, ich bin der Reporter Sascha ... Heute habe ich eine geile Story erwischt. Ich war im Kaufhaus und traf einen Jungen namens Andi er hatte grade was geklaut zwar wusste es keiner außer ich. Er war grade im 3. Stock es sah so aus ob er sich hier am besten auskennte. Das war die Computer und Stereoanlagen, Fernseher, CD-Player und Walkmen Abteilung. Hier ist es zwar voll in dieser Abteilung aber ich habe Andi immer im Auge. Die Verkäufer sind ganz schön genervt. Es war ein neuer Mann als Hilfe eingestellt worden der sich noch nicht sehr gut auskannt. Andi streunt bei der Walkmenecke herum, er beobachtet ganze Zeit den neuen Angestellten zu: Der Angestellte fummelt nämlich in den Glaskasten rum, wo die teuersten Walkmen liegen. Der Mann nimmt 2 Walkmen heraus und schließt den Glaskasten wieder zu, ein Walkman hat er aus Versehen liegen gelassen. Andi geht also er versucht unauffällig zum Glaskasten wo der Walkman liegt hinzugehen. Er guckt erst mal um sich als er am Glaskasten steht und nach einer Zeit war der Walkman in Andis Hand, er guckte immer noch um sich ob ihn jemand beobachtet mich hat er nicht entdeckt ich komme mir vor wie ein Ladendetektiv ... Da ..., da da hat er den Walkman unter seine Jacke gesteckt. Dann versucht er unauffällig das Kaufhaus zu verlassen (er hat es geschafft).*

Bemerkenswert sind die Imaginationen von Daniel (7. Kl., LT 156), der ein Drillingskind und nach Aussagen des Lehrers sehr klein und leicht lernbehindert ist und von seinen Mitschülern häufig belächelt wird. Die meisten seiner Eintragungen dokumentieren zwar seine Defizite im schriftlichen Bereich, aber auch seine emotionale Betroffenheit und sein Involviertsein bei der Lektüre des Buches. Er denkt sich in das Buchgeschehen hinein, macht sich selbst zum zusätzlichen 'Personal' des Buches und mischt sich ein.

> *Ich habe jetzt bis Seite 40 gelesen und habe erfahren, dass die Sharks Andi zwei Drohbriefe geschickt wurden. Der zweite ist gemein. Sie wollen ihm drohen, dass sie es der Polizei sagen. Andi denkt, die blöden Sharks haben nur Doofes in der Birne. Andi fühlt sich sehr traurig. Wenn es ihm schlecht geht, will er sich meistens verkrümeln. Ich würde das auch machen, wenn es mir schlecht geht. Andi wurde von den Sharks zusammengeschlagen. Dass aber auch alle vier auf ihn allein drauf müssen. Ich mische mich in die Geschichte ein und nehme Rauchbomben mit und benutze sie. In dem Rauch schlage ich die Sharks zusammen. Andy läuft weg. Die Sharks sind grün und blau geschlagen. Die Sharks wunderten sich, wer das war und sagten: Na warte, Andi, dich und deinen Freund erwischen wir noch. Kommt, Leute, wir zischen ab.*

Daniel scheint seine persönlichen Probleme sehr stark in die Textauseinandersetzung hineinzunehmen und zu verarbeiten, was besonders auch in den Ich-Aussagen („*Ich würde ...*") ablesbar ist. Außerdem wird in den Texteinmischungen, die hier in Form einer Substitution erfolgen, erkennbar, wie er selbst gern sein oder sich sehen möchte: stark, als jemand, vor dem man Angst hat, der sich keine Ungerechtigkeiten gefallen lässt und Mittel und Wege findet – wie hier die Rauchbomben – um sich zu wehren.

In der folgenden Eintragung setzt er sich mit Mike auseinander, bildet sich eine „*Theorie*" über ihn und fällt abschließend ein zusammenfassendes moralisches Urteil.

> *Ich schreibe heute über Mike den King der Gang und den Trottel zu Hause. Mike ist in der Schule der Coole er fühlt sich stark als ob er stärker als Superman wär. Alle respektieren ihn sie finden gut super einfach voll korrekt ich finde ihn bescheuert zu viert auf den armen Andi zu gehen. So was Unfaires das ist richtig fies. Zu Hause ein Schlappi und Trottel, zu Hause ist er ein kleiner Krümel und ein Wurm er würde sich am liebsten in einem Loch verkrümeln. Das war meine Theorie von Mike dem King in der Schule und dem einsamen Zwerg zu Hause.*

Fast alle Tagebucheintragungen sind bei Daniel affektiv hoch besetzt, was darauf hindeuten kann, dass er das Buchgeschehen sozusagen als 'Hohlform' für seine eigene Situation nutzt und mit Hilfe des Lesetagebuchs seine subjektive Erlebnisperspektive und seine Erfahrungen mit Gleichaltrigen neu ordnet. Oft belächelt und gehänselt, hat er bei der fiktiven Person Mike die Chance, ohne Konsequenzen fürchten zu müssen, einen „*King*" zu entmystifizieren und seine Schwächen aufzudecken. Sicherlich macht er in der Realität andere Erfahrungen, sodass es für ihn wichtig ist, zumindest im Buch und in seiner Vorstellung zu erfahren, dass hinter solchen oft vorgetäuschten Stärken auch Schwächen liegen können und dass er selbst auch in der Lage ist, diesen Stärken etwas entgegenzusetzen. Aspekte, die seiner persönlichen Bedürfniswelt entspringen, fließen ungehemmt in den Text ein. Es scheint, als rede er verschlüsselt immer von sich selbst und als könne er dadurch etwas sagen, was sonst nicht zur Sprache kommen würde.

In wechselnden Ich-Perspektiven schreibt Regina (7. Kl., LT 173), eine Spätaussiedlerin und nach Aussagen ihres Lehrers sehr verlässlich und im Unterricht engagiert. Das „Ich" in ihren Eintragungen bezeichnet sowohl die Perspektive Andis, als auch die anderer Buchfiguren oder Reginas eigene Perspektive als zusätzliche Buchfigur bzw. als reale Person. Wenn sie als Andi schreibt, imaginiert sie dessen Gedanken und Gefühle auch über das im Buch Beschriebene hinaus. Immer wieder füllt sie so vorhandene Leerstellen im Text mit dem, wovon sie sicherlich annimmt, dass Andi es so wahrnehmen könnte. Diese Passagen sind sehr anschauliche Beispiele für Empathie, denn sie stellt sich vor und empfindet nach, was Andi wohl denken und fühlen könnte.

> *Als ich vorm Kaufhaus stand und junge Leute auf Instrumenten spielten und ich die gar nicht kannte hörte ich ganz gut zu. Ich dachte nur je voller das Kaufhaus ist, umso besser. Ich ließ mich mit der Menge in das Kaufhaus hineinschieben. Im dritten Stock kannte ich mich am besten aus. Ich dachte nur noch einmal, dann hab ich's geschafft.*

Sie schreibt aber auch über die 'Negativ-Figur' Mike in der Ich-Perspektive.

> *Ich heiße Michael Müller und mein Spitzname ist Mike. Meine Haarfarbe ist schwarz, habe braune Augen und bin 1,70 cm groß. Ich bin 15 Jahre alt und ich bin ein Einzelkind und mit meiner Gang mache ich viel Blödsinn und wenn jemand nicht für uns ist sondern gegen uns ist den schlagen wir zusammen.*

Obwohl sie sich auch in diese Negativ-Figur hineindenkt, gehört ihre Sympathie doch Andi. Sie greift nämlich in die Handlung ein, verabredet sich telefonisch mit Andi („*Hier ist ein Mädchen das dich kennt ... Könnten wir uns mal treffen?*") und beschreibt ihr anschließendes Treffen mit ihm:

> *Es war 14.45 und ich bin schon losgegangen um pünktlich da zu sein. Aber Andi kam fünf Min. zu spät. Aber das ist nicht schlimm. Hi Andi ich find das nicht o.k. dass du im Kaufhaus ein Walkman geklaut hast. Weißt du mir ist das auch mal passiert und ich wurde auch erwischt. Dann musste ich die Sachen wieder geben und ich hatte sogar eine Anzeige am Hals. Aber ich wurde noch nie erwischt sagte er. Aber du hattest doch nur Glück. Versprich mir dass du nie wieder klaust o.k. Das verspreche ich sehr sagte Andi. Danach sagte Andi dass er nur zu der Gang gehören wollte. Ich antwortete: „Man muss nicht unbedingt eine Mutprobe machen um zur eine Gang gehören, bau dir eine eigene Gang mit dein Freunden." Andi sagte: „er hätte keine Freunde in der Schule." wir redeten bestimmt noch 1 Std. und 30 Min. ...*

Sie versucht Andi auf die Unrechtmäßigkeit seines Stehlens aufmerksam zu machen. Die Gefahr, dass man dabei „*erwischt*" werden kann, unterstreicht sie mit einer Beispielgeschichte aus ihrem eigenen Leben und bekennt freimütig, selbst schon einmal gestohlen zu haben und dabei „*erwischt*" worden zu sein. Aus diesem Grund soll Andi ihr versprechen, nicht wieder zu stehlen, was Regina ihn ohne weitere Problematisierung akzeptieren lässt. Dass es aber für Andi nicht so einfach ist, wenn man seine Motive aus dem Text richtig deutet, scheint Regina durchaus wahrzunehmen, denn sie lässt das Gespräch noch „*1 Std. und 30 Min*" weitergehen.

Das identifikatorische Schreiben ist manchmal mit kommunikativen und metakognitiven Äußerungen durchsetzt. Dies ist z. B. bei Sven (7. Kl., LT 151) der Fall, einem Rumäniendeutschen mit guten Sprachkenntnissen, der durchgängig in der Ich-Form schreibt, wobei er sich im ersten Teil selbst als zusätzliche Buchfigur sieht und im zweiten Teil die Perspektive Andis übernimmt.

> Im Augenblick bin ich in der Schule und mir fehlt die Inspiration um etwas zu schreiben. Ich werde irgendetwas schreiben. So, jetzt fang ich erst mal an.
> Gestern war ich in der Stadt und habe einen Jungen gesehen. Dem bin ich nur aus Spaß gefolgt. Er ist in ein Kaufhaus gegangen. Dann sah ich ihn, wie er mit der Rolltreppe nach oben fuhr, [...] Ich sah ihn dann als er sich gerade auffällig umschaute, und die Schilder vertauschte. Dann nahm er sich einen Walkman und steckte ihn unter seine Jacke. Dann ging er normal weiter. Ich folgte unauffällig. Jetzt muss ich leider Schluss machen die Stunde ist zu Ende.
> Die Deutschstunde hat wieder angefangen. Tut mir Leid dass ich gestern nicht weiterschreiben konnte. So, jetzt schreibe ich erst mal weiter. Wo war ich noch mal stehen geblieben? Ach ja! Ich folgte ihm bis er draußen war dann sprach ich ihn an „Ich habe dich gesehen wie du geklaut hast Andi." Er antwortete: „Du sollst dich da raushalten" und dann lief er davon. Bestimmt weil ich seinen Namen erwähnt habe. Bis morgen.

In seinen nächsten Eintragungen wird eine Totalimagination deutlich, in der die substitutive Einmischung in das Buchgeschehen in eine projektive Übernahme der Rolle und Perspektive Andis übergeht (was er „*Egoperspektive von Andi*" nennt) und sich zugleich mit seiner eigenen Situation als Tagebuchschreiber vermischt.

> Hallo liebes Tagebuch,
> Heute mache ich mal eine Zusammenfassung was so in den letzten Tagen passiert ist, aus der Egoperspektive von Andi.
> Als ich vom Kaufhaus wegging bin ich zu den Sharks gegangen um ihnen den Walkman zu geben. Danach wollte ich nicht mehr zu der Gang, weil sie sagten dass das nur eine Mutprobe gewesen sei und ich wollte mich nicht lächerlich machen. Nächsten Tag wollte ich nicht zur Schule gehen weil ich Angst hatte dass sie mich zusammenschlagen könnten. Aber dann passierte es doch. Nach der Schule wurde ich verprügelt und jetzt liege ich im Bett. Der Arzt war gestern da und auch Marten Henner der neue Schüler der hat mir einen Brief von meinem Lehrer gebracht. Liebes Tagebuch jetzt weißt du auch, warum ich die letzten Tage nicht schreiben konnte. Ich lag im Bett mit Fieber und konnte kaum sehen. Tschüss bis morgen.

Was hier auf den ersten Blick aussieht wie eine kommunikative Mitteilung der eigenen Befindlichkeit, ist in Wirklichkeit die durchgehaltene Perspektive der Buchfigur, die von der eigenen Realsituation des Tagebuchschreibers nicht mehr abgegrenzt ist, sodass beides ineinander übergeht. Auch in der nächsten Eintragung wird dies wieder deutlich:

> Heute war ein langer Tag, der mit einem Alptraum begann. Morgens holte mich mein Vater aus dem Bett mit einem Gebrüll!!! Auf unserem Haus hatten die Sharks geschrieben „Hier wohnt ein Dieb!" Ich bin den ganzen Tag in der Stadt umhergewandert. Habe nichts gegessen nur eine Cola getrunken. Habe auch Herr Becker angerufen. Es war schön seine Stimme zu hören. Dann war ich am See und habe viel nachgedacht, sogar an den Tod. Zum Glück habe ich es nicht getan.

Mike habe ich auch die Meinung gesagt. Sogar in seiner Wohnung war ich. Aber das Schönste war als ich zu Hause wieder war habe ich mir alles von der Seele geredet. So jetzt wissen es alle Herr Becker, Eva Henner Kerstin und die Polizei.

Dieses Kapitel habe ich jetzt abgeschlossen. Ich fühle mich von einer starken Last befreit. Ich werde jetzt mein Tagebuch beenden und zur Seite legen. Irgendwann werde ich es noch lesen und vielleicht meinen Kindern es zeigen. Sie sollten daraus lernen und nicht den selben Weg zu gehen so wie ich.
Tschüss.

Im Einzelfall äußern Schülerinnen und Schüler sich über so starke identifikatorische Emotionen, dass sie kaum noch weiterlesen können, weil der Drang zur Einmischung zu groß wird. Güngör (7. Kl., LT 154) ergeht es so beim Überfall der Sharks auf Andi, was er mit einer imaginativen Illustration noch verdeutlicht (Abb. 32). Im Buch gibt es keine solchen Illustrationen.

Und dann an der Ecke Friedrichstraße / Bismarckstraße tauchen sie plötzlich auf. Alle vier. Sie umringen ihn Mike drischt als erster auf ihn ein. Andi versucht sein Gesicht zu schützen. Ich konnte nicht mehr weiterlesen ich wollte mich einmischen und Andi helfen und sagen dass die vier Feiglinge sind ein alten Freund zu schlagen. Dass sie das nicht mehr machen sollen.

Abb. 32: LT 154, Güngör

Ein Beispiel für eine produktive Imagination kann noch aus dem Lesetagebuch von Julia (9. Kl., LT 274) angeführt werden. Sie imaginiert die beiden Hauptprotagonisten des Buches „Wahnsinnsgefühl" von Achim Bröger zu zwei eingeklebten Portrait-Fotos aus Illustrierten, zu denen sie schreibt:

So stelle ich mir Gesa vor. Ich finde die ganzen Beschreibungen passen auf dieses Bild. Wie sie lacht, sie sieht frech und lieb aus. Ihre kurzen Haare sowie ihre wunderschönen Augen.
So kann Jos nur aussehen, verträumt, etwas schüchtern, aber auch treu. Ich finde seinen Blick sehr süß sowie es auch Gesa findet.

Außerdem macht Julia aus dem 9. Kapitel des Buches einen Fotoroman, d. h. sie verwendet Fotos eines jugendlichen Paares aus Illustrierten und notiert dazu den Inhalt des Buchkapitels.

4.3.3.4 Kommunikation und Metakognition

In vielen Lesetagebüchern finden sich Eintragungen, die auf kommunikative Formen der Textverarbeitung hinweisen. Es gibt z. B. Anreden an das Tagebuch als fiktiven Gesprächspartner, häufig gefolgt von Reflexionen und Metakognitionen (vgl. 4.3.3.2), und Imaginationen von Kommunikationssituationen mit Buchfiguren, die sich besonders an Textarten wie Brief, Gespräch, Telefongespräch oder Interview festmachen lassen (vgl. 4.3.3.3). Solche Auseinandersetzungsformen können als kommunikative Situationen mit impliziten – d. h. fiktiven – Lesern angesehen werden. Darüber hinaus lassen viele Eintragungen erkennen, dass die Lesetagebuchschreiber auch eine Kommunikation mit expliziten – d. h. tatsächlich vorhandenen – Lesern ihres Lesetagebuchs oder einzelner Tagebuchteile im Blick haben. Hin und wieder finden sich direkte Anreden, Mitteilungen oder auch Fragen an die Lehrperson, die zum Tagebuchschreiben aufgefordert hat und deshalb die Ergebnisse lesen und beurteilen wird, oder an andere Tagebuchleser, z. B. Mitschülerinnen und Mitschüler. Eine besondere Form ist die kommunikative Kontaktaufnahme mit der Autorin bzw. dem Autor des Buches, z. B. in Form von Briefen mit Stellungnahmen oder Fragen. Obwohl es in der Regel sicher nicht intendiert ist, diese zunächst fiktive Kommunikation auch in die Realität zu übertragen, wäre dies doch jeder Zeit faktisch möglich, sodass auch in diesem Fall von expliziten Lesern gesprochen werden kann.[140]

Manche Schülerinnen und Schüler halten die kommunikative Form der Eintragungen im ganzen Lesetagebuch durch. Schon der Beginn lässt dies erkennen. Franziska (6. Kl., LT 75), die das Buch „Und wenn ich zurückhaue?" gelesen hat, beginnt alle Eintragungen mit „*Liebes Tagebuch*" und berichtet danach – immer mit ähnlichen Worten – metakognitiv über ihren Leseprozess. Unklar bleibt, ob sie mit der Anrede einen impliziten oder expliziten Leser – sich selbst oder den Lehrer? – ansprechen will oder beides miteinander vermischt.

Do., der 14.9., Liebes Tagebuch, ich habe heute angefangen ein Buch zu lesen. Die Überschrift des ersten Kapitels ...

15.9. Liebes Tagebuch,
ich habe in meinem Buch weite gelesen. Das zweite Kapitel heißt „Krissi guckt Löcher in die Luft". Heute schreibe ich dir einen Steckbrief über Krissi, damit du weißt wie er aussieht: ...

30.9. Liebes Tagebuch! Ich bin jetzt schon in Kapitel 4, ...

4.10. Liebes Tagebuch, es ist 12.45 im Buch was ich lese, und noch immer keine Spur von Krissi.

---

[140] Insgesamt sind die gewählten kommunikativen Ausdrucksweisen nur *Formen für andere Zugänge* (z. B. Reflexionen, Wertungen, Imaginationen, Identifikationen). Deshalb sind Wiederholungen von bereits erwähnten Auseinandersetzungsweisen und Überschneidungen mit den vorausgehenden Kapiteln nicht zu vermeiden.

Äußerungen zum eigenen Leseprozess finden sich auch bei Jan (6. Kl., LT 60) zum selben Buch:

> 1. Eintrag – 14.9.
> Ich habe heute von Seite 26 bis 45 gelesen. Und ich muss sagen, dass das Buch langsam spannend wird. Ich muss auf alle Fälle weiterlesen, da ich wissen will wie Krissi sich aus dieser Lage befreit.

Was vor der Seite 26 im Buch passiert ist, notiert Jan nicht. Möglicherweise hat er bis dahin nichts für erwähnenswert gehalten, sodass das Buch ihn erst jetzt zum Schreiben anregt. In der Eintragung teilt er mit, was er gelesen hat und wie sich im Laufe des Leseprozesses langsam seine Lesemotivation aufbaut. In der nächsten Eintragung – vier Tage später – bestätigt er dies noch einmal mit anderen Worten und mit einem Rückgriff auf seine bisherigen negativen Leseerfahrungen:

> Eintrag Nr. 2 – 18.9.
> Ich habe heute von der Seite 45 – 55 gelesen.
>
> Als ich das Buch zum ersten Mal sah dachte ich dass, das Buch wie jedes andere Buch ist z. B. langweilig, uninteressant und einfach doof ist. Aber da habe ich mich mächtig getäuscht.

Häufig kommt es vor, dass Schülerinnen und Schüler von Beginn an in kommunikativer Form Empfindungen und Metakognitionen – z. B. über Schreibprobleme – mitteilen, bevor sie sich dem Buchinhalt zuwenden. Dies wird z. B. bei Nil (7. Kl., LT 161), einer türkischen Schülerin, und Sina (7. Kl., LT 174) zum Buch „Und das nennt ihr Mut" deutlich.

> Liebes Tagebuch! Wir sollen alle ein Lesetagebuch führen. O.K. und das bist du. Wir sollen es mit dem Buch: „Und das nennt ihr Mut" herstellen. Es fällt mir nicht leicht, was ich schreiben soll. Aber irgendwie kriege ich das schon hin. Also: Das Buch handelt um einen Jungen namens Andi. Andi ist ein Junge, also ich weiß nicht, wie ich es ausdrücken soll, aber ich glaube, dass er nicht so viele Freunde hat und sich ziemlich einsam fühlt. Und ich glaube, dass er deswegen in die Bande von Mike rein will. (Nil)
>
> Liebes Tagebuch. Heute habe ich zum erstenmal das Buch „Und das nennt ihr Mut" kennen gelernt. In dem Buch geht es darüber dass ein Junge namens Andi der seinen Mut beweisen will. Ich habe heute bis Seite 17 gelesen. Und habe schon viel über Andi herausgefunden. Dass er eine einsame Person ist. Z. B. die gerne Freunde haben möchte aber nie die richtigen findet. Er hat zwar welche aber ob das Freunde sind? ... (Sina)

Sinas resümierende Äußerung ist sicherlich ein erster, wenn auch etwas vorschneller Deutungsversuch im Hinblick auf das gesamte Buchthema. Beachtet man, dass sie bisher nur die ersten 17 Seiten gelesen hat, könnte man es fast als Antizipation werten. Ihre zusammenfassende Textwiedergabe deutet auf eine geglückte Textaneignung und eine gelungene Figurenwahrnehmung hin.

Gelegentlich werden im Lesetagebuch in kommunikativer Form auch Gefühle geäußert, die sich auf das Lesen und Schreiben oder auf die Handlung des Buches beziehen. Orkan (7. Kl., LT 162) beginnt sein Lesetagebuch mit einer emotionalen Äußerung zum Aushändigen des Buches, einem Hinweis zum kommenden Schreibprozess, der Notierung einer 'enttäuschten' Imagination und einem moralischen Appell (und das alles in vier kurzen Sätzen).

> Ich freue mich dass das Buch schon da ist, ich dachte es werde nie kommen. Ich werd' versuchen das Beste zu machen. Also bis dann.
> Ich hatte mir Andi wirklich etwas anders vorgestellt. Er sollte auf der Fußgängerzone besser aufpassen.

Freude über das Aushändigen des Buches bringt auch Jonas (7. Kl., LT 163) zum Ausdruck, seine 'enttäuschte' Erwartung ist allerdings differenzierter ausgeführt (Abb. 33). In seinen weiteren Eintragungen wird deutlich, dass er konsequent ein Lese*tagebuch* schreibt. Das heißt: er bringt seine Vorstellungen und Gedanken, die er beim Lesen und Schreiben hatte, seine 'Beteiligung' am Buchgeschehen, seine Perspektivenübernahme und Empathie kommunikativ und tagebuchartig zum Ausdruck. Die folgenden zusammenhängenden Eintragungen können dies veranschaulichen.

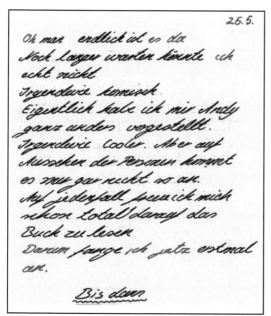

Abb. 33: LT 163, Jonas

Hi, Tagebuch, ehrlich gesagt habe ich nicht geglaubt, dass Andy schon auf der 11. Seite was mitgehen lässt. Aber vorstellen konnte ich mir dass das Buch ziemlich spannend wird. **Aber das war noch nicht alles, was ich zu sagen habe.** Ganz besonders gefiel mir z. B. die Stelle im Kaufhaus. Da konnte ich mich richtig in die Lage von Andy versetzen. Die Beschreibung des Kaufhauses erinnerte mich vollkommen an „Galeria Kaufhof". **Ich stellte mir vor dass ich Andy wäre.** Alles kam mir so echt vor. Das war echt toll. Oder als die Stelle kam als er in der Schreibwarenabteilung war, auf Seite 13 glaube ich, das war auch sehr spannend. „He, hier geblieben! Das gibt's doch nicht!" Das waren zwei Sätze wo ich das erste Mal an Andys Stelle erschrak. Erst dachte ich dass sie

> *ihn meinten. Und das fände ich ehrlich gesagt ziemlich schei . . . . Na ja ich will das Wort lieber nicht ausschreiben.* **Jetzt habe ich viel mehr Bock auf Lesen. Also ich melde mich wieder.**
>
> **Moment! Gerade habe ich ein bisschen durchgeblättert und bin auf Seite 40 stehen geblieben. Das wird ja immer besser. Mein Anspann steigert sich Seite um Seite.** *Jetzt bin ich auf Seite 36. Da kann ich Andy verstehen.* **Ich weiß zwar dass ich den Namen Andy dauernd falsch schreibe, aber ich finde, das sieht besser aus.** *Na ja wie gesagt, da kann ich ihn verstehen. Selber habe ich auch schon so etwas erlebt. Ich hatte wirklich mit allen Stress und wünschte mir dass die alle weg wären. Aber dann beruhigte ich mich wieder und alles war wieder einigermaßen o.k. Ich schätze mal, dass das mit Andys Problemen auch wieder was wird.* **Das war's.**
>
> *Übrigens, habe ich schon gesagt, dass ich jedes 2. Wochenende zu meinem Vater fahre. Da habe ich echt kein Bock darauf etwas zu schreiben.* **Also gewöhnt euch schon mal daran, dass hier jedes 2. Wochenende nichts steht.** *Und dieses Wochenende ist es so weit.*
>
> *Hi, hier bin ich wieder.* **Mir fällt gerade nichts ein.** *Das soll aber nicht den geringsten Grund geben aufzuhören, nein! Nicht verzagen, die Vorschläge befragen. Ich hab's! Buchumschlag verändern. Sieht doch gut aus, oder?*
>
> *Tut mir Leid, dass ich mich so lange nicht gemeldet habe, aber ich war krank und hatte echt keinen Nerv dafür. Alle um mich rum hier in dem Klassenraum machen Rätsel und eigentlich finde ich die Idee gar nicht schlecht aber trotzdem mache ich es nicht.* **Ich weiß was Besseres. Hoffe ich zumindest.**

In den Eintragungen wird deutlich, dass Jonas längere Lesepausen einlegt, die er jedes Mal erwähnt und reflektiert. Zwischendurch gehen ihm die Ideen aus und sein Engagement und seine Schreibbereitschaft lassen merklich nach. Auch dies notiert er metakognitiv in seinem Tagebuch. In der folgenden Eintragung 'korrigiert' er zugleich 'Mündlichkeitselemente' in seiner Ausdrucksweise, als werde ihm plötzlich bewusst, dass er ja schreibt und nicht spricht:

> *Irgendwie hab' ich mir das anders vorgestellt. Zuerst hatte ich sauviele, oh, sorry, total viele Einfälle. Und jetzt? Na ja.*

Bei manchen Lesetagebüchern lässt die Ausführlichkeit und Sorgfalt, mit der sie erstellt sind, vermuten, dass diese Arbeit zeitweise zum „Hobby" geworden ist. Dies ist z.B. bei Dennis (7. Kl., LT 164) der Fall, dessen Tagebuch aus zwei aneinander geklebten DIN-A-5-Heften mit 67 Seiten besteht. Dass sich die Freude am Schreiben und Gestalten bei ihm erst langsam eingestellt hat und von längeren Pausen unterbrochen war, macht der Verlauf seiner Eintragungen deutlich. Die erste Eintragung lautet:

> *Heute den 25.5. um 9.25 fange ich mit meinem Lesetagebuch an, die erste Seite: ich habe die erste Seite gelesen aber ich weiß nicht was ich darüber schreiben soll.*

Unter der gleichen Datierung schreibt er unmittelbar danach:

> Heute um 5.25 versuche ich etwas zu schreiben, da ich in der Schule nicht die nötige Ruhe hatte. Andi geht durch Fußgängerzone und wird von den Fußgängern hin und her geschubst. Aus den Geschäften kommt Weihnachtsmusik ...

> Ich lese jetzt erst mal das Buch weil es jetzt spanent zu werden!
> Jetzt habe ich sieben Seiten gelesen und Michael der neben mir sitzt nerft mich er sagt zu mir ich brauche eine Terapy weil ich so verrat in diesem Buch bin, vielleicht braucht er eine Terapy der Trotel aber egal!

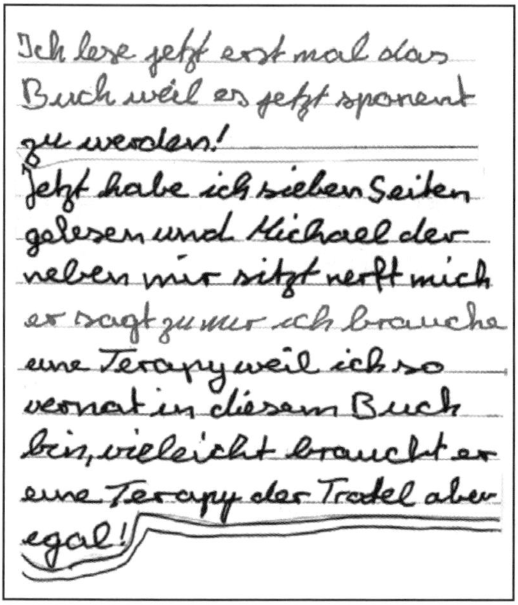

Zu Hause klappt das Lesen und Schreiben in ruhiger Umgebung anscheinend besser als in der Schule, denn er schreibt unter derselben Datierung zehneinhalb Seiten in einem Zug zu Seite 7–17 der Buchvorlage. Weil er auch weiterhin so viel schreibt, kommt er nicht dazu, das Buch bis zum Ende durchzulesen; er kommentiert dies in seinem Tagebuch, einschließlich der Reaktion eines Mitschülers (Abb. 34).

Vierzehn Tage später, nachdem zwischendurch seine Begeisterung für das Lesen und Schreiben ein bisschen nachgelassen hatte, notiert er:

Abb. 34: LT 164: Dennis

> 22.6. Heute werde ich vielleicht nichts schreiben weil ich heute vorhabe das Buch durchzulesen. Das war's erst mal für heute ich habe das Buch durchgelesen fast zwei Stunden hang ich am Buch aber es hat richtig Spaß gemacht im Wohnzimmer zu liegen und zu lesen Zwar lese ich das Buch ein bisschen zu spät durch aber was soll's.

In seinen Bewertungen zum – zusammenfassend oder nacherzählend wiedergegebenen – Buchinhalt richtet sich Dennis mit der Anrede „*ihr*" ausdrücklich an vorgestellte explizite Leser

> **Also wenn ihr mich fragt** ist Andi bescheuert, etwas klauen aus einem Geschäft und überhaupt wie kann man überhaupt etwas klauen und auch noch weil er sich vor seinen Freunden beweisen will, echt bescheuert.
> Ich würde es ziemlich peinlich finden wenn ich gepackt werden würde. Aber ich klaue zum Glück nicht und würde es sowieso nicht machen ich habe es sowieso nicht nötig etwas zu stehlen. Ich würde mir eigentlich mal wünschen dass Andi beim Klauen erwischt wird damit er endlich mal merkt, was er da eigentlich macht und was passiert wenn man erwischt wird.

Qualitative Inhaltsanalyse

In einer rhetorischen Frage distanziert Dennis sich von dem Diebstahl und beurteilt Andis Handeln – ebenso wie die Beweggründe, die dazu geführt haben – als *„bescheuert"*. Dann versetzt er sich in die Lage eines Diebs und teilt mit, wie er sich fühlen würde, wenn er beim Stehlen erwischt würde. Danach folgt eine kurze Selbstreflexion im Hinblick auf seine eigene Disposition zum Thema Stehlen, die mit dem Ergebnis endet, dass er sich nicht für gefährdet hält und es sich eigentlich wünscht, dass Andi erwischt wird, damit ihm sein Fehlverhalten und die möglichen Konsequenzen bewusst werden. Die Eintragung endet wieder mit der schon vorher gewählten, eher aus mündlichen Sprachverwendungen stammenden Floskel:

> ***Also, wenn er mich fragt,*** *ist er gerade noch mal davongekommen. Das war's für heute 10½ Seiten reichen ja wohl für den Anfang! Morgen geht's weiter. Natürlich erst in der Schule aber ich habe mir vorgenommen für morgen 20–25 Seiten zu lesen wenn man bedenkt, dass ich noch 104 Seiten vor mir habe.*

Diesmal ist mit „er" wahrscheinlich Andi gemeint. Außerdem notiert Dennis metakognitiv – der Formulierung nach eigentlich als kommunikative Mitteilung –, wie er mit dem noch vor ihm liegenden Lesepensum umgehen will. Bevor er später einen Brief an die Autorin formuliert, beendet er sein Lesetagebuch mit einem Steckbrief zur eigenen Person:

> *Das bin ich. Mein Name: Dennis. Ich bin der Besitzer dieses Tagebuchs. Meine Hobbys sind: Tischtennis, Fußball, Musik und die letzten vier Wochen war das Lesetagebuch mein Hobby.*

Häufig werden in den Lesetagebüchern Briefe an einzelne Buchfiguren formuliert, in denen die Schülerinnen und Schüler sich in die jeweilige Situation hineindenken und sich in einer kommunikativen Form mit bestimmten 'Anliegen' an die Protagonisten wenden. Meral, eine türkische Schülerin (10. Kl., LT 285), identifiziert sich stark mit der 16-jährigen Türkin Oya in dem gleichnamigen Buch. Sie schreibt Briefe an Oyas Bruder Ali (in der Türkei) und Oyas Eltern (in Deutschland) und beendet alle Inhaltswiedergaben mit aufmunternden Bemerkungen, die sich direkt an Oya richten.

> *Ein Brief an Ali!*
> *Hallo Ali ...*
> *Ali was denkst du wer du bist. Du machst Oyas Leben kaputt. Du hast überhaupt keine Ahnung. Du weißt überhaupt nicht wie man sich anzieht. Als sie in Deutschland gelebt hatten ging es Oya besser sie konnte fast alles anziehen und das was sie wollte machen. Ich will dir nur eins sagen: Wir leben nicht in 60 Jahren zurück ist das dir klar. Ich muss dir noch etwas sagen, ein Mensch hat die gleichen Rechte die du auch hast. Es tut mir Leid dass ich dir so etwas schreiben musste.*
> *Tschüs Meral*

Ein Brief an Oyas Eltern!
Guten Tag ich möchte Ihnen sagen dass es Oya sehr schlecht geht und was Sie zur Zeit machen ist nicht richtig. Es war früher so aber jetzt ist alles anders. Oya ist noch sehr jung sie ist selber noch klein. Sie weiß doch gar nicht, was verheiraten ist. Bitte überlegen Sie es gut. Ich glaube daran dass Sie die richtige Entscheidung treffen werden.
Mit freundlichen Grüßen Meral
Oya, pass auf dich auf Kleines.
Oya du hast ein Pech, Gott soll dir helfen. Oya du wirst es schaffen.

Bei Franziska (7. Kl., LT 239), die das Buch „Und ganz besonders Fabian" von Sigrid Zeevaert gelesen hat, findet sich eine Eintragung, in der sie sich einen Brief von einer der Buchpersonen schreiben lässt:

> *Brief von Anna an mich*
> *Liebe Franzi! Wie geht es dir! Mir geht es gut hier in Holland. Cora und ich schlafen in einem Zimmer. Ich habe dir ein Skizze von unserer Wohnung hineingelegt. Wir gehen fast jeden Tag schwimmen außer heute weil es regnet. Bye Anna.*
> *P.S. Ich glaube, ich habe mich in Fabian verliebt.*

Auf der gegenüberliegenden Seite zeichnet Franziska eine ausführliche Skizze der Ferienwohnung der Buchfiguren (Abb. 1, S. 113). Sie bleibt jedoch in der Perspektive der Protagonistin Anna, indem sie die Skizze mit Pfeilen versieht und beschriftet: „*Am Herd hab ich mich zweimal verbrannt*", „*Der Baum, wo ich runter gefallen bin*", „*Da hat Fabian mir den Liebesbrief in den Turnschuh gepackt*".

Vereinzelt werden nicht nur die Briefe, sondern auch mögliche Antworten auf die Briefe entworfen. Salman (10. Kl., LT 282) schreibt z. B. zum Buch „Die Augen des Jaguars" von Marliese Arold zu einer Textstelle, die ihm besonders gut gefallen hat, der Buchfigur Patrick einen Brief, den er vorher ankündigt, und entwirft danach auch Patricks Antwort.

> *Heute habe ich wieder sechs Seiten geschrieben, das waren die erst interessante Seiten von allen ich bis jetzt gelesen haben. Was ich da gut fand ist, dass Patrick hat alle Partners von ihm gezeigt dass wie man Zeit ohne Uhr wissen kann das war echt gut wie er das gezeigt hat. Deswegen habe ich ihm ein Brief geschrieben von was ich auch Antwort zurückbekommen habe.*
> *Hallo Patrick wie geht es dir ich hoffe dass dir gut geht. Naja muss sein oder, ich wollte zwei Fragen stellen, ein, wann werdet ihr endlich zu euren Eltern kommen, zweitens woher hast du dieser Trick gelernt, ohne Uhr Zeit zu sehen, ich fand es super, wie du das gemacht hast. Ich hoffe dass du mich zurückschreibst, also bis nachher.*
> *Brief von Patrick*
> *Hallo Salman, ich habe dein Brief bekommen danke für dein Brief und ich bedanke dich auch dass du mein Geschichte liest. Also zu dein Fragen erste Frage wann es zu Ende kommen wird ist richtig gesagt zwanzig Seiten noch und wird es*

> *ganz interessant am Ende wirst du bestimmt mögen. Zu der zweite Frage, wie ich das mit Zeit gemacht habe. Es ist ganz einfach muss man einfach die Sonne angucken wir man ganz genau wissen wie spät es ist Beispiel, wenn die Sonne ganz in der Mitte oben auf dem Kopf scheint dann kann man sicher sein dass es zwölf Uhr in Mittag ist, ganz genau so muss man die Sonne in Norden und in Süden auch angucken dann wird man es ganz genau wissen. Also ich muss jetzt gehen und weiter meine Eltern suchen, und ich wünschen dich auch viel Spaß beim Lesen also tschau grüß mal alle zu Hause.*

Der Schluss der Lesetagebücher scheint für kommunikative Mitteilungen, die fast immer Wertungen zum gelesenen Buch und/oder zum Tagebuchschreiben enthalten, besonders geeignet zu sein. Dennis (7. Kl., LT 172) hat in seinem Tagebuch insgesamt nur zwei Eintragungen und außerdem den Klappentext des Buches abgeschrieben. Danach wendet er sich negativ wertend und an seinen Lehrer als expliziten Leser:

> *Ich finde dass mich das Buch nicht ansteckt und Andi finde ich gut und nett!! Herr ... (Name des Lehrers) ich hab mir das Buch drei- bis viermal durchgelesen und es wollte einfach nicht sein dass ich mich mit dem Buch anfreunde!!*

Ein negatives Urteil über das Buch findet sich auch bei Benjamin (7. KL., LT 167), dessen Tagebuch sehr lieblos und 'unbeteiligt' geschrieben wirkt. Er teilt seine Bewertung in einem Brief an die Autorin mit und endet mit einer bemerkenswerten Nachschrift.

> *Liebe Inge Meyer-Dietrich*
> *Das Buch war zu langweilig. Es war nicht genug Action drinne. Das Buch war viel zu lang.*
> *Das Buch war scheiße.*
> *Ende*
> *P.S.: Das Buch hat gut gebrannt.*

Ein Brief an die Autorin ist für mehrere Schülerinnen und Schüler die geeignete Form, um ihre Schlussbeurteilung in Worte zu fassen, die bei fast allen positiv ausfällt. Orkan (7. Kl., LT 162) schreibt:

> *Liebe Frau Meyer-Dietrich: Ihr Buch hat mir gefallen. Ich hab das Buch durchgelesen es war manchmal traurig und richtig spannend ich habe versucht daraus ein Lesetagebuch zu machen. Es ist mir nicht ganz gelungen es fertig zu machen aber ich glaube es reicht dass ich so viel geschafft hab. Wenn Sie mal einen neuen Buch schreiben sollten kauf ich es mir. Viel Glück für Ihr neues Buch*
> *Orkan.*

Der Schlussbrief von Sebastian (7. Kl., LT 168) hat insofern etwas Besonderes, als er eine Bemerkung über einen Mitschüler einfügt, *„der sonst nicht redet und nicht gerne schreibt"*, aber beim Lesetagebuchschreiben zu diesem Buch sehr motiviert war und *„auch gut gearbeitet"* hat. Außerdem erwähnt Sebastian, dass er sich mit dem Protagonisten Andi *„richtig angefreundet"* hat:

> *Hallo Frau Dietrich, in der Schule habe ich Ihr Buch gelesen. Ich fande es richtig spannend. Als ich auf der 31. Seite war, habe ich mich mit Andi richtig angefreundet. Als Andi zusammengeschlagen wurde tat er mir richtig Leid. Ich bin ein richtiger Fan von Ihnen geworden. Wir mussten von Ihrem Buch ein selbstgemachtes Lesetagebuch machen. Alle haben dran geschrieben und gemalt. Juri hat auch gut gearbeitet. Der sonst nicht redet und nicht gerne schreibt. Wenn ein neues Buch von Ihnen draußen ist, rufen Sie mich an, meine Nummer ...*

Eine ganz besondere kommunikative Form des Schlusses wählt Joachim (6. Kl., LT 61):

> *Ich (Joachim) will dem Leser dieses Tagebuchs eine Anregung geben, das Buch „Und wenn ich zurückhaue?" auch einmal zu lesen, vielleicht ist der kleine Anfang den ich schrieb nicht so toll aber ich fand das Buch knackwurstgut, denn es gab eigentlich alles was man will: Spannung, einen traurigen Teil, lustige Sachen, z. B. die neuen Wörter wie knackwurstdoof, Knackwurstbande u. noch mehr. Außerdem lernt man auch wie man mit seiner Kraft umgehen und nicht umgehen sollte.*

Joachim stellt sich einen explixiten Leser vor, den er anregen will, das Buch zu lesen. Nach einem Hinweis auf den Anfang seines Tagebuchs, den er selbst als „*nicht so toll*" bewertet, teilt er den Grund für seine Empfehlung mit, nämlich seine Meinung zum Buch, die er mit einem Hinweis auf den Inhalt, mit einer positiven sprachreflektorischen Wertung sowie mit einer möglichen 'Lehre' für das eigene Leben begründet.

Besondere Anlässe für kommunikative Formen der Auseinandersetzung bieten *Gruppenlesetagebücher*, die von einer Schülergruppe als Gemeinschaftsarbeit zu einem gemeinsam gelesenen Buch erstellt werden. In den Lesetagebüchern einer achten Klasse zum Buch „Hakenkreuz und Gänseblümchen" von Dieter Schliwka (LT 371–375) finden sich dafür viele Beispiele. Die Schülerinnen und Schüler haben in ihren Gruppen Gedanken und Fragen aufgeschrieben und gleich schriftlich darauf reagiert, die Rollen von Buchfiguren eingenommen und sich dabei interviewt, Drehbücher zu einzelnen Buchszenen entworfen sowie Schreibgespräche geführt zu Problemen, die im Buch angesprochen werden. Auch Buchtitel und Cover waren schon vor Beginn des Lesens Anlass für einen Gedankenaustausch in schriftlicher Form.

> *Ein Junge steht vor einer Tür und ein Mädchen steht hinter der Tür.*
> *Er hat ein Gänseblümchen in der Hand.*
> *Das Mädchen sieht sehr traurig aus.*
> *Das sieht so aus, als ob das Mädchen nicht in einer Wohnung wohnt, sondern im Wohnwagen.*
> *Der Junge will vielleicht mit dem Mädchen befreundet sein.*
> *Ich denke, dass der Junge das Mädchen glücklich machen will.*
> *Ich meine, dass er sie liebt.*
> *Das Mädchen sieht leer und kaputt aus.*

Der Junge will vielleicht das Mädchen aufmuntern, dass sie sich befreit von dem, was sie bedrückt.

(Maren, Violetta, Christina und Monique, LT 373)

Was ich mit dem Hakenkreuz verbinde: Hitler, Ausländerfeindlichkeit, Krieg, Tod.
Ein Hakenkreuz ist ein Symbol für Gewalt und Hass gegen Ausländer.
Ich verbinde mit den Gänseblümchen Freude, zart, weich, schön, Wiese, Sommer, Spaß, Picknick, warm.
Gänseblümchen sind zart, weiß mit einer gelben Mitte. Abends schließen sie sich. Das ist für mich ein Zeichen von Schüchternheit. Um für die Nacht gewappnet zu sein, schließen sie sich.
Doch Gänseblümchen sind auch stark. Ich habe schon einzelne Gänseblümchen gesehen, die durch Pflastersteine gebrochen sind.

(Verena, Katrin und Katharina, LT 374)

4.3.4 Lesetagebücher mit 'vorstrukturierter' Aufgabenstellung

Bisher sind Lesetagebücher dargestellt und untersucht worden, die in relativ 'freier' Form angefertigt wurden. Darüber hinaus gibt es aber auch Beispiele für den Einsatz des Lesetagebuchs mit vorstrukturierten, buchbezogenen Aufgabenstellungen, die zumeist einen Pflichtteil und einen Wahlteil umfassen. Im Unterschied zu der 'freien' Variante wird hier mit Vorgaben gearbeitet, die entweder von den Lehrerinnen und Lehrern selbst (4.3.4.1) oder in Anlehnung an so genannte 'Literaturkarteien' bzw. an didaktisch-methodisches Begleitmaterial zu Kinder- und Jugendbüchern (4.3.4.2) erstellt werden. Innerhalb dieser Vorgehensweisen gibt es Unterschiede im Hinblick auf das Verhältnis von Bindung und Offenheit bzw. von verbindlichen Aufgaben und Wahlmöglichkeiten.

Im Folgenden werden Eintragungen aus Lesetagebüchern dokumentiert, deren Erstellung an unterschiedliche Vorstrukturierungen gebunden war.[141]

4.3.4.1 Beispiele mit Pflichtteil und Extras (Klasse 8)

Eine 8. Hauptschulklasse hat ebenso wie die beiden 7. Klassen das Jugendbuch „Und das nennt ihr Mut" von Inge Meyer-Dietrich als Klassenlektüre gelesen und dazu Lesetagebücher erstellt. Im Unterschied zu der 'freien' Form in den 7. Klassen wurde hier jedoch ein Katalog von buchbezogenen Aufgaben – ein so genannter „Pflichtteil" – vorgegeben, der von allen zu bearbeiten war. Für zusätzlich zu wählende „Extras" erhielten die Schülerinnen und Schüler den Handzettel mit Anregungen (vgl. Übersicht 2; S. 105). Es wurde angekündigt, dass das Lesetagebuch bewertet und als wichtiger Bestandteil in die Deutschzensur einfließen würde. Aus dem Beurteilungsbogen (Übersicht 15, S. 236) geht

---
[141] Die Eintragungen werden nicht im Einzelnen, sondern am Ende zusammenfassend kommentiert

hervor, um welche Aufgaben es sich handelte und was die Bewertungskriterien waren.

Übersicht 15: Beurteilungsbogen

1. **Pflichtteil:**	• **Andi und Henner**
• Der Diebstahl (S. 7–18)	was verbindet sie?
• Informationen über die Familie von Andi (S. 18–22)	was unterscheidet sie?
• Die Gang	• **Mike** aus der Sicht von Andi
• Träume Andis Traum! (S. 35)	aus der Sicht der Sharks
• Andi wird bedroht. Erzähle von der Schlägerei und den Folgen. (S. 37 / S. 45–54)	in seiner häuslichen Umgebung
• Wohin mit dem Diebesgut? (ab S. 63)	• Die **Sharks** – was macht die Gruppe mit dem Namen deutlich?
• Henner – ein Steckbrief (38, 54, 57f.)	• Gewalttaten, die strafrechtlich zu verfolgen sind
• Zoff mit Henner (S. 97)	• Was könnte strafmildernd oder erschwerend sein?
• Wie denkt Andi über seinen Diebstahl? (S. 82)	• Wie beurteilst du die Straftaten?
• Gewaltbeispiele aus dem Buch	• Schreibe in Stichworten das Wichtigste heraus!
• Beispiele für mutiges Verhalten	• Abschlussgedanken zum Buch
• **Andi** Wie sieht er sich selbst? aus der Sicht der Eltern? aus Sicht von Herrn Becker? aus Sicht der Sharks? aus Sicht von Henner?	2. **Extras:** – keine – ohne Bezug / unpassend – passend – gedanklich weiterführend
	3. **Inhalt überwiegend**: – oberflächlich / ungenau – durchdacht / verständlich – tiefgründig
	4. **Gestaltung / Form / Übersichtlichkeit / Sauberkeit:**
	5. **sonstige Bemerkungen:**
	6. **Gesamteindruck:**

Die Schülerinnen und Schüler haben den Pflichtteil, der aus 27 verschiedenen Aufgaben besteht, im Hinblick auf Ausführlichkeit, Vollständigkeit, Verstehenstiefe und Sorgfalt sehr unterschiedlich bearbeitet. Während nur zwei Jungen sich mit allen 27 Aufgaben auseinander gesetzt haben, fehlen bei vielen Jungen und Mädchen 1–4 Pflichtteile, bei einem Mädchen 7 und bei vier Jungen sogar über zehn. Geht man davon aus, dass die Pflichtteile das so genannte Minimum darstellen sollten, zeigt sich hier, dass längst nicht alle Schülerinnen und Schüler das vorgegebene Pensum erreicht haben (vgl. Übersicht 16).

Übersicht 16: Fehlende Aufgaben und 'Extras' in der 8. Klasse

Jungen	fehlende Aufgaben	'Extras'
Jonathan, LT 331	1	Steckbrief Mike / Andis Probleme mit seiner Familie
Fabian, LT 332	3	
Majid, LT 333	4	
Mohamed, LT 334	11	
Werner, LT 335	0	Zeitungsartikel / Skizzen / Brief an Andi
Oliver, LT 336	3	Zeitungsartikel / Bilder
Benedikt, LT 337	0	
Sebastian, LT 338	9	
Sascha, LT 339	12	
Alexander, LT 340	7	Informationen über Andi / Die Freunde Henner und Andi
Benjamin, LT 341	3	
Tobias, LT 342	10	
Matthias, LT 343	13	
Kai, LT 344	3	
Benjamin, LT 345	6	
Mike, LT 346	1	

Mädchen	fehlende Aufgaben	'Extras'
Julia, LT 347	1	
Friederike, LT 348	4	Andi und die Brücke
Kristina, LT 349	3	„Silvester" / „Soll ich oder soll ich nicht? – Andi an der Brücke" / „Was ich lustig fand"
Saskia, LT 350	3	Andi und die Brücke / Man kann viel lernen von dem Buch / Besuch einer Gerichtsverhandlung mit der Klasse
Maike, LT 351	1	Zeitungsartikel / Bilder / Stellungnahme zum Buch / Beim Amtsgericht
Stefanie, LT 352	7	

Auffällig ist, dass die fehlenden Teile bei fast allen im Bereich von eigenen Denkleistungen wie Stellungnahmen und Wertungen zu finden sind (z. B.: Wie beurteilst du die Straftaten?, Schreibe in Stichworten das Wichtigste heraus!, Abschlussgedanken zum Buch). Im Hinblick auf die so genannten „Extras" finden sich zusätzliche Ideen und Bearbeitungen nur in einigen wenigen Lesetagebüchern; vier Jungen (von 16) und vier Mädchen (von 6) fanden eigene Aufgaben und Themen über die Vorgaben hinaus. Übereinstimmungen bei der Themenwahl und der Ausführung lassen allerdings darauf schließen, dass auch hier noch Anregungen durch die Lehrerin erfolgt sind oder dass es Absprachen zwischen den Schülerinnen und Schülern gab.

Die folgenden ausgewählten Beispiele sollen sowohl die Normierung durch verpflichtende Aufgaben als auch die mögliche Vielfalt innerhalb der Aufgabenerfüllung verdeutlichen. Bei genauerer Betrachtung der einzelnen Aufgaben fällt auf, dass sie überwiegend auf eine reproduktive Auseinandersetzung ausgerichtet sind, sodass das Textverständnis über das weithin typisch schulische Textdeutungsmuster einer inhaltlichen Aneignung erreicht wird und deshalb im Ergebnis auf die Rekonstruktion der Handlung und der Buchcharaktere beschränkt ist. Da bei den Schülerinnen und Schülern dieser Klasse bei einigen Aufgaben relativ normierte Eintragungen mit z. T. wörtlichen Übereinstimmungen im Text und in der Form (z. B. Auflistungen mit Spiegelstrichen) festzustellen sind, ist zu vermuten, dass die Bearbeitung dieser Aufgaben jeweils im Klassengespräch ʻvorentlastet' wurde.

An je vier Tagebucheintragungen verschiedener Schülerinnen und Schüler zu drei Pflichtaufgaben soll dies verdeutlicht werden. Die Beispiele sind willkürlich ausgewählt und exemplarisch für die meisten anderen Tagebucheintragungen zu den jeweiligen Aufgaben.

Zur Aufgabe „*Andi – wie sieht er sich selbst?*" schreiben Maike, Kristina, Kai und Tobias:

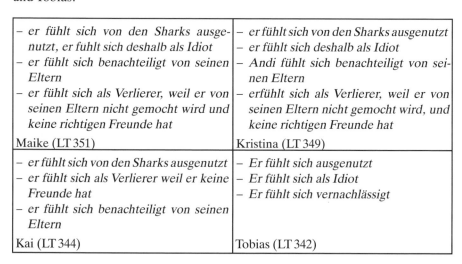

– *er fühlt sich von den Sharks ausgenutzt, er fuhlt sich deshalb als Idiot* – *er fühlt sich benachteiligt von seinen Eltern* – *er fühlt sich als Verlierer, weil er von seinen Eltern nicht gemocht wird und keine richtigen Freunde hat* Maike (LT 351)	– *er fühlt sich von den Sharks ausgenutzt* – *er fühlt sich deshalb als Idiot* – *Andi fühlt sich benachteiligt von seinen Eltern* – *erfühlt sich als Verlierer, weil er von seinen Eltern nicht gemocht wird, und keine richtigen Freunde hat* Kristina (LT 349)
– *er fühlt sich von den Sharks ausgenutzt* – *er fühlt sich als Verlierer weil er keine Freunde hat* – *er fühlt sich benachteiligt von seinen Eltern* Kai (LT 344)	– *Er fühlt sich ausgenutzt* – *Er fühlt sich als Idiot* – *Er fühlt sich vernachlässigt* Tobias (LT 342)

Zu den Aufgaben „*Gewaltbeispiele aus dem Buch*" / „*Beispiele für mutiges Verhalten*" notieren Oliver, Sebastian, Sascha und Alexander:

– *Schlägerei, Sachbeschädigung* – *Drogen* – *Mut zeigen* – *Diebstahl* Oliver (LT 336)	– *Schlägerei (Andi wird verprügelt)* – *Drohungen von den Sharks* – *Graffiti an Andis Elternhaus* Andi zeigt Mut als er das Diebesgut zum Kaufhaus zurückbringt – Der Diebstahl erforderte Mut von Andi (Mutprobe) – Andi zeigte Mut, als er versuchte für den kleinen Jungen auf der Rolltreppe einzutreten Sascha (LT 339)
– *Schlägerei, Andi wird verprügelt* – *Drohungen von dem Sharks* – *Graffiti an Andis Haus* – *Andi zeigt Mut, als er die Walkmen zurückbrachte* – *der Diebstahl erforderte Mut von Andi* – *Andi ging zu Mike und sagte dass er alles zurückgebracht hat.* Sebastian (LT 338)	– *Schlägerei und Drohungen* – *Graffiti an Andis Elternhaus* – *Andi zeigte Mut, als er die Sachen zurückgebracht hat* – *der Diebstahl* – *Andi ging zu Mike um ihn die Meinung zu sagen* Alexander (LT 340)

Bei denjenigen Aufgaben, die offener formuliert sind und Spielräume für individuelle Ausgestaltungen lassen, finden sich in den Lesetagebüchern entsprechend vielfältigere Lösungen. Auch dies soll an je vier Schülerbeispielen zu zwei verschiedenen Aufgaben aufgezeigt werden. Bei den Imaginationen von Jonathan, Majid, Julia und Friederike zur Aufgabe „*Träume Andis Traum! (S. 35)*" werden Unterschiede im Hinblick auf Ausführlichkeit, Ideenreichtum, Aufgreifen von Textelementen, Imaginationskraft und sprachlicher Gestaltung sichtbar:

Der Planet ist nicht sehr groß. Er ist bewachsen mit Bäumen, wilden Blumen und Kräutern. Es gibt einen blauen See mit Sandstrand. Andi ist der Herrscher des Planeten und heißt Andreas der 1. Alle Menschen auf dem Planeten sind Freunde, sie sind in seinem Alter, sie teilen alles. Sie haben viel Spaß zusammen. In diesem Traum braucht Andi keine Familie.
Jonathan (LT 331)

Er träumt von einer schöneren Welt wo er auch von seiner Familie respektiert wird. Und wo er vernünftige Freunde hat, die ihn auch verstehen. Er möchte nicht immer der Außenseiter sein dem keiner zuhört.
Majid (LT 333)

Als Andi wütend ins Bett ging träumte er, dass er einen eigenen Planeten und viele Freunde hat. Eine Familie hat er nicht und braucht er nicht. Er träumte dass er eine Gang gründen wollte. Er war der Anführer der Gang. Aber wer in die Gang mit rein wollte, musste etwas dafür tun. Nicht klauen, sondern älteren Leuten helfen, z. B. einkaufen, den Haushalt machen (bügeln, abwaschen, Staub saugen, Staub wischen usw. Wenn sie dann das erledigt hatten, waren sie in der Gang und wurden nicht verarscht. Sie waren eine Gang, die alten Leuten oder kleinen Kindern hilft.
Julia (LT 347)

Als Andi wütend ins Bett ging, träumte er von einem weit entfernten Planeten, der ihm ganz allein gehörte. Er hatte dort viele Freunde. Eine Familie hat er nicht in seinen Traum, die braucht er auch nicht. In seinem Traum träumte er, dass er den ganzen Tag mit seinen Freunden rumhing. Andi hatte eine eigene Gang gegründet. Er war der Anführer und er machte es so wie er es gelesen hatte. Es durfte jeder in dieser Gang aufgenommen werden, wenn derjenige eine so genannte Mutprobe machte. Derjenige, der in die Gang aufgenommen werden möchte, musste etwas Gutes tun. Zum Beispiel musste man kleineren Kindern helfen, die von anderen Gangs angemacht werden oder älteren Omis und Opis über die Straße helfen oder einmal in der Woche Rasen mähen oder mit Nachbars Hund spazieren gehen. Aber derjenige musste auch jeden Sonntag in die Kirche gehen, zumindest einmal im Monat. Andi meinte, dass man anderen helfen sollte und nicht bestehlen oder sogar bedrohen. Er hatte in seiner Gang schon mindestens 20 Leute und jeder durfte seine eigene Meinung sagen. Es wurden immer mehr Mitglieder, nicht nur in der Stadt war die Gang bekannt sondern mittlerweile auf dem ganzen Planeten. Man nannte sie „Die Helfer in der Not". Aber eins störte Andi in seinem Traum: seine Gang machte nur Gutes, aber machte Andi nur Gutes? Er dachte nach. Da fiel ihm seine Familie ein. „Wie schön es sein könnte mit meiner Familie in meiner Traumwelt", dachte Andi.
Friederike (LT 348)

Auch bei der Aufgabe, „*Abschlussgedanken zum Buch*" aufzuschreiben, zeigt sich bei denjenigen, die zu dieser Aufgabe etwas geschrieben haben (nur 10 von 22), eine größere Individualität in der Bewertung. Werner, Oliver, Benedikt und Saskia können hierfür als Beispiele dienen:

Ich habe das Buch gern gelesen. Es war spannend vom Anfang bis zum Ende. Ich habe mit Andi gezittert und bin froh, dass die Geschichte so ausgegangen ist. Werner (LT 335)	*Das Buch war eigentlich ganz gut aber nächstes Mal sollten Sie uns vorher fragen, ob wir das Buch haben wollen. Das Tagebuch war ganz gut, weil man nicht mehr lose Blätter hat.* Benedikt (LT 337)
Ich fand das Buch interessant und gut. Leicht zu lesen und große Schrift. Ich fand es schön dass auch Bilder drin waren. Aber trotzdem muss ich sagen dass man schon nach den ersten drei Seiten wissen konnte dass er einen Freund findet. Oliver (LT 336)	*Ich finde es lustig, traurig, spannend, interessant, aufregend. Man kann viel lernen von dem Buch. Also das ist so gemeint: Wenn man z. B. das Buch ganz durchgelesen hat, dann weiß man genau, dass manche Gangs gefährlich sind. Und deshalb muss man sich gute, nette Freunde suchen. Die einem auch vertrauen und an die man sich wenden kann, wenn man Probleme hat. Und mit Andi ist das so, dass er keine ehrlichen Freunde hatte und deshalb hat er sich mit Henner angefreundet. Und jetzt gehen Andi und Henner durch dick und dünn.* Saskia (LT 350)

Bei den vorgeschlagenen „*Extras*" auf dem Handzettel hatten die Schülerinnen und Schüler die Möglichkeit, individuell auszuwählen und zu gestalten. Von der Möglichkeit der Wahl zusätzlicher Aufgaben haben aber nur vier Jungen und vier Mädchen in unterschiedlicher Weise Gebrauch gemacht (vgl. Übersicht 16, S. 237). Drei Beispiele von Saskia, Oliver und Werner zur Veranschaulichung:

Saskia (LT 350) schreibt über eine Gerichtsverhandlung, die die Klasse gemeinsam besucht hat:

In dem Gericht ging es darum, dass 3–4 Jugendliche einen Zigarettenautomaten aus einem Altersheim geklaut haben. Sie sind reingegangen und haben ihn dann geklaut. Und als sie draußen waren, haben sie den Automaten in ein geklautes Auto hineingelegt. Dann sind sie zu den einen nach Hause gefahren. Und dort haben sie die Beute aufgeteilt. Einer ist dann losgefahren um den Automaten zu entsorgen. Als er dann zwischen H. und B. war, hielt er an, und hat den aufgebrochenen Automaten ins Gebüsch geworfen.

Oliver (LT 336) formuliert einen Zeitungsartikel zur Kaufhaussituation mit dem alten Mann:

> *Alter Mann gefasst!*
> *Ein alter Mann der gestern in einem Kaufhaus eine Flasche Kleber geklaut hat wurde noch an Ort und Stelle dingfest gemacht. Zwei Detektive als Ehepaar verkleidet haben ihn beschattet und dann schlug die Falle zu.*

Werner (LT 335) schreibt einen Brief an Andi:

> *Lieber Andi! Du wirst dich wundern, dass ich dir einen Brief schreibe. Deine Probleme sind mir sehr nahe gegangen. Ich habe mit dir gezittert und für dich gehofft. Ich finde es ganz toll, wie du dich von dieser Schuld befreit hast. Du bist durch die Hölle gegangen. An der Brücke trat für dich eine Wende ein. Du bist stark genug gewesen nicht zu springen. Lieber Andi, das wünsche ich dir für dein Leben: Lerne aus diesem Fehler! Bring dich nie wieder in so eine miese Situation!*
> *Dein Werner*

In einem *ersten Resümee* lässt sich festhalten, dass diese 'vorstrukturierte' Form der Lesetagebucharbeit gewährleistet, dass alle Schülerinnen und Schüler durch die Pflichtaufgaben angeleitet werden, die Schlüsselstellen des Buches in einer inhaltlich-aneignenden Weise zu bearbeiten und zum Buch bzw. zu Einzelfragen Stellung zu nehmen. Relativ normierte Eintragungen nehmen jedoch in den Lesetagebüchern einen großen Raum ein. Außerdem setzt hier die Bearbeitung vieler Pflichtaufgaben voraus, dass man das gesamte Buch gelesen haben muss, um dann in einem zweiten Schritt an die Schreibarbeit zu gehen. Dadurch ergibt sich möglicherweise eine größere Distanz zum Buch, die für persönliche Zugangsweisen, individuelle Deutungsmöglichkeiten und anteilnehmende Identifikationen eher hinderlich ist.

Auch die Datierung bleibt – wenn sie überhaupt vorhanden ist – eher formal, vergleichbar mit dem Datum über einer Hausaufgabe; in keinem Fall gibt sie Aufschluss über das, was sich an einem bestimmten Tag – im Sinne eines Tagebuchs – an wirklicher Auseinandersetzung mit dem Gelesenen und an metakognitiven Prozessen ereignet hat. In dieser Klasse ist das Ziel der Lesetagebucharbeit in der inhaltlichen Texterschließung zu sehen; die Methode 'Lesetagebuch' hat bewirkt, dass dies nicht gemeinsam im Klassengespräch, sondern in Einzelarbeit mit individueller Zeiteinteilung, Aufgabenreihenfolge und Schwerpunktsetzung erfolgt ist.

4.3.4.2 Beispiele mit buchbezogenen Aufgabenkarten (Klasse 9)

Eine 9. Hauptschulklasse hat das Buch „Hakenkreuz und Gänseblümchen" von Dieter Schliwka gelesen und dazu ein Lesetagebuch geführt.[142] Das Buch wendet

---

[142] Wie schon in Kap. 4.2.1 erwähnt, hatte diese Klasse im vorherigen Schuljahr zu einem anderen Buch ein Lesetagebuch in 'freier' Form erstellt und sich diesmal konkrete Aufgabenstellungen gewünscht. Genauere Antworten auf die Frage, wie sich die Lesetagebucharbeit bei einem wiederholten Einsatz darstellt bzw. verändert, müssten sich in weiteren Untersuchungen ergeben.

sich bewusst an leseungeübte Jugendliche und zeichnet sich durch viele das Lesen erleichternde Merkmale aus. Der vierzehnjährige Sebastian steht der – auch von seinen Eltern, besonders seinem Vater geteilten – Fremdenfeindlichkeit und dem Hass und Neid auf Asylbewerber zunächst hilflos gegenüber. Die Begegnung mit dem bosnischen Mädchen Jela veranlasst ihn, sich für diese Menschen zu interessieren und ihnen näher zu kommen. Trotz einer gewissen Einfachheit in Bezug auf Inhalt und Sprache vermeidet der Autor eine Schwarzweißmalerei und bemüht sich um differenzierte Charakterskizzen. Das Buch ist aus Sebastians Perspektive in der Ichform geschrieben; es ist in 28 Kapitel unterteilt, der Schreibstil hat eine große Nähe zur Mündlichkeit und ist durch die Zeitform Präsens und viel wörtliche Rede gekennzeichnet. Das Layout wird durch Großdruck und Flattersatz bestimmt; mehrere Schwarzweißzeichnungen illustrieren die Handlung.

Die Schülerinnen und Schüler erhielten buchbezogene Aufgabenkarten, die alle einer Literaturkartei entnommen sind und als Arbeitsgrundlage dienten.[143] Siebzehn Aufgaben waren verpflichtend; darüber hinaus gab es ein Arbeitsblatt, auf dem „14 freiwillige Ideen"[144] aufgelistet waren. Hieraus konnten die Schülerinnen und Schüler zusätzliche Aufgaben wählen, um ihr Lesetagebuch zu ergänzen oder zu gestalten. Als Lesetagebuch verwendeten die Schülerinnen und Schüler ein DIN-A4-Schulheft. Die Aufgabenkarten bekamen sie auf DIN-A4-Blättern kopiert ausgehändigt, sodass sie sie ausschneiden und zur jeweiligen Bearbeitung in ihr Heft kleben konnten.

Die Aufgaben auf den Arbeitskarten sind sehr vielfältig und eröffnen verschiedene Zugänge zur vertieften Auseinandersetzung mit dem Jugendbuch. Neben Aufgabentypen, die vor allem zu Reproduktion (z. B. Nr. 1), Reflexion und bewertender Stellungnahme (z. B. Nr. 4a) sowie zur Übertragung von Handlungsaspekten auf eigene Lebenssituationen anhalten (z. B. Nr. 4b), gibt es auch zahlreiche Aufgaben, die zu kreativen und imaginativen Auseinandersetzungsweisen anhalten oder Perspektivenübernahmen und Fremdverstehen anbahnen (z. B. Nr. 12).[145] Einige Aufgaben bestehen aus mehreren Teilen und fordern unterschiedliche Auseinandersetzungsweisen heraus.

---

[143] Entnommen aus Eberhard / Dahrendorf 1999, 91 ff.; die Verfasser der Literaturkartei empfehlen in dem von Knobloch / Dahrendorf herausgegebenen Buch, in dem die Kartei veröffentlicht ist, die kopierten Karteikarten, mit denen „ein differenzierendes und individuelles Arbeiten" ermöglicht werden soll, für „die Freiarbeit im Literaturunterricht" anzubieten (vgl. ebd., 93).

[144] Knobloch legt in demselben Buch eine Sammlung von 18 „Anregungen für eine Arbeitskartei zu Kinder- und Jugendbüchern" vor, aus der die 14 Ideen entnommen sind (vgl. Knobloch 1999, 124f.).

[145] Die in dieser Literaturkartei gemachten Arbeitsvorschläge sind – im Unterschied zu vielen zur Zeit veröffentlichten Materialien – durchdacht und mehrperspektivisch und können bei entsprechender Nutzung eine vielseitige Textbegegnung und -aneignung ermöglichen.

Den Schülerinnen und Schülern wurden zeitgleich mit dem Buch zwei „Informationskarten" ausgehändigt (Abb. 35a und b), auf denen die Hinweise zum Schwierigkeitsgrad der Aufgaben wirklich nur informativen Charakter haben, da die Schülerinnen und Schüler in der hier beschriebenen Unterrichtsweise keine entsprechenden Wahlmöglichkeiten hatten. Aufgaben, die zum Sprechen und Diskutieren auffordern, befinden sich zwar in der Originalkartei, gehörten aber nicht zu den für diese Klasse ausgewählten 17 Pflichtaufgaben. Die Aufgabenkarten konnten nach Bedarf, also in beliebiger Reihenfolge, ins Heft eingeklebt und dann bearbeitet werden. Zu den meisten Aufgabenkarten wurden Lösungskarten ausgegeben, die eine Selbstkontrolle ermöglichen sollten.

Dieter Schliwka: Hakenkreuz und Gänseblümchen		Informationskarte 1	Dieter Schliwka: Hakenkreuz und Gänseblümchen		Informationskarte 2
• Vor dir liegen Karteikarten und das Buch von Dieter Schliwka: Hakenkreuz und Gänseblümchen. • Die Karteikarten enthalten Informationen, Aufgaben und Rätsel zum Buch, außerdem Hinweise auf den Schwierigkeitsgrad der Aufgaben. ☆ bedeutet: einfach ☆☆ bedeutet: schwer ☆☆☆ bedeutet: sehr schwer			• Weitere Zeichen geben dir Hinweise, auf welche Weise du die Aufgaben bearbeiten sollst. ⌇ Lesen ✎ Schreiben (auf dem Block oder in dein Heft) ☝ Handeln, etwas tun ✎ Zeichnen oder malen 💬 Sprechen, diskutieren		

Abb. 35a und b: Informationskarten 1 und 2

Schülerbeispiele werden im Folgenden zu den Aufgabenkarten 1, 4 und 12 vorgestellt.

Dieter Schliwka: Hakenkreuz und Gänseblümchen		Aufgabenkarte 1 ☆☆	Dieter Schliwka: Hakenkreuz und Gänseblümchen		Lösungskarte 1
• „Meine Geschichte beginnt im Frühjahr", erzählt Sebastian am Anfang des 4. Kapitels. Trotzdem sind die vorhergehenden Ereignisse für das Verständnis des weiteren Verlaufs wichtig. Fasse den Inhalt der Kapitel 1 – 3 jeweils in einigen Sätzen zusammen. Die folgenden Überschriften helfen dir dabei: *Vaters Traum* (Kapitel 1) *Unterkunft für Flüchtlinge* (Kapitel 2) *Sebastian und die anderen Kinder* (Kapitel 3)			*Vaters Traum* (Kapitel 1) Der Vater von Sebastian möchte aus der Wiese gegenüber einen Garten machen, erhält aber weder von der Stadt noch von der Kirche, der das Grundstück gehört, eine Erlaubnis dafür. Verärgert tritt er daraufhin aus seiner Partei aus und Sebastians Mutter geht nicht mehr in die Kirche. *Unterkunft für Flüchtlinge* (Kapitel 2) Auf der Wiese, wo Vater seinen Garten anlegen wollte, wird eine behelfsmäßige Unterkunft für Asylbewerber und Flüchtlinge errichtet. *Sebastian und die anderen Kinder* (Kapitel 3) Sebastian hat keine Spielgefährten und redet nicht viel. Schon als kleines Kind war er meistens still und hat alleine gespielt. Weil er nicht mutig war, wurde er oft von den anderen Kindern ausgelacht.		

Abb. 36a und b: Aufgaben- und Lösungskarte 1

Zu den drei Aufgaben der Aufgabenkarte 1 (Abb. 36a, S. 244) haben Carolin, Dennis und Helene (Abb. 37) in ihr Lesetagebuch geschrieben:

1. Kapitel
Vater träumt von einem Garten, denn seine Wohnung, wo er mit Sebastian und seiner Frau lebt, ist nur von Straßen und Garagen umgeben. Der Vater stellt viele Anträge bei seiner Partei und bei der Kirche, aber ohne Erfolg.
2. Kapitel
Auf dem Grundstück werden plötzlich Campingwagen aufgestellt, Stromkabel verlegt und Waschräume gebaut. Drei Tage später ziehen dort Asylanten ein. Der Vater ist sehr verärgert. Seiner Meinung nach bekommen Asylanten alles geschenkt, während er jeden Tag acht Stunden in einer Kohlenzeche arbeiten muss. Er hat nichts gegen Ausländer, aber sie sollen auch arbeiten.
3. Kapitel
Wenn Vater und Mutter arbeiten, sitzt Sebastian meistens allein vor dem Fernseher oder Taschencomputer. Er beneidet die Kinder auf der Wiese. Die sind nicht allein. Sebastian hatte nie Freunde. Schon im Kindergarten hat er oft allein gespielt und wenig gesprochen. Auch in der Schule wird er Feigling und Angsthase genannt.
Carolin (LT 363)

Vaters Traum (Kapitel 1)
Vater träumt von der Wiese die er aus dem Fenster sehen kann, den er gern als Garten bearbeiten möchte. Den er leider nicht bekommt.
Unterkunft für Flüchtlinge (Kapitel 2)
Vater und Mutter staunen nicht schlecht, dass auf der Wiese die er gern als Garten haben wollte Container für Flüchtlinge aufgestellt wurden.
Sebastian und die anderen Kinder (Kapitel 3)
Sebastian ist immer allein, er hat keine Freunde weil er ein bisschen ängstlich ist.
Dennis (LT 353):

Sebastians Vater träumt schon lange von einem Garten auf der großen Wiese, doch sie bauten eine Unterkunft für Flüchtlinge dort hin. Sebastian schaut den Kindern immer zu, wie sie spielen, doch traut sich nicht sie anzusprechen.

Abb. 37: LT 366, Helene

Helene hat ihre Aufgabenlösung mit vielen Blumen am Rand verziert; ihr ganzes Lesetagebuch ist auf diese Weise illustriert. Am Ende des Tagebuchs finden sich einige Seiten mit der Überschrift 'Überarbeitung'. Da die Lehrerin die Eintragung zur Aufgabenkarte 1 (Abb. 36a, S. 244) als zu kurz bezeichnet hat, hat Helene – wie auch andere Schülerinnen und Schüler – als Überarbeitung den Text der Lösungskarte (vgl. Abb. 36b, S. 244) abgeschrieben.

Auf der Aufgabenkarte 4 befinden sich zwei Aufgaben, die dazu anregen, sich in die Mutter des Protagonisten hineinzuversetzen und sich zugleich gegen ihre Aussage zu wenden sowie eigene Erfahrungen mit Asylbewerberwohnungen einzubringen (Abb. 38a).

Dieter Schliwka: Hakenkreuz und Gänseblümchen		Aufgabenkarte 4

- Auch Sebastians Mutter regt sich über die Flüchtlinge auf: „Richtige Villen kriegen die" (Seite 15).
  Stimmt das so? Weshalb ist die Mutter wirklich verärgert? Stelle die Aussage der Mutter richtig und versuche ihre Verärgerung zu beschreiben.
- Gibt es in deinem Wohnort eine Unterkunft aus „Fertighäuschen" für Flüchtlinge oder Asylbewerber? Wie schauen sie aus? Versuche sie zu beschreiben oder zu zeichnen.

Dieter Schliwka: Hakenkreuz und Gänseblümchen		Lösungskarte 4

Die Wohncontainer
sollen durch Fertighäuschen ersetzt werden. Die Mutter ärgert sich, weil ihre Familie nicht in einem eigenen Haus, sondern im 4. Stock zur Miete wohnt und weil sie keinen Garten besitzen.

Abb. 38a und b: Aufgaben- und Lösungskarte 4

Qualitative Inhaltsanalyse 247

Dazu einige Tagebucheintragungen:

Die Mutter ist verärgert darüber dass die Flüchtlinge richtige Villen bekommen. Und sie wohnen im vierten Stock zur Miete, ohne Garten. Das findet sie nicht gut. Da kommt noch hinzu dass wenn der Vater das rausbekommt er wieder fürchterlich sauer wird. Der hat sowieso schon etwas mit dem Magen. *In unserem Wohnort gibt es keine Asylantenheime. Aber ich habe schon oft welche gesehen. Meistens sind es viele kleine Wohnungen in einem großen Haus. Hier mal eine Zeichnung. (Angefügt ist eine kleine einfache Zeichnung eines Hauses.)* Raffaela (LT 367): 1. Denk dir mal sie kriegen richtige Villen. Und wir wohnen im vierten Stock ohne alles ohne Garten. Das ist so doof. 2. Ja, es gibt eins Anna (LT 368)	*Sebastians Mutter ist verärgert, weil sie im vierten Stock zur Miete wohnt und keinen Garten hat. Die Asylbewerber müssen dafür noch nicht einmal arbeiten oder Geld zahlen. Sie meint auch dass die Asylbewerber richtige Villen bekommen. (Ich glaube das nicht.)* *In der Nähe wo ich wohne gibt es auch so etwas wie Fertighäuser. Sie nennen das Gebiet Klein Chicago und da sieht es wirklich nicht gerade gut aus. Autos sind so zerschrottet dass man sie nicht wieder erkennt. Einkaufswagen stehen auf den Fußwegen, dass man nicht vorbei kommt und auf der Straße gehen muss. Ihre Müllcontainer sind so voll, dass es schon ekelhaft aussieht. In dem Gebiet heißt es wird oft jemand umgebracht. Die Polizei fährt jeden Tag öfters da durch. Ich finde es nicht gut dass sie ihre Häuser und Wohnungen so verschmutzen und sie sich da auch noch wohl fühlen können.* Nadine (LT 370)
1. Ich glaube dass die Mutter neidisch auf die Flüchtlinge ist, weil sie bald in Fertighäusern wohnen. Es wird alles eingerichtet ohne dass sie etwas bezahlen müssen. Sie glauben es werden Villen im Grünen. Mutter wohnt im vierten Stock und hat keinen Garten und muss Miete bezahlen. 2. Die Gemeinde hat dieses Haus aufgekauft für Asylbewerber. (Zeichnung eines Hauses) Marcel (LT 355)	Mutter ist verärgert weil Asylanten Fertighäuser bekommen, und die müssen in ein Mietshaus und in vierten Stock wohnen. Und dafür noch viel Miete bezahlen. Sie müssen dafür hart arbeiten. Bei uns auf dem Dorf gibt es keine Unterkunft für Asylanten. Dennis (LT 353)
Die Mutter ist sauer weil sie im vierten Stock eines Mietshauses wohnen und noch nicht einmal einen Garten haben. Andre (LT 354)	1. Ja sie bekommen auf der Wiese keine Fertighäuser (Villen), deswegen regt sich die Mutter auf. 2. Nein Henrik (LT 357)

Henrik hat bei dieser Aufgabe auf eine Kritik der Lehrerin mit einer 'Berichtigung' reagiert, in der er den Text der Lösungskarte (Abb. 38b, S. 246) abschreibt. Auch bei anderen Aufgaben verhält er sich so.

Mit der Aufgabenkarte 12 (Abb. 39a) werden die Schülerinnen und Schüler aufgefordert, sich in die Situation des Mädchens hineinzuversetzen und aus seiner Perspektive eine Tagebucheintragung über die Begegnung mit Sebastian zu verfassen.

Dieter Schliwka: Hakenkreuz und Gänseblümchen		Aufgabenkarte 12 ☆☆☆	Dieter Schliwka: Hakenkreuz und Gänseblümchen		Lösungskarte 12
• Im 15. Kapitel trifft Sebastian endlich das Mädchen in seiner „Wohnung". Sebastian hat noch nie „so viel an einem Stück gequatscht". Das Mädchen, wir wissen immer noch nicht, wie es heißt, sagt nichts, hat es aber offensichtlich gern, dass Sebastian sie unterhält. • Stell dir vor, das Mädchen schreibt, um ein bisschen mit seiner Einsamkeit fertig zu werden, seine Erlebnisse in ein Tagebuch. Versuche dich in seine Situation hineinzuversetzen und schreibe seine Eindrücke über die Begegnung mit Sebastian auf.			*Jelas Tagebuch* *Heute war in meiner „Wohnung" der Junge, von dem ich vermute, dass er schon öfters auf mich gewartet hat. Er hat immerzu geredet und mir alles Mögliche erzählt. Verstanden habe ich nicht viel, aber es muss sich um seine Familie und um seine Schule gehandelt haben. Ich hatte überhaupt keine Angst vor ihm. Er hat mir einen Apfel gegeben. Hoffentlich kommt er wieder!*		

Abb. 39a und b: Aufgaben- und Lösungskarte 12

Diese Aufgabe, die auf eine imaginativ-identifikatorische Auseinandersetzung zielt, wird von den Schülerinnen und Schülern in unterschiedlicher Weise gelöst. In den Tagebucheintragungen von Franziska (LT 364), Raffaela (LT 367) und Sabrina (LT 369) wird deutlich, dass ihnen eine Identifikation mit dem Mädchen gelungen ist und dass sie ihre Imaginationen in einer Weise ausdrücken können, die die vorgegebene Lösungskarte (Abb. 39b, S. 228) inhaltlich und sprachlich übertrifft.

Tagebucheintrag von Jela: Den heutigen Tag fand ich sehr schön, weil ich endlich Sebastian getroffen habe. Ich saß auf einem Ziegel, in meiner kleinen Wohnung. Endlich kam er. Ich freute mich, weil er mich besuchen kam. Sebastian versuchte mich etwas aufzumuntern, indem er sich mit mir unterhalten wollte. Aber ich verstand das meiste leider nicht, was er mir erzählte. Irgendwie verständigten wir uns aber doch. „Gott sei Dank", habe ich gedacht. Heute erzählte er mir besonders viel. Er redete ohne Unterbrechung. Einen Apfel hatte er mir heute auch gegeben. Darüber freute ich mich ganz besonders. Sebastian ist ein richtig netter Junge und irgendwie mag ich ihn besonders gern. (Franziska)

Als der Junge plötzlich vor mir stand war ich ganz aufgeregt. Er sprach mit mir. Ich sah ihn an. Er sagte er hätte die ganzen Tage auf mich gewartet. Ich verstand ihn nicht so gut. Er zeigte auf seine Tasche die er dabei hatte. Danach gab er mir einen Apfel. Ich aß einen winzigen Bissen. Dann lächelte ich ihn an, so als Dankeschön. Eine ganze Weile redete er auf mich ein. Nun musste ich gehen. (Raffaela)

> *Liebes Tagebuch. Ich wünsche mir sehr, dass ich irgendwann meine Eltern wieder in die Arme schließen kann. Ich denke oft an meine Eltern und bin sehr traurig darüber dass ich bei Adoptiveltern lebe. Aber seit ich diesen netten Jungen kennen gelernt habe denke ich nicht mehr so oft an meine Eltern. Ich glaube er heißt Sebastian. Er ist sehr nett und redet sehr viel mit mir. Er versucht sogar mich ein bisschen aufzumuntern. Ich rede nicht mit ihm, weil ich noch sehr ängstlich und schüchtern bin. Manchmal lächle ich ein bisschen, weil er sehr witzig ist. Es war noch nie jemand so nett und freundlich zu mir wie er. Ich werde versuchen bald auch mit ihm zu reden. Bis dann liebes Tagebuch* (Sabrina)

Florian (LT 356) hat dagegen Schwierigkeiten, sich wirklich in die Buchsituation des Mädchens hineinzudenken. Er bedenkt nicht, dass Jela Sebastian nicht verstehen kann; auch die Freude des Mädchens über den Besuch kommt nicht zum Ausdruck.

> *Heute kam der Junge gleich nach der Schule in mein Versteck das sagte er jedenfalls als ich auf seine Tasche zeigte. Er setzte sich und gab mir einen Apfel. Er sagte irgendwas doch ich hörte nicht zu. Doch dann fing er an mir einen halben Roman zu erzählen über seine Familie, Onkel, Tanten Vater, Mutter und Cousin und Cousine. Er erzählte dass er keine Oma und Opa mehr hat. Als er fertig war ging ich er schrie noch irgendwas hinterher ich drehte mich noch einmal um bis ich hinter den Büschen war.*

Dennis (LT 353) legt in seiner Eintragung den Schwerpunkt auf das Problem der sprachlichen Verständigung.

> *Sebastian hätte bestimmt gerne wenn ich ihm verstehen und ich selbst deutsch sprechen könnte. Aber er hat Geduld mit mir. Ich finde es schön Sebastian zuzuhören, vielleicht lerne ich dabei ein bisschen deutsch. Und die Angst zu Sebastian habe ich auch nicht mehr.* (Dennis)

Marcel (LT 355), Henrik (LT 357) und Anna (LT 368) fassen sich sehr kurz.

> *Ich habe einen Jungen kennen gelernt der Sebastian heißt. Er ist nett. Er ist nur am Reden, aber viel verstehen tue ich nicht.* (Marcel)
> *Sebastian gibt ihr alles und nach einer Weile hat sie keine Angst mehr vor ihm.* (Henrik)
> *Sebastian hat's besser als ich. Kuck mal seine Kleidung an im Gegensatz zu meiner Kleidung.* (Anna)

Die drei haben deshalb am Ende ihres Lesetagebuchs – unter der Überschrift 'Berichtigung' bzw. 'Ergänzungen' – noch den Wortlaut der Lösungskarte (Abb. 39b, S. 248) abgeschrieben.

Im Hinblick auf die Bewältigung der Aufgaben ergibt sich, dass alle 11 Mädchen und 3 von 7 Jungen die 17 Pflichtaufgaben bearbeitet haben; viele haben den Umschlag ihres Lesetagebuchs gestaltet. Bei vier Jungen fehlen einzelne Aufgaben; vor allem die Mädchen haben zusätzlich zu den Pflichtaufgaben weitere Aufgaben gewählt Eine Tabelle kann dies veranschaulichen (Übersicht 17):

Übersicht 17: Fehlende Aufgaben und zusätzlich gewählte Ideen in der 9. Klasse

Jungen	fehlende Aufgaben	Gewählte zusätzliche Ideen
Dennis, LT 353	0	
André, LT 354	1	
Marcel, LT 355	0	
Florian, LT 356	0	Klappentext abgeschrieben
Henrik, LT 357	4	Lieblingssätze abgeschrieben
Maic, LT 358	1	
René, LT 359	1	Klappentext abgeschrieben

Mädchen	fehlende Aufgaben	Gewählte zusätzliche Ideen
Tanja, LT 360	0	
Melanie, LT 361	0	
Angela, LT 362	0	Inhaltswiedergabe, Rätsel
Carolin, LT 363	0	
Franziska, LT 364	0	Brief, Klappentext und Lieblingssätze, dreidimensionales Bild im Schuhkarton
Stefanie, LT 365	0	Inhaltswiedergabe, Rätsel
Helene, LT 366	0	Zeichnungen
Raffaela, LT 367	0	Lieblingssätze, Zeichnungen, Inhaltswiedergaben
Anna, LT 368	0	Inhaltswiedergabe, ein Kapitel abgeschrieben
Sabrina, LT 369	0	Inhaltswiedergabe
Nadine, LT 370	0	Inhaltswiedergabe

Hinsichtlich der Ausführlichkeit, Qualität und Sorgfalt der Aufgabenbearbeitungen ergibt sich ein unterschiedliches Bild: dass viele Aufgabenkarten mehrteilige Aufgaben enthalten, haben einige Schüler nicht beachtet; außerdem erstrecken sich die Ausführungen zu den Aufgaben von ein bis zwei kurzen Sätzen bis hin zu ausführlichen Texten.

Eine durch Aufgaben 'vorstrukturierte' Lesetagebucharbeit erbringt naturgemäß andere Ergebnisse als die 'freie' Form. Vorteile sind darin zu sehen, dass die Schülerinnen und Schüler ihre Aufgaben nicht erst selbst finden müssen, wodurch sich vor allem schwächere Lerner insofern entlastet fühlen können, als sie ein Gerüst haben, an dem sie sich entlangarbeiten können, ohne Angst etwas 'falsch' zu machen. Sie haben Anhaltspunkte für ihre Auseinandersetzung mit dem Buch, werden sozusagen durch das Buch 'geleitet', auf inhaltliche und sprachliche Besonderheiten aufmerksam gemacht und zu 'Schlüsselszenen' geführt, die sie möglicherweise allein nicht als solche erkannt hätten. Dies gibt auch der Lehrkraft Sicherheit und entlastet sie in ihrer Verantwortung für das Lernen der Schülerinnen und Schüler; außerdem wird wegen der Vergleichbarkeit eine Beurteilung der Lesetagebücher erleichtert.

Zudem ist – abhängig von der Qualität der jeweiligen Literaturkartei – eine gewisse Aufgabenvielfalt und damit auch eine entsprechend vielfältige Auseinandersetzung mit dem Gelesenen gewährleistet. Über buchbezogene Aufgaben ist es häufig eher möglich, auch zur Auseinandersetzung mit Ungewohntem, Ungewünschtem, Unerwartetem und Beunruhigendem herauszufordern und zur Übernahme verschiedener Perspektiven anzuregen. Zur Rezeption des Buchinhalts können angemessene Hilfen gegeben werden. Der Rezeptionsprozess kann insgesamt so gelenkt werden, dass die Aufmerksamkeit stärker auf die Spezifik des Textes gerichtet wird und die Auseinandersetzung mit den Aufgaben der Verstehenssicherung dient.

Wenn zu den Aufgaben auch 'Lösungen' angeboten werden, dann sollten sie die Selbsteinschätzung der Schülerinnen und Schüler unterstützen, eine Selbstkontrolle ermöglichen und zur Überarbeitung der Aufgaben anleiten; für schwächere und schreibunwillige Schülerinnen und Schüler sind sie möglicherweise ein hilfreicher Anlass, um überhaupt etwas zu schreiben. Sie sollten jedoch nicht als Maßstab für 'richtig' oder 'falsch' gelten.

In der Art und Weise der Handhabung könnte die 'vorstrukturierte' Form der Auseinandersetzung dadurch 'geöffnet' werden, dass die Anzahl der Pflichtaufgaben reduziert und die der wählbaren Anregungen vergrößert wird. Durch eine solche 'Öffnung' lässt sich möglicherweise die Gefahr einer zu starken Normierung auffangen. Auch eine Dominanz inhaltlich-reproduktiver Auseinandersetzungsweisen gegenüber eher imaginativen und identifikatorischen Aneignungsprozessen sollte vermieden werden, um eigene Sinnkonstitutionen und Verknüpfungen mit den individuellen Erfahrungen nicht in den Hintergrund zu drängen. Wenn die Bearbeitung der Aufgaben vor allem auf eine 'richtige' Lösung ausgerichtet ist, die – falls sie verfehlt wird – in der 'Berichtigung' nachzuliefern ist, wird die 'Freiheit' für individuelle Imaginationen und Identifikationen über Gebühr eingeschränkt.

Besteht keine Notwendigkeit, selbst Aufgaben zu finden oder auszuwählen, dann wird zum einen die Methodenkompetenz der Schülerinnen und Schüler nicht herausgefordert, zum anderen ist die Auseinandersetzung mit dem Gelesenen weniger individuell und abwechslungsreich. Aus der geringen Anzahl der bearbeiteten 'Extras' bzw. Wahlaufgaben kann man schließen, dass die 'vorstrukturierte' Form die Schülerinnen und Schüler möglicherweise dazu 'verführt', sich mit der Bearbeitung der Pflichtaufgaben zufrieden zu geben und nicht nach weiteren, eigenen Wegen der Auseinandersetzung zu suchen.

Nach Auskunft der Lehrkräfte beider Klassen sind vor allem lese- und schreibschwache Schülerinnen und Schüler – in den meisten Fällen Jungen – hinter den Erwartungen zurückgeblieben. Dies widerspricht der immer wieder geäußerten Meinung, gerade Leistungsschwache brauchten 'vorstrukturierte' Aufgabenstellungen als Arbeitsvoraussetzung und würden dadurch besonders gefördert. Im Einzelfall hängt es jedoch sicherlich auch von der Art der Aufgabenstellung ab, ob eine 'Vorstrukturierung' hilfreich ist oder nicht.

4.4 Zusammenfassung und Kategorisierung der Auseinandersetzungsweisen

Die der Untersuchung zugrunde liegende Hypothese lautete: *Das Lesetagebuch ist eine geeignete Methode, um bei Schülerinnen und Schülern die Auseinandersetzung mit Gelesenem anzuregen und zu unterstützen.* Die Ergebnisse der quantitativen Erfassung und qualitativen Inhaltsanalyse der Lesetagebücher können als Bestätigung dieser Hypothese angesehen werden.

Die Lesetagebücher zeigen, dass bei allen Schülerinnen und Schülern aus Anlass des Tagebuchführens eine Auseinandersetzung mit dem Gelesenen stattgefunden hat. Die einzelnen Schülerinnen und Schüler haben aufgeschrieben, was sie gelesen haben, was sie zu dem Gelesenen, zu Teilen des Gelesenen und zu den Protagonisten gedacht haben, wie sie das Gelesene und das Verhalten der Buchfiguren beurteilen und was sie beim Lesen erlebt, gefühlt und erfahren haben. Sie geben den Inhalt der Bücher oder Teile des Inhalts wieder und bringen ihre individuellen Verarbeitungsprozesse zur Sprache. Sie formulieren Fragen, die ihnen beim Lesen gekommen sind, und lassen sich zu produktiven Textaneignungsweisen anregen. Sie entwickeln vielfältige kognitive und emotionale Bezüge zu den Problemstellungen und Handlungsträgern der Bücher und stellen Beziehungen zwischen dem Buchgeschehen und ihrer eigenen Erfahrungswelt her. Sie artikulieren Erwartungen und Enttäuschungen und versuchen, sich aktiv und verändernd in das Buchgeschehen einzumischen. Besonders deutlich wird dies im Hinblick auf den jeweiligen Schluss der gelesenen Bücher, der häufig verändert wird, wenn er der Hoffnung auf ein harmonisierendes 'Happy-End' nicht entspricht.

Gegebene Anregungen greifen sie in unterschiedlicher Weise auf, überwiegend solche, die auf Reproduktion und Wertung ausgerichtet sind, aber auch diejenigen, die auf Imagination, Identifikation und (Selbst-)Reflexion zielen. Sie differenzieren und entfalten die Anregungen und ergänzen sie durch eigene Ideen. Sie nehmen Kontakt zu den Buchfiguren auf, denken und fühlen sich in ihre Situation hinein, übernehmen ihre Perspektive, äußern Fremdverstehen und Empathie. Sie bringen auch eigene Erfahrungen ein und verknüpfen ihre Lebenswelt mit der Buchwelt der Protagonisten. Gerade die 'freie' Form der Bearbeitung in einem geöffneten Unterrichtsarrangement und die produktiven Formen der Auseinandersetzung scheinen in besonderer Weise hierzu anzuregen.

Die Schülerinnen und Schüler entwickeln – über die schulisch bereits bekannten Textartenmuster hinaus – häufig ein individuelles Textgestaltungsrepertoire, in dem sich von stichwortartigen und fragmentarischen bis zu kohärenten und elaboriert ausformulierten Texten viele Varianten finden. Wenn die Buchtexte nicht festgelegten Deutungsmustern unterworfen sind und es keine vorgegebenen Schemata für die Textaneignung und keine Interpretationsvorgaben durch die Lehrkräfte gibt, wenn es bei der Aufgabenbewältigung nicht um 'richtig' oder 'falsch' geht und die Lese- und Schreibmotivation nicht durch einen entsprechenden Beurteilungsdruck eingeschränkt wird, dann entfalten sich die individuellen Rezeptions- und Gestaltungskräfte der Schülerinnen und Schüler in besonderem Maße.

Die Tagebücher lassen erkennen, dass aufgrund der Unterbrechung und Verlangsamung des Lesens durch das Schreiben und Gestalten und durch das Mehrfachlesen Denkprozesse in Gang kommen und dokumentiert werden; beim Schreiben und durch das Schreiben kommen die Schülerinnen und Schüler auf neue Gedanken, setzen sich zum Gelesenen in Beziehung und aktivieren ihre Fähigkeit zur Sinnkonstitution. Dabei wenden die Schülerinnen und Schüler Strategien und Arbeitstechniken an, deren Nutzen sie im Vollzug erfahren und die sie zugleich durch die Anwendung professionalisieren.

Der *Tagebuchstil* wirkt sich dahingehend aus, dass die Schülerinnen und Schüler sich eher von gewohnten schulischen Schreibweisen entfernen und sich von dem Druck, der von Normierungen ausgehen kann, befreien. Der gelesene Buchtext ist nicht mehr nur Gegenstand von Verarbeitungshandlungen, sondern wird zum Kommunikationsangebot, das die Schülerinnen und Schüler auf vielfältige Weise annehmen. Viele nutzen das Lesetagebuch als fiktiven Gesprächspartner, mit dem sie ihren Rezeptionsweg gemeinsam gehen und ihre Textverarbeitung teilen. In den Klassen, in denen die Lehrerinnen und Lehrer z. B. anregten, die Eintragungen mit „Liebes Tagebuch" zu beginnen, zeigen sich besonders viele subjektive und kreative Auseinandersetzungs- und Schreibweisen.

Im Lesetagebuch kann dem Schreiben die oft einengende Normiertheit, die sonst häufig dem schulischen Schreiben anhaftet, genommen werden. Das heißt, dass die in anderen Schreibsituationen geforderte und beurteilte Einhaltung grammatischer und orthografischer Regeln und textsortenbezogener Normen zwar nicht aufgehoben ist, aber doch hinter der Aufgabe, innere Vorgänge oder Zustände – z. B. Gedanken, Gefühle, Imaginationen, Erfahrungen, Meinungen – möglichst vollständig und ohne Angst vor normengeleiteter Beurteilung zu dokumentieren, zurücktritt. Auffällig ist das so genannte 'Parlando-Phänomen', d. h. dass das Geschriebene viele Elemente der gesprochenen Sprache aufweist.[146] Die Tagebuchergebnisse zeigen, dass die Schülerinnen und Schüler im 'Schutz' eines solchen Schreibens mehr von sich preiszugeben scheinen als bei anderen Schreibanlässen oder auch in offenen Gesprächssituationen, in denen sie sich möglicherweise angreifbarer und verletzbarer fühlen als beim Tagebuchschreiben.

Dieses Tagebuch ist einfach stark, da kann ich Sachen reinschreiben, die ich mich normal nicht traue zu sagen. (Jan, LT 60)

---

[146] Zum „Parlando-Phänomen" in geschriebenen Texten vgl. Sieber 1998.

Zusammenfassung   255

Andererseits ist das Schreiben zu einem Buch, auch wenn Normierungen so weit wie möglich herausgehalten werden, aufwändiger und 'verbindlicher' als das Sprechen über ein Buch, weil das Schreiben als Objektivierung innerer Vorgänge und Zustände schon von sich aus anderen formalen Anforderungen unterliegt als das Sprechen und eine größere Genauigkeit beim Formulieren erfordert. Dies wird in den meisten Fällen aber nicht als Einengung oder Belastung empfunden, sondern hilft den Schülerinnen und Schülern, über das Gelesene intensiv nachzudenken, sich das Buchgeschehen und die Buchfiguren vorzustellen, zu neuen Erkenntnissen und Einsichten zu gelangen, Zusammenhänge zu erkennen und Urteile zu differenzieren.

Andere Bücher habe ich immer nur gelesen, aber bei diesem Buch muss ich jetzt viel nachdenken.
(Friederike, LT 126)

Da das Schreiben im Lesetagebuch in der Regel nicht langfristig geplant ist, sondern spontan und situationsabhängig erfolgt, haben viele Schülerinnen und Schüler das Bedürfnis, während des Schreibens über das zuvor Geschriebene zu reflektieren, was an Streichungen und Verbesserungen sowie Kommentaren, die an mündliche Kommunikationssituationen erinnern, ablesbar ist.

Die 'freie' Form der Bearbeitung in einem geöffneten Unterricht, unterstützt durch ein vertrauensvolles Lehrer-Schüler-Verhältnis, hilft die beiden – eigentlich nicht zueinander passenden – Pole Intimität (des Tagebuchschreibens) und Veröffentlichung (der Tagebuchergebnisse) zusammenzubringen. Die Schülerinnen und Schüler schreiben buch- und ichbezogene Stellungnahmen und Selbstreflexionen auf der Basis ihrer subjektiven Empfindungen und produzieren ihre Texte zugleich vor einem imaginierten Publikum möglicher Leser und Leserinnen. Das erwartete und vielfach ausdrücklich gewünschte Urteil des Lehrers oder der Lehrerin steht in diesem Fall einer offenen Selbstäußerung nicht im Wege. Wenn Gelegenheit gegeben wird, reale Erfahrungen in den Lese- und Schreibprozess einzubringen, und Verknüpfungsmöglichkeiten zwischen dem eigenen Leben und der Welt der Buchfiguren aufgezeigt werden, dann werden 'Freiräume' für Imagination, Identifikation, Selbsterfahrung und Selbstreflexion geschaffen und genutzt. Wie einige metakognitive Eintragungen zur Methode 'Lesetagebuch' zeigen, wirkt die Offenheit des Unterrichts und die Möglichkeit, sich 'anders' mit Gelesenem auseinander zu setzen, auf einen großen Teil der Schülerinnen und Schüler wirklich 'befreiend' und wird als Ermunterung zu besonderen Leistungen und ungewöhnlichem Arbeitseifer verstanden. Die gelegentlich geäußerte Vermutung, dass geschlechtsspezifische Unterschiede im Leseverhalten auch beim Erstellen eines Lesetagebuchs – im Hinblick auf Motivation, Arbeitsweise und Ergebnis – zu beobachten sein müssten, kann durch die Untersuchung nicht ausdrücklich bestätigt werden.[147]

---

[147] Vgl. dazu die Untersuchung von geschlechtsspezifischen Unterschieden in Lesetagebüchern: Eickhoff 1999.

Betrachtet man die Ergebnisse der Inhaltsanalyse im Einzelnen, so lassen die Eintragungen in den Lesetagebüchern auf unterschiedliche Auseinandersetzungsweisen schließen, die sich drei Oberbegriffen zuordnen lassen. Zunächst geht es den Schülerinnen und Schülern um eine Rezeption des Gelesenen, erkennbar an reproduktiven, reflektierenden und wertenden Eintragungen, die auf eine *deskriptiv-dokumentarische Auseinandersetzung* hindeuten, sodann um eine Dokumentation des individuellen Miterlebens des Buchgeschehens und der Verknüpfung mit eigenen Lebenserfahrungen, was als *imaginativ-identifikatorische Auseinandersetzung* bezeichnet werden kann, die sowohl selbst- als auch handlungs- und figurenbezogen ist und sich häufig in produktiv-kreativen Gestaltungen äußert. Schließlich finden sich Tagebucheintragungen in *kommunikativen Formen* – und zwar als Kommunikation mit impliziten und expliziten Lesern – sowie *metakommunikative bzw. metakognitive Auseinandersetzungsweisen* in Form von Reflexionen über das eigene Lesen und Schreiben (vgl. Übersicht 18a–c, S. 256ff.). In der Differenzierung dieser Systematisierung sind die Grenzen zwischen den Auseinandersetzungsweisen allerdings fließend; d. h. dass manche sich überschneiden können und auch parallel denkbar sind; eine Zuordnung der konkreten Eintragungen ist häufig nur aus dem jeweiligen Kontext zu erschließen.

Bei den **deskriptiv-dokumentarischen Auseinandersetzungsweisen** können reproduktive, reflektierende und wertende Ausprägungen unterschieden werden (vgl. Übersicht 18a, S. 256). Die Schülerinnen und Schüler reproduzieren den Inhalt des jeweiligen Buches oder einzelner Buchkapitel in vielfältiger Weise: ausführlich und reduktiv, paraphrasierend und manchmal wörtlich zitierend, narrativ und stichwortartig, interpretierend und assoziativ-kommentierend, oft zeichnerisch und produktiv in Form von Rätseln, Fragen und Aufgaben für potentielle explizite Leser.[148] Darüber hinaus haben die Schülerinnen und Schüler ihre Buchauswahl begründet, Kapitelüberschriften gesammelt, vorgegebene Sätze zum Buchinhalt ergänzt, ein Deckblatt gestaltet, Gedanken in einer Skizze veranschaulicht, Zeitungsartikel eingeklebt, sich eine Geheimschrift ausgedacht und vorkommende Fachbegriffe erklärt.

Gegenstand von Reflexionen sind das Buchgeschehen und seine Wirkung auf die Leser sowie die Buchfiguren und ihr Verhalten, der Buchtitel und die Sprache des Buches, schließlich auch die eigenen Erfahrungen, an die man sich im Zusammenhang mit dem Buchgeschehen erinnert.[149]

---

[148] Diese inhaltsbezogenen Zugänge orientieren sich an den Anregungen Nr. 2, 3, 5, 8, 9 und 10 des Handzettels (einzelne Kapitel kurz zusammenfassen oder nacherzählen, zu einer Textstelle etwas zeichnen, Fragen zu einzelnen Kapiteln oder Textstellen formulieren, Aussagen über eine Person des Buches sammeln, Personen des Buches zeichnen, für Personen des Buches Steckbriefe entwerfen).

[149] Diese Eintragungen beziehen sich möglicherweise auf die Anregung Nr. 4 (aufschreiben, was beim Lesen gedacht oder gefühlt worden ist).

Zusammenfassung

Übersicht 18a: Deskriptiv-dokumentarische Auseinandersetzungsweisen

Deskriptiv-dokumentarische Auseinandersetzung (eher kognitiv)	reproduktiv (Inhaltswiedergabe)	ausführlich / reduktiv
		paraphrasierend / wörtlich
		nacherzählend (narrativ) / stichwortartig
		interpretierend
		assoziativ kommentierend
		zeichnerisch
		produktiv (Rätsel, Fragen, Aufgaben)
	reflektierend	über den Buchtitel
		über das Buchgeschehen und seine Wirkung
		über Buchfiguren und ihr Verhalten
		über die 'Sprache' des Buches
		über eigene Erfahrungen im Zusammenhang mit dem Buchgeschehen
	wertend	Meinungsäußerung (positiv / negativ)
		Begründetes Urteil (zustimmend / ablehnend)
		Moralisieren (Idealisierung / Verurteilung / Ambivalenz)

In enger Verbindung mit inhaltsbezogenen und reflektierenden Eintragungen nehmen viele Schülerinnen und Schüler eine wertende Stellungnahme zum Inhalt und zu den Buchfiguren vor und schreiben ihre Meinung zu Handlungsverläufen, Verhaltensweisen, Problemfeldern und Konfliktlagen, gelegentlich auch zu erzähltechnischen Mitteln und spezifischen Textmerkmalen auf. Kennzeichnend sind hierfür Formulierungen wie *„Ich finde, dass ...", „Ich meine aber, dass ...", „Das war nicht gut", „Besonders lustig fand ich ...", „Ich finde, hier ist das Buch etwas umständlich geschrieben"*.[150] Die dokumentierten Wertungen finden sich in Form von einfachen Meinungsäußerungen ohne weitere Begründung, begründeten Urteilen und moralisierenden Appellen. Insgesamt kommt in den reproduktiven, reflektierenden und wertenden Eintragungen eine eher distanzierte bzw. distanzierende Auseinandersetzung mit dem Gelesenen zum Ausdruck.

---

[150] Bei einem solchen wertenden Zugang werden die Anregungen Nr. 6, 14 und 16 aufgegriffen (Textstellen aufschreiben, die als besonders lustig, traurig oder spannend empfunden wurden; eine wichtige Seite abschreiben – bzw. kopieren und einkleben – und kommentieren; aufschreiben, was gut oder nicht so gut gefallen hat).

In den Lesetagebüchern haben die deskriptiv-dokumentarischen Auseinandersetzungsweisen in ihren reproduktiven, reflektierenden und wertenden Ausprägungen ein Übergewicht gegenüber den anderen, was damit zusammenhängen kann, dass eine Vergewisserung und Beurteilung des Buchinhalts die notwendigen Grundlagen für weitere Auseinandersetzungsprozesse sind. Es kann aber auch auf eine entsprechende Lenkung der Lehrkräfte oder darauf zurückzuführen sein, dass die Anregungen des Handzettels einen Schwerpunkt bei der Textrezeption haben.

Die **imaginativ-identifikatorischen Auseinandersetzungsweisen** in den Lesetagebüchern sind selbst- und figurenbezogen (vgl. Übersicht 18b, S. 258). Die Schülerinnen und Schüler setzen ihre eigene Lebenswelt zum Buchgeschehen in Beziehung und erkennen Parallelen oder Alternativen zu möglichem eigenen Handeln („*Ich hatte auch schon mal ...*", „*Mir würde es auch so gehen, denn ...*"). Sie imaginieren sich beobachtend, teilnehmend oder appellativ in das Buchgeschehen hinein und stellen sich vor, was sie als zusätzliche Buchfigur in bestimmten Situationen denken, sagen, fühlen und tun würden („*Ich mische mich jetzt ein ...*", „*Ich verabrede mich mit ...*", „*Ich gebe dir einen Rat ...*") (= Substitution); sie imaginieren auch, was sie selbst an Stelle der Buchfiguren denken und fühlen würden oder tun könnten („*Ich hätte an seiner Stelle ...*", „*Ich bewundere ...*", „*Ich möchte auch sein wie ...*") (= Projektion). Bei dieser Form der Identifikation machen sie die Buchfiguren zu Trägern ihrer eigenen realen und erwünschten Eigenschaften und leben mit ihnen ihre Bedürfnisse, Hoffnungen und Träume aus.

Indem die Schülerinnen und Schüler sich mit Hilfe ihrer Vorstellungskraft – die ihrerseits durch die Aktivierung eine eigene Förderung erfährt – in die Buchfiguren und ihre Situation hineinversetzen, empfinden sie nach, was die Buchfiguren denken und fühlen („*Bestimmt fühlt er sich jetzt ...*", *Ich kann mir vorstellen, dass ...*", „*Ich hatte Angst um ...*") (= Empathie). Sie übernehmen die Perspektive der Figuren und identifizieren sich mit dem 'Anderen', 'Fremden', das ihnen im Verhalten der Buchfiguren näher kommt und in ihr Bewusstsein rückt. Dadurch sensibilisieren sie ihre Wahrnehmungsfähigkeit und begünstigen die Ausprägung von Fremdverstehen, was nicht unbedingt eine Zustimmung zum 'verstandenen' Verhalten einschließen muss („*Ich kann verstehen, dass ...*", „*Ich verstehe ihn zwar, aber ...*").

Übersicht 18b: Imaginativ-identifikatorische Auseinandersetzungsweisen

Imaginativ-identifikatorische Auseinandersetzung (eher emotional)	selbstbezogen	die eigene Lebenswelt zur Buchwelt in Beziehung setzen
		sich vorstellen, was man selbst als zusätzliche Buchfigur denken, sagen, fühlen und tun würde (Substitution)
		sich vorstellen, was man selbst an Stelle von Buchfiguren denken, sagen, fühlen und tun könnte (Projektion)
	figurenbezogen	sich in Buchfiguren und ihre Situation hineindenken (Perspektivenübernahme, Fremdverstehen)
		sich vorstellen und nachempfinden, was eine Buchfigur denken und fühlen könnte (Empathie)
	produktiv-kreativ gestaltend	in die Handlung eingreifen (umschreiben / weiterschreiben)
		aus der Perspektive der Buchfiguren etwas schreiben (Tagebucheintragung, Brief)
		aus Anlass der Handlung etwas gestalten (Sprechblasen, Collagen, Comics, Plakate, Illustrationen, Gedichte, Schreibstil-Imitationen)

Imaginativ-identifikatorische Auseinandersetzungsweisen sind in den Lesetagebüchern besonders häufig im Zusammenhang mit kreativ-produktiven Darstellungsformen – z. B. Tagebucheintragungen aus der Sicht der Buchfiguren, fiktive Briefe, Dialoge, Telefongespräche, Collagen, Comics – festzustellen. Schließlich greifen die Schülerinnen und Schüler noch mitgestaltend in die Handlung ein und schreiben den Buchtext um oder weiter.[151]

Mit der Anbahnung von Perspektivenübernahmen, Fremdverstehen und Empathie wird der Erwerb von fach- und unterrichtsüberschreitenden Sozialkompetenzen unterstützt, die sonst in sozialen Interaktionsmustern und -formen

---

[151] Zu diesen Zugängen passen die Anregungen Nr. 7, 12 und 13 (an geeigneten Stellen im Buch den Text verändern oder weiterschreiben, aus der Sicht einer Person des Buches eine Tagebucheintragung oder einen Brief entwerfen, aus einzelnen Textstellen eine Bildergeschichte oder einen Comic gestalten).

gelernt werden und grundlegend für menschliches Zusammenleben sind. Dies gelingt umso eher, je weniger das Lesetagebuch als ein 'Schulheft' angesehen wird, das am Ende nach konventionalisierten, sprachlich-stilistischen Normen und nach der 'Richtigkeit' der Aufgabenlösungen beurteilt wird, und je mehr die Schülerinnen und Schüler ihre Freiheits- und Gebundenheitsgrade in Bezug auf Anregungen und schriftsprachliche Formen selbst wählen können.

Manche Tagebuchtexte bzw. einige ganze Tagebücher sind in **kommunikativer Form** erstellt und richten sich möglicherweise – bewusst oder unbewusst, direkt oder indirekt – an einen expliziten Leser (vgl. Übersicht 18c, S. 260). Vor allem bei jüngeren Schülerinnen und Schülern mit einer Vorliebe für narrative Darstellungsweisen bleibt offen, ob sie dies vorrangig zur Selbstklärung tun oder für einen potentiellen expliziten Leser schreiben – vor allem für die Lehrerin oder den Lehrer (*„Ich muss jetzt wirklich mal sagen ..."*, *„Wenn ihr mich fragt ..."*). Kommunikation mit impliziten Lesern wird vor allem mit dem Lesetagebuch (*„Liebes Tagebuch"*) und mit Buchfiguren geführt (Briefe, Telefongespräche, Interviews). Als explizite Leser werden die Lehrkräfte, die Mitschüler und die Autorinnen bzw. Autoren angesprochen. Unterbrechungen von Eintragungen (*„Ich hab ja noch gar erzählt, dass ..."*) und der häufige Gebrauch von sprechsprachlichen Partikeln können ebenfalls leserbezogen gedeutet werden.[152] Dass die Lesetagebücher – weil sie eben *Tagebücher* sind – insgesamt auf eine kommunikative Struktur hin angelegt sind und von den Schülerinnen und Schülern auch so aufgefasst werden, zeigt sich u. a. daran, dass die geschriebene Sprache viele Elemente der Mündlichkeit enthält und sich häufig eher am mündlichen Erzählen als an Normen der Schriftsprachlichkeit orientiert.

Häufig wird **metakognitiv** über den eigenen Lese- und Schreibprozess reflektiert, wobei positive und negative Empfindungen thematisiert werden: Leseintensität oder Leseunlust, Lesegenuss und Involviertsein, Schreibfreude oder Schreibbarrieren, Gedanken, Empfindungen und Gefühle, die sich beim Lesen und Schreiben eingestellt haben, aber auch Frustration, Ablehnung, Desinteresse und Unzufriedenheit (*„Ich bin gestern nicht zum Lesen gekommen, weil ..."*, *„Dieses Kapitel ist mir echt schwer gefallen"*, *„Heute habe ich eigentlich keine Lust, in mein Lesetagebuch zu schreiben"*, *„Dies Tagebuch ist einfach stark"*, *„Ich muss sagen, das Buch wird langsam spannend"*). Einzelne Schülerinnen und Schüler reflektieren metakommunikativ über die zuvor notierten Gedanken, Empfindungen und Gefühle. Eintragungen, die sich auf die reale Lebenssituation und aktuelle Befindlichkeit der Schreiberinnen und Schreiber beziehen und Bezug nehmen auf ihre eigene Gegenwart, aber auch auf Vergangenes oder Zukünftiges in ihrem Leben, das mittelbar oder unmittelbar mit

---

[152] Die adressaten- bzw. leserbezogenen Zugänge knüpfen vor allem an die Anregungen Nr. 11 und 15 an (an eine Person des Buches einen Brief schreiben; einen Brief an die Autorin bzw. den Autor schreiben).

ihrem Lese- und Schreibprozess in Zusammenhang gebracht wird, finden sich verstärkt bei Schülerinnen und Schülern der Klassen 7 bis 10. Solche Selbstthematisierungen und Selbstreflexionen aus Anlass des Lesens und Tagebuchschreibens dienen einer Auseinandersetzung mit sich selbst im Hinblick auf Ichfindung und Identitätsbildung.

Übersicht 18c: Kommunikativ-metakognitive Auseinandersetzungsweisen

Kommunikative / metakognitive Auseinandersetzung	Kommunikation mit impliziten Lesern	mit dem Tagebuch, mit Buchfiguren (z. B. Brief, Gespräch, Telefongespräch, Interview)
	Kommunikation mit expliziten Lesern	mit Lehrer/in, Mitschüler/innen, Autor/in (direkte Anrede, Brief, Mitteilungen, Fragen)
	Metakognition	über den eigenen Leseprozess
		über das Schreiben im Lesetagebuch
		über die eigenen Gedanken, Empfindungen, Imaginationen

Auffällig ist in vielen Lesetagebüchern auch die *semiotische Expressivität* (nichtsprachliche Ausdrucksmittel wie Unterstreichungen, verschiedene Schriftarten, farbliche Hervorhebungen und Unterlegungen) und die *ästhetische Gestaltung* (Illustrationen, Bilder, Randskizzen, eingeklebte Fotos).

So sind die Lesetagebücher insgesamt *Dokumentationen einer jeweils individuellen Auseinandersetzung mit dem gelesenen Buch*, wobei die Schülerinnen und Schüler unterschiedliche individuelle Schwerpunkte setzen.[153] Die fiktiven Buchsituationen werden nicht nur kognitiv, sondern auch emotional mit- und nachvollzogen. Es findet ein Erfahrungsaustausch zwischen Leser und Text statt, der über die Textrezeption hinaus zu einer Erweiterung der Selbsterkenntnis und zur Auseinandersetzung mit der eigenen Biographie führen kann. Das Lesen und das Gelesene werden zum Anlass für eine Selbstbeobachtung, sodass der Leser nicht nur etwas über das Buchgeschehen, sondern in der Dokumentation der identifikatorischen und metakognitiven Prozesse auch viel über sich selbst erfährt.

Das Nachdenken über das Gelesene und die Leseeindrücke – als Grundlage des Verstehensprozesses – fördert das Lesetagebuch insofern, als es zum intensiven,

---

[153] Man kann natürlich nicht in jedem Fall davon ausgehen, dass die Eintragungen mit den tatsächlichen Gedanken zum Gelesenen deckungsgleich sind. Zur Erkundung der individuellen Motive für die jeweils getroffene Auswahl der Anregungen ist eine gesonderte Untersuchung erforderlich.

langsamen, in die Texte eindringenden (Mehrfach-)Lesen anhält. Da die Buchlektüre und der Schreibanlass in den Schülerinnen und Schülern etwas anregen, das für sie inhaltlich und persönlich bedeutsam wird, kann das Lesetagebuch helfen, die Bedeutung und Wirkung von Gelesenem erfahrbar zu machen. Darüber hinaus werden die Gestaltungs(frei)räume des fiktiven Buchgeschehens zu einer kreativen Ausgestaltung der Buchgeschichten genutzt.

Der immer wieder geäußerte Einwand, gerade schwache Schülerinnen und Schüler seien nicht in der Lage, eine 'freie' Form der Lesetagebucharbeit effektiv umzusetzen, kann vor allem durch die Beispiele der 7. Hauptschulklassen entkräftet werden (LT 151–176; vgl. Übersicht 3a, S. 107). Obwohl sich in diesen Klassen ungewöhnlich viele Schülerinnen und Schüler befinden, deren Muttersprache nicht Deutsch ist, und andere, die noch nie ein Buch gelesen, geschweige denn etwas dazu geschrieben haben, zeigen die Lesetagebuchbeispiele doch ein breites Spektrum von unterschiedlichen, sehr persönlichen, erfahrungsbezogenen Verarbeitungsweisen und viele positive Äußerungen zum Lesen und Tagebuchschreiben.

Trotz dieser Untersuchungsergebnisse, die die Bedeutung des Lesetagebuchs als geeignete Methode für eine vielfältige, individuelle und selbstbestimmte Auseinandersetzung mit Kinder- und Jugendliteratur eindrucksvoll unter Beweis stellen, bleiben wichtige Fragen offen. Zum Beispiel kann die Untersuchung keine dezidierte Antwort auf die Fragen geben, was die Lesetagebucharbeit zu literarischem Verstehen bzw. zu literarischen Erfahrungen beiträgt, ob und in welchem Umfang Lese- und Schreibkompetenzen sowie strategische und metakognitive Kompetenzen gefördert werden und ob das Lesetagebuch Lesemotivation aufbauen hilft und lesefördernd wirkt. Zur Beantwortung dieser Fragen sind weitere Untersuchungen mit anderen Schwerpunkten notwendig. Dennoch ist begründet zu vermuten, dass all dies durch das lesebegleitende Führen eines Lesetagebuchs tatsächlich gefördert wird; denn die Schülerinnen und Schüler werden zum Lesen von Büchern und zum wiederholten Lesen einzelner Abschnitte motiviert und zum Paraphrasieren des Gelesenen, zum Zusammenfassen des Inhalts und der Problemfelder, zum Formulieren von Fragen, zum inhaltlichen Vorausdenken nachfolgender Buchabschnitte und zur Thematisierung des eigenen Leseprozesses angeregt. Diese Handlungen können als Merkmale der Kompetenzerweiterung angesehen werden.[154]

In diesem Zusammenhang ist noch darauf hinzuweisen, dass die eher ungewöhnliche, aber gelegentlich vorkommende Weise, das Lesetagebuch nicht begleitend zum Lesen, sondern im Anschluss an das erste Lesen zu führen, von einigen Schülerinnen und Schülern bevorzugt wird. Ein immer wieder genanntes Motiv hierfür ist der Wunsch, sich beim ersten Lesen nicht durch andere Dinge ablenken zu lassen und den Lesefluss nicht unterbrechen zu müssen. Gerade moti-

---

[154] Zu den Merkmalen von Lesekompetenz und zur Förderung der Lesemotivation vgl. Deutsches PISA-Konsortium 2001, S. 77 ff. und 131 ff.

vierte und kompetente Leser scheinen dieses Bedürfnis häufiger zu haben; ihre Tagebucheintragungen erfolgen dann in größerer zeitlicher Distanz zum Leseprozess oder erst 'im zweiten Durchgang' durch das Buch. Dabei wirkt das Gedächtnis als Filter; es wird das konkretisiert, was man noch in Erinnerung hat oder was man sich in Erinnerung holt. Mit der zeitlichen Distanz wächst einerseits die Neigung, nur das zu notieren, was man beeindruckend fand, andererseits auch die Fähigkeit, sich aufgrund des größeren Abstands zum Text freier und souveräner mit dem Buchinhalt auseinander zu setzen. Schwächere und leseungeübte Schülerinnen und Schüler bevorzugen dagegen meistens das abschnittweise Lesen mit begleitenden Tagebucheintragungen.

Wie die Analyse der Lesetagebücher gezeigt hat, ergeben sich bei dieser Arbeitsform immer wieder auch Probleme und Grenzen. Es gibt z.B. Schülerinnen und Schüler, die (schrift)sprachlich versagen und trotz großer Anstrengungen nicht zu den selbst gewünschten Erfolgen kommen, und andere, die resignieren und sich verweigern, weil sie die 'freie' Arbeitsform als Überforderung empfinden. Für diese Schülerinnen und Schüler kann die Aussicht, ihren Leseprozess schreibend begleiten zu müssen, abschreckend sein und belastend für das ohnehin schon nicht einfache Lesen.[155] In jeder Klasse gibt es Rezeptionsdokumente, die von oberflächlichem Lesen, eingeschränkter Verstehensfähigkeit, zusammenhanglosen Inhaltswiedergaben, unpassenden Perspektivenübernahmen, willkürlichen Fantasien und defizitärer schriftsprachlicher Formulierungsfähigkeit zeugen. Manche spiegeln die mühenvollen und oft krampfhaften Versuche wider, dem schulischen Anspruch, ein Lesetagebuch zu erstellen, wenigstens in etwa zu genügen. Insofern profitieren möglicherweise diejenigen Schülerinnen und Schüler, die bereits über hinreichende Lese- und Schreibkompetenzen verfügen, besonders von der Methode 'Lesetagebuch'.

Es ist dennoch offensichtlich, dass auch Schülerinnen und Schüler mit Lese- und Schreibschwächen, denen die Arbeit oft nur mühsam von der Hand geht, Lernwege finden, die Möglichkeiten zur Kompetenzerweiterung mit sich bringen. Sie gehen zwar nicht immer souverän mit dem Gelesenen um, finden aber z.B. in den Anregungen zur zeichnerischen und graphischen Gestaltung oder Bearbeitung gelesener Textpassagen oder in der Aufgabe, für sie wichtige Textteile abzuschreiben, alternative zu bewältigende Aufgaben. Häufig gleiten sie über diesen Weg ganz natürlich in eigenes Schreiben über, zum Beispiel, wenn sie ihre Gestaltungsaufgaben mit einem kommentierenden Textanteil versehen oder Begründungen finden, weshalb sie einen Textteil zitiert haben. Auch die Möglichkeit, fragmentarisch, flüchtig, in Form von Notizen oder Stichworten auf den Buchtext zu reagieren, nimmt dem Schreiben ein wenig seinen Endgültigkeits-

---

[155] Es soll hier noch einmal darauf hingewiesen werden, dass es in jeder Klasse einige gab, die ihr Lesetagebuch gar nicht abgegeben, für die Untersuchung nicht zur Verfügung gestellt haben oder deren Lesetagebuch die entsprechenden Lehrerinnen und Lehrer nicht weitergeben wollten mit dem Hinweis, es lohne sich nicht.

charakter und Vollkommenheitsanspruch und lässt den Schreibprozess müheloser und weniger angstbesetzt erscheinen.

Eine weitere mögliche Grenze der Lesetagebucharbeit ist in der Vermutung zu sehen, dass in der selbst bestimmten, selbst gesteuerten Lesetagebucharbeit möglicherweise viele Chancen der Intensivierung des Textverstehens, der Vertiefung der Leseerfahrungen ungenutzt bleiben, die bei 'fürsorglicher' Führung durch den Lehrer im strukturierten gemeinsamen Diskurs in der Klasse stärker zum Tragen kämen. Bestimmte Textdeutungsmöglichkeiten, Explikationen, Anteilnahmen, Imaginationsangebote oder auch Stellungnahmen und Wertungen werden bei der selbsttätigen Arbeit im Lesetagebuch von manchen Schülerinnen und Schülern nicht aufgegriffen, obwohl sie einer Entfaltung bedurft hätten, um den Buchtext vertieft zu verstehen, Handlungsmotive greifbar und Deutungen nachvollziehbar machen zu können. In Unterrichtsgesprächen könnten entsprechende Schlüsselstellen aufgegriffen werden, Rückfragen der Unterrichtenden könnten das Textverstehen vorantreiben. Viele Aspekte des Buchgeschehens könnten deutlicher akzentuiert, Textverarbeitungen intensiviert und Verstehensschwierigkeiten thematisiert werden. Im gemeinsamen Diskurs wäre dann eine Verstehenstiefe erreichbar, die in der individuellen Auseinandersetzung mit dem Buch von vielen nicht erreicht wird.

Andererseits kann dies auch durch entsprechende Impulse in einer individuellen beratenden Begleitung der Lesetagebucharbeit geleistet werden; zudem kann man nicht außer Acht lassen, dass Unterrichtsgespräche oft nur den äußeren Schein eines Diskurses wahren, während sie in Wirklichkeit der Vermittlung vorgegebener Interpretationen und Deutungsmuster dienen. Auch der Vorwurf, dass sich in den Lesetagebüchern lediglich die Fantasie der Schülerinnen und Schüler ausbreite und die gelesenen Bücher der Gefahr einer Rezeptionsbeliebigkeit ausgesetzt seien, kann dadurch entkräftet werden, dass es bei dieser Form der Auseinandersetzung mit Kinder- und Jugendbüchern nicht in erster Linie um eine gemeinsame, textanalytisch fundierte Interpretation geht, sondern um die Dokumentation individueller Leseerfahrungen und subjektiver Sinnkonstituierungen und Bedeutungszuschreibungen.

In den Lesetagebüchern verarbeiten die Schülerinnen und Schüler ihre individuelle Textrezeption gemäß ihrem jeweiligen Entwicklungs- und Leistungsstand. Das bedeutet auch, dass viele Schülerinnen und Schüler, für die die Lesetagebucharbeit anstrengend ist, Mühe haben, die Anregungen des Handzettels im Überblick zur Kenntnis zu nehmen und für sich verfügbar zu machen; entsprechend haben sie Probleme, 'ihre' Aufgaben zu finden. Was in den Auseinandersetzungsprozess einbezogen wird, ist – ebenso wie das, was ausgeschlossen bleibt – abhängig vom Fragehorizont und von der Motivation des Einzelnen. Auch Unstimmigkeiten und Fehldeutungen können nicht vermieden werden; gelegentlich werden in den Eintragungen Einstellungen deutlich – z. B. zur Anwendung von Gewalt oder zur Ausländerproblematik –, die so nicht stehen bleiben dürften und aus Anlass einer Diskussion vielleicht überdacht und modifiziert werden würden. Außerdem werden Probleme im sprachformalen Bereich sichtbar, die häufig im Zusammenhang mit spontanem, assoziativem Schreiben auftreten und im 'normalen' Unterricht aufgegriffen und einer Überarbeitung unterzogen würden. Die sprachformale Korrektheit, z. B. im Hinblick auf Satzbau und Deklination, ist häufig unzureichend; auch bei der funktionalen Angemessenheit der Wortwahl und bei der Orthografie gibt es z. T. erhebliche Mängel.

Bei der Analyse der Lesetagebücher hat sich allerdings gezeigt, dass gerade die Aufforderung zum 'Drauflosschreiben' einen Motivationsschub zur Folge haben kann und dass der ausdrückliche Hinweis, eine 'normgerechte' Beurteilung finde nicht statt, auf viele Schülerinnen und Schüler eine 'befreiende' Wirkung hat. Insofern kann in die leistungswürdigende Rückmeldung an die Schülerinnen und Schüler auch eine Anmerkung zu sprachlichen Defiziten enthalten sein, jedoch gibt es im Deutschunterricht andere Handlungsfelder, um die hier auftretenden Probleme einer Lösung näher zu bringen.

In vielen Lesetagebüchern kann man die Beobachtung machen, dass sie zum Ende hin im Hinblick auf Inhalt und Gestaltung dürftiger werden. Manche Schülerinnen und Schüler haben nicht genug Durchhaltevermögen, sodass ihnen irgendwann die Arbeit zu komplex und damit zu schwierig wird; <u>Lese- und Schreibanstrengungen über einen relativ langen Unterrichtszeitraum können zu Ermüdungserscheinungen und Motivationsverlust führen</u>. Man darf deshalb nicht von der Annahme ausgehen, dass die Lesetagebucharbeit in jedem Fall mit Freude und Begeisterung aufgenommen, motiviert durchgehalten und erfolgreich zu Ende gebracht wird. Die Fragen, wie mit den offensichtlichen Grenzen der Methode 'Lesetagebuch' umzugehen ist und was mögliche Rahmenbedingungen für einen erfolgreichen Einsatz dieser Methode sein können, werden bei den im Folgenden zu entfaltenden didaktischen Perspektiven (Kap. 5) zu bedenken sein.

Zusammenfassend kann festgehalten werden, dass der Einsatz des Lesetagebuchs im Umgang mit Kinder- und Jugendliteratur den Deutschunterricht methodisch bereichert, aber – ebenso wie andere sinnvolle Methoden – keineswegs einen 'erfolgreichen' Unterricht garantiert.

Es hat zwar Arbeit gemacht, dieses Heft zu gestalten, aber es hat auch Spaß gemacht und es war auch einmal eine Abwechslung. (Henrik, LT 110)

Letztlich ist das Lesetagebuch eine Methode der Aneignung von Gelesenem und der Auseinandersetzung damit, die zulässt, dass die einzelnen Schülerinnen und Schüler in selbst gewähltem Lese- und Schreibtempo, mit der Freiheit zur Verzögerung der Lese- und Schreibprozesse und der Möglichkeit, sich Zeit zu lassen zum Begreifen dessen, was sie ergreift, zu einer intensiven und individuellen Auseinandersetzung mit dem Gelesenen gelangen. Die mögliche Nutzung des

Lesetagebuchs ist vielfältig und in der Tendenz dialogisch ausgeprägt. Wenngleich der Spielraum im Prinzip alle Formen zulässt, kann man nach der Untersuchung doch festhalten, dass gerade der kommunikative Verwendungszusammenhang vielen Schülerinnen und Schülern, ganz besonders den schwachen, entgegenkommt.

Hierhin gehört auch die Frage nach dem Ausmaß der notwendigen Anleitung der Schülerinnen und Schüler bei der Erstellung der Lesetagebücher. Im Einzelfall mag es ausreichen, wenn ihnen die Methode erläutert wird, meistens aber haben sich die Anregungen und Tipps in Form eines Handzettels, der in das Tagebuch eingeklebt wird und ständig 'zu Rate gezogen' werden kann, als sinnvoll erwiesen.

> *„Mir fällt gerade nichts ein. Das soll aber nicht den geringsten Grund geben aufzuhören. Nicht verzagen, die Vorschläge befragen." (Jonas, LT 163)*

Die Methode allein macht noch nicht den Erfolg aus; es müssen den Schülerinnen und Schülern – vor allem vor dem Hintergrund, dass das Tagebuchschreiben nicht zu den gewohnten Schreibaktivitäten gehört – auch die damit verbundenen Möglichkeiten der Auseinandersetzung mit Gelesenem vorgestellt und erschlossen werden. Es hat sich gezeigt, dass auch 'vorstrukturierte', buchbezogene Aufgaben und Literaturkarteien ein hilfreiches Mittel zur Anregung von Schreib- und Gestaltungsprozessen sein können, wenn sie die Selbsttätigkeit und das Imaginationsvermögen der Schülerinnen und Schüler nicht zu sehr einengen, z. B. durch zu viele Pflichtaufgaben, zu einseitige Aufgabenstellungen oder durch das Suggerieren von 'richtigen' und 'falschen' Lösungen.

Auch wenn Schule und Unterricht einen Interaktionskontext darstellen, der das Lesen und die Textverarbeitungsweisen, also auch die Lesetagebucharbeit, (mit)bestimmt, ist die Schlussfolgerung nicht von der Hand zu weisen, dass in den Lesetagebüchern Auseinandersetzungsweisen sichtbar geworden sind, die überzeugend nachweisen, dass trotz dieser für viele Schülerinnen und Schüler nicht immer leicht zu realisierenden Arbeit ein individuelles, vertieftes, erfahrungsbezogenes Lesen und Schreiben in unterschiedlichen Ausprägungen gelingen kann. Die vorliegenden Lesetagebücher lassen allerdings vermuten, dass auch die Erwartungen und die damit zusammenhängenden Beratungsweisen der jeweiligen Lehrerinnen und Lehrer die Formen der Textverarbeitung mitbestimmen, denn fast immer sind die Lesetagebücher einer Klasse in ihrer prinzipiellen Machart ähnlich.

Eine exemplarische Reflexion der Ambivalenz des Einsatzes des Lesetagebuchs in schulischen Rahmenbedingungen findet sich bei Katharina (Kl. 9, LT 275). Der Brief an den Deutschlehrer, mit dem sie ihr Lesetagebuch beendet, ist deshalb geeignet, auch diese Zusammenfassung zu beenden (Abb. 40):

Last words / Nachwort

Dieses Diary ist in freier, gedanklicher Sprache geschrieben. Da meine freien Gedanken aber weder Rechtschreibprogramm noch Grammatikprüfung beinhalten, kann ich nicht für ein adreines, fehlerfreies und grammatikalisch richtiges Deutsch garantieren. Das persönlichste an einem Diary sind verschiedene Textformen, Sprachen und Zeiten bunt durcheinandergewürfelt und unzensiert. Das heißt, wenn dieses Diary irgendwo eine einwandfreie und in „allerschönster Sonntags- und Bewerbungshandschrift" - Stelle beinhaltet, ist sie mindestens fünfmal überdacht und deshalb auch nicht immer von mir entworfen. Sollte dies öfter der Fall sein, weise ich darauf hin, dass dieses Diary von einer Lehrperson in Auftrag gegeben wurde und bestimmt zur Zensurverteilung beitragen wird.

Es ist also verständlicherweise logisch, dass ich etwas Eindruck schinden muß und dies in der oben beschriebenen Art und Weise hin und wieder versucht habe.

Mit höchster Entschuldigung

Katharina

Abb. 40: LT 275, Katharina

5 Didaktische Perspektiven

Eine Befragung von Schülerinnen und Schülern, die im Deutschunterricht begleitend zum Lesen eines Jugendbuchs ein Lesetagebuch erstellt haben, hat ergeben, dass manche, wenn ihnen nach einiger Zeit erneut ein Buch zum Lesen vorgeschlagen wird, zwar gern wieder lesen, aber auf keinen Fall dazu ein Lesetagebuch erstellen wollen; andere sind motiviert, auch zum wiederholten Mal ein Lesetagebuch zu führen.[156] Die Gründe für diese gegensätzlichen Reaktionen mögen überwiegend individueller Natur sein, hängen aber sicher auch mit den jeweiligen unterrichtlichen Rahmenbedingungen für den Einsatz des Lesetagebuchs zusammen und mit der Art und Weise, wie die Schülerinnen und Schüler an diese Methode herangeführt und bei ihrer Anwendung beratend begleitet worden sind. Die Ergebnisse der vorliegenden Untersuchung können – im Sinne des Aufzeigens didaktischer Perspektiven – Grundlage für die Entfaltung von Bedingungen für eine gelingende Arbeit mit dem Lesetagebuch sein.

Wichtig ist zunächst die Überzeugung der Lehrerinnen und Lehrer, dass der Deutschunterricht im Rahmen des Bildungsauftrags der Schule neben der Steigerung von Lesekompetenz und der Entwicklung von Textverständnis auch den Aufbau einer dauerhaften Lesemotivation und die Erweiterung der Befähigung zum Bücherlesen und zur Auseinandersetzung mit dem Gelesenen als vordringliche Herausforderungen erkennen und akzeptieren muss. Wenn im Deutschunterricht oder aus Anlass des Deutschunterrichts Bücher gelesen werden, so ist dies immer mit bestimmten Zielsetzungen verbunden, die mit Hilfe geeigneter Methoden umgesetzt werden sollen. Das Lesetagebuch ist ein wichtiger Baustein für eine Unterrichtskonzeption, die das Lesen als Interaktion von Leser und Text begreift und den Schülerinnen und Schülern Möglichkeiten einer individuellen, selbsttätigen, identitätsbildenden, intensiven und aspektreichen Auseinandersetzung mit dem Gelesenen eröffnen sowie Leseerfahrungen im Sinne von Imaginationen, Identifikationen, Perspektivenübernahmen und Fremdverstehen anbahnen will. Im Lesen und Tagebuchschreiben kann den Schülerinnen und Schülern erfahrbar werden, dass Lesen eine sinnvolle und gewinnbringende Tätigkeit ist, dass das Nachdenken über das Gelesene wichtig ist, dass ihre

---

[156] Von 156 befragten Schülerinnen und Schülern geben 100 (= 64,10 %) an, sie hätten aus Anlass des Lesetagebuchs das Buch genauer gelesen. 105 (= 67,31 %) finden es gut, dass sie im Lesetagebuch notieren können, was sie selbst wollen; 113 (= 72,44 %) geben an, dass sie ihre Eindrücke und Gedanken lieber im Lesetagebuch aufschreiben als sie vor der ganzen Klasse zu äußern; 115 (= 73,72 %) finden es gut, wenn sie Tipps und Aufgaben für das Lesetagebuch bekommen. 70 Schülerinnen und Schülern (= 44,87 %) hat es Spaß gemacht, ein Lesetagebuch zu führen; aber auf die Frage, ob sie beim nächsten Buch, das in der Klasse gelesen wird, wieder ein Lesetagebuch erstellen möchten, antworten 59 (= 37,82 %) mit Ja, 62 (= 39,74 %) mit Nein und 35 (= 22,43 %) können sich nicht entscheiden. Auffällige Unterschiede zwischen Jungen und Mädchen sind nicht festzustellen. Zu den vollständigen Ergebnissen vgl. Schaal 1999 (unveröffentlichte Examensarbeit).

Didaktische Perspektiven 269

persönlichen Aneignungs- und Reflexionsprozesse ernst genommen werden und dass das Dokumentieren der individuellen Auseinandersetzung mit dem Gelesenen in vielfacher Hinsicht lohnenswert sein kann.

Die aufzuzeigenden Bedingungen für einen gelingenden Einsatz des Lesetagebuchs im Deutschunterricht beziehen sich im Einzelnen

– auf den *Organisationsrahmen* und die *Unterrichtsgestaltung*,
– auf das *Beraten, Begleiten und Beurteilen* als Aufgaben der Lehrerinnen und Lehrer bei der Einführung des Lesetagebuchs – einschließlich der Frage nach der Buchauswahl –, bei der Durchführung der Lesetagebucharbeit und bei der Beurteilung der Ergebnisse sowie
– auf die *Neuformulierung von Anregungen und Tipps* für einen Handzettel.

5.1 Organisationsrahmen und Unterrichtsgestaltung

Die Frage, was für eine Art von Unterrichtsform die Arbeit mit dem Lesetagebuch begünstigt, ist nicht ohne Weiteres zu beantworten. Ein lehrerzentrierter, eng zweckrational organisierter Unterricht widerspricht jedoch dem Einsatz dieser Methode. Sollte ein solcher 'geschlossener' Unterricht die bisher bevorzugte Unterrichtsgestaltung sein, dann verlangen das Lesen und die Arbeit am Lesetagebuch eine erhebliche Veränderung in der Unterrichtsform und der Unterrichtsmethodik, denn ein geöffneter Unterricht, der Individualisierung und Differenzierung nicht nur zulässt, sondern herausfordert, ist Bedingung für selbstständiges Arbeiten der Schülerinnen und Schüler. Dabei ist zu beachten, dass die Situation der Schülerinnen und Schüler, die im Unterricht ein Kinder- oder Jugendbuch lesen und dazu ein Lesetagebuch erstellen, sich sowohl vom 'normalen' Klassenunterricht, in dem gemeinsam ein Buch 'durchgenommen' wird, als auch vom Lesen in privater Atmosphäre unterscheidet.

Im Unterschied zum gemeinsamen Klassenunterricht, in dem die Interaktion zwischen Lehrer und Schülern und zwischen den Schülern sowie die kommunikative Verständigung über das Gelesene bestimmend ist, steht hier die individuelle Auseinandersetzung mit dem Gelesenen, die primäre subjektive Textaneignung im Vordergrund. Daraus ergibt sich einerseits die Möglichkeit, die eigene Subjektivität zu entfalten und das Lernen in die eigene Hand zu nehmen; andererseits besteht die Gefahr, hinter möglichen Ansprüchen zurückzubleiben, die Chance zu genauem Lesen und davon abhängigen überraschenden Einsichten sowie zum diskursiven Austausch der jeweils subjektiven Bedeutungskonstituierungen nicht zu nutzen und sich mit Lese- und Schreibproblemen allein gelassen zu fühlen. Da die situativen Gegebenheiten 'Schulcharakter' haben – d. h. die Lehrkraft und die Mitschüler sind anwesend und die Aufgabe, hier und jetzt ein Buch zu lesen und ein Lesetagebuch zu erstellen, ist bindend und verbindend zugleich –, ist ein *sinnvoller Wechsel zwischen offenen individualisierenden*

Lern- und Arbeitssituationen und gemeinsamen Unterrichtsphasen, in denen das Lesen und Schreiben immer wieder in den Kommunikationszusammenhang der Klasse oder Lerngruppe gebracht wird, möglich und anzustreben.

Beim Erstellen von Lesetagebüchern in einem geöffneten Unterrichtskonzept sollte in einem entspannten Lernklima das Erproben von Verarbeitungsweisen ohne negative Konsequenzen zugelassen sein und der Schwerpunkt nicht auf dem gekonnten, normgerechten Textabfassen, sondern im Finden eigener Wege zur Textauseinandersetzung liegen. Dadurch wird es möglich, auch bei schwächeren Schülerinnen und Schülern, die schon viele Misserfolge erleben mussten und häufig negative Gefühle gegenüber dem Lesen und Schreiben im Deutschunterricht entwickelt haben, neue Motivation zu wecken und ihnen Erfolgserlebnisse zu vermitteln. Schwierigkeiten, die die ungleichen Lern-, Lese- und Schreibkompetenzen der Schülerinnen und Schüler mit sich bringen, können durch Einzelberatung oder im Klassengespräch aufgefangen werden. Notwendig ist in jedem Fall ein Organisationsrahmen, durch den sichergestellt ist, dass die intendierten selbstständigen Lernprozesse auch tatsächlich stattfinden.

In gemeinsamen Unterrichtsphasen kann ein Austausch über das jeweilige Buch und die gewählten Arbeitsmethoden und Auseinandersetzungsweisen erfolgen. Verstehensprozesse können vertieft und emotionales Berührtsein, Identifikation und Perspektivenübernahme, aber auch Distanzierung mitgeteilt werden. Es dient der Kompetenzerweiterung, im Diskurs über Buchinhalte und methodische Möglichkeiten zu erfahren, dass es Differenzen in den Wahrnehmungs-, Lese- und Schreibweisen gibt und dass die eigenen Leseerfahrungen, Imaginationen, Denkweisen und Gefühlsmuster durch den Austausch mit anderen ergänzt und überschritten werden können. Wird ein Lesetagebuch von mehreren Schülerinnen und Schülern in einer Kleingruppe erstellt, dann ergeben sich viele der genannten Aspekte innerhalb der Gruppe und das Tagebuch kann sowohl die individuelle als auch die gemeinsame diskursive Auseinandersetzung mit dem Gelesenen widerspiegeln. In allen Formen der Tagebucharbeit sind die soziale Interaktion und die Unterrichtsatmosphäre in der Klasse mitentscheidend für das Gelingen.

Da es bei der Lesetagebucharbeit vorrangig um schreibendes Denken, um zu Papier gebrachte Denkarbeit, um die Verfertigung und Ordnung der Gedanken beim Schreiben und durch das Schreiben, um die Entstehung von etwas Neuem und Individuellem geht, gleicht kein Lesetagebuch dem anderen. Um die Chancen, die sich daraus ergeben, zu nutzen, sollte ein möglichst gleichschrittiges Vorgehen gar nicht erst angestrebt werden. Wichtig ist bei diesem lesedidaktischen Ansatz vielmehr, der Selbstlernfähigkeit und -willigkeit der Schülerinnen und Schüler zu vertrauen und alles so zu arrangieren, dass sie eine individuelle Rezipientenperspektive einnehmen können und sie auch wirklich dokumentieren

Didaktische Perspektiven

mögen. Hierhin gehört auch die Entscheidung, ob ein Buch als gemeinsame Klassenlektüre gelesen werden soll oder verschiedene Bücher in kleinen Gruppen angeboten werden bzw. die Buchauswahl frei gestellt wird.

Unterstellt man, dass Schüler im Unterricht besonders viel profitieren, wenn sie aktiv-produktiv tätig sein können, wenn sie selbstbestimmt und experimentierend, erprobend Erfahrungen machen können, dann ergeben sich neue Dimensionen des Lernens. Gerade die Erfahrung, dass das Lesen eines Buches die eigenen Fähigkeiten nicht übersteigt, dass es sogar gewinnbringend sein kann und dass man auch im schulischen Kontext eine selbstbestimmte und selbsttätige Auseinandersetzungsform und nicht nur Interpretationsrituale und konventionelle Besprechungsweisen erlebt, machen den motivationalen und perspektivenreichen Ansatz dieses Konzepts deutlich.

Die Tatsache, dass es immer wieder Schülerinnen und Schüler gibt, die am Lesen ganzer Bücher scheitern bzw. mit der komplexen Aufgabe, zum gelesenen Buch ein Lesetagebuch anzufertigen, überfordert sind oder nicht hinreichend Energie zum Durchhalten haben, unterstreicht die Notwendigkeit einer Differenzierung, die bei der Lesetagebucharbeit wegen ihres individuellen und variablen Charakters auch möglich und sinnvoll ist. Vorausschauend und flexibel sollten die Lehrerinnen und Lehrer ihren Schülerinnen und Schülern die komplexe Aufgabenstellung durchaus zumuten, sie aber bei der Bewältigung der Aufgaben nicht allein lassen, sondern ihnen beim Hineinwachsen in die Arbeitsform und beim schrittweisen Erwerb der erforderlichen Kompetenzen individuell helfen. In jedem Fall sind allgemeine Anregungen und Tipps – z. B. in Form eines Handzettels zum Einlegen in das Lesetagebuch – und ihre situative und schülerbezogene Konkretisierung, Begrenzung oder Erweiterung unverzichtbar.

5.2 Beraten – Begleiten – Beurteilen

Zu den *einführenden Aufgaben* der Lehrerinnen und Lehrer gehört die Buchauswahl und die Hinführung zur Methode 'Lesetagebuch'; bei beidem sind sowohl inhaltliche als auch methodische Aspekte von Bedeutung.

Beim Lesen in der Schule ist die Passung zwischen Leser und Buch mitentscheidend für gelingende Lese- und Auseinandersetzungsprozesse. Für die Buchauswahl bieten sich vor allem Kinder- und Jugendbücher an, die die Schülerinnen und Schüler und ihre Lebens- und Denkweisen in besonderer Weise (be)treffen, weil sie Leseanreize bieten, unterhalten, informieren, altersspezifische Fragestellungen und Probleme beinhalten, zur kreativen und emotionalen Auseinandersetzung mit Lebenswelten und Sichtweisen anregen, Identifikationsangebote in Bezug auf die Protagonisten machen, Andersartigkeit und Fremdheit thematisieren und dafür sensibel machen sowie in ihrer Sprachverwendung und ihren sprachlichen Mustern meist unmittelbar zugänglich sind.

Lesemotivation entsteht besonders dann, wenn das Buch den Leser bzw. die Leserin anspricht und die Gefühle anregt, wenn das Lesen des Buches Vergnügen bereitet, An- oder Entspannung ermöglicht, Zustimmung oder Ablehnung, Identifikation oder Distanzierung hervorruft und auch eine gewisse Sperrigkeit aufweist, die schreibend 'abgearbeitet' werden kann. Zum Aspekt der 'Passung' gehört auch, dass emotionale Faktoren oft entscheidend sind für das Lesenwollen und dass nicht nur der Buchinhalt, sondern auch der Schwierigkeitsgrad des Buches im Hinblick auf Umfang, Wortschatz, Schreibstil usw. der Lesekompetenz der Leserinnen und Leser entspricht, denn sowohl Überforderung als auch Unterforderung können Unlust erzeugen und demotivierend wirken.

Damit die persönliche Betroffenheit bzw. die jeweils individuelle Beziehung der Leserinnen und Leser zu dem, was gelesen wird, von Anfang an berücksichtigt wird, sollten die Lehrerinnen und Lehrer eine Mitwirkung der Schülerinnen und Schüler bei der Buchauswahl zulassen. Eine kurze Einführung über Titelbild bzw. Cover und Klappentext ist hierbei eine anregende und praktikable Hilfestellung. Kann sich eine Lerngruppe nicht auf eine gemeinsame Lektüre einigen, so ist das Lesen von mehreren unterschiedlichen Büchern in kleinen Gruppen eine geeignete Alternative, falls die Ausleihe oder Beschaffung geregelt werden kann. Noch größere Individualisierung und Buchvielfalt erreicht man über die Bereitstellung eines Buchkoffers, den Bibliotheken für Schulklassen zusammenstellen und über längere Zeit ausleihen, oder über die freie Buchwahl der Schülerinnen und Schüler aus dem häuslichen Bestand, der Schülerbücherei oder der Stadtbibliothek. Sinnvoll ist, dass die Lehrkräfte sich kontinuierlich über das Angebot geeigneter Kinder- und Jugendbücher informieren.

Damit die Schülerinnen und Schüler bei der Buchauswahl kriteriengeleitet mitwirken können, ist die Beratung des Lehrers bzw. der Lehrerin unverzichtbar, um für Texte zu werben, die Aktualität für das gegenwärtige und zukünftige Leben haben, sich als 'Kommunikationsangebot' eignen und Anlässe geben, eigene Erfahrungen zu artikulieren und neue zu gewinnen, Einsichten in Lebenszusammenhänge zu verdeutlichen und zu verschärfen, Wahrnehmungsmuster zu erweitern oder zu durchbrechen, Prozesse der Selbsterkenntnis und Selbstreflexion in Gang zu setzen.[157]

Neben der Beratung bei der Buchauswahl ist es Aufgabe der Lehrerin bzw. des Lehrers, die Schülerinnen und Schüler zum Lesetagebuch hinzuführen und mit ihnen sowohl den Sinn als auch die Erstellungsbedingungen eines Lesetagebuchs zu besprechen bzw. zu erarbeiten. Die erarbeiteten Möglichkeiten für eine Auseinandersetzung mit dem gewählten Buch können den Schülerinnen und

---

[157] Um solche Kriterien zu entfalten, müssten sich noch weitere Untersuchungen anschließen, die zum Beispiel über Auswertungen von Interviews oder Fragebögen die jeweilige Passung zwischen Schüler und Buch oder die Wertschätzung und Akzeptanz des selbst gewählten oder vorgegebenen Buches genauer erfassen.

Didaktische Perspektiven

Schülern anschließend als Zusammenstellung von Anregungen und Tipps auf einem Handzettel zum Einkleben in das Tagebuch zur Verfügung gestellt werden (vgl. 5.3). Wichtig ist, dass die Schülerinnen und Schüler vor Beginn der Arbeit eine Vorstellung davon entwickeln, was und worüber sie schreiben können, damit sie dann aus einem breiten Spektrum von Möglichkeiten bewusst das auswählen können, was ihnen sinnvoll und angemessen erscheint, und sich nicht scheuen, ihre eigenen Gedanken, Gefühle, Erlebnisse, Erfahrungen und Wünsche einzubringen. Von Bedeutung ist auch, den Begriff 'Tagebuch' zu klären, um zur Nutzung des spezifischen Tagebuchcharakters anzuregen, nicht nur im Sinne einer Merkhilfe und Gedächtnisstütze, sondern vor allem einer vertraulichen Zwiesprache mit sich selbst, aber auch mit den Buchfiguren, und einer Erweiterung der bekannten schulischen Textarten.

Während des Lesens und der Erstellung der Lesetagebücher brauchen die Schülerinnen und Schüler Gelegenheiten, Antworten auf entstehende Fragen zu erhalten und Assoziationen und Erklärungswünsche zu äußern. Im Umgang mit Büchern sollte deshalb bei der *Durchführung der Lesetagebucharbeit* immer eine Begleitung durch den Lehrer bzw. die Lehrerin mit der notwendigen Individualisierung und Differenzierung einhergehen.

Dabei ist zu beachten, dass die Schülerinnen und Schüler ihr Lesetagebuch unterschiedlich erstellen. Einige machen ihre Eintragungen unmittelbar nach der Lektüre einzelner Seiten oder eines Kapitels, andere lesen das Buch zunächst in einem Zug durch und beginnen dann von vorn, jetzt abschnittweise und jeweils unterbrochen von unterschiedlich langen und intensiven Schreib- oder Gestaltungsphasen. Was sie notieren, schreibend oder malend verarbeiten, nach- oder umgestalten, ist wiederum individuell verschieden. Erzählend, paraphrasierend, kommentierend, reflektierend und wertend verarbeiten sie das Gelesene; manche legen sehr viel Wert auf die äußere Gestaltung, andere schreiben eher fragmentarisch, skizzieren, notieren spontan, wobei das Geschriebene häufig Elemente der mündlichen Sprachverwendung enthält. Einige finden problemlos Schreibanlässe, z. B. Textstellen, die sie beeindrucken oder besonders betreffen, die Unklarheiten bringen, denen sie schreibend auf die Spur kommen oder über die sie ihr Missfallen äußern wollen; andere müssen zunächst ihre Schreibhemmungen überwinden, bevor sie beginnen können, und brauchen eine intensive Beratung. Wieder andere entwickeln Ideen zu Illustrationen oder zeichnerischer Umsetzung bestimmter Inhalte. Solche unterschiedlichen Auseinandersetzungsweisen sollten nicht nur zugelassen, sondern herausgefordert werden.

Da Schreiben im Rahmen von Lesetagebucharbeit zum integralen Bestandteil des Leseprozesses wird, müssen die Schülerinnen und Schüler nach Schreibweisen suchen, in denen sie sich zum Text in Beziehung setzen können. Dieses 'Einschreiben' in das Gelesene führt zu verschiedenen Tätigkeiten, die ohne die

Aufgabe, ein Lesetagebuch zu führen, nicht in so vielfältiger Form in Angriff genommen würden. Bewusster wird Fragen nachgegangen, wer im Buchgeschehen was, wo und warum erlebt, wodurch eine gezielte Rezeption des Inhalts evoziert wird und viele Einzelheiten genauer wahrgenommen werden. Dabei müssen die Lesenden häufig noch einmal im Buch zurückblättern, wieder von vorn anfangen, mehrfach lesen oder erneut das Gelesene überfliegen, um ihr Gedächtnis aufzufrischen. Dies ist eine wichtige Konsequenz, die sich aus der Verbindlichkeit des schriftlichen Fixierens der Gedanken ergibt und der man sich im gemeinsamen Unterrichtsgespräch leichter entziehen kann. Um die für eine intensive Auseinandersetzung notwendigen Lese- und Schreibprozesse motiviert durchzuhalten, ist für die Schülerinnen und Schüler immer wieder eine Bestätigung und Ermutigung durch die Lehrkräfte hilfreich.

Indem die Schülerinnen und Schüler durch die Lesetagebucharbeit und die begleitende Beratung der Lehrerinnen und Lehrer zu produktivem Umgang mit Buchtexten angeregt werden, können sie in eine lebendige und vielfältige Beziehung zur fiktiven Welt des Gelesenen eintreten; eigene Vorstellungen werden geweckt und gewinnen durch das Schreiben oder die bildlichen Darstellungen Kontur. In dieser Form der Auseinandersetzung mit dem Fiktionalen liegt die Chance, Texte besser zu durchdringen und zu verstehen, sie sinnenhaft zu *erleben* und mit eigenen Vorstellungen und Erfahrungen zu *beleben*. Zudem werden die aktive Rezipiententätigkeit und -phantasie sowie individuelle Leseraktivität und -kreativität gefordert und gefördert und wichtige Prozesse der Selbstfindung und Ichbildung angebahnt.

Wenn keine bestimmte Vorgehensweise vorgeschrieben ist, sondern den Schülerinnen und Schülern zugemutet und zugetraut wird, ihr Lesen und ihre Auseinandersetzung mit dem Gelesenen auf eine jeweils individuell unterschiedliche Art und Weise anzugehen, dann stehen die Lernenden vor der Aufgabe ihr Lernen selbst zu steuern. Sie müssen ihre Arbeitstechnik und Strategie wählen, ihre Zeit planen und einteilen, Wesentliches von Unwesentlichem unterscheiden, Sinn definieren und konstituieren, Mnemotechniken zum Behalten und Verstehen aktivieren und den eigenen Lernprozess immer wieder durch Metakognitionen überschauen. Insofern trägt die Lesetagebucharbeit auch zur *Entfaltung von Methodenkompetenz* bei.[158]

Natürlich kann es passieren, dass das Schreiben im Lesetagebuch für einzelne Schülerinnen und Schüler zu einer solchen Belastung wird, dass sie ihre Frustrationen auch auf das Lesen übertragen, sodass die Lesetagebucharbeit, die auch den Aufbau von Lesemotivation und die Entfaltung von Lesekompetenz unterstützen soll, kontraproduktiv wird. Ganz besonders Schülerinnen und Schülern mit geringer Lese- und Schreibkompetenz oder Ungern- und Nicht-Lesern kann

---

[158] Die Förderung der Methodenkompetenz durch die Lesetagebucharbeit ist ausführlich dargestellt in Hintz 2000b.

Didaktische Perspektiven 275

schon das Lesen und noch mehr die schriftliche oder gestalterische Auseinandersetzung mit dem Gelesenen schwer fallen. Ihre häufig unbeholfene, mühsame und flüchtige Art zu lesen und zu schreiben behindert sowohl die Lektüre als auch das Schreiben im Lesetagebuch. Sie listen dann manchmal wahllos Einzelheiten aus dem Text auf oder schreiben – möglicherweise aus Hilflosigkeit – ganze Textteile ab, ohne einen kommentierenden Hinweis darauf zu geben, was sie veranlasst hat, gerade diese Teile zu notieren. Das Ergebnis macht gelegentlich den Eindruck einer Sammlung von relativ unverbindlich aneinander gereihten Textfragmenten und Skizzen.

Auch die Auswahl dessen, was schreibend oder gestaltend im Lesetagebuch festgehalten werden soll, fällt manchen Schülerinnen und Schülern schwer. Viele wählen für ihre Auseinandersetzung Textstellen aus, die sie ohne Probleme bewältigt haben, anstatt sich auch mit dem zu beschäftigen, was sie beim Lesen als sperrig oder schwer verständlich empfunden haben. Bei der schriftlichen Fixierung können dann ganze Buchpassagen außer Acht gelassen werden. Da das Schreiben zum Gelesenen andere Ansprüche stellt als das Lesen allein, kann die Gefahr des Motivationsverlustes im Hinblick auf das Tagebuchführen und auch auf das Lesen nicht ausgeschlossen werden.

Deshalb gehört es zur beratenden Begleitung der Lehrkräfte, die individuellen Auseinandersetzungsweisen aufmerksam zu verfolgen und sensibel zu sein für auftretende Lese- und Schreibhemmungen, Ausweichverhalten, Resignation oder offene Verweigerung. Das Gespür dafür, wann es notwendig ist, Orientierungshilfen in Form von zusätzlichen Schreib- oder Bearbeitungsanregungen zu geben, ist ebenso wichtig wie die Bereitschaft, als mündlicher oder schriftlicher Dialogpartner verfügbar zu sein und die vorhandene Zeit für eine Beratung der Schülerinnen und Schüler zu nutzen. Auch die Variante, ein Gruppenlesetagebuch zu führen, kann manchmal helfen, zu produktiv-kreativen Schreib- und Gestaltungsweisen zu kommen und im Austausch unter den Gruppenmitgliedern die Auseinandersetzung mit dem Buchinhalt zu vertiefen.

Für viele potenziert sich die Leistungsanstrengung beim Schreiben und wird zur Belastung, je festgelegter und enger die 'Verabredungen' und Auflagen sind, die diese Arbeitsform bestimmen. Dennoch können einzelne verpflichtende Aufgabenstellungen, eine 'Vorstrukturierung' der Arbeit, die die Eigenaktivität nicht unnötig einschränkt, sondern anbahnen hilft, und unterrichtsbegleitende Anregungen für manche Schülerinnen und Schüler hilfreich sein. Vorbereitete Aufgabenblätter mit allgemeinen Aufgabenstellungen oder mit Ideen zur Aneignung des Inhalts eines bestimmten Buches sind immer dann günstig, wenn Schülerinnen und Schüler bei ihrer Arbeit ins Stocken geraten, nicht mehr wissen, wie sie sich dem Gelesenen annähern und sich mit ihm auseinander setzen sollen oder das Gelesene auf eine immer gleiche Art und Weise verarbeiten. Mit Hilfe solcher Materialien ist es häufig möglich, eine Monostruktur der Auseinandersetzung zu überwinden; durch ein ansprechendes Layout können Aufgabenblätter im Einzelfall einen höheren Aufforderungscharakter haben als leere Tagebuchseiten.

Im Sinne einer Hilfestellung kann es sinnvoll sein, gegebene Anregungen zwischenzeitlich in der Lerngruppe zu thematisieren und Beispiele für ihre Nutzung zu demonstrieren. Allgemeine oder buchbezogene Aufgabenstellungen aus Literaturkarteien können zusätzlich zur Verfügung gestellt werden und sind manchmal für lese- und schreibungewohnte Schülerinnen und Schüler eine angemessene Unterstützung.[159] Auch Aufgaben, die sich aus einem begleitend stattfindenden Unterricht ergeben, können als Anregung und/oder Verpflichtung in die Lesetagebucharbeit einfließen. Es ist aber zu beachten, dass durch zu viele 'verordnete' Tätigkeiten die personale Betroffenheit und die eigenständige Bedeutungs- und Sinnkonstituierung auch behindert werden kann; die untersuchten Lesetagebücher zeigen, dass gerade die 'freie' und beratend begleitete Form der Tagebucherstellung zu Vielfalt und Abwechslungsreichtum führt.

Da in der Arbeit mit dem Lesetagebuch in erster Linie nicht das Ergebnis, sondern der Lese- und Schreibprozess von Bedeutung ist, kommt es nicht vorrangig auf grammatische und orthografische Richtigkeit, auf Treff- und Formulierungssicherheit, auf die Produktion 'mustergültiger' Texte an, sondern auf die Verschriftlichung und Dokumentation der individuellen Auseinandersetzung mit dem gelesenen Buch. Diese Chance des weniger 'normgerechten' Schreibens sollte gesehen und genutzt werden, denn hieraus ergibt sich die Möglichkeit, Schülerinnen und Schüler aus Anlass der literarischen Vorlagen zu konstruktiven Schreibprozessen anzuregen, die eine selbstständige Erprobung oder Verarbeitung von Schreibweisen herausfordern, und sie Schreiberfahrungen machen zu lassen, die nicht durch eine zu starke Normierung eingeschränkt werden.

Die *Beurteilung der Lesetagebücher* ist in jedem Fall eine schwierige Frage, weil man den Schülerinnen und Schülern mit der sonst üblichen 'vergleichenden' Beurteilungsnorm nicht gerecht wird.[160] Die Lesetagebucheintragungen machen die individuellen Lese- und Auseinandersetzungsweisen in dem Maße und in der Differenziertheit deutlich, wie die Schülerinnen und Schüler dies durch ihr Schreiben und Gestalten sichtbar machen können und wollen. Kontraproduktiv ist Angst vor dem Urteil der einsichtnehmenden Lehrkräfte oder vor einer zu erwartenden normierten Leistungsbewertung. Eine vergleichende Beurteilung – etwa wie bei einem Klassenaufsatz – ist nur dann ansatzweise möglich, wenn eine

---

[159] Allgemeine Anregungen für die Erstellung und Gestaltung von Lesetagebüchern finden sich z. B. in der Lesekartei von 'Freiraum Lesen' (Menzel 2000).

[160] Hierin kann eine Gefahr für die Akzeptanz des Lesetagebuchs als Methode im Deutschunterricht liegen, denn die Neigung vieler Unterrichtender, neue didaktische Ideen zunächst danach zu bewerten, ob sie eine überprüfbare Beurteilung der Schülerleistungen zulassen, und die Übernahme in den Unterricht für den Fall, dass diese Bewertung negativ ausfällt, zurückzustellen, muss hier überwunden werden.

klare und für alle Schülerinnen und Schüler identische Aufgabenstellung vorgegeben ist und das Lesetagebuch dadurch eher zu einem Lesebegleitheft wird. Denkbar ist auch, dass sich Schüler und Lehrer auf eine bestimmte Aufgabe verständigen, die von allen bearbeitet wird und zur Beurteilung herangezogen werden kann. Hier wäre auch eine Überarbeitung der Ergebnisse denkbar, die in der Regel bei der Tagebucharbeit nicht sinnvoll ist.

Es versteht sich von selbst, dass eine Beurteilung durch die Lehrkraft im Sinne einer Rückmeldung und Leistungs*würdigung* unverzichtbar ist und von den Tagebuchschreibern meistens auch ausdrücklich eingefordert wird. Sie sollte jedoch als individuelle Erfolgs- statt Vergleichsbeurteilung erfolgen und auf eine Ziffernbewertung verzichten. Eine Benotung steht im Widerspruch zu dem Anliegen, individuelle Leseinteressen und Fähigkeiten der Schülerinnen und Schüler zu fördern; die Aufforderung zur Selbstbeurteilung und eine entsprechende Rückmeldung durch die Lehrkräfte trägt jedoch zur Ausprägung von Urteilsfähigkeit bei der Selbsteinschätzung bei und kann ermutigende Hilfen für künftiges Arbeiten geben.

Dadurch wird ein großes Maß an Offenheit gewonnen, sowohl für die Schülerinnen und Schüler beim Schreiben als auch für die Lehrkräfte beim Beurteilen. In jedem Fall ist das Lesetagebuch ungeeignet, um bestimmte Aufsatzformen zu trainieren und nach Aufsatzkriterien beurteilt zu werden, weil hier das Schreiben vorrangig im Dienst des Lesens und der persönlichen Auseinandersetzung mit dem Gelesenen steht. Die Lehrerinnen und Lehrer müssen sich daher fragen, mit welchen Erwartungen sie selbst an die Anfertigung und Beurteilung von Lesetagebüchern herangehen und ob sie am Ende lieber Dokumente einer individuellen Auseinandersetzung mit dem Buch vorliegen haben möchten oder ob sie sich vergleichend beurteilbare Schreibergebnisse wünschen, wie man sie z. B. mit vorgegebenen buchbezogenen Aufgaben oder vorstrukturierten Lesetagebüchern erreichen kann.

Die beim Lesen stattfindenden Prozesse von ästhetischer Erfahrung, emotionaler Betroffenheit, Fremdverstehen und Empathie sind schwer in Worte zu fassen, aber noch schwerer von Außenstehenden zu beurteilen. Gerade die bedeutsamen imaginativ-identifikatorischen Auseinandersetzungsweisen verschließen sich einer normierten Beurteilung, weil sie eigentlich gar nicht für die 'Öffentlichkeit' gedacht sind. Dennoch ist nicht von der Hand zu weisen, dass die Schülerinnen und Schüler sich auch bei der Arbeit am Lesetagebuch immer bewusst sind, dass sie diese Arbeit in der Schule und für die Schule auf sich nehmen. So ist es nicht verwunderlich, wenn sich in den Tagebüchern am Schluss Eintragungen wie die folgende finden:

> *Ich hoffe dass ich eine gute Note fürs Lesetagebuch kriege obwohl es fast überall Rechtschreibungsfehler gibt, aber ich habe es versucht und es kann sein dass ich schlechte Zensuren kriege weil das zuerst mal war, aber es hat Spaß gemacht.*
> (Salman, LT 282)

Umso mehr sind die Lehrkräfte aufgefordert, die Beurteilung umsichtig zu handhaben. Dazu gehört auch, dass eine beabsichtigte Beurteilung und mögliche Beurteilungskriterien bereits vor Beginn der Lesetagebucharbeit mit den Schülerinnen und Schülern offen besprochen werden.

5.3 Neuformulierung von Anregungen und Tipps

Die Anregungen für mögliche Inhalte und Formen der Lesetagebucharbeit, die mit den Schülerinnen und Schülern erarbeitet und/oder ihnen auf einem Handzettel zum Einkleben in das Lesetagebuch zur Verfügung gestellt werden können, sollen die Vielfalt möglicher Auseinandersetzungsweisen mit dem Gelesenen berücksichtigen, zugleich aber nicht durch einen zu großen Umfang unüberschaubar werden oder verwirrend wirken. Deskriptiv-dokumentarische und imaginativ-identifikatorische Auseinandersetzungsweisen sollen in einem angemessenen Verhältnis repräsentiert sein; die Nutzung des Lesetagebuchs als kommunikativ ausgerichteter Schreibanlass für die Dokumentation der Auseinandersetzung mit dem gelesenen Buch soll ebenso angeregt werden wie metakognitive Reflexionen über den eigenen Lese- und Schreibprozess. Es ist sinnvoll, den Text des jeweiligen Handzettels mit kurzen Hinweisen zur Methode 'Lesetagebuch' und ihrer Bedeutung zu beginnen.

Mit den Anregungen und Tipps des Handzettels sollten die Schülerinnen und Schüler relativ 'frei' umgehen können. Das bedeutet, dass sie – im Wissen um die Intentionen eines Lesetagebuchs und vor dem Hintergrund vielfältiger wählbarer Anregungen – ihre Rezeptionsprozesse selbst bestimmen, ihre Imaginationskraft aktivieren und ihre Schreib- und Gestaltungsarbeit selbst steuern können, sodass die Vorgaben zwar einen Anspruch an jeden Einzelnen darstellen, aber nicht als verpflichtende Vorschriften aufzufassen sind. Rigide Vorgaben für Form und Inhalt der Lesetagebücher und eine Indienstnahme der Tagebucharbeit zur Einübung schulischer Textsorten können die notwendige Subjektivität in der Begegnung mit geeigneter Kinder- und Jugendliteratur behindern, die Bereitschaft zu kreativ-produktiven Auseinandersetzungsprozessen einschränken und die Selbstreflexion als Beitrag zur Identitätsentwicklung erschweren.

Werden diese Grundsätze beachtet, dann kann das Lesetagebuch für die Schülerinnen und Schüler eine sinnvolle und wirksame Methode für den Umgang mit Büchern im Rahmen des schulischen Lesens sein. Für die Lehrerinnen und Lehrer kann es Entlastung und Zeitgewinn für individuelle Zuwendung bringen, das Methodenrepertoire erweitern und zu einem entspannten Lernklima beitragen. Außerdem kann die Lesetagebucharbeit Lesen und Schreiben integrativ verbinden, das schulische Schreiben aus der Enge des Aufsatzunterrichts befreien und den Schülerinnen und Schülern vielfältige Schreibanlässe eröffnen.

Didaktische Perspektiven

Die abschließende Neuformulierung von Anregungen für einen Handzettel erfolgt vor dem Hintergrund der Ergebnisse der Untersuchung, der daraus abgeleiteten Kategorisierung von Auseinandersetzungsweisen (vgl. Übersicht 18a–c, S. 256ff.) und der im Anschluss daran entfalteten didaktischen Perspektiven. Der Handzettel kann von Lehrerinnen und Lehrern als Anleitung für einführende Unterrichtsgespräche und als Aufgabenpool für die Erstellung einer eigenen, situativ angemessenen Zusammenstellung von Anregungen genutzt werden. Den Schülerinnen und Schülern kann er als Orientierungshilfe für ihre Lesetagebucharbeit ausgehändigt und in begleitenden Unterrichtsgesprächen immer wieder als 'Fundgrube' für variantenreiche Zugänge zum Gelesenen thematisiert werden (Übersicht 19).

Übersicht 19: Handzettel mit Anregungen zum Lesetagebuch

In einem **Lesetagebuch** kannst du alles aufschreiben, was dir beim Lesen in den Sinn kommt: deine Gedanken und Gefühle, Freude und Ärger, Zustimmung und Ablehnung, Begeisterung und Enttäuschung, Fragen und Meinungen – zum Buch, zum Lesen, zum Lesetagebuch-Schreiben.

Das **Lesetagebuch** kann dir helfen, dich intensiv mit dem Buch auseinander zu setzen, es besser zu verstehen und dich später daran zu erinnern.

In einem Lesetagebuch kannst du ...

- notieren, was du wann gelesen hast
- etwas zum Inhalt der Kapitel, einzelner Textstellen oder des ganzen Buches schreiben und zeichnen
- Personen des Buches beschreiben, Steckbriefe von ihnen anfertigen und sie zeichnen
- zu einer Textstelle eine Bildergeschichte oder einen Comic entwerfen
- zu einer Buchszene ein Drehbuch entwerfen

- Gedanken und Fragen zu einzelnen Textstellen und zu sprachlichen Besonderheiten des Buches formulieren und nach Antworten auf die Fragen suchen
- aufschreiben, was du beim Lesen gedacht und gefühlt hast, und auch, warum das wohl so war
- von deinen eigenen Erfahrungen erzählen, an die du dich beim Lesen erinnert hast
- aufschreiben, was dir gefällt oder nicht gefällt und deine Meinung begründen
- zu Textstellen, die du besonders lustig, traurig oder spannend findest, etwas aufschreiben

- mit einer Person des Buches Kontakt aufnehmen, z. B. in einem Brief, Telefongespräch oder Interview
- dir vorstellen, dass du selbst als beobachtender Reporter oder als zusätzliche Figur des Buches am Geschehen teilnimmst, und eine Textstelle entsprechend neu schreiben
- dir vorstellen, was die Personen des Buches denken und fühlen könnten, und aus ihrer Sicht eine Tagebucheintragung oder einen Brief schreiben
- aufschreiben, was du selbst an Stelle der Buchfiguren denken, fühlen, sagen und tun würdest
- an geeigneten Stellen im Buch die Handlung verändern oder weiter schreiben
- aufschreiben, welche Person dir besonders gut und welche dir gar nicht gefällt und deine Meinung begründen
- eine Buchkritik oder einen Brief an die Autorin bzw. den Autor schreiben

Hier noch ein **Tipp**:
Wenn du etwas nicht verstehst oder Schwierigkeiten beim Lesen oder Schreiben hast, dann wende dich an jemanden, der dir helfen kann.

Das Lesetagebuch –
Varianten zur Auseinandersetzung mit Kinder- und Jugendbüchern im Deutschunterricht
(Intentionen: Intensiv lesen – produktiv schreiben – frei arbeiten – Lesekompetenz fördern.)

	frei			vorstrukturiert	
	ganz frei	mit Anregungszettel	mit ausgewählten offenen Aufgaben	mit ausgewählten offenen Aufgaben	mit buchbezogenen Lesetagebüchern	mit selbst erstellten Lesetagebüchern
	Die Schüler/innen lesen ein Buch und werden dazu angehalten, begleitend zum Lesen ihre Leseprozesse und -eindrücke tagebuchartig in freier Form zu dokumentieren (schreiben - malen - ...).	Die Schüler/innen führen begleitend zum Lesen in freier Form ein Lesetagebuch und erhalten dazu einen Einlegezettel mit Anregungen, die sie frei wählen können.	Die Schüler/innen führen begleitend zum Lesen in freier Form ein Lesetagebuch und erhalten dazu vorgestaltete Einlegeblätter mit offenen Aufgaben, aus denen sie auswählen können.	Die Schüler/innen führen begleitend zum Lesen ein Lesetagebuch und erhalten dazu vorgestaltete Einlegeblätter mit offenen Aufgaben, die sie bearbeiten müssen.	Die Schüler/innen führen begleitend zum Lesen ein vorstrukturiertes, buchbezogenes Lesetagebuch, das von Verlagen zu bestimmten Büchern angeboten wird.	Die Schüler/innen führen begleitend zum Lesen ein vorstrukturiertes Lesetagebuch, das von der Lehrkraft zu dem gelesenen Buch selbst erstellt worden ist.
Varianten des Lesens (für alle Formen der freien und vorstrukturierten Lesetagebucharbeit): Alle lesen das gleiche Buch. / In kleinen Gruppen lesen Einzelne zusammen ein Buch. / Jeder sucht sich ein Buch aus (z.B. aus einem Bücherkoffer) und liest für sich allein.	**Beispiele für Einlegezettel:** S. 105 / S. 280	**Beispiele für Aufgabenblätter:** Freies Lesetagebuch. Kopiervorlagen zum Umgang mit Jugendbüchern. (Schroedel-Verlag, hrsg. und erarbeitet von Ingrid Hintz)	**Beispiele für Aufgabenblätter:** Freies Lesetagebuch. Kopiervorlagen zum Umgang mit Jugendbüchern. (Schroedel-Verlag)	**Beispiele für buchbezogene Lesetagebücher:** z.B. in der Reihe „Texte.Medien" (Schroedel-Verlag; ausführlicher Überblick im Internet unter: www.schroedel.de/texte medien)	**Material zur Erstellung:** z.B. in Literaturkarteien, in Lehrerhandreichungen der Verlage oder in „Freies Lesetagebuch. Kopiervorlagen zum Umgang mit Jugendbüchern" (Schroedel-Verlag)

Verzeichnis der Übersichten und Tabellen

Übersicht 1:	Verlaufsskizze der Untersuchung	102
Übersicht 2:	Handzettel mit 16 Anregungen zum Einkleben in das Lesetagebuch (alte Fassung)	105
Übersicht 3a:	Tabellarische Übersicht über die gelesenen Bücher / Arbeitsform: 'frei'	107
Übersicht 3b:	Tabellarische Übersicht über die gelesenen Bücher / Arbeitsform: 'vorstrukturiert'	108
Übersicht 3c:	Tabellarische Übersicht über die gelesenen Bücher / Arbeitsform: Gruppenlesetagebuch in 'freier' Form	108
Übersicht 4:	Übersicht über die 28 quantitativ erfassten Lesetagebücher	110
Übersicht 5:	Raster für die quantitative Erfassung	111
Übersicht 6:	Aufgegriffene Anregungen 1 – 16 im Überblick	119
Übersicht 7:	Aufgegriffene Anregungen 1 – 16 nach Jungen und Mädchen	120
Übersicht 8a:	Rangfolge der aufgegriffenen Anregungen / Positivliste	121
Übersicht 8b:	Rangfolge der aufgegriffenen Anregungen / Negativliste	122
Übersicht 9a:	Eigene Ideen der Schülerinnen und Schüler 17 – 37 im Überblick	123
Übersicht 9b:	Eigene Ideen der Schülerinnen und Schüler 17 – 28 im Überblick (Diagramm)	129
Übersicht 10a:	Verhältnis von aufgegriffenen Anregungen und eigenen Ideen / Orientierungsstufe (Klasse 5 und 6)	132
Übersicht 10b:	Verhältnis von aufgegriffenen Anregungen und eigenen Ideen / Sekundarstufe I (Klasse 7 – 10)	133
Übersicht 11:	Quantitative Untersuchung: Mischungsverhältnis / Durchschnittswerte in Prozent	134
Übersicht 12a:	Mischungsverhältnis der aufgegriffenen Anregungen / Durchschnittswerte / Rangfolge nach Schulformen	135
Übersicht 12b:	Mischungsverhältnis der aufgegriffenen Anregungen / Durchschnittswerte / Rangfolge nach Jungen und Mädchen	135
Übersicht 13a:	Tendenzen in den Auseinandersetzungsweisen, Teil 1	136
Übersicht 14:	Prozentualer Anteil der Auseinandersetzungsweisen am Gesamtinhalt der Lesetagebücher	137
Übersicht 13b:	Tendenzen in den Auseinandersetzungsweisen, Teil 2	138
Übersicht 15:	Beurteilungsbogen für 'vorstrukturierte' Lesetagebücher zum Buch „Und das nennt ihr Mut"	236
Übersicht 16:	Fehlende Aufgaben und 'Extras' in der 8. Klasse	237
Übersicht 17:	Fehlende Aufgaben und zusätzlich gewählte Ideen in der 9. Klasse	250
Übersicht 18a:	Deskriptiv-dokumentarische Auseinandersetzungsweisen	257
Übersicht 18b:	Imaginativ-identifikatorische Auseinandersetzungsweisen	259
Übersicht 18c:	Kommunikativ-metakognitive Auseinandersetzungsweisen	261
Übersicht 19:	Handzettel mit Anregungen zum Lesetagebuch (Neuformulierung)	280

Literaturverzeichnis

Abraham, Ulf: Lesarten – Schreibarten. Formen der Wiedergabe und Besprechung literarischer Texte. Stuttgart 1994

Abraham, Ulf: Übergänge. Literatur, Sozialisation und Literarisches Lernen. Opladen / Wiesbaden 1998

Abraham, Ulf: Lese- und Schreibstrategien im themenzentrierten Deutschunterricht. Zu einer Didaktik selbstgesteuerten und zielbewussten Umgangs mit Texten. In: Abraham, Ulf/Bremerich-Vos, Albert/Frederking, Volker/Wieler, Petra (Hg.): Deutschdidaktik und Deutschunterricht nach PISA. Freiburg 2003, S. 204–219

Abraham, Ulf / Beisbart, Ortwin / Koß, Gerhard / Marenbach, Dieter: Praxis des Deutschunterrichts. Arbeitsfelder – Tätigkeiten – Methoden. Donauwörth 1998

Abraham, Ulf/Bremerich-Vos, Albert/Frederking, Volker/Wieler, Petra (Hg.): Deutschdidaktik und Deutschunterricht nach PISA. Freiburg 2003

Antos, Gerd: Eigene Texte herstellen! Schriftliches Formulieren in der Schule. Argumente aus der Sicht der Schreibforschung. In: Der Deutschunterricht 1988, H. 3, S. 37–50

Armbröster-Groh, Elvira: Der moderne realistische Kinderroman. Themenkreise, Erzählstrukturen, Entwicklungstendenzen, didaktische Perspektiven. Frankfurt/M. 1997

Aufenanger, Stefan: Am Fall lernen – Sozialpädagogische Kasuistik. In: Ammann, Wiebke u. a. (Hg.): Pädagogik – Theorie und Menschlichkeit. FS für Enno Fooken zum 60. Geburtstag. Oldenburg 1986, S. 233–242

Aust, Hugo: Lesen. Überlegungen zum sprachlichen Verstehen. Tübingen 1983

Balhorn, Heiko / Bartnitzky, Horst / Büchner, Inge / Speck-Hamann, Angelika (Hg.): Schatzkiste Sprache 1. Von den Wegen der Kinder in die Schrift. Frankfurt/M. 1998

Balhorn, Heiko / Brügelmann, Hans (Hg.): Welten der Schrift in der Erfahrung der Kinder. Konstanz 1987

Balhorn, Heiko / Niemann, Heide (Hg): Sprachen werden Schrift. Konstanz 1996

Ballstaedt, Steffen-Peter / Mandl, Heinz: Lesen im Jugendalter. In: Oerter, Rolf (Hg.): Lebensbewältigung im Jugendalter. Weinheim 1985, S. 160–191

Bambach, Heide: Erfundene Geschichten erzählen es richtig. Lesen und Leben in der Schule. Konstanz 2. Aufl. 1993

Bambach, Heide: Von Zuneigungen und Rettungen oder: Wie Kinder in ihren Geschichten leben und sie miteinander voranbringen. In: Spitta, Gudrun (Hg.): Freies Schreiben – eigene Wege gehen. Lengwil 1998, S. 98–132

Bambach, Heide: „Erfundene Geschichten sind wie Träume …". Wie die Texte von Kindern an literarischen Vorbildern wachsen. In: Duderstadt, Matthias / Forytta, Claus (Hg.): Literarisches Lernen. Frankfurt/M. 1999, S. 243–261

Bamberger, Richard: Jugendschriftenkunde, Leseerziehung, Buchpädagogik. Studienbehelf für Pädagogische Hochschulen, Pädagogische Akademien, Institute für Heimerziehung. o. O., o. J.

Bamberger, Richard: Jugendlektüre. Jugendschriftenkunde, Leseunterricht, Literaturerziehung. Wien 2. Aufl. 1965

Bamberger, Richard: Leseförderung. Die Kunst der Motivation – Mehr Zeit für Bücher. In: Balhorn, Heiko / Brügelmann, Hans (Hg.): Welten der Schrift in der Erfahrung der Kinder. Konstanz 1987, S. 40–50

Bamberger, Richard / Binder, Lucia / Vanecek, Erich: Zehnjährige als Buchleser. München 1977

Bamberger, Richard / Vanecek, Erich: Lesen – Verstehen – Lernen – Schreiben. Die Schwierigkeitsstufen von Texten in deutscher Sprache. Wien / Frankfurt/M. / Aarau 1984

Bark, Joachim / Förster, Jürgen (Hg.): Schlüsseltexte zur neuen Lesepraxis. Poststrukturalistische Literaturtheorie und -didaktik. Texte und Kommentare. Stuttgart 2000

Baumgärtner, Alfred Clemens: Literaturfeindlicher Deutschunterricht? In: Walz, Ursula (Hg.): Literaturunterricht in der Sekundarstufe. Stuttgart 1970, S. 5–17

Baumgärtner, Alfred Clemens (Hg.): Lesen. Ein Handbuch. Hamburg 1973

Baumgärtner, Alfred Clemens (Hg.): Literaturrezeption bei Kindern und Jugendlichen. Baltmannsweiler 1982

Baumgärtner, Alfred Clemens: Literaturrezeption bei Kindern und Jugendlichen. In: Baumgärtner, Alfred Clemens (Hg.): Literaturrezeption bei Kindern und Jugendlichen. Baltmannsweiler 1982a, S. 3–9

Baumgärtner, Alfred Clemens / Watzke, Oswald: Wege zum Kinder- und Jugendbuch. Ein Beitrag zur Buchpädagogik. Theoretische Überlegungen und praktische Beispiele für die Grundschule und Sekundarstufe I. Donauwörth 1985

Baurmann, Jürgen u. a.: Textrezeption und Schule. Grundlagen – Befunde – Unterrichtsmodelle. Stuttgart 1980

Baurmann, Jürgen / Feilke, Helmuth: Freies Arbeiten. In: Praxis Deutsch 1997, H. 141, S. 18–27

Baurmann, Jürgen / Ludwig, Otto (Hg.): Schreiben – Schreiben in der Schule. Hildesheim / Zürich / New York 1990

Baurmann, Jürgen / Ludwig, Otto (Hg.): Schreiben: Konzepte und schulische Praxis. Praxis Deutsch Sonderheft. Seelze 1996

Baurmann, Jürgen / Müller, Astrid: Zum Schreiben motivieren – das Schreiben unterstützen. Ermutigung zu einem schreiber-differenzierten Unterricht. In: Praxis Deutsch 1998, H. 149, S. 16–22

Baurmann, Jürgen / Nündel, Ernst / Schlotthaus, Werner: Textrezeption und Textgebrauch. In: Praxis Deutsch 1980, H. 41, S. 4–14

Baurmann, Jürgen / Weingarten, Rüdiger (Hg.): Schreiben. Prozesse, Prozeduren und Produkte. Opladen 1995

Beck, Erwin / Guldimann, Titus / Zutavern, Michael: Eigenständig lernende Schülerinnen und Schüler. Bericht über ein empirisches Forschungsprojekt. In: Zeitschrift für Pädagogik 1991, H. 5, S. 735–767

Beck, Oswald / Hofen, Nikolaus: Aufsatzunterricht Grundschule. Handbuch für Lehrende und Studierende. Baltmannsweiler 1990

Becker-Mrotzek, Michael / Hein, Jürgen / Koch, Helmut H. (Hg.): Werkstattbuch Deutsch: Texte für das Studium des Faches. Münster 1997

Behnken, Imbke / Jaumann, Olga (Hg.): Kindheit und Schule. Kinderleben im Blick von Grundschulpädagogik und Kindheitsforschung. Weinheim / München 1995

Behnken, Imbke / Messner, Rudolf / Rosebrock, Cornelia / Zinnecker, Jürgen: Lesen und Schreiben aus Leidenschaft. Jugendkulturelle Inszenierungen von Schriftkultur. Weinheim / München 1997

Beinlich, Alexander: Handbuch des Deutschunterrichts im ersten bis zehnten Schuljahr, auf der Grundlage einer offenen, operativen Didaktik. Bd. 2: Das Lesen und die literarische Erziehung. Emsdetten 1961

Beinlich, Alexander: Über die Entwicklung der Leseneigungen und des literarischen Verständnisses. In: Beinlich, Alexander (Hg.): Handbuch des Deutschunterrichts. Bd. 2. Emsdetten 1961a, S. 695–749

Literaturverzeichnis

Beinlich, Alexander: Zu einer Theorie der literarischen Entwicklung von Kindern und Jugendlichen auf umfassend anthropologischer, epochal ausgeformter Grundlage und ihrer Relevanz für eine praktikable Literaturpädagogik und Literaturdidaktik. In: Baumgärtner, Alfred Clemens (Hg.): Literaturrezeption bei Kindern und Jugendlichen. Baltmannsweiler 1982, S. 48–115

Beisbart, Ortwin: Überlegungen zu einer Didaktik des Schreibens. In: Baurmann, Jürgen/ Ludwig, Otto (Hg.): Schreiben – Schreiben in der Schule. Hildesheim / Zürich / New York 1990, S. 19–28

Beisbart, Ortwin / Eisenbeiß, Ulrich / Koß, Gerhard / Marenbach, Dieter (Hg): Leseförderung und Leseerziehung. Theorie und Praxis des Umgangs mit Büchern für junge Leser. Donauwörth 1993

Belgrad, Jürgen / Fingerhut, Karlheinz (Hg.): Textnahes Lesen. Annäherung an Literatur im Unterricht. Baltmannsweiler 1998

Belgrad, Jürgen / Melenk, Hartmut (Hg.): Literarisches Verstehen – Literarisches Schreiben. Positionen und Modelle zur Literaturdidaktik. Baltmannsweiler 1996

Bellebaum, Alfred / Muth, Ludwig (Hg.): Leseglück. Eine vergessene Erfahrung? Opladen 1996

Benjamin, Walter: Das Kunstwerk im Zeitalter seiner technischen Reproduzierbarkeit (1936). Zitiert nach: Benjamin, Walter: Gesammelte Schriften Bd. I.2. Hrsg. von Tiedemann, Rolf / Schweppenhäuser, Hermann. Frankfurt/M. 1980

Bertelsmann-Stiftung (Hg.): Lesen in der Schule. Perspektiven der schulischen Leseförderung. Gütersloh 1995

Bertelsmann Stiftung (Hg.): Mehr als ein Buch. Leseförderung in der Sekundarstufe I. Gütersloh 1996

Bertelsmann-Stiftung (Hg.): Öffentliche Bibliothek und Schule – neue Formen der Partnerschaft. Gütersloh 1997a

Bertelsmann-Stiftung (Hg.): Lebenswelten, Medienräume. Jugendliche, Bibliothek und Schule. Beiträge zum Projekt „Öffentliche Bibliothek und Schule". Gütersloh 1997b

Bertschi-Kaufmann, Andrea: Jugendliteratur in der Lesewerkstatt. In: Praxis Deutsch 1994, H. 127, S. 50–56

Bertschi-Kaufmann, Andrea: Lesen, Gestalten, Verarbeiten. Produktive Wege im Literaturunterricht. In: Der Deutschunterricht 1996, H. 6, S. 26–33

Bertschi-Kaufmann, Andrea: Neue Zürcher Zeitung. Internationale Ausgabe, Nr. 270 vom 20.11.1997a

Bertschi-Kaufmann, Andrea: Lesejournale. Fenster mit Sicht auf die Lese- und Schreibentwicklungen der Grundschulkinder. In: Balhorn, Heiko / Niemann, Heide (Hg.): Sprachen werden Schrift. Lengwil 1997b, S. 152–160

Bertschi-Kaufmann, Andrea: Mädchen und Jungen lesen anders und anderes. Überlegungen, Beispiele und Beobachtungen aus dem offenen Leseunterricht. In: Die Grundschulzeitschrift 1997c, H. 103, S. 40–44

Bertschi-Kaufmann, Andrea (Hg.): Lesen und Schreiben im offenen Unterricht. Zürich 1998a

Bertschi-Kaufmann, Andrea: Das Lesen als Schreibhilfe? In: Praxis Deutsch 1998b, H. 147, S. 36–38

Bertschi-Kaufmann, Andrea: Lesetagebücher – und was in ihnen sichtbar wird. Lese- und Schreibentwicklungen im offenen Unterricht. In: Bertschi-Kaufmann, Andrea (Hg.): Lesen und Schreiben im offenen Unterricht. Zürich 1998c, S. 89–102

Bertschi-Kaufmann, Andrea: Kinderliteratur und literarisches Lesen. Lese- und Schreibentwicklungen im offenen Unterricht. In: Richter, Karin / Hurrelmann, Bettina (Hg.): Kinderliteratur im Unterricht. Theorien und Modelle zur Kinder- und Jugendliteratur im pädagogisch-didaktischen Kontext. Weinheim / München 1998d, S. 199–214

Bertschi-Kaufrnann, Andrea: Lesen und Schreiben in der Medienumgebung. Die literalen Aktivitäten von Primarschulkindern. Aarau 2000

Bertschi-Kaufmann, Andrea: „Ich würte das Buch alen enpfelen zu lesen." Leseerfahrungen und ihre Spuren im Lesetagebuch. In: Grundschule Sprachen, Themenheft „Mit Büchern leben", Seelze 2002, S. 12–15

Bertschi-Kaufmann, Andrea / Gschwend-Hauser, Ruth: Jugendliteratur in der Lesewerkstatt. In: Praxis Deutsch 1994, H. 127, S. 50–56

Bichsel, Peter: Der Leser. Das Erzählen. Frankfurter Poetik-Vorlesungen. Darmstadt / Neuwied 1982

Biller, Karlheinz: Pädagogische Kasuistik. Eine Einführung. Baltmannsweiler 1988

Binneberg, Karl: Plädoyer für eine kasuistische Pädagogik. In: Binneberg, Karl (Hg.): Pädagogische Fallstudien. Frankfurt/M. 1997, S. 7–23

Bischof, Ulrike/Heidtmann, Horst: Lesen Jungen ander(e)s als Mädchen? Untersuchungen zu Leseinteressen und Lektüregratifikationen. In: medien praktisch, Heft 3/2002, S. 27–31

Blattmann, Ekkehard / Frederking, Volker (Hg.): Deutschunterricht konkret. Bd. 1: Literatur und Medien. Baltmannsweiler 2000

Block, Iris: Lesetagebücher im 2. Schuljahr. Beobachtungen zur Leseförderung und zum frühen literarischen Lernen. In: Grundschulunterricht, Heft 11/2004, S. 27–34

Bödecker, Hans: Das Kind als Leser. Untersuchungen über die Entwicklung der Lesefähigkeit des Kindes im 2. und 3. Schuljahr. Jugendschriftenwarte 1962, H. 4 u. 5

Böhme-Dürr, Karin: Die Rolle der Massenmedien im Spracherwerb. In: Neumann, Klaus/ Charlton, Michael (Hg.): Spracherwerb und Mediengebrauch. Tübingen 1990, S. 149–168

Böhme-Dürr, Karin: Verlust der Gesprächsfähigkeit durch Medien? Ein Forschungsüberblick. In: Der Deutschunterricht 1995, H. 1, S. 70–77

Bogdal, Klaus-Michael/Korte, Hermann (Hg.): Grundzüge der Literaturdidaktik. München 2002

Bonfadelli, Heinz / Fritz, Angela / Köcher, Renate: Lesesozialisation. Gütersloh 1993 (= Studien der Bertelsmann-Stiftung. Bd. 2: Leseerfahrungen und Lesekarrieren)

Bonfadelli, Heinz/ Bucher, Priska (Hg.): Lesen in der Mediengesellschaft. Stand und Perspektiven der Forschung. Zürich 2002

Boueke, Dietrich (Hg.): Deutschunterricht in der Diskussion. Forschungsberichte. Bd. 2. Paderborn 2. Aufl. 1979

Boueke, Dietrich / Hopster, Norbert (Hg.): Schreiben – Schreiben lernen. Rolf Sanner zum 65. Geburtstag. Tübingen 1985

Boueke, Dietrich u. a.: Wie Kinder erzählen. München 1995

Bräuer, Gerd: Warum schreiben? Schreiben in den USA: Aspekte, Verbindungen, Tendenzen. Frankfurt/M. 1996

Bräuer, Gerd: Schreibend lernen. Grundlagen einer theoretischen und praktischen Schreibpädagogik. Innsbruck 1998

Bräuer, Gerd: Schreiben als reflexive Praxis. Tagebuch, Arbeitsjournal, Portfolio. Freiburg 2000

Bremerich-Vos, Albert: Notizen zum eingreifenden Umgang mit Texten. In: Diskussion Deutsch 1987, H. 98, S. 611–615

Bremerich-Vos, Albert: Textanalyse. Arbeitsbuch für den Deutschunterricht in der Sekundarstufe II. Frankfurt/M. 1989

Bremerich-Vos, Albert (Hg.): Handlungsfeld Deutschunterricht im Kontext. FS für Hubert Ivo. Frankfurt/M. 1993

Bremerich-Vos, Albert: Hermeneutik, Dekonstruktivismus und produktionsorientierte Verfahren. Anmerkungen zu einer Kontroverse in der Literaturdidaktik. In: Belgrad, Jürgen / Melenk, Hartmut (Hg.): Literarisches Verstehen – Literarisches Schreiben. Positionen und Modelle zur Literaturdidaktik. Baltmannsweiler 1996, S. 25–49

Brenner, Gerd: Kreatives Schreiben. Ein Leitfaden für die Praxis. Mit Texten Jugendlicher. Frankfurt/M. 1990

Brütting, Richard: Empirie in der literaturdidaktischen Forschung und Praxisbezug. In: Spiel. Siegener Periodicum zur Internationalen Empirischen Literaturwissenschaft 1983, H. 1, S. 25–71

Bühler, Charlotte: Das Märchen und die Phantasie des Kindes. In: Zeitschrift für angewandte Psychologie, Beiheft 7. Leipzig 1929 (3. Aufl., erstmals 1918)

Bühler, Charlotte: Jugendtagebuch und Lebenslauf. Zwei Mädchentagebücher mit einer Einleitung. Jena 1932

Büker, Petra / Kammler, Clemens (Hg.): Das Fremde und das Andere. Interpretationen und didaktische Analysen zeitgenössischer Kinder- und Jugendbücher. Weinheim und München 2003

Bullerjahn, Claudia / Erwe, Hans Joachim / Weber, Rudolf (Hg.): Kinder-Kultur. Ästhetische Erfahrungen. Ästhetische Bedürfnisse. Opladen 1999

Canetti, Elias: Dialog mit dem grausamen Partner. In: Schultz, Uwe (Hg.): Das Tagebuch und der moderne Autor. Frankfurt/M. 1982, S. 49–70

Charlton, Michael / Pette, Corinna: Lesesozialisation im Erwachsenenalter: Strategien literarischen Lesens in ihrer Bedeutung für Alltagsbewältigung und Biographie. In: Groeben, Norbert (Hg.): Lesesozialisation in der Mediengesellschaft. Ein Schwerpunktprogramm. Tübingen 1999, S. 103–117

Christ, Hannelore / Fischer, Eva / Fuchs, Claudia / Merkelbach, Valentin / Reuschling, Gisela: „Ja, aber es kann doch sein". In der Schule literarische Gespräche führen. Frankfurt/M. 1995

Christmann, Ursula / Groeben, Norbert: Psychologie des Lesens. In: Franzmann, Bodo u. a. (Hg.): Handbuch Lesen. München 1999, S. 145–223

Cloer, Ernst: „Kinder der Freiheit" (Beck) oder „Krisenkinder" (Preuss-Lausitz) – eine falsche Alternative?. In: Bullerjahn, Claudia / Erwe, Hans Joachim / Weber, Rudolf (Hg.): Kinder-Kultur. Ästhetische Erfahrungen. Ästhetische Bedürfnisse. Opladen 1999, S. 17–43

Conrady, Peter: Spaß am Lesen – auch für Jugendliche und Erwachsene. Kriterien bei der Auswahl von Texten und Büchern für leseungewohnte Leserinnen und Leser. In: Dahrendorf, Malte (Hg.): Grenzen der Literaturvermittlung. Leseverweigerung – Sprachprobleme – Analphabetismus. Beiträge Jugendliteratur und Medien, 6. Beiheft. Weinheim 1995, S. 68–73

Conrady, Peter: Leseverhalten und Mediennutzung von Jugendlichen. Konsequenzen für Unterricht und Gesellschaft. In: Deutschunterricht, Heft 3/2003, S. 9–13

Dahrendorf, Malte: Leseerziehung oder literarästhetische Bildung? In: Wilkending, Gisela (Hg.): Literaturunterricht. München 1972, S. 150–169

Dahrendorf, Malte: Kinder- und Jugendliteratur im bürgerlichen Zeitalter. Königstein 1980

Dahrendorf, Malte: Zur Frage der Eigenständigkeit einer Didaktik der Kinder- und Jugendliteratur. In: Diskussion Deutsch 1989, H. 109, S. 456–471

Dahrendorf, Malte: Die notorischen Dilemmas sind keine Entschuldigung. Jugendliteraturkritik im Kreuzfeuer. In: Scharioth, Barbara / Schmidt, Joachim (Hg.): Zwischen allen Stühlen. Zur Situation der Kinder- und Jugendliteratur-Kritik. Tutzing 1990, S. 57–67

Dahrendorf, Malte (Hg.): Grenzen der Literaturvermittlung. Leseverweigerung – Sprachprobleme Analphabetismus. Beiträge Jugendliteratur und Medien, 6. Beiheft. Weinheim 1995a

Dahrendorf, Malte (Hg.): Kinder- und Jugendliteratur. Material. Berlin 1995b

Dahrendorf, Malte: Lesesozialisation und Kinder- und Jugendliteratur. In: Rosebrock, Cornelia (Hg.): Lesen im Medienzeitalter. Biographische und historische Aspekte literarischer Sozialisation. Weinheim / München 1995c, S. 31–44

Dahrendorf, Malte: Vom Umgang mit Kinder- und Jugendliteratur. Plädoyer für einen lese- und leser-orientierten Literaturunterricht. Berlin 1996

Dahrendorf, Malte: Überlegungen zur immanenten Didaktik und Pädagogik der Kinder- und Jugendliteratur. In: Richter, Karin / Hurrelmann, Bettina (Hg.): Kinderliteratur im Unterricht. Theorien und Modelle zur Kinder- und Jugendliteratur im pädagogisch-didaktischen Kontext. Weinheim / München 1998, S. 11–25

Dahrendorf, Malte: Kinder- und Jugendliteratur in schulischer (didaktischer) Perspektive. In: Knobloch, Jörg / Dahrendorf, Malte (Hg.): Offener Unterricht mit Kinder- und Jugendliteratur. Baltmannsweiler 1999, S. 16–24

Dahrendorf, Malte / Knobloch, Jörg (Hg.): Kinder- und Jugendliteratur im offenen Unterricht. Freiarbeit, Wochenplan, Projekte. Beiträge Jugendliteratur und Medien, 3. Beiheft. Weinheim 1992

Danner, Helmut: Methoden geisteswissenschaftlicher Pädagogik. München / Basel 1979

Daubert, Hannelore: Jugendliteratur im Unterricht der Sekundarstufen. In: Spinner, Kaspar H. (Hg.): Neue Wege im Literaturunterricht. Hannover 1999, S. 42–53

Daubert, Hannelore / Ewers, Hans-Heino (Hg.): Veränderte Kindheit in der aktuellen Kinderliteratur. Braunschweig 1995

Dehn, Mechthild: Zeit für die Schrift. Bochum 1988

Dehn, Mechthild: Texte und Kontexte. Berlin 1999

Deutsches PISA-Konsortium (Hg.): PISA 2000. Basiskompetenzen von Schülerinnen und Schülern im internationalen Vergleich. Opladen 2001

Die Grundschulzeitschrift: Themenheft ‚Zum Lesen motivieren'. 1994, H. 75

Dilthey, Wilhelm: Die Entstehung der Hermeneutik. In: Gesammelte Schriften. Bd. V. Stuttgart 1957, S. 317–338 (zuerst 1900)

Dilthey, Wilhelm: Gesammelte Schriften. Bd. I. Stuttgart 1961

Dilthey, Wilhelm: Gesammelte Schriften. Bd. VII. Stuttgart 1961

Doderer, Klaus: Literarische Jugendkultur. Kulturelle und gesellschaftliche Aspekte der Kinder- und Jugendliteratur in Deutschland. Weinheim / München 1992

Doderer, Klaus: Gewandelte Literatur für eine gewandelte Jugend. In: Schweizerisches Jugendbuch-Institut (Hg.): Horizonte und Grenzen. Standortbestimmung in der Kinderliteraturforschung. Zürich 1994, S. 22–32

Eberhard, Isolde / Dahrendorf, Malte: Literaturkartei zu Dieter Schliwka: „Hakenkreuz und Gänseblümchen". In: Knobloch, Jörg / Dahrendorf, Malte: Offener Unterricht mit Kinder- und Jugendliteratur. Baltmannsweiler 1999, S. 91–123

Eggert, Hartmut: Veränderungen des Lesens im „Medienverbund"? Überlegungen zum gegenwärtigen Stand der Lese(r)forschung. In: Literatur und Erfahrung 1989, H. 21, S. 119 ff.

Eggert, Hartmut: Literarische Bildung oder Leselust? Aufgaben des Literaturunterrichts in der literarischen Sozialisation. In: Kämper-van den Boogart, Michael (Hg.): Das Literatursystem der Gegenwart und die Gegenwart der Schule. Baltmannsweiler 1997, S. 45–62

Eggert, Hartmut / Garbe, Christine: Literarische Sozialisation. Stuttgart / Weimar 1995

Eicher, Thomas (Hg.): Zwischen Leseanimation und literarischer Sozialisation. Konzepte der Lese(r)förderung. Oberhausen 1997

Eickhoff, Kristina: Lesetagebücher. Eine Untersuchung nach geschlechtsspezifischen Unterschieden. Hildesheim 1999 (Unveröffentlichte Examensarbeit)

Eisenbeiß, Ulrich: Leseinteresse. Leseeinstellungen und Lektüreselektivitätsverhalten von Hauptschülern. In: Pädagogische Welt 1994, H. 8, S. 363–366

Eliade, Bernard: Offener Unterricht. Weinheim / Basel 1975

Ewers, Hans-Heino: Die Grenzen literarischer Kinder- und Jugendbuchkritik. In: Scharioth, Barbara / Schmidt, Joachim (Hg.): Zwischen allen Stühlen. Zur Situation der Kinder- und Jugendliteraturkritik. Tutzing 1990, S. 75–91

Ewers, Hans-Heino (Hg.): Kindliches Erzählen- Erzählen für Kinder. Erzählerwerb, Erzählwirklichkeit und erzählende Kinderliteratur. Weinheim / Basel 1991

Ewers, Hans-Heino: Die Emanzipation der Kinderliteratur. Anmerkungen zum kinderliterarischen Formen- und Funktionswandel seit Ende der 60er Jahre. In: Schweizerisches Jugendbuch-Institut (Hg.): Horizonte und Grenzen. Standortbestimmungen in der Kinderliteraturforschung. Zürich 1994a, S. 75–87

Ewers, Hans-Heino (Hg.): Jugendkultur im Adoleszenzroman. Jugendliteratur der 80er und 90er Jahre zwischen Moderne und Postmoderne. Weinheim / München 1994b

Ewers, Hans-Heino: Themen-, Formen- und Funktionswandel der westdeutschen Kinderliteratur seit Ende der 60er, Anfang der 70er Jahre. In: Zeitschrift für Germanistik 1995a, N.F. 5/2, S. 257–278

Ewers, Hans-Heino: Kinder- und Jugendliteratur und Literarische Bildung. In: Deutschunterricht 1995b, H. 7/8, S. 348–357

Ewers, Hans-Heino: Funktionswandel der Kinder- und Jugendliteratur in der Mediengesellschaft. In: Der Deutschunterricht 1998, H. 4, S. 170–181

Ewers, Hans-Heino: Was ist Kinder- und Jugendliteratur? Ein Beitrag zu ihrer Definition und zur Terminologie ihrer wissenschaftlichen Beschreibung. In: Lange, Günter (Hg.): Taschenbuch der Kinder- und Jugendliteratur. Bd. 1. Baltmannsweiler 2. Aufl. 2000a, S. 2–16

Ewers, Hans-Heino: Literatur für Kinder und Jugendliche. Eine Einführung. München 2000b

Ewers, Hans-Heino (Hg.): Lesen zwischen Neuen Medien und Pop-Kultur. Kinder- und Jugendliteratur im Zeitalter multimedialen Entertainments. Weinheim und München 2002

Ewers, Hans-Heino / Lypp, Maria / Nassen, Ulrich (Hg.): Kinderliteratur und Moderne. Ästhetische Herausforderungen der Kinderliteratur im 20. Jahrhundert. Weinheim / München 1990

Feilke, Helmuth: Schreib', wie du willst! – Sieh', was du kannst! In: Härle, Gerhard (Hg.): Grenzüberschreitungen. Friedenspädagogik Geschlechter-Diskurs, Literatur-Sprache-Didaktik. FS für Wolfgang Popp. Essen 1995, S. 141–153

Feilke, Helmuth / Portmann, Paul R. (Hg.): Schreiben im Umbruch. Schreibforschung und schulisches Schreiben. Stuttgart 1996

Fend, Helmut: Sozialisierung und Erziehung: Eine Einführung in die Sozialisierungsforschung. Weinheim 4. Aufl. 1971

Fingerhut, Karlheinz: Literaturdidaktik – eine Kulturwissenschaft. In: Belgrad, Jürgen / Melenk, Hartmut (Hg.): Literarisches Verstehen – literarisches Schreiben. Baltmannsweiler 1996, S. 50–72

Fischer, Dietlind: Das Tagebuch als Lern- und Forschungsinstrument. In: Friebertshäuser, Barbara / Prengel, Annedore (Hg.): Handbuch Qualitative Forschungsmethoden in der Erziehungswissenschaft. Weinheim / München 1997, S. 673–703

Flitner, Wilhelm: Die Geisteswissenschaften und die pädagogische Aufgabe. In: Röhrs, Hermann (Hg.): Erziehungswissenschaft und Erziehungswirklichkeit. Frankfurt/M. 1964, S. 85–91 (Erstveröffentlichung in: Studium Generale 1958, S. 83–109)

Förster, Jürgen: Literaturunterricht heute. Zur Lage und den didaktischen Herausforderungen eines Faches. In: Der Deutschunterricht 1993, H. 4, S. 3–11

Förster, Jürgen: Literatur und Lesen im Wandel. Möglichkeiten einer anderen Literaturrezeption in der Schule. In: Der Deutschunterricht 1995, H. 6, S. 3–8

Franz, Kurt / Meier, Bernhard: Was Kinder alles lesen. Kinder- und Jugendliteratur im Unterricht. München 1978

Franz, Kurt / Payrhuber, Franz-Josef (Hg.): Blickpunkt: Autor. Baltmannsweiler 1996

Franz, Kurt/Payrhuber, Franz-Josef (Hg.): Lesen heute. Leseverhalten von Kindern und Jugendlichen und Leseförderung im Kontext der PISA-Studie. Baltmannsweiler 2002

Franzmann, Bodo u. a. (Hg.): Handbuch Lesen. München 1999

Frederking, Volker (Hg.): Verbessern heißt Verändern. Neue Wege, Inhalte und Ziele der Ausbildung von Deutschlehrer(inne)n in Studium und Referendariat. Baltmannsweiler 1998

Frederking, Volker: Handlungs- und Produktionsorientierung im Deutschstudium? Zur Koinzidenz Lehrinhalt, Lehrform und zu vermittelnder Lehrkompetenz. In: Frederking, Volker (Hg.): Verbessern heißt Verändern. Baltmannsweiler 1998a, S. 56–85

Frederking, Volker: Identitätsorientierter Umgang mit Literatur am Beispiel von Max Frischs ‚Andorra'. In: Blattmann, Ekkehard / Frederking, Volker (Hg.): Deutschunterricht konkret. Bd. 1: Literatur und Medien. Baltmannsweiler 2000, S. 43–101

Fritz, Angela / Suess, Alexandra: Lesen. Die Bedeutung der Kulturtechnik Lesen für den gesellschaftlichen Kommunikationsprozeß. Konstanz 1986

Frommer, Harald: Statt einer Einführung: Zehn Thesen zum Literaturunterricht. In: Der Deutschunterricht 1981a, H. 2, S. 5–9

Frommer, Harald: Verzögertes Lesen. Über Möglichkeiten, in die Erstrezeption von Schullektüren einzugreifen. In: Der Deutschunterricht 1981b, H. 2, S. 10–36

Früh, Werner: Inhaltsanalyse. Theorie und Praxis. München 4. Aufl. 1998

Füller, Klaus: Lesen in Geschichte und Gegenwart. Baltmannsweiler 1997

Gansel, Carsten: Die moderne Kinder- und Jugendliteratur als literaturdidaktische Herausforderung. In: Deutschunterricht 1994, H. 7/8, S. 352–361

Gansel, Carsten: Moderne Kinder- und Jugendliteratur. Berlin 1999

Literaturverzeichnis

Gansel, Carsten / Keiner, Sabine (Hg.): Zwischen Märchen und modernen Welten. Kinder- und Jugendliteratur im Literaturunterricht. Frankfurt/M. 1998

Garbe, Christine (Hg.): Frauen Lesen. Berlin 1993a. (Literatur und Erfahrung, H. 26/27)

Garbe, Christine: Betrachtungen über das „lesende Frauenzimmer" oder: Plädoyer für eine geschlechtsdifferenzierte Leseforschung. In: Beiträge Jugendliteratur und Medien 1993b, H. 1, S. 9–20

Garbe, Christine: Geschlechtsspezifische Differenzierungen in der „literarischen Pubertät". In: Der Deutschunterricht 1996, H. 1, S. 88–98

Garbe, Christine: Lesen im Wandel – Probleme der literarischen Sozialisation heute. In: Garbe, Christine / Graf, Werner u. a. (Hg.): Lesen im Wandel. Probleme der literarischen Sozialisation heute. Lüneburg 1998, S. 11–24

Garbe, Christine: Geschlechterspezifische Zugänge zum fiktionalen Lesen. In: Bonfadelli, Heinz/ Bucher, Priska (Hg.): Lesen in der Mediengesellschaft. Stand und Perspektiven der Forschung. Zürich 2002, S. 215–234

Garbe, Christine: Warum lesen Mädchen besser als Jungen? Zur Notwendigkeit einer geschlechterdifferenzierenden Leseforschung und Leseförderung. In: Abraham, Ulf/ Bremerich-Vos, Albert/Frederking, Volker/Wieler, Petra (Hg.): Deutschdidaktik und Deutschunterricht nach PISA. Freiburg 2003, S. 69–89

Garbe, Christine / Graf, Werner u. a. (Hg.): Lesen im Wandel. Probleme der literarischen Sozialisation heute. Lüneburg 1998

Gerlach, Dirk u. a.: Lesen und soziale Herkunft. Eine empirische Untersuchung zum Leseverhalten von Jugendlichen. Weinheim 1976

Gierhl, Hans E.: Der junge Leser. Einführung in Grundfragen der Jungleserkunde und der literarischen Erziehung. Donauwörth 3. überarb. Aufl. 1977

Golz, Jochen: Der Tagebuchautor Goethe. Das Tagebuch als literarische Ausdrucksform. In: Der Deutschunterricht 1999, H. 1, S. 63–74

Görner, Rüdiger: Das Tagebuch. München / Zürich 1986

Göttler, Hans: Moderne Jugendbücher in der Schule. Modelle zu einem handlungs- und produktionsorientierten Literaturunterricht. Baltmannsweiler 1993

Gornik, Hildegard: Spracherwerb und Fernsehen. In: Bullerjahn, Claudia / Erwe, Hans-Joachim / Weber, Rudolf (Hg.): Kinder-Kultur. Ästhetische Erfahrungen. Ästhetische Bedürfnisse. Opladen 1999, S. 211–227

Graf, Günter: Zur Addition heuristischer und kommunikativer Lernziele im Schreibcurriculum – dargestellt am Beispiel der Textsorte ‚Inhaltsangabe'. In: Wirkendes Wort 1983, H. 3, S. 191–210

Graf, Werner: Literarisches Gedächtnis. Das Tagebuch als Medium der literarischen Sozialisation. In: Literatur und Erfahrung, Bd. 8. Berlin 1982, S. 67–107

Graf, Werner: Der Medienverbund im Kopf. Thesen zum neuen Lesen. Paderborn 1989. In: Literatur und Erfahrung, Bd. 21. Paderborn 1989, S. 3ff.

Graf, Werner: Die Erfahrung des Leseglücks. In: Bellebaum, Alfred / Muth, Ludwig (Hg.) Leseglück. Eine vergessene Erfahrung. Opladen 1996, S. 181–212

Grass, Günter: Interview zum Thema „Literatur in der Schule". In: „betrifft: erziehung" 1980, H. 7/8

Grenz, Dagmar (Hg.): Kinderliteratur – Literatur auch für Erwachsene? Zum Verhältnis von Kinderliteratur und Erwachsenenliteratur. München 1990

Gresillon, Ahnuth: Über die allmähliche Verfertigung von Texten beim Schreiben. In: Raible, Wolfgang (Hg.): Kulturelle Perspektiven auf Schrift und Schreibprozesse. Tübingen 1995, S. 1–36

Groeben, Norbert: Leserpsychologie: Textverständnis – Textverständlichkeit. Münster 1982

Groeben, Norbert (Hg.): Lesesozialisation in der Mediengesellschaft. Ein Schwerpunktprogramm. Tübingen 1999

Groeben, Norbert/ Christmann, Ursula: Lesen und Schreiben von Informationstexten. Textverständlichkeit als kulturelle Kompetenz. In: Rosebrock, Cornelia (Hg): Lesen im Medienzeitalter. Biographische und historische Aspekte literarischer Sozialisation. Weinheim 1995, S. 165–194

Groeben, Norbert / Hurrelmann, Bettina (Hg.): Lesekompetenz. Bedingungen, Dimensionen, Funktionen. Weinheim / München 2002

Groeben, Norbert/Hurrelmann, Bettina (Hg.): Medienkompetenz. Voraussetzungen, Dimensionen, Funktionen. Weinheim und München 2002

Groeben, Norbert / Scheele, Brigitte: Zur Psychologie des Nicht-Lesens. Richtungen und Grenzen der Lesemotivation. In: Lesen und leben, Frankfurt/M. 1975, S. 82ff.

Groeben, Norbert / Vorderer, Peter: Leserpsychologie: Lesemotivation – Lektürewirkung. Münster 1988

Grützmacher, Jutta: Didaktik der Jugendliteratur. Analysen und Modelle für einen leserorientierten Deutschunterricht. Stuttgart 1979

Grützmacher, Jutta: Privates und schulisches Lesen. In: Gerdzen, Rainer / Wolff, Jürgen (Hg.): Deutschunterricht im Umfeld seiner Herausforderer: Jugendkultur und Medien. Stuttgart 1985, S. 447–467

Grzesik, Jürgen: Geistige Operationen beim Fremdverstehen im Literaturunterricht. In: Der Deutschunterricht 1989, H. 4, S. 7–18

Grzesik, Jürgen: Textverstehen lernen und lehren. Geistige Operationen im Prozess des Textverstehens und typische Methoden für die Schulung zum kompetenten Leser. Stuttgart 1990

Haas, Gerhard: Lesen – in der Schule, nicht (nur) für die Schule. In: Westermanns Pädagogische Beiträge 1976, H. 10, S. 585–591

Haas, Gerhard (Hg.): Kinder- und Jugendliteratur. Ein Handbuch. Stuttgart 3. völlig neubearb. Aufl. 1984a

Haas, Gerhard: Texte zu Büchern verfassen. In: Praxis Deutsch 1984b, H. 65, S. 49–51

Haas, Gerhard: Handlungs- und produktionsorientierter Literaturunterricht in der Sekundarstufe I. Hannover 1984c

Haas, Gerhard: Das Elend der didaktisch ausgebeuteten Kinder- und Jugendliteratur. In: Praxis Deutsch 1988, H. 89, S. 2–5

Haas, Gerhard: Lesen und Schreiben. Vorschläge für einen produktionsorientierten Literaturunterricht nebst einigen ketzerischen Gedanken über Hoffnungen und Täuschungen der Literaturdidaktik. In: Beisbart, Ortwin / Eisenbeiß, Ulrich / Koß, Gerhard / Marenbach, Dieter (Hg): Leseförderung und Leseerziehung. Theorie und Praxis des Umgangs mit Büchern für junge Leser. Donauwörth 1993a, S. 195–202

Haas, Gerhard: Im Dienste der Gesellschaft. Anmerkungen zu einem so alten wie unerledigten Thema. In: Beiträge Jugendliteratur und Medien, 4. Beiheft. Weinheim 1993b, S. 17–25

Haas, Gerhard: Lesen für die Schule, gegen die Schule, in der Schule: Spannende Verhältnisse. In: Rosebrock, Cornelia (Hg.): Lesen im Medienzeitalter. Weinheim / München 1995, S. 211–228

Haas, Gerhard: Handlungs- und produktionsorientierter Literaturunterricht. Theorie und Praxis eines „anderen" Literaturunterrichts für die Primar- und Sekundarstufe. Seelze 1997a

Haas, Gerhard: Produktive Imagination als Form der Textbegegnung und Textaneignung im Bereich der Kinder- und Jugendliteratur. In: Schulz, Gudrun / Ossowski, Herbert (Hg.): Lernen als genussvolles Aneignen der Künste. Einblicke in die Didaktik der Kinderliteratur. Baltmannsweiler 1997b, S. 36–45

Haas, Gerhard: Kinder- und Jugendliteratur im Unterricht. In: Lange, Günter / Neumann, Karl / Ziesenis, Werner (Hg.): Taschenbuch des Deutschunterrichts. Bd. 2: Literaturdidaktik. Baltmannsweiler 6. überarb. Auflage 1998a, S. 721–737

Haas, Gerhard: Plädoyer für eine Kinder- und Jugendliteraturdidaktik vom Geschehnisfeld und den Figuren der erzählerischen Texte aus. In: Richter, Karin / Hurrelmann, Bettina (Hg.): Kinderliteratur im Unterricht. Theorien und Modelle zur Kinder- und Jugendliteratur im pädagogisch-didaktischen Kontext. Weinheim / München 1998b, S. 35–43

Haas, Gerhard / Burann, Josef: Mit Texten umgehen – auf Texte reagieren. In: Westermann Pädagogische Beiträge 1977, H. 11, S. 443–448

Haas, Gerhard / Menzel, Wolfgang / Spinner, Kaspar H.: Handlungs- und produktionsorientierter Literaturunterricht. In: Praxis Deutsch 1994, H. 123, S. 17–25

Härter, Andreas: Textpassagen: Lesen – Leseunterricht – Lesebuch. Frankfurt/M. 1991

Harmgardt, Friederike (Hg.): Lesegewohnheiten – Lesebarrieren. Schülerbefragung im Projekt „Öffentliche Bibliothek und Schule – neue Formen der Partnerschaft". Gütersloh 1997

Harmgardt, Friederike (Hg.): Das Lesebarometer. Lesen und Umgang mit Büchern in Deutschland. Gütersloh 1999

Hauptmann, Hannes: Rhythmisierung des Unterrichts unter dem Aspekt von Offenheit und Geschlossenheit. In: Seitz, Oskar (Hg.): Freies Lernen. Grundlagen für die Praxis. Donauwörth 1999, S. 82–101

Hein, Jürgen / Koch, Helmut / Liebs, Elke (Hg.): Das Ich als Schrift. Über privates und öffentliches Schreiben heute. Baltmannsweiler 1984

Heske, Henning: Lerntagebücher im Mathematikunterricht. Ein Baustein zum selbstreflexiven Lernen und zur Teamentwicklung. In: Pädagogik 1999, H. 6, S. 8–11

Hiecke, Robert Heinrich: Der deutsche Unterricht auf deutschen Gymnasien. Ein pädagogischer Versuch. Leipzig / Eisenach 1842

Hintz, Dieter / Pöppel, Karl Gerhard / Rekus, Jürgen: Neues schulpädagogisches Wörterbuch. Weinheim / München 3. überarb. Aufl. 2001

Hintz, Ingrid: Leseerfahrungen – Lese(t)räume. Einsatz des Lesetagebuchs in einem geöffneten Deutschunterricht. In: Nußbaum, Regina (Hg.): Wege des Lernens im Deutschunterricht. Phantasie entfalten – Erkenntnisse gewinnen – Sprache vervollkommnen. FS für Wolfgang Menzel. Braunschweig 2000a, S. 135–146

Hintz, Ingrid: „Andere Bücher habe ich nur gelesen, bei diesem muss ich nachdenken". Methoden lernen und anwenden mit dem Lesetagebuch. Praxis Deutsch 2000b, H. 164, S. 33–39

Hintz, Ingrid (Hg.): Freiraum Lesetagebuch. Hannover 2001

Hillmann, Heinz: Rezeption – empirisch. In: Dehn, Wilhelm (Hg.): Ästhetische Erfahrung und literarisches Lernen. Frankfurt/M. 1974

Hippler, Hans-Jürgen: Tummelplatz Internet oder: Ist Lesen eine veraltete „Technologie"? In: Stiftung Lesen (Hg.): Leseverhalten in Deutschland im neuen Jahrtausend. Eine Studie der Stiftung Lesen. Hamburg 2001, S. 165–174

Hohmann, Joachim S. (Hg.): Deutschunterricht zwischen Reform und Modernismus. Blicke auf die Zeit 1968 bis heute. Frankfurt/M. 1994

Hohmann, Joachim S. / Rubinich, Johann (Hg.): Wovon ein Schüler träumt. Leseförderung im Spannungsfeld von Literaturvermittlung und Medienpädagogik. Frankfurt/M. 1996

Hölsken, Hans-Georg: Leseverstehen als kognitive Textverarbeitung. In: Beisbart, Ortwin / Eisenbeiß, Ulrich / Koß, Gerhard / Marenbach, Dieter (Hg.): Leseförderung und Leseerziehung. Theorie und Praxis des Umgangs mit Büchern für junge Leser. Donauwörth 1993, S. 47–54

Hopster, Norbert: Der jugendliche Leser im Kontext der Medien. In: Stötzel, Georg (Hg.): Germanistik – Forschungsstand und Perspektiven. 1. Teil. Berlin / New York 1985, S. 552 ff.

Hurrelmann, Bettina (Hg.): Kinderliteratur und Rezeption. Beiträge der Kinderliteraturforschung zur literaturwissenschaftlichen Pragmatik. Baltmannsweiler 1980

Hurrelmann, Bettina: Kinderliteratur im sozialen Kontext. Eine Rezeptionsanalyse am Beispiel schulischer Literaturverarbeitung. Weinheim / Basel 1982

Hurrelmann, Bettina: Kinderkultur. Produktiver Umgang mit Büchern. Themenheft der Grundschulzeitschrift 1990a, H. 39, S. 4–9

Hurrelmann, Bettina: Kinder- und Jugendliteratur im Deutschunterricht – eine Antwort auf den Wandel der Medienkultur? In: Der Deutschunterricht 1990b, H. 3, S. 5–24

Hurrelmann, Bettina: Kinderwelten in einer sich verändernden Medienwelt. Eine Untersuchung zum veränderten Seh- und Leseverhalten. In: Berg, Christa (Hg.): Kinderwelten. Frankfurt/M. 1991, S. 270–294

Hurrelmann, Bettina: Aktuelle Kinder- und Jugendliteratur. In: Praxis Deutsch 1992, H. 111, S. 9–18

Hurrelmann, Bettina: Leseförderung. In: Praxis Deutsch 1994a, H. 127, S. 17–26

Hurrelmann, Bettina: Lesen als Kinderkultur und die Erwachsenen als Leselehrer. In: Schweizerisches Jugendbuch-Institut (Hg.): Horizonte und Grenzen. Standortbestimmung in der Kinderliteraturforschung. Zürich 1994b, S. 88–105

Hurrelmann, Bettina: Unterhaltungsliteratur. In: Praxis Deutsch 1998a, H. 150, S. 15–22

Hurrelmann, Bettina: Lese- und Mediengewohnheiten im Umbruch – Eine pädagogische Herausforderung. In: Stiftung Lesen (Hg.): Lesen im Umbruch – Forschungsperspektiven im Zeitalter von Multimedia. Mainz 1998b, S. 187–195

Hurrelmann, Bettina: Literarische Figuren: Wirklichkeit und Konstruktivität. In: Praxis Deutsch, Heft 30/2003, S. 4–12

Hurrelmann, Bettina: Leseleistung – Lesekompetenz. Folgerungen aus PISA, mit einem Plädoyer für ein didaktisches Konzept des Lesens als kultureller Praxis. In: Praxis Deutsch, Sonderheft „Texte lesen – Texte verstehen", Seelze 2003, S. 10–13 u. 16–21 (Unveränderter Nachdruck aus Praxis Deutsch, 29. Jahrgang 2003, Heft 176, S. 6–19)

Hurrelmann, Bettina / Elias Sabine: Leseförderung in einer Medienkultur. In. Praxis Deutsch 1998, Sonderheft ‚Leseförderung', S. 3–7

Hurrelmann, Bettina / Hammer, Michael / Nieß, Ferdinand: Lesesozialisation. Bd. 1: Leseklima in der Familie. Gütersloh 1993

Hurrelmann, Bettina / Hammer, Michael: Lesesozialisation in der Familie. In: Praxis Deutsch 1994, H. 123, S. 3–9

Hurrelmann, Bettina/Nickel-Bacon, Irmgard (Hg.): Kinder- und Jugendliteratur in Schule und Unterricht. Praxis Deutsch Sonderheft, Seelze 2003

Iser, Wolfgang: Die Appellstruktur der Texte. Konstanz 2. Aufl. 1971

Iser, Wolfgang: Der Akt des Lesens. Theorie ästhetischer Wirkung. München 1976

Iser, Wolfgang: Der implizierte Leser. München 2. Aufl. 1979

Iser, Wolfgang : Das Fiktive und das Imaginäre. Perspektiven literarischer Anthropologie. Frankfurt/M. 1991

Ivo, Hubert / Wardetzky, Kristin: Aber spätere Tage sind als Zeugen am weisesten. Zur literarischästhetischen Bildung im politischen Wandel. FS für Wilfried Bütow. Berlin 1997

Jaumann, Olga: Perspektiven der Grundschulpädagogik. In: Behnken, Imbke / Jaumann, Olga (Hg.): Kindheit und Schule. Kinderleben im Blick von Grundschulpädagogik und Kindheitsforschung. Weinheim / München 1995, S. 93–107

Jurgensen, Manfred: Das fiktionale Ich. Untersuchungen zum Tagebuch. Bern 1979

Kämper-van den Boogaart, Michael (Hg.): Das Literatursystem der Gegenwart und die Gegenwart der Schule. Baltmannsweiler 1997

Kämper-van den Boogaart, Michael: Leseförderung oder Literaturunterricht: Zwei Kulturen in der Deutschdidaktik? Anmerkungen zu einem didaktischen Zielkonflikt. In: Didaktik Deutsch 2000, H. 9, S. 4–22

Kämper-van den Boogaart, Michael (Hg.): Deutsch-Didaktik. Leitfaden für die Sekundarstufe I und II. Berlin 2003

Kaiser, Ingrid/Mann, Friedlinde: Auf Schatzsuche: Lesetagebücher. In: Pädagogik, Heft 6/2001, S. 10–13

Kaminski, Winfred: Einführung in die Kinder- und Jugendliteratur. Literarische Phantasie und gesellschaftliche Wirklichkeit. Weinheim / München 4. Aufl. 1998

Kammler, Clemens: Neue Literaturtheorien und Unterrichtspraxis. Positionen und Modelle. Baltmannsweiler 2000

Kaschnitz, Marie-Luise: Gedächtnis, Zuchtrute, Kunstform. In: Schultz, Uwe (Hg.): Das Tagebuch und der moderne Autor. Frankfurt/M. / Berlin 1982, S. 20–33

Kehlenbeck, Corinna: Auf der Suche nach der abenteuerlichen Heldin. Weibliche Identifikationsfiguren im Jugendalter. Frankfurt/M. 1996

Kirsch, Dieter: Literaturbarrieren bei jugendlichen Lesern. Frankfurt/M. 1978

Kirsch, Dieter: Rezeptionsforschung und Literaturunterricht: Neue Töne zu alten Klagen. In: Baumgärtner, Alfred Clemens (Hg.): Literaturrezeption bei Kindern und Jugendlichen. Bad Heilbrunn 1982, S. 169–177

Klett-Verlag: Doppelpunkt 1998, H. 24

Klett-Verlag: Doppelpunkt 1999, H. 26

Klicpera, Christian / Gasteiger-Klicpera, Barbara: Psychologie der Lese- und Schreibschwierigkeiten. Weinheim 1995

Kliewer, Annette: Auf der Suche nach dem „weiblichen Ich". Feministische Ansätze der Literaturdidaktik. In: Der Deutschunterricht 1995, H. 3, S. 84–95

Kliewer, Annette/Schilcher, Anita (Hg.): Neue Leser braucht das Land! Zum geschlechterdifferenzierenden Unterricht mit Kinder- und Jugendliteratur. Baltmannsweiler 2004

Kliewer, Heinz-Jürgen: Lady Punk Unterm Rad. Ist Literaturdidaktik unteilbar? In: Rank, Bernhard / Rosebrock, Cornelia (Hg.): Kinderliteratur, literarische Sozialisation und Schule. Weinheim 1997, S. 139–156

Kliewer, Heinz-Jürgen: Eine eigene Literatur-Didaktik? – Jugendbücher im Unterricht. In: Richter, Karin / Hurrelmann, Bettina (Hg.): Kinderliteratur im Unterricht. Theorien und Modelle zur Kinderund Jugendliteratur im pädagogisch-didaktischen Kontext. Weinheim / München 1998, S. 27–34

Klimmer, Karl Heinz: Das Jugendbuch im Unterricht der Höheren Schule. In: Das gute Jugendbuch 1967, H. 1, S. 1–5

Klimmer, Karl Heinz: Das Lesetagebuch. In: Das gute Jugendbuch 1974a, H. 1, S. 10–17

Klimmer, Karl Heinz.: Das Lesetagebuch II. Ein Bericht aus einer 7. und 8. Klasse. In: Das gute Jugendbuch 1974b, H. 2, S. 88–97

Klimmer, Karl-Heinz: Schüler lernen Arbeitstechniken beim Umgang mit Jugendbüchern. In: Das gute Jugendbuch 1977, H. 2, S. 59–67

Klimmer, Karl-Heinz: Sie lesen immer noch. Auswertung der Lesetagebücher einer 8. Klasse. In: Jugendbuchmagazin 1983, H. 3, S. 126–132

Klingberg, Göte: Kinder- und Jugendliteraturforschung. Wien 1973

Klotz, Peter: Literatur beim Wort genommen. Ein didaktisches Konzept jenseits der Handlungsorientierung. In: Deutschunterricht 1997, H. 5, S. 226–236

Knobloch, Jörg: Lehrpläne und Literaturunterricht an Hauptschulen. Fallstudie über den bayrischen Lehrplan „Lesen". Weinheim / München 1998

Knobloch, Jörg: Lesen und lesen lassen. Lichtenau 1995

Knobloch, Jörg: Anregungen zu einer Arbeitskartei zu Kinder- und Jugendbüchern. In: Knobloch, Jörg / Dahrendorf, Malte (Hg.): Offener Unterricht mit Kinder- und Jugendliteratur. Baltmannsweiler 1999a, S. 124–125

Knobloch, Jörg: Anregungen, Literatur-Erziehung im Lehrplan neu zu definieren. Lesen im offenen Unterricht. In: Fundevogel. Kritisches Kinder-Medien-Magazin 1999b, H. 130, S. 14–21

Knobloch, Jörg / Dahrendorf, Malte (Hg.): Offener Unterricht mit Kinder- und Jugendliteratur. Baltmannsweiler 1999

Koch, Helmut H. / Pielow, Winfried: Schreiben und Alltagskultur. Baltmannsweiler 1984

Köhnen, Ralph (Hg.): Wege zur Kultur. Perspektiven für einen integrativen Deutschunterricht. Frankfurt/M. 1998

Köpf, Gerhard (Hg.): Rezeptionspragmatik. Beiträge zur Praxis des Lesens. München 1981

Köpf, Gerhard: Ästhetische Erfahrung und literarisches Verstehen. Vorüberlegungen zu einer Rezeptionspragmatik. In: Köpf, Gerhard (Hg.): Rezeptionspragmatik. Beiträge zur Praxis des Lesens. München 1981a, S. 79–104

Köppert, Christine: Entfalten und Entdecken. Zur Verbindung von Imagination und Explikation im Literaturunterricht. München 1997

Kreft, Jürgen: Grundprobleme der Literaturdidaktik. Heidelberg 2. verb. Aufl. 1982

Krüger, Anna: Kinder- und Jugendbücher als Klassenlektüre. Analysen und Schulversuche. Ein Beitrag zur Reform des Leseunterrichts. Weinheim / Basel 3. Aufl. 1973

Kügler, Hans: Die bevormundete Literatur. Zur Entwicklung und Kritik der Literaturdidaktik. In: Belgrad, Jürgen / Melenk, Hartmut (Hg.): Literarisches Verstehen – Literarisches Schreiben. Positionen und Modelle zur Literaturdidaktik. Baltmannsweiler 1996, S. 10–24

Lamnek, Siegfried: Qualitative Sozialforschung. Band 1, Methodologie. München / Weinheim 2. Aufl. 1993

Lamnek, Siegfried: Qualitative Sozialforschung. Bd. 2: Methoden und Techniken. Weinheim / Basel 3. Aufl. 1995

Landesinstitut für Schule und Weiterbildung des Landes Nordrhein-Westfalen (Hg.): Lesen in der Sekundarstufe I. Soest 1993

Lange, Bernward / Willenberg, Heiner: Inhaltsanalyse in der literaturdidaktischen Unterrichtsforschung. In: Bos, Wilfried / Tarnai, Christian (Hg.): Angewandte Inhaltsanalyse in Empirischer Pädagogik und Psychologie. Münster / New York 1989, S. 173–190

Lange, Günter (Hg.): Taschenbuch der Kinder- und Jugendliteratur. Bd. 1 u. 2. Baltmannsweiler 2. Aufl. 2000

Lange, Günter: Zur Didaktik der Kinder- und Jugendliteratur. In: Lange, Günter (Hg.): Taschenbuch der Kinder- und Jugendliteratur. Bd. 2. Baltmannsweiler 2. Aufl. 2000a, S. 942–967

Lange, Günter: Erwachsen werden. Jugendliterarische Adoleszenzromane im Deutschunterricht. Grundlagen – Didaktik – Unterrichtsmodelle. Baltmannsweiler 2000b

Lange, Günter / Neumann, Karl / Ziesenis, Werner (Hg.): Taschenbuch des Deutschunterrichts. Bd. 2. Baltmannsweiler 6. Aufl. 1998

Lange, Günter / Steffens, Wilhelm (Hg.): Moderne Formen des Erzählens in der Kinder- und Jugendliteratur der Gegenwart unter literarischen und didaktischen Aspekten. Würzburg 1995

Langemack, Liselotte: Das Lesetagebuch: Ein Tipp für den Deutschunterricht der Klassen 5–10. In: Pädagogik 1989, H. 3, S. 12–20

Lecke, Bodo (Hg.): Literaturstudium und Deutschunterricht auf neuen Wegen. Frankfurt/M. 1996

Lehmann, Rainer H. / Peek, Rainer / Pieper, Iris / von Stritzky, Regine: Leseverständnis und Lesegewohnheiten deutscher Schülerinnen und Schüler. Weinheim / Basel 1995

Lessing, Hellmut / Damm, Diethelm / Liebel, Manfred / Naumann, Michael: Lebenszeichen der Jugend. Kultur, Beziehung und Lebensbewältigung im Jugendalter. Weinheim / München 1996

Linke, Karl: Neue Wege der Jugendschriftenbewegung und der Klassenlektüre. Wien 1929

Linke, Michael / Tatz, Jürgen: Mit Jeans in die Steinzeit. In: Lesen in der Schule mit dtv junior. Lehrertaschenbuch 2. München 1991, S. 9–29

Lippert, Elisabeth: Der Mensch als Leser. Entwicklungsverlauf der literarästhetischen Erlebnisfähigkeit. In: Koch, Otto (Hg.): Begegnung mit dem Buch. Ratingen 1950, S. 47–75

Lisch, Ralf / Kriz, Jürgen: Grundlagen und Modelle der Inhaltsanalyse. Reinbek 1978

Maier, Karl Ernst: Jugendliteratur. Formen, Inhalte, pädagogische Bedeutung. Bad Heilbrunn 10. Aufl. 1993

Maiwald, Klaus: Literarisierung als Aneignung von Alterität. Theorie und Praxis einer literaturdidaktischen Konzeption zur Leseförderung im Sekundarbereich. Frankfurt/M. 1999

Mandl, Heinz, u.a.: Psychologie des Wissenserwerbs. In: Weidenmann, Bernd / Krapp, Andreas u.a. (Hg.): Pädagogische Psychologie. Weinheim / Basel 2. neubearb. Ausgabe 1993, S. 143–221

Manguel, Alberto: Eine Geschichte des Lesens. Berlin 1998

Mattenklott, Gundel: Literarische Geselligkeit. Schreiben in der Schule. Stuttgart 1979

Mattenklott, Gundel: Herzklopfen. Beiträge der Kinderliteratur zur Bildung der Gefühle. In: Rank, Bernhard / Rosebrock, Cornelia (Hg.): Kinderliteratur, literarische Sozialisation und Schule. Weinheim 1997, S. 117–138

Mayring, Philipp: Qualitative Inhaltsanalyse. Grundlagen und Techniken. Weinheim 5. Aufl. 1995

Mayring, Philipp: Einführung in die qualitative Sozialforschung. Eine Anleitung zu qualitativem Denken. Bd. 1: Methodologie. Weinheim / Basel 3. Aufl. 1996

Meier, Bernhard: Soziale Bedingungen und Leseverhalten bei Schülern. In: Bamberger, Richard (Hg.): Jugendbuch und Jugendbuchtheorie heute. Wien 1976, S. 50–68

Meier, Bernhard: Methoden der Leseforschung. In: Baumgärtner, Alfred Clemens (Hg.): Literaturrezeption bei Kindern und Jugendlichen. Baltmannsweiler 1982, S. 10–47

Meier, Bernhard: „Latte Igel" – Ein Buchprojekt in der Grundschule. In: Schober, Otto (Hg.): Deutschunterricht für die Grundschule. Bad Heilbronn 1998, S. 148–158

Meißner, Wolfgang: Phantastik in der Kinder- und Jugendliteratur der Gegenwart. Theorie und exemplarische Analyse von Erzähltexten der Jahre 1983 und 1984. Würzburg 1989

Menzel, Wolfgang: Schreiben über Texte. Ein Kapitel zum Aufsatzunterricht. In: Praxis Deutsch 1984, H. 65, S. 13–22

Menzel, Wolfgang: Literatur erschließen: operativ. In: Die Grundschulzeitschrift 1994a, H. 79, S. 611

Menzel, Wolfgang: Vom sprachlichen Handeln zum Text. In: Praxis Deutsch 1994b, H. 123, S. 63–68

Menzel, Wolfgang (Hg.): Freiraum Lesen. Hannover 2000

Merkelbach, Valentin: Wie salonfähig ist das Kinder- und Jugendbuch im Deutschunterricht? Anmerkungen zur Didaktik des Romans. In: Diskussion Deutsch 1989, H. 109, S. 441–455

Merkelbach, Valentin (Hg.): Kreatives Schreiben. Braunschweig 1993

Merkelbach, Valentin: Produktionsorientierter Literaturunterricht und kreatives Schreiben. In: Merkelbach, Valentin (Hg.): Kreatives Schreiben. Braunschweig 1993a, S. 151–165

Merkelbach, Valentin: Zur Theorie und Didaktik des literarischen Gesprächs. In: Christ, Hannelore / Fischer, Eva / Fuchs, Claudia / Merkelbach, Valentin / Reuschling, Gisela: „Ja, aber es kann doch sein ..." In der Schule literarische Gespräche führen. Frankfurt/M. 1995, S. 12–52

Merkelbach, Valentin: Über literarische Texte sprechen. Mündliche Kommunikation im Literaturunterricht. In: Deutschunterricht 1998a, H. 1, S. 74–82

Merkelbach, Valentin (Hg.): Romane im Unterricht. Lektürevorschläge für die Sekundarstufe I. Baltmannsweiler 1998b

Merkelbach, Valentin (Hg.): Romane im Unterricht. Lektürevorschläge für die Primarstufe. Baltmannsweiler 1999

Merkelbach, Valentin (Hg.): Romane im Unterricht. Lektürevorschläge für die Sekundarstufe II. Baltmannsweiler 2000

Merten, Klaus: Inhaltsanalyse. Einführung in Theorie, Methode und Praxis. Opladen 1983

Moers, Edelgard: Kinder und Literatur. Chancen einer ganzheitlichen Begegnung in der Grundschule. Oberhausen 2001

Müller-Michaels, Harro: Literatur im Alltag und Unterricht. Ansätze zu einer Rezeptionspragmatik. Kronberg 1978

Müller-Michaels, Harro (Hg.): Jahrbuch der Deutschdidaktik 1980. Königstein 1981

Müller-Michaels, Harro: Denkbilder für das Gespräch zwischen Generationen und Kulturen. In: Ivo, Hubert / Wardetzky, Kristin (Hg.): Aber spätere Tage sind als Zeugen am weisesten. Zur literarästhetischen Bildung im politischen Wandel. Festschrift für Wilfried Bütow. Berlin 1997, S. 117–123

Muth, Ludwig (Hg.): Der befragte Leser. München 1993

Muth, Ludwig: Leseglück als Flow-Erlebnis. In: Bellebaum, Alfred / Muth, Ludwig (Hg.): Leseglück. Eine vergessene Erfahrung. Opladen 1996, S. 57–81

Neumann, Helga: Leseerziehung durch Individuallektüre – Beispiel „Lesetagebuch". In: Schulbibliothek aktuell 1988, H. 1, S. 28–33

Nußbaum, Regina (Hg.): Wege des Lernens im Deutschunterricht. Phantasie entfalten – Erkenntnisse gewinnen – Sprache vervollkommnen. Braunschweig 2000

Oerter, Rolf (Hg.): Lebensbewältigung im Jugendalter. Weinheim 1985

Oerter, Rolf. Theorien der Lesesozialisation. Zur Ontogenese des Lesens. In: Groeben, Norbert (Hg.): Lesesozialisation in der Mediengesellschaft. Tübingen 1999, S. 27–55

Oomen-Welke, Ingelore: „... ich kann da nix!" Mehr zutrauen im Deutschunterricht. Freiburg 1998

Ortheil, Hanns-Josef: Offen für immer neue Ordnungen. Lesen und Schreiben im elektronischen Zeitalter. In: medien und erziehung 1998, H. 3, S. 147–150

Oskamp, Irmtraud M.: Jugendliteratur im Lehrerurteil. Historische Aspekte und didaktische Perspektiven. Würzburg 1996

Ossner, Jakob: Praktische Wissenschaft. In: Bremerich-Vos, Albert (Hg.): Handlungsfeld Deutschunterricht im Kontext. FS für Hubert Ivo. Frankfurt/M. 1993, S. 186–199

Ossner, Jakob: Gibt es Entwicklungsstufen beim Aufsatzschreiben? In: Feilke, Helmuth / Portmann, Paul R. (Hg.): Schreiben im Umbruch. Schreibforschung und schulisches Schreiben. Stuttgart 1996, S. 74–85

Ott, Margarete: Schreiben in der Sekundarstufe I. Differenzierte Wahrnehmung und gezielte Förderung von Schreibkompetenzen. Baltmannsweiler 2000

Paefgen, Elisabeth K.: Literatur als Anleitung und Herausforderung: inhaltliche und stilistische Schreibübungen nach literarischen Mustern. In: Diskussion Deutsch 1991, H. 119, S. 286–298

Paefgen, Elisabeth K.: Ästhetische Arbeit im Literaturunterricht. Plädoyer für eine sachliche Didaktik des Lesens und Schreibens. In: Der Deutschunterricht 1993, H. 4, S. 48–61

Paefgen, Elisabeth K.: Schreiben und Lesen. Ästhetisches Arbeiten und literarisches Lernen. Opladen 1996

Paefgen, Elisabeth K.: Literaturtheorie und produktionsorientierter Literaturunterricht. Ein Mißverständnis? In: Deutschunterricht 1997, H. 5, S. 248–255

Paefgen, Elisabeth: Einführung in die Literaturdidaktik. Stuttgart / Weimar 1999

Payrhuber, Franz-Josef: Bekannte Autoren – beeindruckende Bücher. Was Lehrerinnen und Lehrer über Kinder- und Jugendbücher wissen und wie sie mit ihnen umgehen. In: Franz, Kurt / Payrhuber, Franz-Josef (Hg.): Blickpunkt: Autor. Baltmannsweiler 1996a, S. 58–78

Payrhuber, Franz-Josef: Aufsatzunterricht in der Grundschule. Köln 1996b (Völlig überarbeitet: Schreiben lernen. Aufsatzunterricht in der Grundschule. Baltmannsweiler 2. Aufl. 2000)

Pennac, Daniel: Wie ein Roman. Köln 1994

Pennac, Daniel: Interview „Belleville, mein kleiner Planet". In: Buchjournal 1997, H. 2, S. 18–23

Pette, Corinna: Psychologie des Romanlesens. Lesestrategien zur subjektiven Aneignung eines literarischen Textes. Weinheim / München 2001

Pieper, Irene / Rosebrock, Cornelia / Wirthwein, Heike / Volz, Steffen: Lesesozialisation in schriftfernen Lebenswelten. Lektüre und Mediengebrauch von HauptschülerInnen. Weinheim und München 2004

Pleticha, Heinrich / Launer Christoph: Was sie gerne lasen. Streifzüge durch 500 Jahre Kinder- und Jugendliteratur. Würzburg 1999

Portmann, Paul, R.: Zur Pilotfunktion bewussten Lernens. In: Eisenberg, Peter / Kotz, Peter (Hg.): Sprache gebrauchen – Sprachwissen erwerben. Stuttgart / Düsseldorf / Berlin / Leipzig 1993, S. 97–118

Portmann, Paul R.: Arbeit am Text. In: Feilke, Helmuth / Portmann, Paul R. (Hg.): Schreiben im Umbruch. Schreibforschung und schulisches Schreiben. Stuttgart 1996, S. 158–171

Praxis Schule: Ein Lesetagebuch – was ist das?. In: Praxis Schule 1995, H. 1, S. 39–40

Priebe, Hiltrud: Planungsaufgabe „Grundschulbibliothek". Ein fächerübergreifendes Projekt in der Primarstufe. In: Die Grundschule 1975, H. 7, S. 383–387

Rank, Bernhard (Hg.): Erfahrungen mit Phantasie. Festschrift für Gerhard Haas zum 65. Geburtstag. Baltmannsweiler 1994

Rank, Bernhard / Rosebrock, Cornelia(Hg.): Kinderliteratur, literarische Sozialisation und Schule. Weinheim 1997

Regenbrecht, Alois / Pöppel, Karl Gerhard (Hg.): Erfahrung und schulisches Lernen. Zum Problem der Öffnung von Schule und Unterricht. Münster 1995

Reich, Kersten: Systemisch-konstruktivistische Pädagogik. Einführung in Grundlagen einer interaktionistisch-konstruktivistischen Pädagogik. Neuwied 2000

Renner, Erich (Hg.): Kinderwelten. Pädagogische, ethnologische und literaturwissenschaftliche Annäherungen. Weinheim 1995

Richter, Karin: Kinderliteratur im Deutschunterricht und Freizeitlektüre. In: Der Deutschunterricht 1991, H. 2, S. 86–95

Richter, Karin: Kindheitsbilder in der modernen Kinder- und Jugendliteratur. In: Renner, Erich (Hg.): Kinderwelten. Pädagogische, ethnologische und literaturwissenschaftliche Annäherungen. Weinheim 1995, S. 26–37

Richter, Karin: Kinderliteratur in der Grundschule. Betrachtungen - Interpretationen - Modelle. Baltmannsweiler 2001

Richter, Karin / Hurrelmann, Bettina (Hg.): Kinderliteratur im Unterricht. Theorien und Modelle zur Kinder- und Jugendliteratur im pädagogisch-didaktischen Kontext. Weinheim / München 1998

Rinck, Mike: Situationsmodelle und das Verstehen von Erzähltexten: Befunde und Probleme. In: Psychologische Rundschau 2000, H. 3, S. 115–122

Röbbelen, Ingrid: Rotfuchs im Unterricht. Ideen und Materialien für Lehrerinnen und Lehrer zu „E.T.A. Hoffmann – Klein Zaches genannt Zinnober". Reinbek 1995

Röbbelen, Ingrid: Rotfuchs im Unterricht. Ideen und Materialien für Lehrerinnen und Lehrer zu „Harald Tondern – Der Einsatz". Reinbek 1996

Röbbelen, Ingrid: „Die Fliegen des Beelzebub". Ein Jugendroman im Unterricht. In: Feuervogel 1999, H. 1, S. VIII–XII

Röhner, Charlotte: Kindertexte im reformierten Anfangsunterricht. Zur personalen und sozialen Bedeutung des Schreibens in der Grundschule. Baltmannsweiler 1997

Rosebrock, Cornelia (Hg.): Lesen im Medienzeitalter. Biographische und historische Aspekte literarischer Sozialisation. Weinheim / München 1995

Rosebrock, Cornelia: Literarische Sozialisation im Medienzeitalter. Ein Systematisierungsversuch zur Einleitung. In: Rosebrock, Cornelia (Hg.): Lesen im Medienzeitalter. Weinheim / München 1995a, S. 9–29

Rosebrock, Cornelia: Kinder- und Jugendliteratur im Unterricht – aus der Perspektive der Lehrerbildung. In: Rank, Bernhard / Rosebrock, Cornelia (Hg.): Kinderliteratur, literarische Sozialisation und Schule. Weinheim 1997, S. 7–28

Rosebrock, Cornelia: Zum Verhältnis von Lesesozialisation und literarischem Lernen. In: Didaktik Deutsch 1999, H. 6, S. 57–68

Rosenmayr, Leopold / Köckeis, Eva / Kreutz, Henrik: Kulturelle Interessen von Jugendlichen. Eine soziologische Untersuchung an jungen Arbeitern und höheren Schülern. Wien / München 1966

Röttger, Brigitte: Literaturdidaktik und Literaturwissenschaft. Wandlungen fachdidaktischer Theoriebildung. In: Boueke, Dietrich (Hg.): Deutschunterricht in der Diskussion. Forschungsberichte. Bd. 2. Paderborn 2. Aufl. 1979, S. 124–141

Ruf, Urs / Gallin, Peter: Sich einlassen und eine Sprache finden. Merkmale einer interaktiven und fächerübergreifenden Didaktik. In: Voß, Reinhard (Hg.): Die Schule neu erfinden. Systemischkonstruktivistische Annäherungen an Schule und Pädagogik. Neuwied 1999, S. 154–178

Runge, Gabriele: Lesesozialisation in der Schule. Untersuchungen zum Einsatz von Kinder- und Jugendliteratur im Unterricht. Würzburg 1997a

Runge, Gabriele: Nur keine Experimente! Was und wie häufig lassen Lehrer lesen? Ergebnisse einer empirischen Untersuchung. In: Praxis Deutsch 1997b, H. 143, S. 4–9

Rupp, Gerhard: Kulturelles Handeln mit Texten. Fallstudien aus dem Schulalltag. Paderborn 1987

Rupp, Gerhard: Lesen und Schreiben – Sehen und Produzieren. Deutschunterricht zwischen Literatur und Medien. In: Deutschunterricht 1997a, H. 10, S. 461–472

Rupp, Gerhard: Wozu Kultur? Zur Funktion von Sprache, Literatur und Unterricht. Frankfurt/M. 1997b

Sahr, Michael: Zur Wirkung literarischer Texte. In: Beisbart, Ortwin u. a. (Hg.): Leseförderung und Leseerziehung. Theorie und Praxis des Umgangs mit Büchern für junge Leser. Donauwörth 1993, S. 19–28

Sahr, Michael: Leseförderung durch Kinderliteratur. Märchen, Bilder- und Kinderbücher im Unterricht der Grundschule. Baltmannsweiler 1998

Sahr, Michael / Born, Monika: Kinderbücher im Unterricht der Grundschule. Baltmannsweiler 1985 (5. neubearb. Auflage 1998)

Schaal, Thomas: Das Lesetagebuch im Spiegel der Schülermeinungen. Hildesheim 1999 (Unveröffentlichte Examensarbeit)

Schardt, Friedel: ... und es geht doch! Arbeitsblätter und Materialien zur Freiarbeit Deutsch. Stuttgart 2. Aufl. 1999

Schardt, Friedel: Wertorientierung durch Literatur? Entwicklungsromane im Deutschunterricht. Stuttgart 1998

Scharioth Barbara / Schmidt, Joachim (Hg.): Zwischen allen Stühlen. Zur Situation der Kinder- und Jugendliteraturkritik. Tutzing 1990

Schiefele, Ulrich: Motivation und Lernen mit Texten. Göttingen 1996

Schiefele, Hans / Stocker, Karl: Literatur-Interesse. Ansatzpunkte einer Literaturdidaktik. Weinheim 1990

Schliwka, Dieter: Jugendliteratur light. Eine Provokation? In: Dahrendorf, Malte (Hg.): Grenzen der Literaturvermittlung. Leseverweigerung – Sprachprobleme – Analphabetismus. Beiträge Jugendliteratur und Medien, 6. Beiheft. Weinheim 1995, S. 80–90

Schmoll, Heike: Nur wer lesen kann, wird den Computer beherrschen. In: Frankfurter Allgemeine Zeitung vom 23.4.2001, S. 3

Schneider, Wolfgang: Leseförderung als kulturpolitische Forderung. Plädoyer für einen Bericht zur Lage der Literatur und des Lesens in Deutschland. In: Informationen des Arbeitskreises für Jugendliteratur 1999, H. 2, S. 15–30

Schober, Otto: Zur Orientierung heutiger Literaturdidaktik an der Rezeptionstheorie. In: Köpf, Gerhard (Hg.): Rezeptionspragmatik. Beiträge zur Praxis des Lesens. München 1981, S. 9–26

Schober, Otto (Hg.): Deutschunterricht für die Grundschule. Bad Heilbrunn 1998

Schön, Erich: Der Verlust der Sinnlichkeit oder Die Verwandlungen des Lesers. Mentalitätswandel um 1900. Stuttgart 1987

Schön, Erich: Die Entwicklung literarischer Rezeptionskompetenz. Ergebnisse einer Untersuchung zum Lesen bei Kindern und Jugendlichen. In: Spiel 1990, H. 2, S. 229–276

Schön, Erich: Veränderungen der literarischen Rezeptionskompetenz Jugendlicher im aktuellen Medienverbund. In: Lange, Günter / Steffens, Wilhelm (Hg.): Moderne Formen des Erzählens in der Kinder- und Jugendliteratur der Gegenwart unter literarischen und didaktischen Aspekten. Würzburg 1995, S. 99–127

Schön, Erich: Mentalitätsgeschichte des Leseglücks. In: Bellebaum, Alfred / Muth, Ludwig: Leseglück. Eine vergessene Erfahrung. Opladen 1996a, S. 151–175

Schön, Erich: Zur aktuellen Situation des Lesens und zur biographischen Entwicklung des Lesens bei Kindern und Jugendlichen. Oldenburg 1996b

Schön, Erich: Einige Anmerkungen zur PISA-Studie, auch aus literaturdidaktischer Perspektive. Oder: Lesen lernt man nur durch Lesen. In: Franz, Kurt/Payrhuber, Franz-Josef (Hg.): Lesen heute. Leseverhalten von Kindern und Jugendlichen und Leseförderung im Kontext der PISA-Studie. Baltmannsweiler 2002, S. 72–91

Schubert-Felmy, Barbara: Umgang mit Texten in der Sekundarstufe I. In: Kämper-van den Boogaart, Michael (Hg.): Deutsch-Didaktik. Leitfaden für die Sekundarstufe I und II. Berlin 2003, S. 95–116

Schulz, Gudrun / Ossowski, Herbert (Hg.): Lernen als genußvolles Aneignen der Künste. Einblicke in die Didaktik der Kinderliteratur. Baltmannsweiler 1997

Schuster, Karl: Christa Wolf: Nachdenken über Christa T. In: Lehmann, Jakob (Hg.): Deutsche Romane von Grimmelshausen bis Walser. Bd. 2. Königstein 1982, S. 469–487

Schuster, Karl: Das personal-kreative Schreiben im Deutschunterricht. Theorie und Praxis. Baltmannsweiler 1995 (3. akt. Aufl. 1999)

Schuster, Karl: Einführung in die Fachdidaktik Deutsch. Baltmannsweiler 6. Aufl. 1996 (9. unveränd. Aufl. 2001)

Schwarz, Hellmut (Hg.): Handbuch für den Unterricht. English G, 2000, D1. Berlin 1997

Schweizerisches Jugendbuch-Institut (Hg.): Horizonte und Grenzen. Standortbestimmung in der Kinderliteraturforschung. Zürich 1994

Seiffge-Krenke: Die Funktion des Tagebuchs bei der Bewältigung alterstypischer Probleme in der Adoleszenz. In: Oerter, Rolf (Hg.): Lebensbewältigung im Jugendalter. Weinheim 1985, S. 131–159

Seitz, Oskar (Hg.): Freies Lernen. Grundlagen für die Praxis. Donauwörth 1999

Sieber, Horst: Pädagogischer Konstruktivismus. Eine Bilanz der Konstruktivismusdiskussion für die Bildungspraxis. Neuwied 1999

Sieber, Peter: Parlando in Texten. Zur Veränderung kommunikativer Grundmuster in der Schriftlichkeit. Tübingen 1998

Soff, Marianne: Jugend im Tagebuch. München 1989

Spinner, Kaspar H. (Hg.): Identität und Deutschunterricht. Göttingen 1980

Spinner, Kaspar H.: Wider den produktionsorientierten Literaturunterricht – für produktive Verfahren. In: Diskussion Deutsch 1987, H. 98, S. 601–611

Spinner, Kaspar H: Fremdverstehen und historisches Verstehen als Ergebnis kognitiver Entwicklung. In: Der Deutschunterricht 1989, H. 4, S. 19–23

Spinner, Kaspar H.: Sokratisches Lehren und die Dialektik der Aufklärung. Zur Kritik des fragendentwickelnden Unterrichtsgesprächs. In: Diskussion Deutsch 1992, H. 126, S. 309–321

Spinner, Kaspar H.: Entwicklung des literarischen Verstehens. In: Beisbart, Ortwin u. a. (Hg.): Leseförderung und Leseerziehung. Donauwörth 1993a, S. 55–64

Spinner, Kaspar H.: Von der Notwendigkeit produktiver Verfahren im Literaturunterricht. In: Diskussion Deutsch 1993b, H. 133, S. 491–496

Spinner, Kaspar H.: Literaturdidaktik der 90er Jahre. In: Bremerich-Vos, Albert (Hg.): Handlungsfeld Deutschunterricht im Kontext. FS für Hubert Ivo. Frankfurt/M. 1993c; S. 23–36

Spinner, Kaspar H.: Kreatives Schreiben. In: Praxis Deutsch 1993d, H. 119, S. 17–23

Spinner, Kaspar H.: Fremdes verstehen – ein Hauptziel des Literaturunterrichts. In: Franz, Kurt / Pointer, Horst (Hg.): Interkulturalität und Deutschunterricht. FS für Karl Stocker. Neuried 1994a, S. 205–215

Spinner, Kaspar H.: Neue und alte Bilder von Lernenden. Deutschdidaktik im Zeichen der kognitiven Wende. In: Beiträge zur Lehrerbildung 1994b, H. 2, S. 146–158

Spinner, Kaspar H. (Hg.): Imaginative und emotionale Prozesse im Deutschunterricht. Frankfurt/M. 1995

Spinner, Kaspar H. (Hg.): Neue Wege im Literaturunterricht. Informationen – Hintergründe – Arbeitsanregungen. Hannover 1999a

Spinner, Kaspar H.: Die eigenen Lernwege unterstützen. Die sog. kognitive Wende in der Deutschdidaktik. In: Spinner, Kaspar H. (Hg.): Neue Wege im Literaturunterricht. Hannover 1999b, S. 4–9

Spinner, Kaspar H.: Produktive Verfahren im Literaturunterricht. In: Spinner, Kaspar H. (Hg.): Neue Wege im Literaturunterricht. Hannover 1999c, S. 33–41

Spinner, Kaspar H.: Handlungs- und produktionsorientierter Umgang mit Kinder- und Jugendliteratur. In: Lange, Günter (Hg.): Taschenbuch der Kinder- und Jugendliteratur. Bd. 2. Baltmannsweiler 2. Aufl. 2000a, S. 978–990

Spinner, Kaspar H.: Kreatives Schreiben und Schreibforschung. In: Nußbaum, Regina (Hg.): Wege des Lernens im Deutschunterricht. Phantasie entfalten – Erkenntnisse gewinnen – Sprache vervollkommnen. Braunschweig 2000b, S. 105–113

Spinner, Kaspar H.: Lesekompetenz nach PISA und Literaturunterricht. In: Abraham, Ulf/Bremerich-Vos, Albert/Frederking, Volker/Wieler, Petra (Hg.): Deutschdidaktik und Deutschunterricht nach PISA. Freiburg 2003, S. 238–248

Steffens, Wilhelm: Kinderromane im Deutschunterricht der Primarstufe unter Berücksichtigung der Erzähl- und Kommunikationsstrukturen. In: Lange, Günter / Steffens,

Wilhelm (Hg.): Moderne Formen des Erzählens in der Kinder- und Jugendliteratur der Gegenwart unter literarischen und didaktischen Aspekten. Würzburg 1995a, S. 155–179

Steffens, Wilhelm: Epische Formen der Kinderliteratur im Spiegel der Erzähltheorie – Skizzierung einiger jüngerer Entwicklungslinien. In: Feine, Angelika / Sommerfeldt, Karl-Ernst (Hg.): Sprache und Stil in Texten für junge Leser. Frankfurt/M. 1995b, S. 207–217

Steffens, Wilhelm: Projektorientierte Arbeit mit Kinderbüchern im Leseunterricht. In: Schulz, Gudrun / Ossowski, Herbert: Lernen als genussvolles Aneignen der Künste. Einblicke in die Didaktik der Kinderliteratur. Baltmannsweiler 1997, S. 66–90

Stein, Peter (Hg.): Wieviel Literatur brauchen Schüler? Stuttgart 1980

Steinke, Ines: Kriterien qualitativer Forschung. Ansätze zur Bewertung qualitativ-empirischer Sozialforschung. Weinheim / München 1999

Stiftung Lesen (Hg.): Lesen im Umbruch – Forschungsperspektiven im Zeitalter von Multimedia. Mainz 1998

Stiftung Lesen (Hg.): Leseverhalten in Deutschland im neuen Jahrtausend. Eine Studie der Stiftung Lesen. Hamburg 2001

Stocker, Karl: Vom Lesen zum Interpretieren. Frankfurt/M. 1988

Strauss, Anselm / Corbin, Juliet: Grounded theory. Grundlagen qualitativer Sozialforschung. Weinheim 1996

Struck, Karin: Lieben. Frankfurt/M. 1979

Strycker, Brigitte: Lesetagebuch. In: Balhorn, Heiko u.a. (Hg.): Schatzkiste Sprache 1. Von den Wegen der Kinder in die Schrift. Frankfurt/M. 1998, S. 206–209

Ulich, Michaela / Ulich, Dieter: Literarische Sozialisation: Wie kann das Lesen von Geschichten zur Persönlichkeitsentwicklung beitragen? In: Zeitschrift für Pädagogik 1994, H. 5, S. 821–834

Vorderer, Peter: Vom Leser zum User – Thesen zur Konkurrenz von Buch und neuen Medien. In: Stiftung Lesen (Hg.): Lesen im Umbruch – Forschungsperspektiven im Zeitalter von Multimedia. Baden-Baden 1998, S. 180–186

Vorderer, Peter / Groeben, Norbert (Hg.): Textanalyse als Kognitionskritik? Möglichkeiten und Grenzen ideologiekritischer Inhaltsanalyse. Tübingen 1987

Voß, Reinhard (Hg.): Die Schule neu erfinden. Systemisch-konstruktivistische Annäherungen an Schule und Pädagogik. Neuwied 1999

Wackernagel, Karl Eduard Philipp: Der Unterricht in der Muttersprache. Stuttgart 1843

Waldmann, Günter: Produktives Lesen. Überlegungen zum Verhältnis von Rezeptionstheorie und Literaturunterricht. In: Müller-Michaelis, Harro (Hg.): Jahrbuch der Deutschdidaktik 1980. Königstein 1981a, S. 87–96

Waldmann, Günter: Vom produzierten zum produzierenden Leser. In: Köpf, Gerhard (Hg.): Rezeptionspragmatik. München 1981b, S. 105–130

Waldmann, Günter: Grundzüge von Theorie und Praxis eines produktionsorientierten Literaturunterrichts. In: Hopster, Norbert (Hg.): Handbuch Deutsch. Paderborn 1984, S. 98–141

Waldmann, Günter: Literarische Bildung als produktive literarische Erfahrung – ein alternatives Konzept. In: Der Deutschunterricht 1990, H. 5, S. 80–85

Waldmann, Günter: Produktiver Umgang mit Literatur. In: Lange, Günter / Neumann, Karl / Ziesenis, Werner (Hg.): Taschenbuch des Deutschunterrichts. Bd. 2. Baltmannsweiler 6. Aufl. 1998a, S. 488–507

Waldmann, Günter: Produktiver Umgang mit Literatur im Unterricht. Grundriss einer produktiven Hermeneutik: Theorie – Didaktik – Verfahren – Modelle. Baltmannsweiler 1998b (3. unveränd. Aufl. 2000)

Waldt, Kathrin: Literarisches Lernen in der Grundschule. Herausforderung durch ästhetisch-anspruchsvolle Literatur. Baltmannsweiler 2003

Wallrabenstein, Wulf: Offene Schule – Offener Unterricht. Ratgeber für Eltern und Lehrer. Reinbek 1991

Wallrabenstein, Wulf: Offener Unterricht – was ist das?. In: Knobloch, Jörg / Dahrendorf, Malte (Hg.): Offener Unterricht mit Kinder- und Jugendliteratur. Baltmannsweiler 1999, S. 9–15

Walser, Martin: Erfahrungen und Leseerfahrungen. Frankfurt/M. 4. Aufl. 1977

Walz, Ursula: Arbeitsformen im Literaturunterricht. In: Walz, Ursula (Hg.): Literaturunterricht in der Sekundarstufe. Stuttgart 1970, S. 18–33

Wanning, Berbeli: Das Lesetagebuch als Schreibanlaß. In: Becker-Mrotzek, Michael / Hein, Jürgen / Koch, Helmut H. (Hg.): Werkstattbuch Deutsch: Texte für das Studium des Faches. Münster 1997, S. 115–126

Watzke, Oswald / Statt, Hans: Die Literaturmappe im Unterricht der Hauptschule. In: Lehrerjournal Hauptschulmagazin 1989, H. 2, S. 19–22

Weiss, Peter: Abschied von den Eltern. Frankfurt/M. 1964

Werkstattbuch Peter Härtling (zusammengestellt von Barbara Gelberg). Weinheim / Basel 1998

Wermke, Jutta: Leseerziehung für Medienrezipienten. In: Hohmann, Joachim S. / Rubinich, Johann (Hg.): Wovon der Schüler träumt. Leseförderung im Spannungsfeld von Literaturvermittlung und Medienpädagogik. Frankfurt/M. 1996, S. 90–107

Wermke, Jutta: Integrierte Medienerziehung im Fachunterricht. Schwerpunkt: Deutsch. München 1997

Wermke, Jutta: Kinder- und Jugendliteratur in den Medien. In: Rupp, Gerhard (Hg.): Ästhetik im Prozess. Opladen / Wiesbaden 1998, S. 179–217

Werner, Johannes: Literatur im Unterrichtsgespräch. Die Struktur des literaturrezipierenden Diskurses. München 1996

Wieler, Petra: Sprachliches Handeln im Literaturunterricht als didaktisches Problem. Bern 1989

Wild, Reiner (Hg.): Gesellschaftliche Modernisierung und Kinder- und Jugendliteratur. St. Ingbert 1997

Wild, Reiner: Aspekte gesellschaftlicher Modernisierung. In: Wild, Reiner (Hg.): Gesellschaftliche Modernisierung und Kinder und Jugendliteratur. St. Ingbert 1997a, S. 9–29

Wilkending, Gisela (Hg.): Literaturunterricht. Texte zur Didaktik. München 1972

Witte, Hansjörg / Garbe, Christine / Holle, Karl / Stückrath, Jönn / Willenberg, Heiner (Hg.): Deutschunterricht zwischen Kompetenzerwerb und Persönlichkeitsbildung. Baltmannsweiler 2000

Wölfel, Ursula: Der junge Leser im Blickfeld der Forschung. Entwicklungen und Ergebnisse der Jungleserkunde. In: Pädagogische Rundschau 1961, H. 11, S. 683–695

Wolgast, Heinrich: Das Elend unserer Jugendliteratur. Ein Beitrag zur künstlerischen Erziehung der Jugend. Hamburg 1896

Wünsche, Konrad: Die Wirklichkeit des Hauptschülers. Berichte von Kindern der schweigenden Mehrheit. Köln 1972

Wünsche, Konrad: Entdeckendes Lesen. In: betrifft: erziehung 1975, H. 4, S. 51 f.

Marion von der Kammer
Wege zum Text
Sechzehn Unterrichtsmethoden für die Entwicklung der Lesekompetenz
Deutschdidaktik aktuell Band 18.
2004. XII, 343 Seiten. Kt. ISBN 3896768220. € 19,80

Da das Textverstehen ein außerordentlich komplexer Vorgang ist, gibt es kein Allheilmittel, um die Entwicklung der Lesekompetenz zu fördern. Stattdessen sollten wechselweise immer wieder unterschiedliche *Wege zum Text* beschritten werden. Wie das erfolgen kann, dafür will das Buch Anregungen geben.

Es werden insgesamt 16 methodische Ansätze für den Literaturunterricht vorgestellt. Deren Realisierbarkeit wird anhand von zahlreichen Beispielen anschaulich dargestellt. Die Beispiele beziehen sich sowohl auf den Unterricht in der Sekundarstufe I als auch auf den Unterricht in der gymnasialen Oberstufe. Bei jeder Methode wird außerdem gezeigt, wie sich das Textverstehen mit anderen Lernbereichen des Faches verknüpfen lässt.

Das Buch richtet sich sowohl an praktizierende Lehrerinnen und Lehrer als auch an Referendare und Lehramtsstudenten. Aber nicht nur Deutschlehrer werden sich angesprochen fühlen. Lehrer anderer Schulfächer können ebenfalls einen Nutzen daraus ziehen, denn es geht nicht nur um Deutschdidaktik, sondern um Textverstehen generell.

Ricarda Dreier
Literatur der 90er Jahre in der Sekundarstufe II
Judith Hermann, Benjamin von Stuckrad-Barre und Peter Stamm
2005. X, 158 Seiten. Kt. ISBN 3896769057. € 18,—

Beschäftigt man sich mit der Literatur der 90er-Jahre, so erkennt man, dass das neue Erzählen eine erweiterte Analye unter erzähltheoretischen Gesichtspunkten fordert. Im Mittelpunkt dieser Literatur, die durch die Postmoderne beeinflusst ist, stehen narrative Elemente wie Metafiktion, Intertextualität, Perspektivenvariationen, die an der Glaubwürdigkeit des Erzählers zweifeln lassen, oder selbstreflexive Bezüge, die das literarische Werk und dessen Wirklichkeitsdarstellung an sich in Frage stellen. Die wichtigsten Merkmale der neueren Literatur liegen darüber hinaus in ihrer Medialität sowie in ihren subjektiven Erfahrungsräumen. Diese medialen Strukturen zu erfassen und diese Räume zu erkunden sollte im Unterricht als eine wichtige Herausforderung angesehen werden.

Im ersten Teil des Buches erhält der Leser nicht nur einen theoretischen Überblick über literatur- und erzähltheoretische Strömungen, sondern auch einen Einblick in die narrativen und thematischen Tendenzen der Literatur der 90er-Jahre. Als Grundlage für die Unterrichtsmodelle im zweiten didaktischen Teil der Arbeit dient die Darstellung aktueller didaktischer Ansätze, die in einer Diskussion über das Verhältnis von interpretierenden und analytischen Verfahren mündet.

Die Unterrichtsmodelle im zweiten Teil versuchen die narrativen Besonderheiten und thematischen Anknüpfungspunkte der Literatur der 90er-Jahre mit angemessenen didaktischen Modellen zu verbinden und außerdem einen Ausgleich zwischen der scheinbaren Diskrepanz von literaturtheoretischen Ideen und analytischen Vorgehensweisen zu schaffen.

Schneider Verlag Hohengehren
Wilhelmstr. 13; D-73666 Baltmannsweiler